智能财务与会计系列

信息系统审计

朱谱熠 商泽民 编著

电子工业出版社
Publishing House of Electronics Industry
北京·BEIJING

内 容 简 介

本教材是一本结合审计理论方法和现代信息技术的综合性教材。在介绍信息系统审计的产生与发展、特点、内容、方法、程序步骤、准则等基本概念和内容的基础上，从理论和实务两方面具体介绍了 IT 治理、信息系统审计流程与审计方法、信息系统生命周期审计、内部控制审计、安全审计、绩效审计等信息系统审计所包含的内容，并通过真实案例和仿真数据设计，使读者学习和掌握在工作中运用 IT 技术方法和工具进行信息系统审计的能力。

本教材既可用作本科生和研究生学习教材或国际信息系统审计师（CISA）认证考试学习教材，也可用作国内信息系统审计实务指南或参考资料。

未经许可，不得以任何方式复制或抄袭本书之部分或全部内容。
版权所有，侵权必究。

图书在版编目（CIP）数据

信息系统审计 / 朱谱熠，商泽民编著. — 北京：电子工业出版社，2022.7
ISBN 978-7-121-43771-7

Ⅰ.①信… Ⅱ.①朱… ②商… Ⅲ.①信息系统—审计—高等学校—教材 Ⅳ.①F239.6

中国版本图书馆 CIP 数据核字（2022）第 101331 号

责任编辑：石会敏
印　　刷：涿州市京南印刷厂
装　　订：涿州市京南印刷厂
出版发行：电子工业出版社
　　　　　北京市海淀区万寿路 173 信箱　邮编：100036
开　　本：787×1092　1/16　印张：17.5　字数：446.4 千字
版　　次：2022 年 7 月第 1 版
印　　次：2023 年 1 月第 2 次印刷
定　　价：59.00 元

凡所购买电子工业出版社图书有缺损问题，请向购买书店调换。若书店售缺，请与本社发行部联系，联系及邮购电话：(010) 88254888，88258888。
质量投诉请发邮件至 zlts@phei.com.cn，盗版侵权举报请发邮件至 dbqq@phei.com.cn。
本书咨询联系方式：shhm@phei.com.cn。

前　　言

审计是党和国家监督体系的重要组成部分。信息系统审计是伴随着信息技术迅猛发展而产生的新兴领域。企业和组织的信息化程度越高，所面临的信息安全风险就越严峻。加强信息系统审计工作不仅对被审计单位的健康发展至关重要，在当前纷繁复杂的国际环境下，对保障我国信息安全，进而保障经济社会的平稳运行也有着重大意义。但该领域目前在国内仍然处于快速发展阶段，人才需求巨大。本教材将朝着推动该领域的理论和技术发展、推广教学和行业应用而努力。

本教材共 9 章，第 1 章为信息系统审计基础部分，主要介绍信息系统审计的基本概念、发展和人才定位等，帮助读者了解信息系统审计的基础知识；第 2 章至第 4 章为理论知识部分，主要介绍 IT 治理、信息系统审计准则、审计流程和审计方法；第 5 章至第 8 章为信息系统审计实务部分，将介绍针对信息系统生命周期、内部控制、安全管理和绩效这几个层面进行审计时所采用的审计方法和审计程序；第 9 章为案例部分，通过三个不同行业的真实案例综合应用前面章节的知识，帮助读者了解信息系统审计全过程，有助其对信息系统审计各知识点的融会贯通，从而形成完整的知识体系。

本书具有以下特色。

1. 完整实用的信息系统审计教学理论体系

信息系统审计在国内起步和发展较晚，国际上已经形成了一套完整的理论体系。然而国情不同，国内的企业或组织虽然已经完成了信息化的初级建设过程，但在其信息系统建设过程中普遍缺乏对数据和应用系统进行审计的规划和考虑。例如，未在其 ERP 等综合应用系统中设计开发审计模块，并且无论是内部审计还是外部审计，均缺乏实施信息系统审计的意识和行动。本教材并未直接照搬国际信息系统审计协会（ISACA）的信息系统审计理论体系，而是综合目前国内的行业协会和主管部门所制定和发布的规范、准则，再结合国内高校及科研院所的研究成果，形成了本教材的独立理论体系。这样的理论体系在国内更具现实意义。

2. 全面的信息系统审计方法

本教材虽然也介绍了传统审计方法，如证据收集方法中的函证、重新计算、问询等，但更多的则是介绍信息技术层面的审计方法，如数据库查询法、穿行测试法、平行模拟法、数据分析法、程序日志检查法等。由于信息系统审计对象的特殊性，这些技术方法对于完成信息系统审计工作而言将是不可或缺的，在后续的案例中，本教材将综合运用这些审计方法，以用作风险评估程序、控制测试和实质性程序中的主要手段，从而获取充分、适当的审计证据。

3. 多行业的信息系统审计案例

本教材的两位作者主持了多个信息系统审计项目，并将这些项目提炼成审计案例，这些案例所涉及的行业也是目前国内开展信息系统审计工作最多、最广的几个行业。案例中的数据也是真实数据进行脱敏处理后的版本，能够最大限度地还原实际工作场景。这些原型案例将极大地提高学生的学习兴趣与获得感。

本教材由重庆理工大学朱谱熠担任主编，负责编写第 1 章至第 8 章。本教材是重庆市一流课程"信息系统审计"的配套教材。天健会计师事务所高级经理、信息系统审计专家商泽民编写第 9 章及本书的全部案例，他主持过包括 30 余家上市公司在内的多个信息系统审计项目，拥有 20 余年信息系统审计的实践经验，曾获国家级科技进步二等奖。本教材受重庆理工大学研究生教育高质量发展行动计划资助。重庆市会计信息化课程虚拟教研室和重庆市教学名师工作室（会计信息化）为本教材的编写和出版给予了大力支持。

本教材既可用作本科生和研究生学习教材或国际信息系统审计师（CISA）认证考试学习教材，也可用作国内信息系统审计实务指南或参考资料。

目 录

第1章 绪论 1
  1.1 信息系统审计概述 1
    1.1.1 信息系统审计的概念 1
    1.1.2 信息系统审计的特点 2
    1.1.3 信息系统审计的业务范围 3
    1.1.4 信息系统审计的重要意义 4
    1.1.5 计算机审计与信息系统审计的关系 5
    1.1.6 财务审计与信息系统审计的关系 6
    1.1.7 信息系统审计师的主要工作 8
  1.2 信息系统审计的目标、对象和主要内容 9
    1.2.1 信息系统审计的目标 9
    1.2.2 信息系统审计的对象 10
    1.2.3 信息系统审计的主要内容 .. 10
  1.3 信息系统审计的发展历程 12
  1.4 信息系统审计人才定位 16
  本章小结 17
  复习思考题 18

第2章 IT治理 19
  2.1 IT治理概述 19
    2.1.1 IT治理的概念 19
    2.1.2 IT治理的目标 19
    2.1.3 IT治理可以解决的问题 20
    2.1.4 IT治理与信息系统审计的关系 20
  2.2 企业的IT治理 21
  2.3 IT治理的核心问题 23
  2.4 IT治理的标准 25

  2.5 信息系统审计准则 28
    2.5.1 ISACA信息系统审计基本准则 29
    2.5.2 ISACA信息系统审计基本准则与审计指南、审计程序的关系 29
    2.5.3 ISACA信息系统审计基本准则的内容 31
  本章小结 35
  复习思考题 36

第3章 信息系统审计流程 37
  3.1 信息系统审计流程概述 37
    3.1.1 审计计划阶段 37
    3.1.2 审计实施阶段 38
    3.1.3 审计完成阶段 38
  3.2 确定审计关系 40
  3.3 了解被审计单位的情况 40
  3.4 评估审计风险 46
    3.4.1 固有风险 46
    3.4.2 控制风险 47
    3.4.3 检查风险 49
    3.4.4 形成信息系统审计风险的原因 50
    3.4.5 信息系统审计风险的特征 51
    3.4.6 信息系统审计风险与防范风险的措施 51
  3.5 识别重要性水平 53
  3.6 确定审计依据 54
  3.7 制订审计计划 54
    3.7.1 总体计划 54
    3.7.2 具体计划 58

3.8 收集审计证据 ……………… 59
  3.8.1 符合性测试 ……………… 60
  3.8.2 实质性测试 ……………… 61
3.9 出具审计报告 ………………… 63
  3.9.1 审计底稿的复核 ………… 63
  3.9.2 审计事实的确认 ………… 64
  3.9.3 信息系统审计报告的内容 … 64
3.10 审计结束 …………………… 66
3.11 信息系统审计的重点环节 … 66
本章小结 …………………………… 69
复习思考题 ………………………… 69

第4章 信息系统审计方法 ……… 70
4.1 信息系统审计方法概述 ……… 70
4.2 信息系统审计的具体方法 …… 71
  4.2.1 证据收集的方法 ………… 71
  4.2.2 数字取证方法 …………… 73
  4.2.3 数据库查询法 …………… 74
  4.2.4 穿行测试法 ……………… 81
  4.2.5 测试数据法 ……………… 82
  4.2.6 平行模拟法 ……………… 83
  4.2.7 虚拟实体法 ……………… 83
  4.2.8 程序日志检查法 ………… 84
  4.2.9 数据分析法 ……………… 84
  4.2.10 程序流程图审核法 ……… 84
  4.2.11 受控处理法与受控再处理法 … 84
  4.2.12 嵌入审计程序法 ………… 85
  4.2.13 快照法 …………………… 86
  4.2.14 审计抽样测试法 ………… 86
  4.2.15 时间戳审计法 …………… 90
  4.2.16 网络审计技术 …………… 91
4.3 审计数据采集、数据清理和数据转换 …………………………… 93
4.4 信息系统审计软件与工具 …… 94
本章小结 …………………………… 96
复习思考题 ………………………… 96

第5章 信息系统生命周期审计 … 97
5.1 信息化建设全过程 …………… 97
5.2 信息系统战略规划审计 ……… 101
5.3 信息系统需求分析审计 ……… 103
5.4 信息系统资源获取审计 ……… 105
5.5 信息系统开发审计 …………… 109
5.6 信息系统实施审计 …………… 115
5.7 信息系统维护审计 …………… 118
本章小结 …………………………… 122
复习思考题 ………………………… 123

第6章 信息系统内部控制审计 … 124
6.1 一般控制审计 ………………… 124
  6.1.1 组织架构审计 …………… 125
  6.1.2 制度体系审计 …………… 125
  6.1.3 岗位职责审计 …………… 126
  6.1.4 教育培训审计 …………… 129
  6.1.5 内部监督审计 …………… 130
6.2 应用控制审计 ………………… 131
  6.2.1 业务流程控制审计 ……… 131
  6.2.2 数据输入控制审计 ……… 133
  6.2.3 数据处理控制审计 ……… 136
  6.2.4 数据输出控制审计 ……… 137
  6.2.5 业务协同、信息共享控制审计 …………………………… 139
  6.2.6 应用控制审计案例 ……… 140
本章小结 …………………………… 144
复习思考题 ………………………… 145

第7章 信息系统安全管理审计 … 146
7.1 物理安全控制审计 …………… 147
7.2 网络安全控制审计 …………… 148
7.3 主机安全控制审计 …………… 150
7.4 应用安全控制审计 …………… 151
7.5 数据安全控制审计 …………… 153
7.6 终端安全控制审计 …………… 154
7.7 运行安全控制审计 …………… 155
7.8 灾难恢复计划审计 …………… 158
本章小结 …………………………… 162
复习思考题 ………………………… 162

第8章 信息系统绩效审计 …………… 163
8.1 信息系统绩效评价指标设计 ………………………… 163
8.2 经济维度下的绩效评价 …… 165
8.3 控制维度下的绩效评价 …… 166
8.4 服务维度下的绩效评价 …… 169
8.5 信息系统绩效审计的方法与技术 ………………………… 171
8.5.1 成本—效益分析法 …… 171
8.5.2 系统运行前后对比法 …… 172
8.5.3 平衡计分卡 …………… 173
8.5.4 层次分析法 …………… 174
8.5.5 模糊综合法 …………… 175
8.5.6 Delphi法 ……………… 176
8.5.7 几种评价方法的比较 …… 177
本章小结 ……………………… 178
复习思考题 …………………… 178

第9章 信息系统审计案例 …………… 179
9.1 医院信息系统审计案例 …… 179
9.1.1 A医院基本情况及其信息系统的特点 ………………… 179
9.1.2 A医院信息系统的风险分析 …… 181
9.1.3 A医院信息系统审计的内容 …… 182
9.1.4 A医院信息系统审计的方法 …… 202
9.1.5 A医院信息系统审计的实施 …… 204
9.1.6 A医院信息系统审计结果 ……… 212
9.2 制造型企业信息系统审计案例 ………………………… 230
9.2.1 B企业的基本情况及其信息系统的特点 …………… 230
9.2.2 B企业信息系统的风险分析 …… 232
9.2.3 B企业信息系统审计的内容 …… 233
9.2.4 B企业信息系统审计的方法 …… 239
9.2.5 B企业信息系统审计结果 ……… 240
9.3 商业银行信息系统审计案例 ………………………… 245
9.3.1 C银行的基本情况及其信息系统的特点 …………… 245
9.3.2 C银行信息系统的风险分析 …… 250
9.3.3 C银行信息系统审计的内容 …… 250
9.3.4 C银行信息系统审计的方法 …… 258
9.3.5 C银行信息系统审计结果 ……… 261
复习思考题 …………………… 269

参考文献 …………………………… 271

第 1 章

绪 论

1.1 信息系统审计概述

1.1.1 信息系统审计的概念

审计是经济发展到一定阶段的产物，随着经济和社会的进步也在不断地发生着变化，但许多人仍然把审计理解为对会计账目的监督。实际上，审计是指具有一定资格的独立机构或个人接受委托，客观地收集和评价特定经济实体的可衡量的信息证据，从而确定这些信息与既定标准的遵从程度，并向利益相关者报告。因此，在现代经济中审计的类型是多种多样的，包括财务报表审计、绩效审计、法律合规审计、内部审计和企业审计等。

信息系统审计(Information System Audit)是指在信息系统从计划、研发、实施到运行维护的整个过程中，审计人员依据公认的规范或准则对信息系统各方面进行审查和评价，以判断计算机系统是否能够保证资产的安全，数据的完整、真实、合法，以及有效率地利用资源并有效果地实现组织目标的过程。

为什么需要信息系统审计呢？随着社会的发展和科技的进步，近年来伴随着"工业4.0、智能制造、互联网+制造"等诸多概念更加深入地融入以制造业为代表的中国传统企业中，企业的业务流程对信息系统的依赖性逐渐变强，信息系统成为企业业务处理的核心系统。不止企业如此，现代社会生产生活的各个环节和实体要维持其正常运转，都不同程度地需要信息系统提供支持，而信息系统自产生以来便始终伴随着各种安全问题，与其他审计对象的风险相比，信息系统的风险更具破坏性和隐蔽性，舞弊的手段和方法也更为先进。如果不采取严格的质量控制标准或措施，即使是很小的程序代码漏洞或控制的缺失，都可能导致整个信息系统崩溃，造成巨大的经济损失。企业或组织更加关注财务与信息安全的平衡性，不会为了一味地降低成本而牺牲信息安全，因而信息系统审计在企业或组织中发挥着愈加重要的作用。

例如，2008年，法国第二大银行兴业银行一名精通计算机的交易员入侵银行计算机系统，进行未经授权的交易，造成49亿欧元的损失，几乎相当于银行一年的总收入。这是历史上单个交易员造成的最大损失，超过英国巴林银行一名交易员通过开设系统隐蔽账户，大肆进行日经指数期货和利率期货交易造成的巴林银行破产的14亿美元损失；再比如UT斯达康深圳分公司的一名工程师，轻松绕过耗资1.2亿元的网络安全防护系统，入侵了北京移动通信公司充值中心的数据库，通过修改充值卡的数据、盗取充值卡密码，然后通过淘宝、QQ 进行售卖，导致北京移动通信公司损失近 380 万元。

因此，信息的真实性、安全性和绩效性被管理者高度重视。然而，由于专业能力等诸多因素的制约，信息系统使用者自身无法验证信息质量，无法对信息系统的抗风险能力做出准确评估，需要借助第三方独立专业机构，提高信息系统资产的安全性，确保业务数据的完整性，提高系统的整体效率和法律合规性。因此，信息系统审计这个由审计师收集并评估证据，以判断信息系统是否有效做到保护信息资产的真实和安全、维护数据完整、保障信息系统有效运行、完成既定组织目标的行业应运而生，并迅速获得了业界的认可。

综上所述，信息系统审计是基于风险导向审计的理论和方法。信息系统审计师面临着审计什么、何时审计以及如何帮助信息系统管理者管理和控制风险，以实现组织战略目标的问题。

1.1.2　信息系统审计的特点

信息系统审计作为信息系统环境下新的审计模式，其产生和发展与信息化的发展密不可分，主要特点如下：

1. 从审计实施时间看，信息系统审计是贯穿事前、事中和事后审计的全过程审计

传统的财务审计通常是注册会计师对被审计单位前一周期的财务情况进行的审计，属于事后审计。而信息系统审计是事前、事中和事后审计兼而有之。比如信息系统在规划设计时，由审计人员介入所进行的审计属于事前审计；在信息系统开发过程中所进行的审计属于事中审计，同时此项审计相对于系统运行后而对其所进行的审计而言又可以看作是事前审计；信息系统运行后，对系统的运行维护情况所进行的审计则为事后审计。因而，信息系统审计贯穿于信息系统生命周期的全过程。

2. 信息系统审计拓展了传统审计的对象和内容

信息系统审计的对象是全面而复杂的。从信息系统的生命周期看，包含信息系统从开发、运行和维护的全生命周期的各种业务；从信息系统的各阶段来看，包含对系统的长期和短期规划审计、软硬件的获取审计、内部控制审计、安全审计和绩效审计。从这个角度看，信息系统审计拓展了传统审计的内涵，将审计对象从财务范畴扩展到了同生产经营活动有关的所有信息系统及其内部控制环境。

3. 信息系统审计拓展了传统审计的目标

传统审计目标仅仅包括"对被审计单位会计报表的合法性、公允性及会计处理方法的一贯性发表审计意见"，《中国独立审计具体准则第 20 号——计算机信息系统环境下的审计》第四条也明确规定"注册会计师在计算机信息系统环境下执行会计报表审计业务，应当考虑其对审计的影响，但不应改变审计目的和范围"。由此可见，电子数据处理审计、电算化审计和计算机辅助审计都没有改变审计的目标，但信息系统审计除了上述目标外，还包括审查和评价信息资产的安全性、数据的真实性和完整性，以及系统的可靠性和绩效性。

4. 信息系统审计的审计方法和业务范围都在不断变化

信息系统审计是伴随信息技术的不断发展而发展的，目前我国信息化发展已经从基础设施的大规模采购、单一系统的探索建设阶段，全面进入主流业务系统的信息化建设阶段，随着被审计单位，特别是一些国家机关、大型国企、商业银行信息化水平的不断提高，不但会计核算实现了信息化管理，而且在业务流程环节也实现了计算机信息管理，以 ERP 为代表的集财务、人事、供销、生产为一体的综合性信息系统逐渐兴起。"互联网+"、云计算和大数据已成为企业信息化的发展方向，信息系统审计的业务范围也将拓展到包括联网审计、XBRL 审计、电子商务审计、"互联网+"相关业务审计等。那么相应的审计技术和方法也将随之发展进化，比如基于大数据或云计算的审计技术和方法必然会出现，以适应审计工作的要求。

5. 信息系统审计是一种基于风险基础审计的理论和方法

现今的管理者大多能认识到信息技术的发展所带来的好处，但采用新技术时也会伴随着许多风险。信息系统有着与生俱来的风险，这些风险以同样的方式影响着信息系统。因此，信息系统审计从基于控制的方法演变为基于风险的方法，其内涵包括风险管理的整体框架：内部环境的控制、目标的设定、风险识别、风险评估、风险管理与应对、风险控制、信息与沟通以及对风险的监控。

1.1.3 信息系统审计的业务范围

信息系统审计自 21 世纪初刚引入我国时，其主要目的是为计算机数据审计的开展夯实基础，提供线索，服务于财务审计。经过多年发展，信息系统审计已形成一套独立的业务体系，发挥着与财务审计同等重要的作用。本书所涵盖的信息系统审计的业务范围不仅仅是指为财务审计服务的信息系统审计，而是包括系统生命周期审计、内部控制审计、安全审计以及信息系统绩效审计等所有与信息系统相关的领域，涵盖以下方面：

(1) 信息系统审计的主要工作，集中在对信息技术的管理控制；
(2) 技术层面的信息系统审计，包括系统构架、数据中心、数据通信流程设计、信息安全等；
(3) 应用的信息系统审计，包括经营、财务、办公协同等应用；
(4) 开发实施信息系统审计，包括需求分析、程序设计与开发、实施及维护；
(5) 信息系统的合规性审计，主要指信息系统是否符合国家或国际标准的审计；
(6) 电子商务审计，包括电子商务系统设计审计、服务功能的审计、运作中的安全性审计和风险分析的审计等。
(7) 信息系统绩效审计，包括经济效益评价、服务评价和控制评价。

具体而言，信息系统审计的业务范围有：
(1) 信息系统开发计划、管理及组织架构的战略、政策、标准及相应实践过程的评估；
(2) 信息资源在运行环境、逻辑访问、IT 基础设施等方面安全性的评估；
(3) 业务流程风险管理水平的评估；
(4) 灾难恢复及业务持续能力的评估；
(5) 技术基础设施及运行实践的效能以及效率的评估；
(6) 对于系统开发、实施与维护方法和过程的评估；
(7) 绩效评估。

1.1.4 信息系统审计的重要意义

如今，信息技术仍在高速发展。基于互联网、大数据和云计算等新技术的应用也逐步普及。许多企业或者开展了电子商务业务，或着手整合、升级自身的管理信息系统，抑或升级其硬件设备，计算机软件、硬件都在快速迭代。但也要看到信息系统规模的扩大、功能的增加和技术的复杂化趋向也给企业或组织带来越来越大的风险。计算机设备、网络设备及其他一些辅助设施，还包括操作系统、数据库系统等各类软件和应用文档，像任何资产一样，它们都面临着毁损、偷窃、保管不当、非人为灾难等各种风险。同时，社会对审计的要求也越来越高，需求越来越多，许多传统审计不能解决的问题，特别是涉及技术层面的问题，都需要由信息系统审计来处理。信息系统审计师需要凭借自己的专业知识，通过检查和评估内部控制状况，起到改善管理、降低风险的作用。因此，积极开展信息系统审计具有重要的意义。

1. 有利于维护市场经济秩序

市场经济建立在信用的基础上，信息系统审计人员应成为市场经济中公正的鉴证人。只有当产生信息的系统是可靠的，它产生的信息数据才有意义和价值，能对利益相关者有用。

根据国家互联网应急中心（CNCERT）统计，仅2016年3月，我国境内感染网络病毒的终端数量就超过271万台；被篡改网站数量6 421个，其中政府网站124个；境内被植入后门的网站数量为6 454个，其中政府网站273个；针对境内知名网站的仿冒页面14 768个。从上述数据可以看出，如何使信息系统安全可靠变得日益重要。

为了鉴证系统的可靠性，信息系统审计师可以通过"系统可靠性保证"服务来评估被审计单位信息系统的可用性、安全性和过程的完整性。信息系统审计人员对各种电子信息进行鉴证，合理监督组织提供真实可靠的信息，保护各利益相关方的利益，以促进资本市场的有序发展，维护信息时代的市场经济秩序，降低风险。

2. 为利益各方提供更加全面有效的鉴证服务

被审计单位的信息系统所产生数据的真实性、可靠性和完整性关系到其经营和决策，影响被审计单位的生存和发展。同时，这些信息对利益相关者也非常重要。因而信息系统具有容易删除或篡改数据而不留痕迹的存储特性，导致信息系统在缺乏管理和控制的情况下生成的数据信息缺乏可信度。

可以看出，信息系统审计在信息系统内部环境的安全控制，以及对生成的数据的验证和评价方面起着重要的作用。对信息的真实性和完整性进行独立、客观的审计，并据此生成公正、客观的审计报告，对合理保证资产的安全、数据的完整、系统有效实现组织目标并有效利用组织资源，乃至支撑整个信息化事业的发展，以及整个社会对信息化事业的信心都起着举足轻重的作用。

3. 为管理者和业务人员提供及时的咨询服务

在信息系统审计过程中，信息系统审计人员可以根据自身在建立和完善被审计单位内部控制和信息系统管理方面的专业知识和工作经验，从被审计单位实际需求出发，为管理者和业务人员提出调整现有的组织结构、业务流程和软件功能的意见和建议，以更好地适应被审计单位的发展，帮助降低信息化带来的风险。

4．帮助被审计单位更快、更好地发展

实施信息系统审计后，审计机构可出具具有一定法律效力的审计报告。同时，信息系统审计师也可以通过在线的方式进行联网审计，实时鉴证被审计单位的信息。审计报告和实时鉴证对于被审计单位的利益相关者来说具有重大价值。如果通过审计报告和实时鉴证能证明其信息系统所产生的信息是真实完整的，将有利于利益相关者对被审计单位经营活动的监督，同时也有利于被审计单位的融资活动，促进其快速发展。

1.1.5 计算机审计与信息系统审计的关系

1．概念上的区分

20 世纪 80 年代，随着审计环境、审计对象日益复杂，以及信息化的初步发展，以手工审计为代表的传统审计已经越来越不能适应形势的需要，传统审计越来越快地向以计算机审计为代表的新的审计方式转变。80 年代末，最初有学者将其称为"电算化审计"，现在已比较多地称"计算机审计"。

从定义上看，计算机审计是指以计算机作为审计工具来执行经济监督、鉴证和评价职能的审计，包括对计算机管理的数据进行审查和对管理数据的计算机进行审查。而信息系统审计则是指通过一定的技术手段采集审计证据，对被审计单位的计算机信息系统的安全性、可靠性、有效性和运行效率进行审查与评价。

此外，计算机辅助审计是另一个会经常遇到的名词，计算机辅助审计是指审计机构、审计人员利用计算机信息技术的优势，将计算机作为审计工作的工具，借助计算机硬件及审计专业软件，对被审计单位会计报表的合法性、公允性及会计处理方法运用的一贯性进行审查、评价并发表审计意见。

2．审计目标与内容层面的比较

就审计目标而言，一方面，计算机审计可以提高经济业务的执行能力和会计信息处理能力，可以保证计算机系统的安全性和有效性；另一方面，可以提高审计工作的效率和质量，满足审计目标的需要。而信息系统审计的审计目标相对明确，即保护资产，维护信息系统的安全性、实用性和有效性。

就审计对象而言，计算机审计侧重于对信息系统中的数据进行审计，而信息系统审计侧重于对信息系统本身及其管理控制环境的审计。信息系统审计发展至今，以被审计单位的信息系统为主要审计对象，其审计内容主要是信息系统的管理与规划、运营实务、资产保护、业务开发、一系列应用系统开发、系统流程评价、绩效评价和风险管理等方面。

由于审计过程涉及许多复杂的流程，仅靠信息系统审计方法很难提高审计的效果。因此，有必要构建完善的审计标准体系，采用合理的计算机辅助审计技术。

3．审计技术层面的比较

计算机审计技术涉及面广，信息系统审计技术具有针对性。首先，在计算机审计和信息系统审计之间有一些常见的技术工具。例如，两者都可以利用测试数据法、并行模拟法、审计软件法、数据库查询法和数据分析法积极开展审计活动，对促进审计健康可持续发展起到了重要作用。其次，从两个不同的技术工具的角度来看：一方面，计算机审计技被审计系统辅助方法、数据管理系统辅助方法;另一方面,在信息系统审计中,程序流程图审核法、快照法、穿行测试法、平行模拟法、嵌入审计程序法等技术工具能够满足审计发展的实际需要。通过对这两种技术手段的比较,可以看出它们在技术工具上有异同,可以实现融合,弥补彼此的不足,有利于促进审计事业的发展。

1.1.6 财务审计与信息系统审计的关系

与传统的财务审计不同,信息系统审计是现代审计功能的拓展,其审计对象为被审计单位的信息系统及其管理控制环境,这似乎与受托责任的履行无关。不过信息系统所产生的信息主要为企业或组织的管理活动提供支持。

随着信息技术在社会经济中的应用,为了更好地履行受托经济责任,开展财务报告审计、经济责任审计、绩效审计等,对产生财务报告等信息的载体进行审计变得尤为重要。信息系统审计与财务报表审计、经济责任审计、绩效审计之间的关系,就像工厂与产品之间的关系一样。维护好工厂就是生产更好产品的重要保障。信息系统审计的本质也是一种控制活动,其目的是确保信息系统的资产保全责任和对信息系统运行效率的受托责任得到充分有效的履行。信息系统审计的本质目标仍然是确保受托经济责任的充分有效履行。表 1-1 是从不同层面对二者进行的比较。

表 1-1 信息系统审计与财务审计的区别

项目	信息系统审计	财务审计
审计对象	被审计单位的信息系统及其管理控制环境	被审计单位财务收支活动及相关的经营管理活动
审计目标	对被审计单位信息系统的安全性、完整性、可靠性、有效性和效率性发表审计意见	对被审计单位财务报表的合法性、公允性及会计处理方法的一贯性发表审计意见
审计内容	信息系统的开发与维护、数据和软硬件资源、信息系统内部控制审计、信息系统安全审计、信息系统绩效审计	被审计单位作为财务收支及相关经营活动信息载体的资料
审计依据	审计署、内审协会、中注协出台的信息系统管理制度、条例以及信息系统的实际运行情况等	审计法、会计法、财务会计制度和其他相关管理制度以及财务收支及相关经营管理活动的事实等
审计准则	信息系统审计准则	注册会计师审计准则
审计技术	手工审计结合计算机辅助审计技术	手工审计以及计算机辅助审计技术

1. 审计对象与目标的比较

财务审计的对象是被审计单位的财务收支及其相关的经营管理活动。无论是手工环境下的纸质凭证、会计账簿、财务报表,还是信息技术环境下的电子账套,都是被审计单位财务收支活动的反映。注册会计师在进行财务审计时,往往将会计报表的合法性和公正性作为审计目标。同时,会计人员进行日常工作的方式也被作为审计目标。审计可以反映出被审计单位的财务收支以及相关的经营管理情况。

信息系统审计的对象是被审计单位的信息系统本身,不仅仅是对数据的审计,还涵盖了信息系统从规划、研发、实施、运行、维护这一生命周期的所有活动。具体对象应包括被审计单位的硬件和软件系统、数据库系统、网络和通信设备、办公场所、人员、财务和业务数据文件，以及被审计单位的管理控制活动。

2．审计依据与准则的比较

在审计过程中，审计依据是审计人员在审计过程中用来判断和评价被审计事项、得出审计结论和审计意见的依据，而审计准则是审计工作人员进行审计工作的规范。就审计依据而言，注册会计师将会计法及相关法规、财务制度及相关活动作为审计财务报表的依据。而信息系统审计师则将与信息系统安全控制管理相关的法规和管理制度，以及信息系统的实际运行情况作为审计财务报表的依据。就审计准则而言，注册会计师经常借助独立审计准则进行财务审计。而信息系统审计师则借助信息系统审计标准对被审计单位的信息系统进行审计。

3．审计时间的比较

财务审计属于事后审计，注册会计师的财务审计通常是年度审计。而信息系统审计往往是结合了事前审计、事中审计和事后审计。审计人员在信息系统开发过程中进行的审计可以看作是事中审计。同时，与信息系统运行后实施的审计相比，本次审计也可视为事前审计。如果将信息系统运行前进行的审核视为事前审核，那么信息系统运行后，在系统某个运行阶段进行的审计可以视为事后审计。因此，对信息系统实施事前审计、事中审计和事后审计都是相对而言的。

4．审计技术的比较

进行财务审计不仅可以采用手工审计技术，还可以采用计算机作为辅助审计技术。在信息技术环境下，大量的会计数据将存储在计算机等磁性存储介质中，采用计算机辅助审计，可以提高审计效率。而对于信息系统审计，在某些审计环节虽然也能够采用手工审计技术，例如对实体资料的查阅评价，但其他绝大部分审计环节只有借助计算机审计技术，才能对信息应用系统和控制程序实施审计的措施。

5．审计测试的比较

符合性测试与实质性测试是审计测试的两种主要方法，符合性测试的评价为定性评价，实质性测试的评价为定量评价。

符合性测试对财务审计而言属于可选方法。在财务审计过程中，如果发生下列情况，注册会计师就会进行实质性测试：没有相关内部控制，即使有内部控制也没有有效运行，符合性测试工作量要比实质性测试工作量大。审计人员在对财务审计实施审计测试时，可以根据测试情况选择是否实施符合性测试，但必须进行实质性测试。在财务审计中，符合性测试多针对影响会计报表的内部控制制度。而在信息系统审计中，信息系统审计师往往对信息系统内部控制的健全性和有效性进行审计，并提出建议。因此，信息系统审计一定会实施符合性测试。

就实质性测试而言，虽然财务审计和信息系统审计都必须进行实质性测试，但测试的目的是不同的。注册会计师在进行财务审计时，往往将信息系统输出的财务报表数据作为审计的重点，这属于实质性测试。实质性测试主要包括：盘点实物、检查凭证、核实交易和余额、复算结果等。而信息系统审计,在对财务交易活动进行实质性测试与分析性复核测试基础上,还要对财务交易的完整性与准确性进行确认。

6. 审计人员的比较

在信息技术环境下,财务审计人员不仅要具备专业的会计知识,掌握会计法等相关法规和财务制度,还要具备信息技术知识。信息系统审计人员既要具备一定的审计理论和实践知识,又要具备一定的信息技术知识。

1.1.7 信息系统审计师的主要工作

信息系统审计师的主要工作是向相关方披露被审计单位信息系统审计的结果,包括三个方面:评价信息系统的安全性、关注信息系统的稳定性、鉴别信息系统的有效性。这就要求信息系统审计师必须具备全面的计算机软硬件知识,对计算机网络和信息系统的安全性具有高度而特殊的敏感意识,而且对财务会计和内部控制具有深刻的理解能力。

1. 评价信息系统的安全性

在信息化时代,企业或组织的运营管理离不开计算机信息系统,信息系统及其存储的数据和其他的资源(如资金、原材料、员工等)一样,成为组织资源的重要组成部分。信息系统审计师主要是对被审单位信息系统进行技术审计,采用各种方法来测试系统的安全性,并对来自内部和外部的安全隐患提出相应对策,防止和降低信息技术条件下的审计风险。

2. 关注信息系统的稳定性

信息系统的稳定性同样非常重要,不稳定的系统会给企业或组织带来巨大的损失。信息系统面临的不稳定性包括宕机、内存溢出、系统安全性低易遭侵入或感染病毒、应用软件不当安装影响系统正常运行等。失去持续的稳定性,组织无法保证正常的生产运营,在面对激烈的市场竞争时也会被"拖后腿"。因此,信息系统审计师的职责就是要不断地跟踪记录,定期地检查软件、服务和管理控制情况,提出一系列建议和改进措施,如建议对信息系统定期维护升级、更新杀毒软件病毒库、安装软件补丁、升级防火墙、使用性能分析工具、优化配置等,以保证信息系统的稳定运行。

3. 鉴别信息系统的有效性

一个好的系统必须能最大限度地符合企业或组织的运营管理流程,经济有效地解决问题、提供信息。要实现这一点,在信息系统的开发和维护过程中,需要有大量的管理者参与,设计最优的系统业务流程和数据流程。如果只注重信息系统的安全性和稳定性,而不注重信息系统的有效性,其危害也将是巨大的:一方面,由于信息技术的复杂性,内部业务人员可能不会使用、不想使用或使用不当;另一方面,使用中的错误会导致稳定性和安全性出问题。因此,最安全、最稳定的系统不一定是最有效的系统,而低效的系统会消耗大量的资源。信息系统审计师的职责是熟悉信息系统的各个环节,凭借自身的专业素质对信息系统从设计到运行的全过程进行评价,为系统改造和风险控制提供建议,提高信息系统的投资和运行效率。

1.2 信息系统审计的目标、对象和主要内容

1.2.1 信息系统审计的目标

信息系统审计的目标随着周围客观经济环境的变化而变化，也随着审计对象和人们主观认识的提高而提高。在信息高度发达的今天，企业价值链上许多环节的信息都需与信息使用者(管理者、交易伙伴以及投资人)共享，社会的需求促使了现代审计目的的转变。信息系统审计师不仅要对系统信息的合法性、公允性进行审计，还要对信息系统的硬件和软件，以及整个信息系统的安全性、稳定性、内部控制的健全性与有效性等方面进行审计，以指出被审计单位信息系统内部管理和控制上的薄弱环节，提高其信息系统的可靠性和真实性，有效防止利用信息技术任意篡改系统信息等欺诈行为的发生。因此，尽管国内外学者或机构没有统一的观点，但综合来看，信息系统审计的目标一般可以概括为3个，分别为：真实性、安全性、绩效性。

1. 真实性(真实、完整、合法)

真实性是指业务活动的实际情况与信息系统所产生的数据的相符合程度。由于信息系统本身非常复杂，采用传统审计方法难以判断其产生数据的真实性。因此，信息系统审计的目标是审核被审计单位信息系统内部流转和处理的数据，审查这些数据是否存在被偶然或蓄意的删除、修改、伪造、乱序、重放、插入等破坏和丢失的风险。只有确保数据本身是真实的，才能保证财务审计的真实有效，并防止"假账真审"现象的出现。信息系统真实性审计是财务审计的前提和基础，两者相辅相成、协同使用，才能保证信息系统中的数据真实反映被审计单位的生产经营活动。

2. 安全性(安全、可靠、可用、保密)

安全性是指防止来自外部或内部因素的破坏，如计算机病毒、黑客攻击、未经授权的系统访问或盗窃已被授权的账号对数据进行篡改，这些威胁甚至可能对被审计单位带来毁灭性打击。一个在安全方面存在严重的问题信息系统，所产生数据的真实性和可靠性也将大打折扣。同时，信息系统的构成除了软件系统，还包括硬件设备和相关基础设施。软件可能遭到攻击，硬件也可能受到火灾、台风或地震等灾害的破坏，从而造成服务器停机、网络中断、数据损毁或丢失等影响。安全性是真实性的基础。

3. 绩效性(效果、效率、经济)

绩效性是指被审计单位投入建设信息系统，从而使其经验管理活动各个方面的效率得以改善，整体竞争力得到提升。然而信息系统本身不能直接给被审计单位创造经济效益，很难简单地量化或衡量信息系统的贡献，信息系统的实施和运行又非常复杂和耗时，且投资通常比较大。因此，被审计单位在信息系统建设上要加强风险控制和绩效评价工作。

综上所述，信息系统审计的目标可以概括为：
(1) 信息系统的真实性审计是对传统审计的补充，防止"假账真审"；

(2) 信息系统的安全性审计是对被审计单位信息资产安全性的审核，以防止和管控由信息系统产生的经营风险；

(3) 信息系统的绩效审计是对信息系统投入产出比的审核。

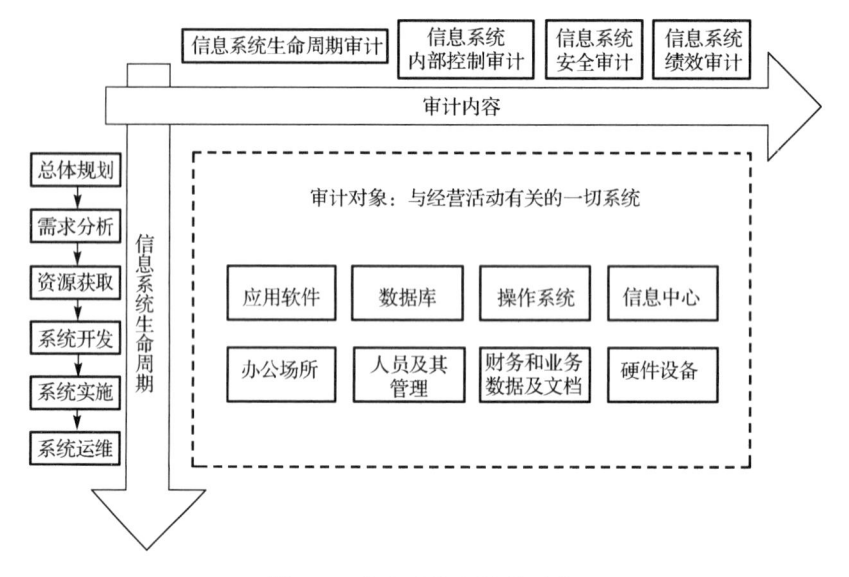

1.2.2 信息系统审计的对象

信息系统审计的对象具有综合性和复杂性，是以计算机为核心的信息系统，它包含了与生产经营流程有关的所有信息系统，其实质是对传统审计对象及内容的拓展。信息系统审计对象如图 1-1 所示。从信息系统生命周期的发展看，覆盖信息系统总体规划、需求分析、资源获取、系统开发、系统实施、系统运维活动，具体对象应当包括被审计单位的应用软件、数据库、操作系统、信息中心、办公场所、人员及其管理、财务和业务等相关数据及文档、硬件设备等。从审计内容看，它包含信息系统生命周期审计、信息系统内部控制审计、信息系统安全审计、信息系统绩效审计。

图 1-1 信息系统审计的对象

1.2.3 信息系统审计的主要内容

信息系统审计是对保障信息系统有效运行所涉及的软件、硬件及其相关的内部控制制度进行审计。虽然国内外学者和机构对信息系统审计的基本内容有不同的观点，但信息系统审计基本内容的界定应该是基于对信息系统组成部分的认识，主要包括四个方面：信息系统生命周期审计、内部控制审计、安全审计、绩效审计。其具体内容如图 1-2 所示。

1. 信息系统生命周期审计

系统开发、运行和维护构成了信息系统的生命周期。为了提高决策者的决策质量，提高信息系统设计质量和信息系统开发与获取过程的质量，审计人员必须校验信息的产生、处理和输出流程是否可靠。对信息系统生命周期的审计活动包括系统开发审计、系统交付运行后对应用系统的审计和系统维护审计。

信息系统生命周期分为六个阶段：战略规划、需求分析、资源获取、系统开发、系统实施、系统维护。生命周期的每个阶段都需要形成一套规范文档，在后期作为评估信息系统质量的审计证据。由于信息系统完成整体规划和需求分析后，可以选择购买成熟的、能够满足业务需求的商品化软件，也可以选择自行开发，因此，信息系统生命周期中的系统开发和系统采购是两个可供选择的方案。

信息系统项目的成功不仅需要充分有效的规划、分析和开发，还需要正确的操控和维护，只有做好相关的工作，才能保证系统正常运行，从而达到设计目标，提高经营管理效率。

此外，信息系统即包括软件，也包括硬件。在信息系统审计实践中，对计算机软件的采购、管理和维护的审计被划入信息系统生命周期审计，而计算机硬件的采购属于财务审计(采购与付款循环审计)范畴，计算机硬件的管理和维护被划入信息系统内部控制审计和安全审计。

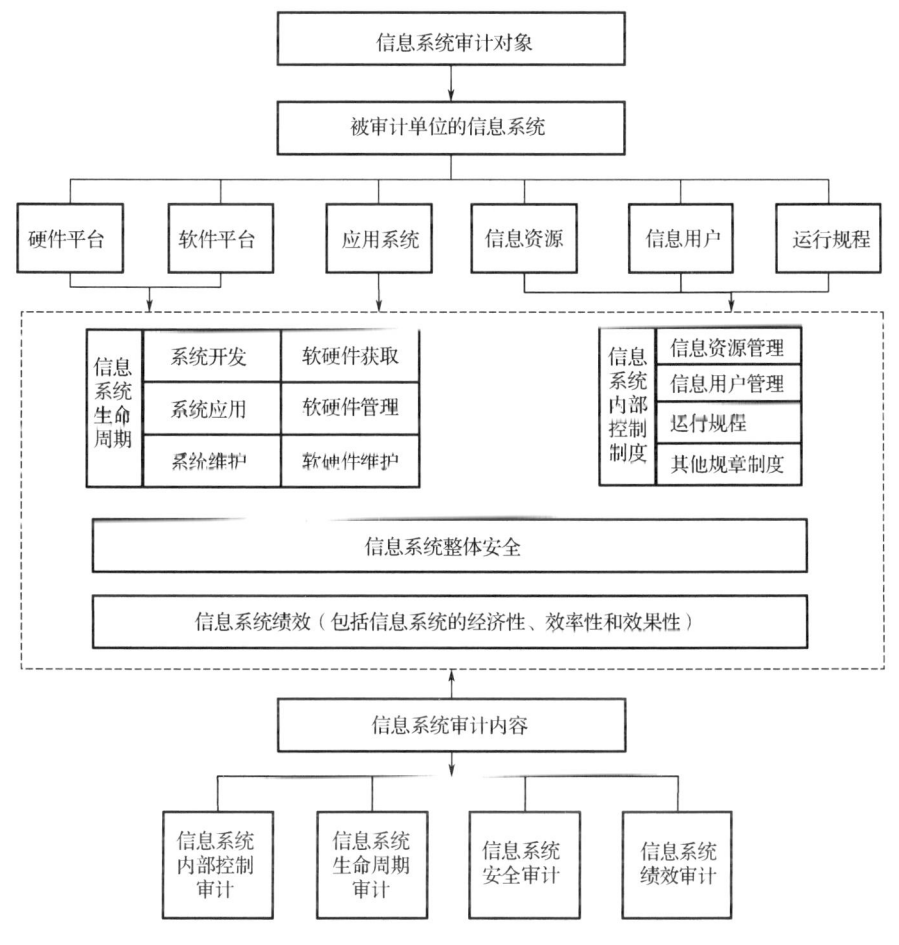

图 1-2 信息系统审计的具体内容

2．信息系统内部控制审计

信息系统内部控制审计分为一般控制审计和应用控制审计，对信息系统的内部控制系统进行审计的目的是在内部控制审计的基础上对信息系统的处理结果进行审计,加强内部控制,完善内部控制系统。

对信息资源、信息使用者及其操作规程的管理活动主要体现在被审计单位的内部控制系统中,包括计划与组织控制、系统开发控制、软硬件控制、运行控制、数据资源控制、系统维护控制、灾难恢复控制等一般控制活动,以及输入控制、处理控制、输出控制等应用控制活动。因此,对信息资源、信息用户与运行规程的主要审计内容表现为信息系统内部控制审计。

3. 信息系统安全审计

随着企业或组织越来越依赖信息系统,信息安全问题日益突出,信息资产比传统资产更易受到损害。一般来说,为了有效地保护信息资产,组织需要建立一些信息安全管理制度或规则。例如,管理层的承诺与支持、信息安全政策与程序、组织、安全意识与教育、监督与符合性审核、应急处理与响应、业务连续性计划等。

4. 信息系统绩效审计

信息系统绩效审计是绩效审计与信息系统审计的交叉研究和应用,是对信息系统的经济性、效率性和效果性的评价与监督。信息化建设被认为是一项投资大、风险高、见效难的工程。信息系统审计师需从经济效益、控制、服务和可持续性这几个维度出发,科学、准确地评价系统运行结果的有效性或可行性,以及信息系统是否满足业务和管理需求,用户是否对系统的运行过程和结果感到满意。

1.3　信息系统审计的发展历程

信息系统审计的发展历程大致分为三个阶段,分别是萌芽期、发展成熟期和普及期。

1. 信息系统审计的萌芽期

信息系统审计的概念最早出现于 20 世纪 60 年代,随着计算机的迅速发展,利用计算机处理的业务越来越广泛。计算机在企业或组织的应用,使企业或组织的经营过程、思想意识和方法等产生了显著的变化。会计业务处理开始往会计电算化方向发展,这使得审计人员开始关注电子数据的采集、处理和分析,即 EDP 审计,这是信息系统审计的萌芽。

最初是由会计师事务所对利用计算机较早、较为深入的金融领域进行审计,但还没有形成统一的制度。这一时期,以 F.考夫曼编写的《电子数据处理和审计》最具代表性;IBM 公司出版的 *Audit Encounters Electronic Data Processing*,*In-line Electronic Processing and Audit Trail* 等文献,给出了在新的电子数据环境下的内部审计规则和组织方法,介绍了许多新的概念、术语和审计技术等;接着在 1968 年由美国注册会计师协会出版了《会计审计与计算机》一书;20 世纪 60 年代先后出现了若干引人注目的研究成果,金融企业设立了电子数据处理及安全办公室。1969 年在洛杉矶成立了电子数据处理审计师协会(EDPAA)。

严格意义上讲,最初的信息系统审计就其范围和目的而言,与我们现在的信息系统审计是不同的。在信息系统审计的萌芽阶段,人们称之为电子数据处理审计(Electronic Data Processing Audit)或计算机审计,它是作为传统审计业务的扩展发展起来的。那时候,人们需要信息系统审计主要是由于:

(1) 审计师认识到计算机已经影响了他们执行鉴证业务的能力；

(2) 企业认识到在信息时代，计算机像其他有价值的商业资源一样，是商业竞争的关键资源，因此也迫切需要对其进行审计；

(3) 职业团体、组织和政府机构认识到需要对信息技术加以控制，并使其可以审核。

在萌芽期，信息系统审计是作为传统审计业务的一部分，在审计师对由计算机系统处理的数据的质量进行判断时提供技术支持。有信息系统审计技能的审计师被看作是会计师事务所的技术资源，在必要时能为同事提供技术支持。

2. 信息系统审计的发展成熟期

20世纪70年代，计算机逐渐在工业界普及，信息系统也日趋复杂，计算机犯罪开始出现。信息系统的安全性、可靠性和效率性就显得越来越重要，信息系统审计得以在美国和日本等国迅速应用和发展。这一时期，美国注册会计师协会(AICPA)和国际内部审计师协会(IIA)等对信息系统审计予以了一定的重视。美国注册会计师协会发布了《内部控制制度的调查与评价对电子数据处理的影响》，美国内部审计师协会发布了《系统可审计性及规则的研究》。

这一时期的信息系统审计还被称为计算机审计，是随着计算机在财务会计领域的应用而产生的。早期的计算机应用比较简单，相应地，计算机审计业务主要关注对被审计单位电子数据的取得、分析、计算等数据处理业务，还称不上信息系统审计。从财务报表审计的角度来看，这一阶段的主要业务内容是对交易金额和账户、报表余额进行检查，属于审计程序中的实质性测试环节。此时，它只是传统财务审计业务的一种辅助工具，对被审计单位的电子化会计数据进行处理和分析，为财务报表审计人员提供服务。

20世纪80年代，互联网的产生促进信息产业迅速发展，通过信息系统审计确保信息系统的安全、可靠成为业界共识，此阶段是信息系统审计成熟期。在制度基础审计的模式下，计算机审计的业务内容已经扩展到了符合性测试领域。基于风险控制的审计模式的采用以及信息技术在被审计单位的各个领域的广泛应用，信息系统的安全性、可靠性与其所服务的组织所面临的各种风险的联系越来越紧密，并且直接或间接地影响到财务报表的真实、公允。在这种情况下，对被审计单位风险的评估必须将计算机信息系统纳入考虑范围。发展到这一阶段，计算机审计的业务范围已经覆盖了一项审计业务的全过程，计算机审计这一概念已经不能反映这一业务的全部内涵，信息系统审计的概念随之出现。

这一时期，在发达国家，信息系统审计师职业化，信息系统审计走向成熟。1981年美国开始注册信息系统审计师资格考试，这是信息系统审计迈向成熟的重要标志。

3. 信息系统审计的普及期

20世纪90年代开始，信息系统更加复杂化、大型化、多样化和网络化，信息系统安全演变为国家战略，信息系统审计升级为国际共识，并在组织、准则、标准及规范、培训等各个层面逐渐形成了较为完善的工作体系(见图1-3)。

由于社会信息化程度的提高，发达国家大力发展信息产业，加上计算机与通信技术的结合，使计算机的应用更加普及，同时也导致利用计算机犯罪的比率上升，在社会上引起了强烈的反响，使人们日益关注包括财务信息系统在内的所有信息系统的安全性、可靠性，及其与组织目标的一致性。信息系统审计的必要性逐渐凸显。如今的信息系统审计的业务已经超出了为财务报表审计提供服务的范围,在很多大型事务所,信息系统审计部门已经成为一个独立的对外提供多种服务的部门。尤其是互联网和电子商务的兴起,更是为信息系统审计业务带来了无尽的商机。为财务报表审计提供服务只占信息系统审计部门业务内容很小的一部分。与信息安全相关的防火墙审计、安全诊断、信息技术认证以及与 ERP 相关的新型咨询业务也不断涌现。"未来审计行业和审计技术的发展动力将主要来自信息系统审计的发展",这一观点已经逐渐成为国外会计、审计界的一个共识。

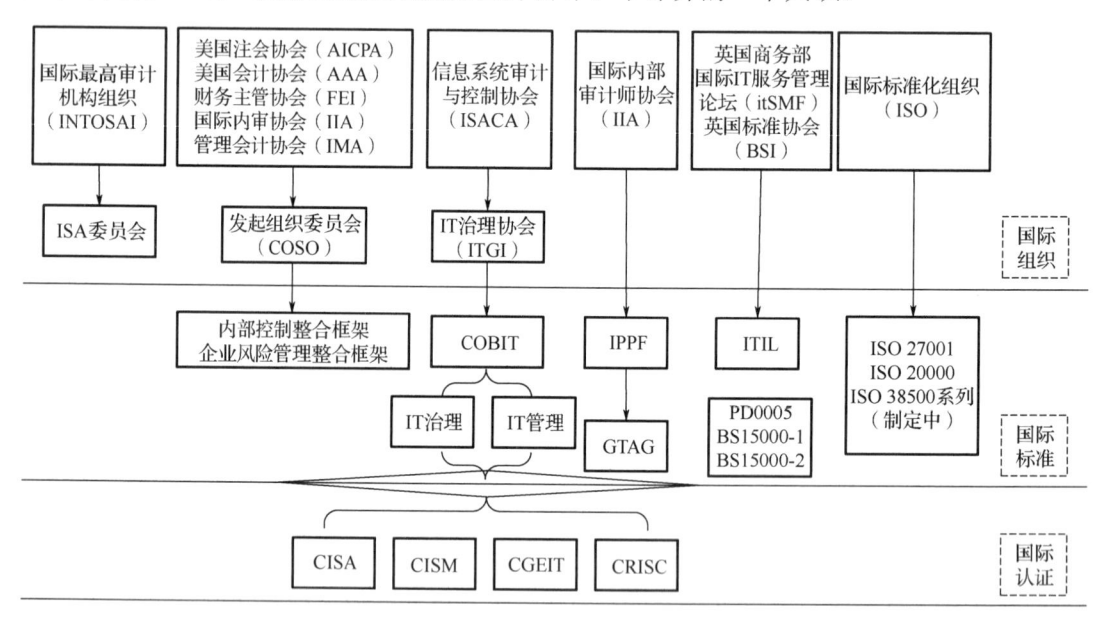

图 1-3 国际信息系统审计工作体系

这一时期信息系统审计得到快速普及。1994 年,电子数据处理审计师协会(EDPAA)更名为国际信息系统审计协会(Information System Audit And Control Association,ISACA,原译名:信息系统审计与控制协会)。目前该组织在世界上 100 多个国家设有 160 多个分会,现有会员两万多人,它是从事信息系统审计的专业人员唯一的国际性组织。ISACA 也成为具有国际权威的信息系统审计师的资格考试的职业认证机构,注册信息系统审计师(Certified Information System Auditor,CISA)也是这一领域的唯一职业资格。

从 1996 年开始,ISACA 先后颁布了一系列的信息系统审计准则和指南,并在全球推广应用。1996 年,ISACA 公布了信息系统审计框架体系 COBIT,其内容覆盖信息系统全生命周期。COBIT 已成为国际公认的信息系统审计事实标准,在 100 多个国家得到运用,成为组织战略目标与 IT 目标之间的最佳桥梁,ISACA 的注册信息系统审计师(CISA)受到全球广泛认可。2001 年,美国注册会计师协会(AICPA)下属的审计准则委员会(ASB)发布《独立审计准则 NO.94-IT 对 CPA 评价内控的影响》,信息系统审计开始在发达国家广泛普及。作为内部审计规范体系标杆的国际内部审计师协会(IIA)国际内部审计实务框架(IPPF)对信息技术控制、信息技术治理进行了定义。2005 年始,IIA 发布了 16 项全球技术审计指南(GTAG)。2009 年,美国审计总署(GAO)发布《联邦信息系统控制审计手册》(FISCAM),将信息系统控制分为一般控制和应用控制。信息系统审计的标准规范得到进一步丰富。

2002年，美国国会发表了《萨班斯法案》(Sarbanes-Oxley Act)，该法案涉及了美国证券市场治理的各个方面，明确了所有上市公司都必须建立有效的内部控制框架，以确保上市公司遵守证券法律，提高公司信息披露的准确性和可靠性，从而保护投资者利益等。《萨班斯法案》的出台让 COSO 控制框架(The Committee of Sponsoring Organization of the Treadway Commission，即美国反虚假财务报告委员会下属的发起人委员会)成为目前最主流的内部控制标准。COSO 中包括了对 IT 控制的明确要求，ISACA 也及时推出了针对 SOX 与 COSO 相对照的 COBIT 控制框架，成为指导信息系统审计师依照《萨班斯法案》进行符合性审计的有力工具。

4．信息系统审计在中国的发展

我国信息系统审计标准和规范发展较为滞后。2001 年，审计署将注册信息系统审计师(CISA)认证考试引入我国，此后国内各行各业迅速推广和发展，这对于促进信息系统审计行业发展具有重要意义。在审计部门等推动下，审计信息化理念逐步向信息系统审计理念演进，并形成我国信息系统审计工作体系，如表 1-2 所示。

表 1-2　我国信息系统审计工作体系

国内机构	标准、规范
中国审计学会	信息系统审计指南
中国注册会计师协会	注册会计审计准则第 1121、1231、1611、1612 号等
中国内部审计协会	内部审计具体准则第 28 号——信息系统审计
中国内部控制协会	第 2203 号内部审计具体准则——信息系统审计 第 3205 号内部审计实务指南——信息系统审计
银监会、保监会 （现在为银保监会）	银行业金融机构重要信息系统投产及变更管理办法(银监发[2009]137 号) 银行业金融机构外包风险管理指引(银监发[2010]44 号) 银行业金融机构监管数据标准化规范(2017 版) 银行业金融机构数据治理指引(银保监发[2018]22 号)
证监会	证券期货业数据分类分级指引(JR/T 0158—2018) 证券期货业网络安全等级保护基本要求(JR/T 0060—2021) 证券期货业网络安全等级保护测评要求(JR/T 0067—2021) 期货公司信息系统审计指南(JR/T 0146.7—2016) 基金公司信息系统审计指南(JR/T 0146.6—2016) 证券公司信息系统审计指南(JR/T 0146.5—2016) 证券期货其他核心机构信息系统审计指南(JR/T 0146.4—2016) 证券登记结算机构信息系统审计指南(JR/T 0146.3—2016) 期货交易所信息系统审计指南(JR/T 0146.2—2016) 证券交易所信息系统审计指南(JR/T 0146.1—2016) 证券期货业信息系统审计指南(JR/T 0146-2016) 证券公司内部控制指引 期货公司信息技术管理指引(2009 版) 证券基金经营机构信息技术管理办法(证券基金经营机构信息技术管理办法) 深证上[2015]413 号，深交所创业板行业信息披露指引第 5 号——互联网游戏业务、第 6 号——互联网视频业务、第 7 号——电子商务业务

续表

国内机构	标准、规范
工信部	工业数据分类分级指南(试行) 信息技术服务标准(ITSS)(5项国际、5项行标、1项团体标准)
全国人民代表大会常务委员会	《中华人民共和国数据安全法》
公安部信息安全等级保护评估中心	信息系统安全等级保护实施指南 信息安全系列标准约100项

在我国大部分经济领域，信息系统审计还没有被纳入强制审计的范畴，基本上属于自愿审计的范畴。

1.4 信息系统审计人才定位

1. 信息系统审计师应具备的素质

对于信息系统审计业务而言，信息系统审计师的需求领域很广。如对企业或组织的信息系统审计(主要集中在对信息技术的管理控制)、技术方面的信息系统审计(包括架构、数据中心、数据通信等)、应用的信息系统审计(包括经营、财务)、开发实施信息系统审计(包括需求识别、设计、开发以及实施后阶段)和信息系统是否符合国家或国际标准的审计等。

为满足信息系统业务需求，信息系统审计师需要对信息技术能有充分了解和熟练运用，应具备全面的计算机软硬件知识，对网络和系统安全具有独特的职业敏感性，对电子商务、财务会计和内部控制有深刻的理解。综合来讲，信息系统审计师应具备待审计对象所要求的业务知识和丰富的信息系统开发经验。

由此可见，对信息系统审计人才的要求是很高的，所以一般审计人员难以胜任，通常由获得信息系统审计资格的审计师来执行这项审计业务。国际信息系统审计协会(ISACA)于1981年开始了注册信息系统审计师(CISA)考试，这是最早产生的对信息系统审计师的职业技能要求，也是目前信息系统审计领域唯一的职业资格认证。该协会提出的信息系统审计师职业必须具备的知识体系包括以下5个方面(援引2020年CISA考试大纲)：

(1)信息系统审计流程

遵照IT审计标准提供审计服务，以帮助组织保护和控制其信息系统。

(2)IT治理和管理

用以确保具备必要的管理层、组织结构及流程来实现相关目标和支持组织战略。

(3)信息系统购置、开发与实施

用以确保信息系统的购置、开发、测试和实施实务符合组织的战略与目标。

(4)信息系统的运营和业务恢复能力

用以确保信息系统的操作、维护与支持流程符合组织的战略与目标。

(5)信息资产的保护

用以确保组织的安全政策、标准、规程和控制能够保证信息资产的机密性、完整性和可用性。

2．人才需求

信息技术的进步推动了信息系统的快速迭代，同时也推高了信息系统所带来的巨大风险，这对现代企业或组织的管理控制活动提出了紧迫的要求，信息系统审计师已逐步成为被市场认可的、日益重要的高级人才，其地位也在不断提升。

对于想要进行信息化建设或转型的企业或组织来说，需要第三方提供咨询、监理等高度专业化的技术服务。对于投资者和债权人来说，他们不仅需要会计师或审计师对企业财务状况的真实性和合法性进行审计，还需要对信息系统产生的业务数据和财务数据的真实性和合法性进行审计。

对于管理者而言，他们必须了解信息系统的安全状态。企业的经营风险不仅来自市场、竞争对手、技术、政策等，也来自一个新的风险源，即信息系统所带来的风险。企业对信息系统的依赖性越强，其安全风险就越高，安全事故可能造成的破坏力就越大。尤其是银行、证券、电信、保险等对信息系统的安全性、可靠性和保密性要求极其严格的企业。信息系统审计师的出现，为企业的决策层提供信息系统安全性、可靠性、保密性和真实性的检查和监督等管理功能。他们完全不同于从事信息系统建设、改造和维护的技术人员。

信息系统审计人才的需求主要分布在以下几个行业：

(1) 软件企业

特别是从事管理信息系统、财务系统、ERP产品研发的软件企业，信息系统审计师主要参与软件设计与规划、软件测试与质量控制，包括对客户现有信息系统进行评价，提出改进和完善建议等工作。目前，国外的大型软件产品供应商都设立了信息系统审计师这一职位。

(2) 管理咨询机构

自20世纪90年代以来，国际管理咨询业的重点逐渐发展为提供一揽子解决方案。与此同时，与信息安全相关的安全诊断、技术认证以及与ERP相关的各种咨询服务也相继出现。这些管理咨询机构每年都要吸收大量的信息系统审计人员。

(3) 会计师事务所

会计师事务所是信息系统审计师最早的落脚点。目前，一些最著名的会计师事务所30%以上的收入来自风险管理部门，该部门的主要工作是监控客户的信息系统风险和运营风险，为客户提供信息系统审计服务。

(4) 大型企业

大型企业或组织的生产经营活动完全依赖于信息系统，因此迫切需要信息系统审计师帮助进行信息化建设或改造，时刻保持对分支机构的信息掌控。有迹象表明，大型企业或组织的内部审计部门也在招聘大量的信息系统审计人员，以加强内部监督和牵制。

本章小结

1．信息科技的飞速发展，企业或组织对信息系统的依赖程度逐渐增强，因而更加关注信息安全，信息系统审计在信息安全风险控制中发挥着愈加重要的作用。

2．信息系统审计师的主要工作是向相关方披露信息系统审计的结果，包括评价信息系统的安全性、关注信息系统的稳定性、鉴别信息系统的有效性。

3．信息系统审计的目标是真实性、安全性和绩效性；审计内容主要包括四个方面：信息系统生命周期审计、信息系统内部控制审计、信息系统安全审计、信息系统绩效审计；审计对象包括：被审计单位的应用软件、数据库、操作系统、信息中心、办公场所、人员及其管理、财务和业务等相关数据及文档、硬件设备等。

复习思考题

1．信息系统审计与财务审计的审计要素分别是什么，审计内容有何区别？
2．国内信息系统审计发展面临的阻碍有哪些？
3．信息系统审计师应具备哪些理论知识？
4．找几个典型行业，分析这些行业对信息系统的依赖程度，分析信息系统审计的作用和重要性。

第 2 章　IT 治理

2.1　IT 治理概述

2.1.1　IT 治理的概念

IT 治理是信息系统审计和控制领域中一个相当重要的概念。它是企业治理在信息时代的重要发展，是企业治理的一部分，用于描述企业或组织是否采取有效机制，使 IT 应用能够完成组织赋予的使命，平衡信息技术和流程的风险，保证组织战略目标的实现。

如图 2-1 列出了 IT 治理的八大部分内容。

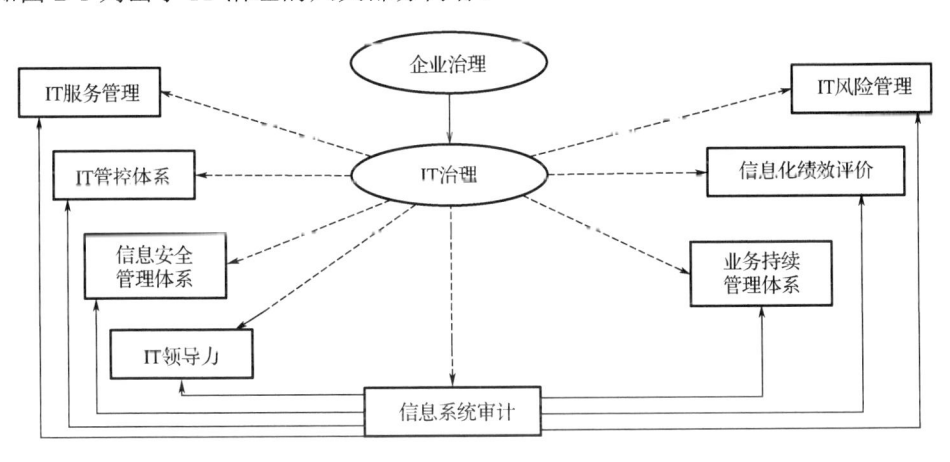

图 2-1　IT 治理的八大部分内容

2.1.2　IT 治理的目标

IT 治理的目标有以下三个。

1. 与业务目标一致

IT 治理要从组织目标和信息化战略中抽取信息需求和功能需求，形成总体的 IT 治理框架和系统整体模型，为进一步系统设计和实施奠定基础，保证信息技术跟上持续变化的业务目标。

2．有效利用信息资源

由于信息化工程超期，导致客户的需求没有得到较好的满足，IT 平台不支持业务应用等问题较为突出。IT 治理可以对信息资源的管理职责进行有效管理，保证投资的回收，并支持决策。

3．风险管理

由于企业或组织越来越依赖信息技术和网络，因此新的风险不断涌现。IT 治理强调风险管理，通过制定信息资源的保护级别，强调对关键的信息技术资源实施有效监控和做好事故处理。IT 治理使企业或组织可以适应外部环境变化，在内部的业务流程中实现对资源的有效利用，从而达到提高管理效率和经营水平的目的。

IT 治理的目标是帮助管理层树立以组织战略为导向、以外界环境为依据、以业务与 IT 整合为中心的观念，正确定位 IT 部门在整个组织中的作用；最终能够针对不同业务发展要求，整合信息资源，制定并执行推动组织发展的 IT 战略。

2.1.3 IT 治理可以解决的问题

1．发现信息技术本身的问题

例如，是否有足够的 IT 资源、基础设施、竞争力来满足战略目标；信息技术操作的失误原因；IT 没有推动业务改善而是阻碍业务的次数。

2．帮助管理者处理 IT 问题

例如，IT 和组织战略目标的一致性程度怎么样；怎样衡量 IT 交付的效果；管理人员采取什么样的手段来管理和运用 IT；IT 与企业或组织的运营与成长管理相关的问题；对 IT 相关风险（风险规避和风险承担）是否有清楚的认识；有没有最新的 IT 风险清单，要采取哪些行动防范这些风险。

3．自我评估 IT 管理的效果

例如，是否向最高管理层定期汇报 IT 风险；最高管理层是否就组织的战略目标与信息技术一致性进行阐明和沟通；最高管理层对主要 IT 投资是否有清楚的观点，包括风险和回报；最高管理层是否能定期得到主要 IT 过程的报告；最高管理层在获取 IT 目标和限制 IT 风险时是否得到独立的保证。

IT 治理就是要明确有关 IT 决策权的归属机制和有关 IT 责任的承担机制，从而鼓励应用 IT 预期行为的产生，将战略目标、业务目标和 IT 目标联系起来，让企业或组织从 IT 中获得最大价值。

2.1.4 IT 治理与信息系统审计的关系

那么 IT 治理与信息系统审计又是怎样一种关系呢？从图 2-1 可以看出，在 IT 治理的八大部分内容中，信息系统审计居于核心位置，信息系统审计能够对其他七个部分进行审计。也就是说，信息系统审计对于 IT 治理中存在的问题是一种监督检查和促进 IT 治理的作用，但它不能替代 IT 治理。信息系统审计是 IT 治理的组成部分，IT 治理的好坏在很大程度上取决于信息系统审计。这就相当于独立审计与企业治理的作用一样，正是企业治理问题的出现才产生了对独立审计和独立审计师的需要，而独立审计又能促进企业所有权与控制权分离，促使受托责任的实现，发挥企业治理的最大作用。

2.2 企业的 IT 治理

治理和管理是两个不同的概念。两者的区别在于，治理是决定由谁来进行决策的，管理则是制定和执行这些决策。简单来说，IT 治理关注两个方面的问题，即 IT 治理的"什么"和"谁"。IT 治理的"什么"指的是 IT 治理应该做什么决策，IT 治理的"谁"指的是这些决策应该分别由谁来做出。

企业治理主要关注利益相关者权益和管理，包括由最高管理层(董事会)和管理执行层实施的一套责任制度和规定，目的是提供战略方向，确保目标的实现，风险的妥善管控，合理利用企业资源。而 IT 治理保证总体战略目标能够从上而下贯彻执行。IT 治理和其他治理活动一样，集中在最高管理层(董事会)和管理执行层。然而，由于 IT 治理的复杂性和专业性，管理层必须强烈依赖企业的下属管理层来提供决策和评估所需要的信息。为保证有效的 IT 治理，下属管理层应和企业总体目标采用相同的原则，提供评估业绩的衡量方法。因此，好的 IT 治理实践需要在企业全部范围内推行。

此外，企业治理将驱动和调整 IT 治理。同时，IT 治理也是战略计划的一个重要组成部分，这被认为是企业治理的一个重要功能——IT 影响企业的战略竞争机遇。

1. IT 治理和企业治理的关系

企业治理的定义是：为确定组织目标和确保目标实现的绩效监控所提供的治理结构。IT 治理的定义是：IT 治理是一种引导和控制企业各种关系和流程的结构，这种结构安排，旨在通过平衡信息技术及其流程中的风险和收益，增加价值，以实现企业目标。

IT 治理和企业治理的关系如图 2-2 所示。

IT 治理的一个关键问题是企业的 IT 投资是否与其战略目标一致，从而建立必要的核心竞争力。因为企业目标变化太快，很难保证企业的 IT 建设始终契合其商业目标，所以需要有多方面的协调来确保 IT 治理继续朝着正确的方向发展，这也是 IT 投资者真正关心的问题。因此，IT 建设时应体现出未来信息技术与企业未来发展方向的战略整合，即要尽可能地保

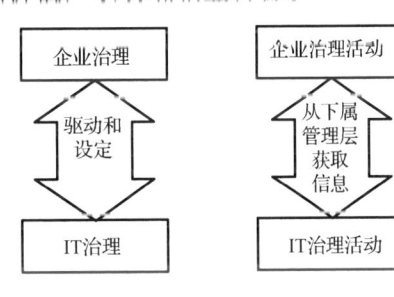

图 2-2 IT 治理和企业治理的关系

持开放性和长远性，以确保系统的稳定性和延续性。IT 治理中比较有效的做法是，在信息化建设的规划阶段仔细分析企业战略和 IT 治理之间的关系，合理预测环境变化可能给企业战略带来的偏差，在规划中留出适当的空间，从业务战略到信息战略，要通过务实来牵引，而不是追求大而全的建设思路。

IT 治理有助于建立一个灵活且适应性强的企业，使其能够迅速感知市场正在发生的变化并从中学习，从而创新产品、服务、渠道、过程；迅速变化，将革新带入市场，衡量业绩。IT 治理应体现"以组织战略目标为中心"的理念，通过合理配置 IT 资源来创造价值。企业治理侧重于企业的整体规划，而 IT 治理侧重于企业信息资源的有效利用和管理。

企业目标在于远景和商业模式，IT 目标在于商业模式的实施。企业目标与 IT 目标之间的关系如图 2-3 所示。

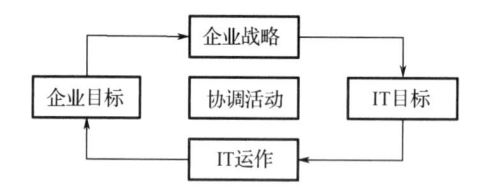

图 2-3 企业目标与 IT 目标之间的关系

简而言之，企业治理和 IT 治理都是市场的他律机制，是如何"管好管理者"的机制，目标是一致的：实现企业的可持续经营，增强企业的长期盈利能力。无论大环境是好是坏，企业最高管理层都应以达成组织目标为责任，并且企业下属管理层要有能力协助其达成目标，因此，最高管理层必须不断监督下属管理层在决策和执行政策方面的表现。

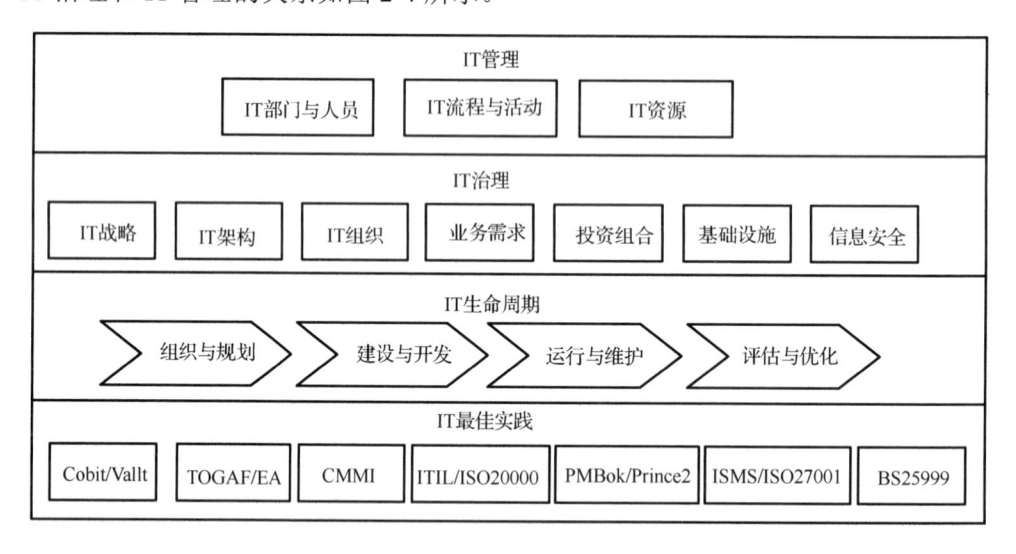

2．IT 治理和 IT 管理

IT 治理和 IT 管理的关系如图 2-4 所示。

图 2-4 IT 治理和 IT 管理的关系

IT 管理属于企业信息系统的运营，它确定企业的 IT 目标，以及为实现此目标所采取的行动；而 IT 治理是指最高管理层利用它来监督管理层在 IT 战略上的过程、结构和联系，以确保这种运营处于正确的轨道之上。这就像一个硬币的两面，谁也不能脱离对方而存在。由此可见，IT 管理就是在既定的 IT 治理模式下，管理层为实现企业的目标而采取的行动。

IT 治理规定了整个企业 IT 运作的基本框架，IT 管理则是在这个既定的框架下驾驭企业奔向目标。缺乏良好 IT 治理模式的企业，即使有"很好"的 IT 管理体系，也像一座地基不牢固的大厦；同样，企业没有畅通的 IT 管理体系，单纯的 IT 治理模式也只能是一个美好的蓝图，而缺乏实际的内容。就我国目前信息化建设的现状而言，无论是 IT 治理，还是 IT 管理，都是迫切需要不断创新和建设的。

3. 管理层在 IT 治理方面的职责

管理层在 IT 治理方面的职责如表 2-1 所示。

表 2-1 管理层在 IT 治理方面的职责

管理主体	管理职责
最高管理层(董事会)的职责	1. 证实 IT 战略与业务战略一致。 2. 证实通过明确的期望和衡量手段交付 IT 商业价值。 3. 指导 IT 战略、平衡支持企业当前和未来发展的投资。 4. 恰当决策信息资源应优先配置的地方。
最高管理层(董事会)衡量业绩的指标和方法	1. 定义和检查 IT 商业价值评估手段并加以管理。 2. 证实目标已经达到。 3. 衡量组织绩效,减少不确定性。
管理执行层的职责	1. 将 IT 风险管理的责任和控制落实到企业中,制定明确的政策指引和全面的管理控制框架。 2. 将战略、策略、目标等由上至下落实到企业,并使 IT 与业务目标一致。 3. 提供治理(约束和激励)机制支持 IT 战略的实施,建设 IT 基础设施以加快业务流程的创新与信息共享。 4. 通过衡量企业业绩和竞争优势来测度信息技术的效果(KPI、KGI)。 5. 使用 IT 绩效评估工具,弥补行政管理的不足。 6. 关注 IT 必须支持的核心竞争力,如增值客户价值的业务过程、差异化的产品和服务,并通过交叉组合产品和服务来产生增值。 7. 关注重要的增值的信息技术过程。 8. 关注与规划 IT 资产、风险、工程项目、客户和供应商相关的核心竞争能力。
最高管理层(董事会)和管理执行层将指导、监控和评估的企业行为	1. IT 的业务目标。 2. 新技术的机遇和风险。 3. 关键过程与核心竞争力。 4. 指导信息技术的管理职能和对组织的影响。 5. 分配责任、定义规程、衡量业绩。 6. 管理风险和获得可靠保证等。

2.3 IT 治理的核心问题

IT 治理的核心问题体现在以下五种 IT 决策上。
(1) IT 原则:阐述 IT 的商业作用。
(2) IT 架构:定义集成和标准化的要求。
(3) IT 基础设施:决定共享和可提供的服务。
(4) 商业应用需求:确定购买或内部开发应用的商业需求。
(5) IT 投资:选择资助哪一个项目及投入多少资金。

以上五个 IT 决策是彼此相关的,有效的治理必须关注这些决策之间的关联性。一般来说,原则约束架构,架构决定基础设施,而基础设施又约束着商业应用需求,最后的 IT 投资必须为 IT 原则、整体架构、基础设施和应用需求所驱动。实际上,这五个 IT 决策中的每一项又有其独特性。

1. IT 原则

IT 原则是指企业或组织的 IT 事业指导方针。也就是说，企业或组织想从 IT 所提供的服务中得到什么，以及如何在 IT 上进行投入。在企业或组织的战略发展规划中，通过构建先进适用的 IT 业务运作平台和管理平台，发挥其基础支持作用，并根据企业或组织的战略方向和业务原则，制定以下的 IT 原则：技术领先原则；技术和信息集中原则；对业务的全过程风险控制原则；统一、灵活、可扩张性强的基础设施建设原则；实现业务目标，并可对新应用快速部署；完备、可测、可控的运行流程和开发管理流程；利用行业标准；以客户为中心来评估产品的使用效果。

2. IT 架构

IT 架构是指所有构成信息系统的不同元素及这些元素之间的关联关系，它通过一系列的规则来达到业务流程、数据格式、IT 运行的标准化和一体化，以此为基础设施、商业应用、IT 投资提供指导方针。简单来讲，IT 架构就是设计好 IT 建设的方向，比如由谁来实施、如何实施、采用什么技术或标准、投资多少和周期多长等，IT 架构在执行过程中具有指导和把握方向的作用。因此 IT 架构决策对于有效的 IT 治理而言至关重要，它往往是决定 IT 能力的关键因素。

3. IT 基础设施

IT 基础设施是企业或组织信息化运营的基础，是运营整个组织所必需的一系列物理设备和应用软件的集合，也是由管理层预算所决定的组织范围内的人和技术能力的服务集合。人们经常提到的信息技术硬件、软件、服务方面的投资，其实就是 IT 基础设施。对于企业或组织来说，这些设施能够为客户服务、供应商联系和内部管理打好基础。IT 基础设施应该是可靠、可共享和可扩展的。有远见的基础设施规划不仅可以对业务的良好发展起到积极的推动作用，而且会节约成本，反之则会导致资源浪费、工期延误及客户流失。

从 20 世纪 60 年代至今，IT 基础设施的迭代已经走过了 5 个阶段：通用主机及小型计算机阶段；个人计算机阶段；客户机、服务器阶段；企业级计算阶段；云计算及移动计算阶段。

基础设施的投资是需要进行资产管理的，有"渐进式"和"爆发式"两种投资策略，分别对应基础设施更新换代中的"进化式"和"断代式"策略。经验证明，渐进式投资策略优于"爆发式"投资策略，主要在于有历史投资和经验可以传承。

4. 商业应用需求

尽管五种 IT 决策都涉及 IT 的商业价值，但只有满足特定的商业需求才能实现其价值。分析和明确商业应用需求的目的就是为了进行信息系统开发。所谓的需求，就是信息化建设的需求。如果一个业务不需要信息系统就能有效开展，就不需要进行需求分析，直接开展业务即可。进行需求分析，就是为开发信息系统服务，是为了让系统开发者明白其需要开发一个怎样的信息系统，如需要什么功能，有什么样的输入/输出，有什么样的交互界面，业务处理的规则是什么等。当然，在分析和明确商业应用需求的过程中，有可能使得业务人员更加清晰地理解原来的业务，进而对其业务进行重新定义，因此技术创新可以优化或重构原有的业务流程。这种优化和重构将在软件系统不断的升级迭代中，逐步推动企业或组织革新和发展，形成业务与技术之间的良性互动。

5. IT 投资

IT 投资决策需要处理三个重要问题：投资多少经费？往哪里投？如何协调不同投资者的需求？由于投资回报的不确定性，一般会参考业界同行的投资标准，但这些标准只能作为参考基准。因为不同的企业或组织对 IT 有不同的战略预期，有远见的最高管理层应该关注 IT 的战略作用，从而建立相应的投资标准。

此外，如何分配 IT 投资，构成有效的 IT 投资组合是管理者最为关注的问题。这个问题对不同企业或组织有不同的标准，以下几点是考虑的重点。

(1) 对 IT 投资进行管理。

这种管理应该具有可以量化的指标体系，而且要在投资者和被投资者之间达成一致，即便同一个单位内部也应区分 IT 投资部门和 IT 使用部门，即在单位内部也进行成本摊销与核算。

(2) 对 IT 资产进行分类。

IT 资产通常可分为四类：战略层面（为了获得竞争优势）、信息层面（为了提供信息）、事物层面（为了降低处理事物的成本）和基础设施层面（为了提供共享服务和集成）。一个清晰具体的分类，有助于确定 IT 投资策略的优先级，使利益最大化。

(3) 对 IT 投资进行风险评估。

正如任何商业投资决策都有风险一样，IT 投资也让企业或组织面临四大风险：财务风险、市场风险、组织风险和技术风险。需要全面分析及反复权衡才能确保 IT 投资成功。IT 投资风险评估通常更注重财务风险和技术风险，而容易忽略市场风险和组织风险，这就可能导致投资回报率低或项目永远无法完成的情况。这是一个需要注意的常见问题。

2.4　IT 治理的标准

IT 治理框架和标准汇总见表 2-2 所示。该表列出了 IT 治理框架的内容及其标准，目前国际上通行的 IT 治理标准主要有五个：COBIT、ITIL、ISO/IEC38500、PRINCE2 和 ISO27001。

表 2-2　IT 治理框架和标准汇总表

阶　　段	覆盖内容	标　　准
IT 规划设计	业务设计	TOGAF、Zachman、SAM、BPR
	架构设计	SOA、BSP、SST
IT 建设交付	IT 项目管理	PMBoK、PRINCE2、ICB
	IT 质量控制	TQM、CMM、TickIT、Scrum、MSP、ISO9000
	IT 软件开发	RUP、CMMI
IT 运营管理	外包管理	eSCM-SP、ISPL、ITS-CMM
	运维管理	ITIL、BiSL、eTOM、ISO20000、ASL、EFQM、AS8015
IT 绩效价值	绩效价值	ITBSC、FEA、EAF
IT 内控审计	内控审计	COBIT、ISO/IEC38500

续表

阶　　段	覆盖内容	标　　准
IT 风险安全	风险	COSO-ERM、M_o_R
	信息安全	ISO27001、ISO13335
	业务连续性	GB20988、BS25999
通用方法论		Six、Sigma、PDCA、CSF、SWOT、RACI
合规性		SOX404、HIPPA、C-SOX、GLBA、DJCP、CSA STAR、PCI DSS、GDPR

1. COBIT

COBIT(Control Objectives for Information and related Technology)，即信息系统和技术控制目标。国际信息系统审计协会(ISACA)于 1996 推出了用于信息系统审计的知识体系 COBIT，现已更新到 COBIT2019。COBIT 在风险、控制和技术之间构建了全面的框架，为组织 IT 治理和管理起到指引的作用，以支持企业或组织实现其 IT 治理和管理的目标。COBIT 将企业或组织的战略规划作为重要的因素，对业务环境和业务战略进行分析，并将战略规划所产生的政策、目标、行动规划作为信息技术的关键因素，并由此确定 IT 准则。在 COBIT 标准的指导下，企业或组织利用控制目标体系，分别从"调整、计划和组织""建立、获取和实施""交付、服务和支持""监控、评价和评估"过程对信息资源进行控制和管理。

信息系统审计已经成为众多国家的政府部门、企业或组织对 IT 的计划与组织、采购与实施、服务提供与服务支持、监督与控制等进行全面考核与认可的业界标准。相应地，"注册信息系统审计师"(CISA)日益成为世界各国发展信息化过程中，争相发展的新兴职业和领域。作为 IT 治理的核心模型，COBIT 包含 34 个信息技术过程控制，并归集为四个控制域：IT 规划和组织(Planning and Organization)、系统获得和实施(Acquisition and Implementation)、交付与支持(Delivery and Support)及信息系统运行性能监控(Monitoring)。COBIT 目前已成为国际上公认的 IT 管理与控制标准。

2. ITIL

ITIL(Information Technology Infrastructure Library)，即信息技术基础构架库，是一套被广泛承认的用于有效 IT 服务管理的实践准则。ITIL 主要包括六个方面的管理内容，即业务管理、服务管理、应用管理、安全管理、信息技术服务管理规划与实施、基础设施管理。服务管理是它的核心模块，包括两个过程："服务交付"和"服务支持"。ITIL 关注 IT 服务过程并考虑了使用者的核心作用，对 IT 的应用、管理、变更、运维等方面提出了要求，明确每个阶段、每个环节的要求、目标和工作流程。

自 1980 年以来，英国政府商务办公室(OGC，原称政府计算机与通信中心)为解决"IT 服务质量不佳"的问题，逐步提出和完善了一整套对 IT 服务的质量进行评估的方法体系，叫作 ITIL。20 世纪 90 年代后期，ITIL 发展迅速，其内容在全球范围内被全面应用。2001 年，英国标准协会在国际 IT 服务管理论坛(itSMF)上正式发布了以 ITIL 为核心的英国国家标准 BS15000。2005 年颁布了以 ITIL v3 为基础的国际标准——《ISO/IEC 20000：2005 IT 服务管理体系》。

3. IT 治理——ISO/IEC 38500

ISO 和 IEC 在 2008 年发布了 ISO/IEC 38500 系列标准,这是有关 IT 治理方面的国际标准,它的出台不仅标志着 IT 治理从概念模糊的探讨阶段进入了一个正确认识的发展阶段,而且也标志着信息化正式进入 IT 治理时代。

这一系列标准在发布后又陆续进行了更新和增补,截至 2022 年已包含 21 个具体标准,其中有以下几个主要标准。

ISO/IEC 38500：2008《信息技术 IT 治理》,给出了 IT 治理的六个原则(职责、策略、获取、绩效、合规、人员行为)和治理模型,并通过引入评估、指导、监督三个主要治理任务与治理原则构成 6×3 的治理原则实施矩阵;ISO/IEC 38500：2008 中给出了 IT 治理模型,模型中描述了治理主体需要结合外部环境的要求,在评估现状后进行战略决策指导组织对 IT 的利用,同时监控对 IT 利用的绩效(见图 2-5)。

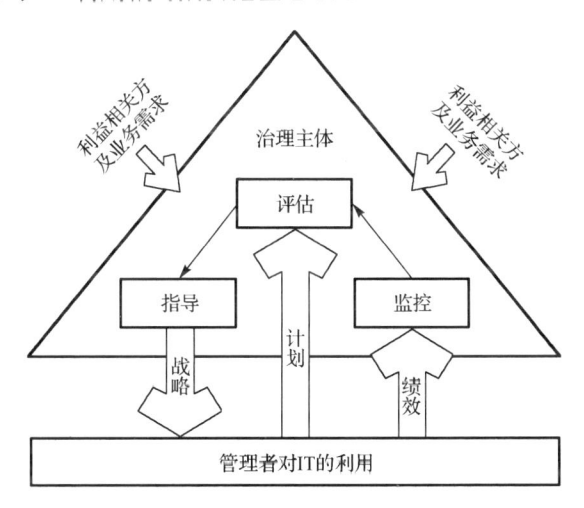

图 2-5　IT 治理模型——ISO/IEC38500：2008

ISO/IEC 38501：2012《信息技术 IT 治理实施指南》,此标准根据治理模型设计了四个主要的实施过程,并通过环境、范围、架构、角色、职责、策略、流程等内容提出了 IT 治理实施框架,进一步规范了 IT 治理实施过程。

ISO/IEC 38502：2012《信息技术 IT 治理框架和模型》,此标准将治理原则、IT 业务计划、IT 管理体系、IT 利用过程、IT 利用的策略、风险管理等关键要素构成整体,形成 IT 治理的框架。

ISO/IEC 38504：2016《基于原则 IT 治理架构》,此标准以技术报告的形式提出了基于原则的方法论,规定了原则中需要包含的信息项,旨在为其他标准应用基于原则的方法论提供指导。

ISO/IEC 38505-1：2021《数据治理》,此标准将 ISO/IEC 38500：2008 的核心思想和模型应用在数据的场景下,在规范数据利用过程(采集、存储、报告、决策、发布、废弃)的同时,从价值、风险和约束三个视角阐述数据治理应关注的主要内容,同时构建数据利用过程和主要内容之间 6×3 的关系矩阵。

ISO/IEC38505-2：2021《数据治理对管理的影响》,此标准以研究报告的形式深化了数据治理国际标准第一部分的工作。通过进一步分析，以数据治理的视角深入数据管理，为最高管理层(董事会)和管理执行层提供监督和评估的具体内容。

4. PRINCE2

PRINCE2(Projects In Controlled Environments)，即受控环境中的项目管理，是一种基于过程的结构化的项目管理方法。PRINCE2 描述了一个项目如何被切分成一些可供管理的过程，对每个过程定义关键输入、需要执行的关键活动和特殊的输出目标，以便高效地控制资源的使用和在整个项目周期执行常规的监督流程。PRINCE2 的视野并不仅限于对具体项目的管理，还涵盖了在组织范围内对项目的管理。

5. ISO27001

ISO27001 信息安全管理实用规则起源于英国标准协会(BSI)于 1995 年颁布的 BS7799 标准。1999 年 BSI 对该标准进行了修改。ISO27001 是一套全面性很强的实施规则，为信息安全管理提供了参照，并且适用各种规模类型的组织。目前，在信息安全管理方面，英国标准 ISO27001 已经成为世界上应用最全面的、最权威的信息安全管理标准，适用于各种性质、各种规模的组织，如政府、银行、电信、研究机构、外包服务企业、软件服务企业等。该标准偏重安全，从组织架构、人力、安全策略、访问控制等 11 个方面提出了信息系统管理的要求和操作实践。该标准已被我国颁布为国家标准(GB/T 22080-2008 和 GB/T 22081-2008)。

2.5 信息系统审计准则

信息系统审计准则是信息系统审计人员进行审计工作时必须遵循的行为规范，是审计人员执行审计业务、获取审计证据、形成审计结论、出具审计报告的专业标准。为了确保信息系统审计工作能够按照标准的要求进行，有必要制定相关的信息系统审计质量控制准则，以控制信息系统审计的质量。审计准则一般由行业内专业团体制定和发布，其内容是将审计实务中一般认为公正妥善的惯例加以概括、归纳而形成的原则。它虽不具备法令的强制力，但审计人员从事审计时必须遵循。审计准则在各国审计界都受到重视，不仅是因为它在审计实务中发挥着重要作用，还因为它的作用范围已经超过了审计业务工作的范围，对整个审计事业的发展起到了促进作用。

信息系统审计准则既是特定信息系统审计环境下信息系统审计本质的拓展，也是信息系统审计假设的具体化和制度化。它对信息系统审计程序、信息系统审计技术、信息系统审计风险等方面进行相应规范，规范审计人员的执业行为，规定了信息系统审计工作应达到的质量要求。因此，信息系统审计准则是联系信息系统审计基础理论和应用理论的纽带，它既是基础审计理论的终点，也是应用审计理论的起点。它符合人们认识和改造世界的一般规律和程序。

在前面的章节中也提到了审计标准，如 COBIT 标准。与审计准则不同的是，审计标准的范围小，它关注的是审计证据，是进行审计时判断审计事项是非、优劣的准绳，是提出审计意见、得出审计结论的依据。而审计准则的范围更大，它是用来指导审计工作的，它关注的是审计人员，审计人员需要遵循审计准则。

2.5.1 ISACA 信息系统审计基本准则

国际信息系统审计协会(ISACA)主要致力于信息系统审计准则的制定与发布工作。截至 2013 年 12 月，ISACA 发布的规范包括 16 项基本准则、41 项审计指南和 11 项作业程序，这些规范层次清晰、可操作性强。ISACA 的信息系统审计准则体系类似注册会计师审计准则体系，ISACA 的信息系统审计准则体系由基本准则、审计指南和作业程序构成，该框架为信息系统审计人员的执业提供了多层次的指引。虽然 ISACA 成立于 1969 年，但其基本准则的制定经历了一段很长的时间，至 1997 年才发布信息系统审计基本准则，包括审计章程、独立性、职业道德和准则、职业技术、审计计划、实施审计工作、报告和后续工作八个部分，该准则于 1997 年 7 月 25 日开始生效。随着审计指南与作业程序的制定与发布，以及对信息系统审计基本准则可扩展性的考虑，ISACA 于 2005 年将 1997 年所发布的信息系统审计基本准则拆分为八个基本准则，并对原有内容根据信息技术发展状况进行了修订。同时，于 2005 年 9 月之后陆续发布了 S9 到 S16 八个基本准则。

信息系统审计基本准则是信息系统审计准则体系的基础，其完善与否直接关系整个审计准则体系的完善。ISACA 是全球信息系统审计准则制定的领跑者，其在基本准则制定方面存在的诸多优势可供我国制定信息系统审计基本准则时借鉴。

2.5.2 ISACA 信息系统审计基本准则与审计指南、审计程序的关系

ISACA 信息系统审计基本准则是 ISACA 审计准则体系的总纲和基础，对信息系统审计指南和审计程序的制定起着指导作用。ISACA 的审计指南与审计程序都是在基本准则的指导下制定或衍生的，信息系统审计基本准则是审计指南与审计程序制定的基础（见图 2-6）。同时，根据 ISACA 信息系统审计指南和信息系统审计程序的制定情况，ISACA 将实际制定过程的情况反馈到基本准则的制定过程中，以完善基本标准中的不足，从而实现 ISACA 信息系统审计基本准则对信息系统审计指南和审计程序的指导作用。信息系统审计师根据 ISACA 发布的信息系统审计指南和审计程序开展审计工作，若审计指南和审计程序中没有明确规定的，则审计人员可以按照《国际审计准则》相关内容的规定开展信息系统审计工作，并进行信息披露。

ISACA 信息系统审计基本准则、审计指南与审计程序关系如图 2-6 所示。

图 2-6 所显示的关系为国际信息系统审计师的执业提供了多层次的指引。

第一层次：信息系统审计基本准则。信息系统审计基本准则是整个信息系统审计准则体系的总纲，是制定信息系统审计指南和审计程序的基础依据。它规定了审计章程及审计过程（从计划、实施、报告到跟踪）必须达到的基本要求，是注册信息系统审计师(CISA)的资格条件、执业行为的基本规范，表明了管理层和其他利益方对执业者在专业工作上的期待，最新的信息系统审计基本准则分为 11 大类，共 43 条，只要是 CISA 执行审计业务、出具审计报告，就必须遵守执行，具有强制性。如果 CISA 未能遵守执行，ISACA 董事会和相应委员会将会对其进行调查并给予纪律处分。

第二层次：信息系统审计指南。信息系统审计指南是依据信息系统审计基本准则制定的，是信息系统审计基本准则的具体化，为信息系统审计基本准则体系中 11 大类标准的实施提供了指引，图 2-6 中的虚线箭头反映了此关系。它详细规定了 CISA 实施审计业务、

出具审计报告的具体指引，为 CISA 在执行审计业务中如何遵循审计准则提供指导。CISA 在执业过程中参考这些指南时要有职业判断，任何偏离信息系统审计基本准则的行为都要有充分的理由。

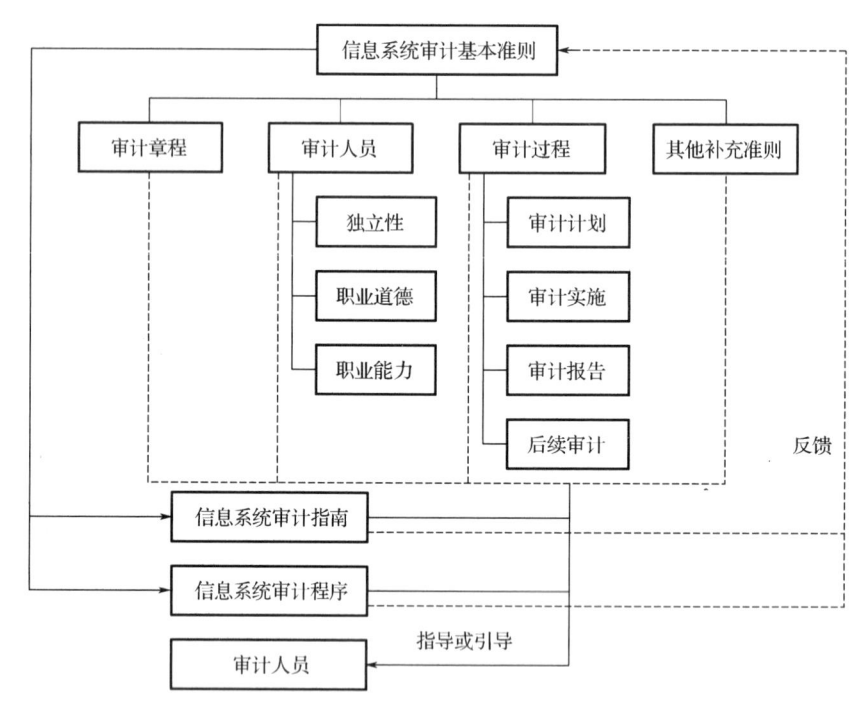

```
                    ┌─────────────────────┐
                    │ 信息系统审计基本准则 │◄──────┐
                    └──────────┬──────────┘       │
         ┌──────────┬──────────┼──────────┬────────┐
    ┌────┴───┐ ┌────┴───┐ ┌────┴───┐ ┌────┴─────┐  │
    │审计章程│ │审计人员│ │审计过程│ │其他补充准则│  │
    └────────┘ └────┬───┘ └────┬───┘ └──────────┘  │
                ┌───┴──┐   ┌───┴────┐              │
                │独立性│   │审计计划│              │
                ├──────┤   ├────────┤              │
                │职业道德│ │审计实施│              │
                ├──────┤   ├────────┤              │
                │职业能力│ │审计报告│              │
                └──────┘   ├────────┤          反馈
                           │后续审计│              │
                           └────────┘              │
                                                   │
            ┌──────────────────────┐               │
            │  信息系统审计指南     │──────────────┤
            └──────────────────────┘               │
            ┌──────────────────────┐               │
            │  信息系统审计程序     │──────────────┘
            └──────────┬───────────┘
                       │ 指导或引导
            ┌──────────┴───────────┐
            │      审计人员         │
            └──────────────────────┘
```

图 2-6　ISACA 信息系统审计基本准则、审计指南与审计程序关系

第三层次：信息系统审计程序。信息系统审计程序是依据信息系统审计基本准则和信息系统审计指南制定的。它为 CISA 提供了一般审计业务(尤其是审计计划和审计实施阶段的业务)的程序和步骤，是遵守基本准则和指南的一些通常审计程序，它为 CISA 提供了很好的工作范例。但这仅是 CISA 的一个参照而已，它所提供的只是 CISA 在审计时能满足审计准则要求的通常做法，但并不要求 CISA 在执行具体的审计业务时强制执行，CISA 要根据特定的信息系统和特定的技术环境做出自己的职业判断，选择适当的审计程序。

此外，图 2-6 中信息系统审计基本准则可以分为 4 个部分：
(1)审计章程或审计业务约定书；
(2)对审计师职业资格的要求，包括独立性、职业道德和职业能力的要求；
(3)从计划、实施、报告到后续这 4 个审计过程；
(4)其他，包括不正当及非法行为、信息系统管理、审计计划中风险评估的利用。

随着信息系统的广泛使用与网络技术的飞速发展，ISACA 不断更新和推出符合信息环境的信息系统审计指南，还有一批计划提出的和准备将来提出的指南在广泛征求意见。作为信息系统审计基本准则的详细规定和具体说明，信息系统审计指南的更新赋予了信息系统审计基本准则新的内涵和外延，按生效排序的信息系统审计指南与审计基本准则之间交叉关联。

ISACA 的信息系统审计准则体系提供了一套规范化、专业化的管理框架，规定了 CISA

的能力考核、信息系统审计机构的资质认定，指明了审计方、开发方、用户方的关系及各方的定位、权利、义务和职责，提供了覆盖信息系统全生命周期、可供 CISA 参照的实施信息系统审计的标准和依据等。CISA 按审计准则开展信息系统审计业务，对信息系统进行检查和评价，提出劝告与改进意见，有效地控制与信息系统有关的风险，指导用户最大限度地利用信息技术所带来的好处。

2.5.3 ISACA 信息系统审计基本准则的内容

1．审计章程

(1) 信息系统审计职能机构或信息系统审计任务的目的、责任、权限及职责，应在审计章程或审计业务约定书中载明。

(2) 审计章程或审计业务约定书应得到组织中适当的管理层的同意和批准。

2．独立性

(1) 职业独立性：信息系统审计师在从事审计事项时，应该在实质和形式上独立于被审计方。

(2) 组织独立性：信息系统审计职能机构应充分独立于被审计单位，以实现审计目标。

3．职业道德及准则

(1) 信息系统审计师应遵守信息系统审计及控制协会规定的职业道德准则。

(2) 信息系统审计师应保持应有的职业审慎态度，并坚持以审计基本准则为执业标准。

4．专业胜任能力

(1) 担任信息系统审计工作的审计师应当具备审计工作所必需的专门技能与学识。

(2) 信息系统审计师要通过充分且持续的职业后续教育，以保持和提高其专业胜任能力。

5．审计计划

(1) 信息系统审计人员应依据审计目标和相应的法律和审计准则，对信息系统审计工作编制计划。

(2) 信息系统审计人员应采取基于风险的审计方法。

(3) 信息系统审计人员应编制详细的审计计划，包括审计性质、目标、范围和所需的资源。

(4) 信息系统审计人员应编制审计程序和步骤。

6．审计实施

(1) 监督：信息系统审计人员应受到适当的监督，以确保实现审计目标，并遵守审计基本准则。

(2) 在信息系统审计过程中，信息系统审计人员应当搜集充分的、可靠的、相关的和有用的证据，以有效实现审计目标。审计发现和审计结论必须以合理地分析、利用审计证据为基础。

(3) 审计底稿：审计过程应该有书面记录，以表明审计工作和审计证据支持信息系统审计人员的发现和结论。

7. 审计报告

(1)信息系统审计人员在完成审计工作后,应向委托者出具按照适当的格式编制的审计报告。审计报告应当标明机构名称、审计报告报送对象及报告使用限制。

(2)审计报告应当说明审计范围、审计目标、审计工作所涵盖的期间及所执行审计工作的性质和内容。

(3)审计报告应当说明审计人员执行审计工作中所发现的问题、形成的结论和建议及审计师关于审计的任何保留意见。

(4)信息系统审计人员应该有充分的、适当的审计证据来支持所报告的审计结论。

(5)审计报告签发时,信息系统审计人员应该依据审计章程或审计业务约定书中的规定签名、签署日期再对外发放。

8. 后续审计

信息系统审计人员应当要求并评价被审计单位对审计发现的问题、结论及建议采取处理措施,以判断被审计单位是否已及时、妥善地处理了相关问题。

9. 不合规和非法行为

(1)在计划和实施审计工作时,信息系统审计人员应该考虑不合规和非法行为等可能带来的审计风险。

(2)无论不合规和非法行为的风险评估结果如何,信息系统审计人员在实施审计作业时都要对由于不合规和非法行为而导致的重大误报的可能性保持职业怀疑的态度。

(3)信息系统审计人员应该了解组织及其所处的环境,包括内部控制。

(4)信息系统审计人员应该获得充分的、适当的审计证据来确定组织内的管理层或其他人是否了解任何事实上的或可能的不合规和非法行为。

(5)在了解组织及其所处的环境时,信息系统审计人员应该注意那些不正常的关系人员,这些人员可能因为实施不合规和非法行为而导致重大误报。

(6)信息系统审计人员应该设计和实施测试程序,以测试内部控制的适当性和是否存在管理层超越控制的情况。

(7)当信息系统审计人员确认被审计方存在误报事实时,审计人员应该评估该误报是否是因为存在不合规和非法行为而产生的,可以通过审计其他方面相关的问题特别是管理层的表现来发现不合规和非法行为的迹象。

(8)根据审计业务的情况,信息系统审计人员每年至少获取一次管理层的书面声明,声明应该包括有如下信息:设计和实施内部控制以避免和检查不合规和非法行为是管理层的责任。

(9)由于不合规和非法行为而产生重大误报的风险评估结果;涉及管理层和内部控制中关键岗位发生的不合规和非法行为对组织的影响。

(10)信息系统审计人员在与现在的员工和以前的员工等人员进行会谈的时候要了解正在影响组织的所谓的不合规和非法行为的断言或疑问。

(11)在确定或得到存在重大的不合规和非法行为的信息时,信息系统审计人员应该及时与适当的管理层沟通该情况。

(12) 在确定重大的不合规和非法行为牵涉管理层或和内部控制中关键岗位人员时，信息系统审计人员应该及时与董事会沟通。

(13) 信息系统审计人员应该将审计过程中所发现的内部控制设计和实施中的重大薄弱环节告知管理层或董事会，并建议其改进相关控制，以避免发生不合规和非法行为，同时应能够检查出已发生的不合规和非法行为。

(14) 如果重大的误报或非法行为影响信息系统审计人员继续实施审计工作时，信息系统审计人员应该考虑该环境下的法律和职业责任。信息系统审计人员可以采取的行动有：向业务主管人员报告；向企业治理机构或司法机构报告；中止审计业务。

(15) 信息系统审计人员应该将报告给管理层、企业治理机构或司法机构的有关不合规和非法行为的所有沟通活动、计划、结果和结论等事项记录下来。

10．IT 治理

(1) 信息系统审计人员应该检查和评估 IT 职能部门的使命、愿景、价值观、目标和战略是否与组织相一致。

(2) 信息系统审计人员应该检查 IT 职能部门是否存在明确的书面形式的业绩标准，评价其履行情况。

(3) 信息系统审计人员应该检查并评价信息系统资源和业绩管理过程的效果。

(4) 信息系统审计人员应该检查并评价 IT 治理的内部制度是否符合法律、环境和信息质量、委托人和安全等需要。

(5) 信息系统审计人员应该使用基于风险的审计方法来评价 IT 部门。

(6) 信息系统审计人员应该检查和评价组织的控制环境。

(7) 信息系统审计人员应该检查和评价威胁信息系统环境的风险。

11．在审计计划中运用风险评估

(1) 信息系统审计人员应该在制订信息系统审计计划和确定优先分配有效的审计资源时使用适当的风险评估技术或方法。

(2) 在计划单个审计项目时，信息系统审计人员应该识别和评估与被审计范围相关的风险。

ISACA 信息系统审计指南索引如表 2-3 所示。

表 2-3　ISACA 信息系统审计指南索引

序　号	审计指南名称	生　效　日
G1	使用其他审计人员的工作	1998.6.1
G2	审计证据要求	1998.12.1
G3	计算机辅助审计技术的使用	1998.12.1
G4	信息系统业务外包	1999.9.1
G5	审计章程	1999.9.1
G6	审计信息系统重要性概念	1999.9.1
G7	职业谨慎	1999.9.1

续表

序 号	审计指南名称	生 效 日
G8	审计文档	1999.9.1
G9	对非法行为的审计考虑	2000.3.1
G10	审计抽样	2000.3.1
G11	信息系统控制效果	2000.3.1
G12	组织的关系与独立性	2000.9.1
G13	审计计划中使用风险评估	2000.9.1
G14	应用系统检查	2000.11.1
G15	计划修订版	2002.3.1
G16	第三方对组织IT控制的影响	2002.3.1
G17	信息系统审计师从事非审计作业对审计独立性的影响	2002.7.1
G18	IT治理	2002.7.1
G19	不合规和非法行为	2002.7.1
G20	审计报告	2003.1.1
G21	企业资源计划(ERP)系统检查	2003.8.1
G22	B2C电子商务检查	2003.8.1
G23	系统开发生命周期(SDLC)检查	2003.8.1
G24	互联网银行	2003.8.1
G25	虚拟保密网的检查	2004.7.1
G26	业务流程再造(BPR)计划检查	2004.7.1
G27	移动计算	2004.9.1
G28	计算机取证	2004.9.1
G29	后续检查	2005.1.1
G30	胜任能力	2005.6.1
G31	保密	2005.6.1
G32	从IT角度检查商业持续计划(BCP)	2005.9.1

ISACA将16项信息系统审计基本准则分为四个部分，包括：

(1)审计章程；

(2)对注册信息系统审计师职业资格的要求，包括审计人员的独立性要求、职业道德要求和职业能力要求；

(3)信息系统审计计划、审计实施、审计报告与后续审计等审计过程；

(4)其他信息系统审计规定，包括不正当及非法行为、IT治理、审计计划中风险评估的利用等。

在ISACA基本准则中，审计章程规定了信息系统审计人员的职能、责任、义务和权力，而独立性、职业道德、标准和专业能力则是对信息系统审计人员的要求。基本准则中对信息系统审计计划、审计实施、审计报告和后续审计的要求，规范了信息系统审计流程。而其他信息系统审计规定主要是对前三项进行的补充，即根据审计对象的特殊性，ISACA 将 IT 治理、IT 控制、电子商务等纳入基本准则规定的范畴，补充和界定了基本准则的相关概念。

综上，ISACA 在信息系统审计的基本准则上是全面的，包括信息系统审计人员的责任、权利、义务，信息系统审计的实施和审计报告的出具，ISACA 都做了规定。基本准则既考虑了审计的一般特征，又结合了信息系统审计的独特性。

本章小结

1．IT 治理是指设计并实施信息化过程中各方利益最大化的制度安排，包括业务与信息化战略融合的机制、权责对等的责任担当框架和问责机制、资源配置的决策机制、组织保障机制、核心 IT 能力发展机制、绩效管理机制及覆盖信息化全生命周期的风险管控机制。该制度安排的目的是实现组织的业务战略，促进管理创新，合理管控信息化过程的风险，建立信息化可持续发展的长效机制，最终实现 IT 商业价值。

2．IT 治理的目的是使 IT 与组织业务有效融合，其出发点首先是组织的发展战略，以组织发展战略为起点，遵循组织的风险与内控体系，制定相应的 IT 建设运行的管理机制。IT 治理的关键要素涵盖 IT 组织、IT 战略、IT 架构、IT 基础设施、业务需求、IT 投资、信息安全等，主要确定这些要素或活动中做什么决策、谁来决策、怎么来决策、如何监督和评价决策。

3．IT 治理是企业治理的一部分，IT 治理应由董事会设计并执行，良好的 IT 治理能提高企业治理的水平。企业治理中的激励与约束机制，也应包括对 IT 相关人员的激励和约束；企业治理确定的企业竞争战略，也应包括 IT 的发展战略及与其他资产协同的机制；企业治理确定的风险控制和价值创造模式，也应包括对 IT 的业绩衡量和评价框架。IT 治理是企业治理整体框架下的一个组成部分，它不仅在协助企业业务开展和提高企业竞争力方面发挥重要作用，而且在协助人力资源治理、金融治理、实物资产治理、知识产权治理、关系资产治理等方面也发挥作用。它通过提高企业的信息质量，加强企业治理环节的信息披露和内部控制，为企业的利益所有者(股东)提供更多信息，最终将提高企业治理水平。缺乏 IT 治理的企业治理是不完整和不科学的。

4．COBIT 是信息系统审计与控制协会(ISACA)制定的信息系统审计标准，是目前应用最广泛的信息系统审计标准。COBIT 对控制的定义是：组织为了能够预防、检测、纠正非预想情况的发生，而设计实施的一整套策略、程序、实务及组织结构等的集合，以达到组织的各项业务目标。COBIT 框架从管理层、操作层、IT 资源三个层面实现了管理风险、业务需求、控制目标的统一，从而保证了 IT 治理目标与被审计单位战略目标的统一。

5．信息系统审计准则是衡量审计质量的尺度。审计工作能否满足社会的需求和取信于社会，关键在于审计质量。无论是被审计单位、社会公众，还是审计职业界本身，都需要有一个标准即审计准则来衡量和评价审计工作质量。信息系统审计准则为衡量和评价审计工作质量提供依据，从而有助于审计工作质量的提高。

复习思考题

1. 为何说良好的 IT 治理是组织成功的关键因素？
2. 董事会在 IT 治理方面承载的职责有哪些？
3. 管理者的职责有哪些？
4. 查阅资料，简述 COBIT 框架的体系结构、控制目标、治理要点。
5. 综合考虑信息技术发展和企业管理层面，分析 IT 治理未来的发展方向在哪里？
6. 审计标准与审计准则有何差异？列举信息系统审计标准和审计准则的核心要点。

第 3 章

信息系统审计流程

3.1 信息系统审计流程概述

3.1.1 审计计划阶段

信息系统审计的计划阶段是整个审计流程的起点，也是整个审计过程的基础阶段，这一阶段的主要任务是调查被审计单位的基本情况、初步评估审计风险、接受审计委托、制订审计计划。这个阶段的难点在于数据量巨大。如果相关人员不使用风险分析方法，不重视内部控制，而直接对信息系统的数据进行详细调查，则容易出现对审计对象认识不足、准备工作不充分的不利局面。所以，通过充分分析被审计单位的风险，可以总体了解其内部控制情况。

在审计计划阶段的主要工作包括以下几方面。

(1) 了解被审系统的基本情况。了解被审系统的基本情况是实施任何信息系统审计的必经程序，对基本情况的了解有助于审计人员对系统的组成、环境、运行年限、控制等有初步印象。审计人员可以大致判断出系统的复杂性、管理层对审计的态度、内部控制的状况、以前审计的状况，以决定是否对该系统进行审计，并可明确审计的难度、所需时间及人员配备情况等。

(2) 评估审计风险。在制订审计计划时，审计人员要对信息系统进行风险评估。有的风险是审计人员可以控制的风险，如检查风险。而有一些风险是由信息系统所带来的，如固有风险和控制风险，它们在审计过程中已成为既定的事实，审计人员无法控制或改变它们，只能通过对被审系统的有效了解和测试，来尽量合理地评估固有风险和控制风险。评估的目的是为了确定检查风险水平，然后据此开展实质性测试，从而降低检查风险，最终将审计风险控制在可接受的水平。

(3) 识别重要性。为了有效实现审计目标，合理使用审计资源，在制订审计计划时，信息系统审计人员应对系统重要性进行适当评估。对重要性的评估一般需要运用专业知识进行判断，要根据审计人员的职业判断或公用标准、系统的服务对象及业务性质、内控的初评结果等进行综合考虑。重要性的判断离不开特定环境，审计人员必须根据具体的信息系统环境确定重要性。重要性具有数量和质量两个方面的特征。越是重要的系统，就越需要获取充分的审计证据，以支持审计结论或意见。

(4)确定审计依据。审计依据是审计人员在审计过程中用来衡量被审计事项是非优劣的准绳,是提出审计意见、做出审计决定的依据。审计依据既是明显可见的,又不是固定不变的,它随着国家管理的规范和单位管理的加强,不断淘汰旧的标准,建立新的标准。因此,无论什么样的审计依据,只在一定的范围内、一定的区域中和一定的时间内是有效的。同时,各类依据所具有的权威性也是有很大差别的。

(5)编制审计计划。以上程序为编制审计计划提供了良好准备,审计人员据此可以编制总体审计计划及具体审计计划。总体审计计划包括:被审单位基本情况;审计目的、审计范围及策略;重要问题及重要审计领域;工作进度及时间;审计小组成员分工;重要性确定及风险评估等。具体审计计划包括:具体审计目标、审计程序、执行人员及时间限制等。

3.1.2 审计实施阶段

信息系统审计的实施阶段是根据审计准备阶段对被审计单位的调查、审计风险的分析,来确定审计内部控制测试和实质性测试的程序、范围和重点的,并以此判定需要收集和获取的数据信息、采用的审计技术和方法,跟踪审计线索和收集审计证据,进行鉴定和分析,从而形成审计结论和发表审计意见的过程。审计实施阶段是信息系统审计全过程的中间环节。针对被审计信息系统,审计人员所开展的工作可以分为三个层次,即了解、描述和测试。

审计实施阶段的主要工作包括以下几点。

(1)按照信息系统审计方案确定的审计内容、范围、重点和方式的要求,深入了解审计流程和信息系统构成信息,详细分析信息化条件下被审计单位业务处理流程的重点和关键环节,并根据可能的风险因素确定控制点。

(2)采用相应的技术和方法,对信息系统的现有控制进行符合性测试及实质性测试,并对与审计目标或核心业务有较大关联度的系统进行重点测试,同时进行人员访谈,查询相关的政策、标准及准则并获得审计证据。

(3)在测试过程中,可以根据测试的具体情况,适当调整审计实施方案,进一步确定审计重点和审计方法,将审计重点放在内部控制体系的薄弱环节。

(4)对取得的各种证据进行鉴别、分析,判明是非和找到问题的本质,做出客观公正的评价,并酝酿处理意见和改进建议。

3.1.3 审计完成阶段

信息系统审计具体的实施工作完成后,将进入审计完成阶段。

首先,信息系统审计人员要整理、评价、执行审计业务过程中收集到的证据。

其次,信息系统审计人员将复核审计底稿,并完成二级复核。传统审计的三级复核制度对信息系统审计同样适用,它是保证审计质量、降低审计风险的重要措施。

审计报告是审计工作的最终成果,审计报告首先应有审计人员对被审系统的安全性、可靠性、稳定性、有效性的意见,同时提出改进建议。审计报告应当说明审计范围、审计目标、审计期间,以及所执行的审计工作的性质和范围。审计报告中还应说明采用了何种审计技术和与之有关的审计结果。在审计过程中,审计人员受被审计单位的客观条件或环境的限制,对一些重要的事项不能获得充分和完整信息的情况,也应该在审计报告中加以说明。

审计完成阶段的主要工作包括以下几点。

(1) 整理归纳审计资料,反映内控制度的结果,并揭示问题、明确责任、发现并陈列线索。

(2) 撰写审计报告。在审计报告中,应着重说明发现了哪些问题,并建议被审计单位进行改进。

(3) 与被审系统管理者进行沟通。

(4) 发出审计结论和决定。

(5) 审计资料的归档和管理。

信息系统审计流程图如图 3-1 所示。

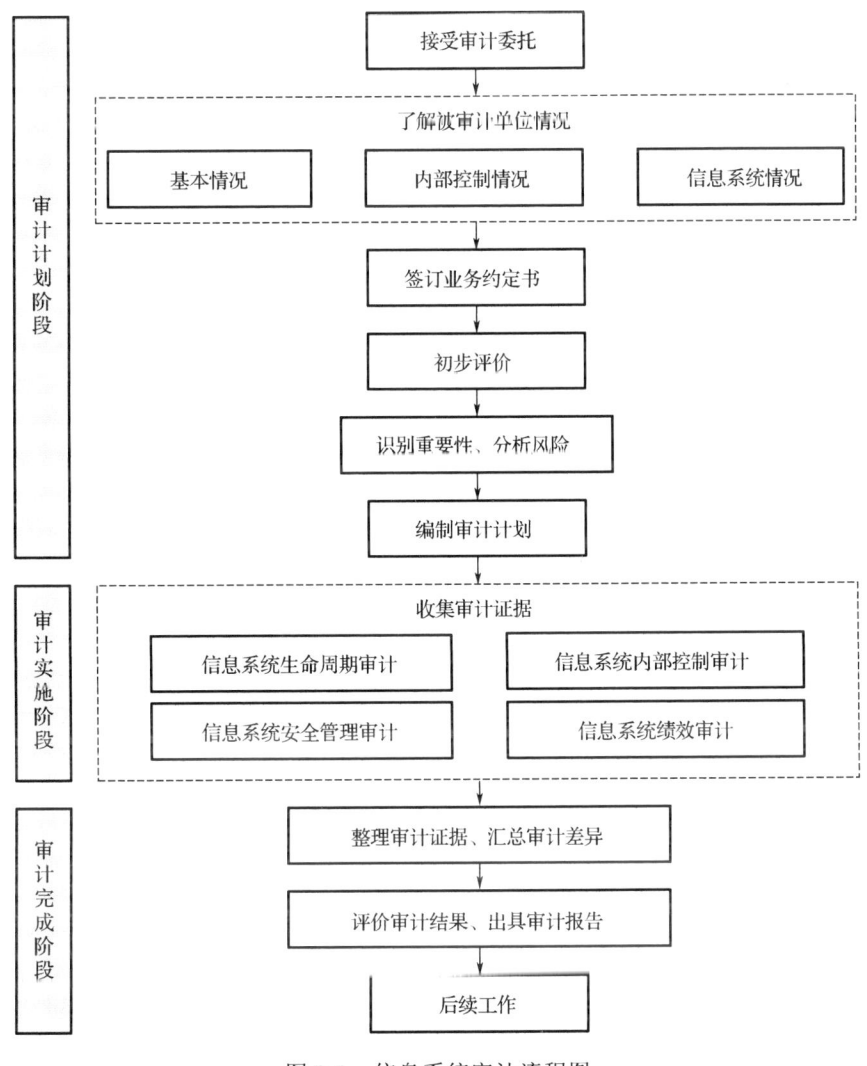

图 3-1 信息系统审计流程图

3.2 确定审计关系

审计关系一般是指由审计人员、审计受权人和被审计单位三者之间形成的经济责任关系，它是审计活动得以有效开展的前提和保证。确定审计关系的过程可以理解为：审计受权人委托经理人经营管理其财产，经理人委托审计机构进行审计，审计机构将审计业务委派给审计人员，审计人员接受审计机构的管理控制，向被审单位经理人提供审计报告，最终由经理人将审计报告和财务报告提交给审计受权人。信息系统审计的各方关系图如图3-2所示。

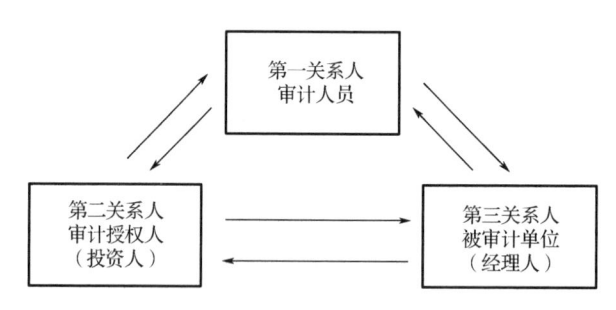

图 3-2 信息系统审计的各方关系图

3.3 了解被审计单位的情况

在审计计划阶段，审计人员需要通过审前调查详细了解被审系统的基本情况，这有助于审计人员对系统的组成、环境、运行年限、控制等有初步印象，以决定是否对该系统进行审计，并可明确审计的难度、重点和范围、所需时间及人员配备情况，并制定相应的信息系统审计实施方案。任何信息系统都是根据本单位的业务流程来开发的，因此，了解单位的业务流程和信息系统的情况应该作为审计工作的第一步。

审计人员要提前进入被审计单位了解信息系统的开发和使用情况、业务量和数据完整程度，以判断是否适合开展信息系统审计，以及审计风险的大小。由于信息系统审计对审计团队本身的能力水平要求较高，因此并不是每个项目都适合信息系统审计。在目前高水平信息系统审计人员稀缺的情况下，更应该把精力集中在应用潜力大的项目上。如金融企业、事业单位、大型企业等信息化程度高、业务量大、传统人工审计无法完成的项目。

了解被审计单位信息系统的基本情况，一是与被审计单位人员进行谈话，询问情况，收集审计证据。询问前应收集相关的背景资料，确定合适的询问对象。询问过程中需做好询问记录，并要求被询问者签字。询问结束后应对谈话的内容进行评价和总结。二是查阅与信息系统相关的文档，从而了解信息系统的总体情况、控制情况和开发设计情况等。三是了解信息系统的物理环境、硬件设施和办公空间，信息系统的设计、开发、测试和运行维护情况，并现场验证其控制措施的执行情况。

了解被审计单位的情况包含但不限于以下几个方面。

1. 基本情况

(1) 行业类型、业务类型、产品和服务的种类、经营特点；
(2) 关联方及其交易的存在情况；
(3) 影响被审计单位及所属行业的法律、法规等；
(4) 内部控制情况；
(5) 总体组织结构。

2. 信息系统使用情况

(1) 与信息系统相关的管理制度；
(2) 与信息系统相关的机构设置情况；
(3) 系统流程；
(4) 软件使用情况；
(5) 数据库使用；
(6) 操作系统；
(7) 硬件设备；
(8) 网络安全；
(9) 辅助设施。

3. 信息系统描述

在了解完信息系统使用情况之后，需要对这些信息进行进一步汇总并描述，描述方法包括文字描述法、表格描述法和图形描述法，这几种方法可以搭配使用。

(1) 文字描述法，是指通过文字描述被审计单位的信息系统的功能、结构、控制政策措施和生命周期过程的方法，适用于大多数信息系统。它的优点是容易使用、容易理解，缺点是不够简洁直观。

(2) 表格描述法，是一种审计人员使用标准或自行设计的表格来描述信息系统的方法。它适用于描述信息系统开发过程、内部控制的多个指标和系统组件的多个部分。其优点是结构清晰、逻辑性强。

(3) 图形描述法，是指审核员以图形的形式描述信息系统的组织结构、功能、生命周期和业务流程的方法，包括组织结构图、功能结构图和业务流程图。为了便于审核员之间的相互理解和交流，在使用图形描述方法时，应注意统一各种符号及其含义。

了解情况时，通常需要被审计单位提供相关资料，资料清单的示例如表 3-1 所示，此清单中的资料并非任何信息系统审计项目都需提供，应该根据具体审计范围来确定。

表 3-1 被审计单位提供相关资料清单示例

项目	资料编号	所需文件/资料	提供者/部门	是否提供	备注
A. 一般控制	A1	信息技术组织架构及岗位职责说明			
	A2	信息技术战略规划及评价			
	A3	与信息技术相关的规章管理制度及发布流程			

续表

项目	资料编号	所需文件/资料	提供者/部门	是否提供	备注
A. 一般控制	A4	信息技术人员完整清单、人员基本情况、岗位,包括各分支机构的专职或兼职IT管理员			
	A5	信息技术部门关键岗位人员签订的保密协议			
	A6	信息技术年度总结及计划、会议纪要			
	A7	审计期间信息技术的培训计划及培训记录			
	A8	主要系统清单(含功能介绍,见表3-2)			
	A9	IT人员录用管理协议,每年各一份,包括被录用人员的身份、背景和专业资格等,对其所具有的技术技能也要进行考核			
	A10	审计期间所有人员签署的安全保密协议,每年各一份			
	A11	信息安全意识教育、岗位技能培训和相关安全技术培训计划、培训记录及奖惩记录			
	A12	每年对各个岗位的IT人员的安全审查和技能考核记录			
	A13	审计期间实际人员离职审批表整套资料,每年各一份			
B. 生命周期管理:系统变更管理	B1	系统变更管理制度			
	B2	开发变更申请表			
	B3	开发变更测试文档			
	B4	相关开发文档			
	B5	配置变更申请表			
	B6	配置变更测试文档			
	B7	软件版本升级申请表			
C. 生命周期管理:系统开发管理	C1	业务流程图与流程描述			
	C2	程序开发管理制度或规定			
	C3	开发清单			
	C4	开发需求功能说明书			
	C5	开发过程中的会议记录及开发测试记录单			
	C6	配置文档			
	C7	集成测试文档			
	C8	用户接收测试文档			
	C9	测试用例文档			
	C10	传输请求申请表			
	C11	用户操作手册			

续表

项目	资料编号	所需文件/资料	提供者/部门	是否提供	备注
C. 生命周期管理：系统开发管理	C12	数据签字清单			
	C13	数据导入清单			
	C14	切换方案			
	C15	系统上线申请报告			
	C16	月结差异报告			
	C17	系统运行管理制度或规定			
	C18	数据导入申请表			
	C19	数据模版审批签字			
D. 生命周期管理：数据备份管理	D1	数据备份程序或制度			
	D2	备份日志记录			
	D3	数据全备份记录			
	D4	备份巡检记录			
	D5	可读性测试记录			
	D6	恢复性测试记录			
	D7	备份介质更换记录			
	D8	问题处理记录			
	D9	系统应急预案			
	D10	系统应急预案培训记录			
E. 生命周期管理：系统运维管理	E1	系统管理员值班监控登记簿			
	E2	堡垒机的用户管理和操作监控制度、堡垒机操作行为审计记录			
	E3	主机、中间件等的核心设备运行的实时监控状况			
	E4	主机、数据库等的核心密码管理及修改记录或策略			
	E5	重要系统日常维护分工表			
	E6	重要系统业务架构及数据流程图			
	E7	后台数据修改及配置变更申请审批流程及修改复核记录，每年各5份			
F. 信息安全管理：网络安全管理	F1	网络管理办法			
	F2	网络管理员、安全管理员授权文档			
	F3	IP地址分配表			
	F4	网络拓扑图			

续表

项目	资料编号	所需文件/资料	提供者/部门	是否提供	备注
F. 信息安全管理：网络安全管理	F5	网络设备配置记录表			
	F6	密码变更记录			
	F7	安全设备配置文档			
	F8	与外部网互联备案记录表			
	F9	安全设备配置检查记录表			
	F10	网络设备登录日志审阅表			
	F11	防火墙日志审阅表			
	F12	终端用户接入申请表			
	F13	离职人员交接表			
	F14	远程用户接入服务申请表			
	F15	远程用户接入服务安全承诺书			
	F16	防病毒系统日志审阅记录表			
	F17	系统管理员任命材料			
	F18	服务器档案			
	F19	操作系统用户申请表			
	F20	操作系统用户授权记录			
	F21	密码更换记录			
	F22	操作系统每日巡检记录			
	F23	安全管理员检查记录，以及存在问题改进情况			
	F24	机房管理办法			
	F25	机房人员出入登记表			
	F26	门卡发放记录			
	F27	钥匙领用记录			
	F28	机房设备搬入搬出登记表			
	F29	机房巡检记录			
	F30	介质入库记录			
	F31	介质借用申请表			
	F32	故障处理流程			
	F33	信息基础设施应急预案			
	F34	工作记录(应记录故障发生时间、处理人、原因、处理结果等内容)			

续表

项目	资料编号	所需文件/资料	提供者/部门	是否提供	备注
F. 信息安全管理：网络安全管理	F35	工作单(要点为最终用户确认)			
	F36	应急预案演练计划、应急预案培训记录			
G. 安全管理：账号、权限管理	G1	程序和数据访问管理制度或规定			
	G2	用户申请表			
	G3	用户变更申请表			
	G4	用户角色矩阵			
	G5	人员变动清单			
	G6	管理员授权文件			
	G7	管理员任职资格半年审核记录			
	G8	监控记录			
	G9	安全员检查记录			
	G10	开发人员及关键用户清单			
	G11	ROOT账号密码修改记录			
	G12	业务支持人员名单			
	G13	保密协议(合同)			
	G14	第三方人员清单			
	G15	超级用户申请表			
	G16	用户审核签字			
	G17	密码更换检查记录			

除以上资料清单中的内容外，还需被审计单位提供主要的信息系统情况，其一般格式如表 3-2 所示。

表 3-2 被审计单位提供主要信息系统清单示例

序号	系统名称	系统平台及数据库	设备所在地点或平台	主要功能/主要业务	上线年份
1	账务系统	ERP、MS SQL Server	中心机房	账务处理	2020
2	…	…	…	…	…
3	…	…	…	…	…

3.4 评估审计风险

在信息化环境下，信息系统在安全性、可靠性和有效性上可能因存在缺陷而发生错误，从而增加经营管理风险的可能性。对信息系统进行充分审计有利于降低甚至规避相关的风险。评估风险就是要找出哪些风险会影响系统，并可能对业务的正常运营产生冲击。

审计的风险模型将审计风险分为固有风险、控制风险和检查风险。信息系统审计风险包含以下三个方面：

(1) 被审计单位信息系统自身潜在的风险，即固有风险；
(2) 因被审计单位内部控制存在缺陷而产生的风险，即控制风险；
(3) 审计师在信息系统审计过程中产生的风险，即检查风险。

3.4.1 固有风险

固有风险是指信息系统在相关的内部控制缺失的情况下，发生运行失常或数据错误等的可能性。固有风险是由于被审计单位自身因素造成的，与信息系统审计无关。当被审计单位的信息系统存在安全漏洞，系统中相关的电子数据或程序被破坏时，信息系统的固有风险就偏高。

信息系统审计固有风险的影响因素主要包括：

(1) 计算机硬件系统的安全性；
(2) 软件系统质量，包括系统研制与开发的漏洞、职责权限划分不明确、不相容职务没有被严格区分等；
(3) 数据文件的完整性、经济业务的开展是否合法、信息的录入是否准确；
(4) 程序模块的安全性、稳定性和隐蔽性。

在评估固有风险时，信息系统审计师应从行业分析中确认被审计单位的经营处于何种竞争形势之中，面临什么样的风险和威胁，可能遇到什么样的棘手问题，具体包括收集被审计单位所处行业的整体情况及其在行业中的位置与处境，初步明确行业的固有风险，评价影响被审计单位经营管理的主要外部因素，并根据初步评估的固有风险的大小决定是否接受审计委托。

此外，还应调查和了解被审计单位及其信息系统的内部环境，以评估固有风险，这主要包括：

(1) 被审计单位的业务性质、组织结构、现行的信息系统及信息系统的战略规划；
(2) 被审计单位的经营管理工作对信息系统的需求，这有助于信息系统审计人员确定被审计信息系统资源的重要性；
(3) 收集关于被审计单位关键管理人员的行业或技术背景，以及管理层对内部环境变化的反应和被审计单位权力结构状况的信息；
(4) 被审计单位的应用系统处理信息的具体情况；
(5) 被审计单位对外包给其他组织的信息系统活动的管控程度和对外包团队的依赖程度。

信息系统审计中的固有风险具体表现在以下几个方面。

1．系统设计风险

信息不对称和知识结构的不完善，使得系统开发人员设计出的信息系统与系统使用者的需求不匹配，那么必然会带来漏洞。

2．系统风险

信息系统的硬件配置不完善，软件质量不可靠，系统自控功能较弱而产生的系统风险。

3．系统环境风险

电子数据大量集中在系统的信息中心，同时信息系统要实现数据的高速处理，在此过程中，系统内数据可能会遭到破坏或处理时出现失误。

4．数据录入风险

原始数据需要人工录入到系统中，由于数据量庞大而且分散，出现输入错误的概率比较高。一旦出现输入错误，就有可能影响审计结果。

5．数据储存风险

电子数据存储在物理介质上时，肉眼并不直接可见，很容易被滥用、篡改和丢失，且不留蛛丝马迹。储存介质会在信息系统审计模式下发生变动，这样信息就会大量地存在于信息系统当中，要是某些黑客采用不正当的方式，穿过防火墙，窃取重要数据的话，就会造成极为严重的后果。另外，如果计算机出现故障或病毒，电子数据很容易遭到破坏，从而发生财务不完整或被篡改的现象，很大程度上增大了审计风险。

此外，目前企业级的信息系统通常采用中心化的方式大量集中和高速处理数据。信息系统实现的功能与系统数据都高度集中在数据中心或信息中心，一旦数据中心或信息中心遭到破坏，其后果不堪设想。在高速的大量信息处理过程中，如果出现错误或疏忽，也会造成巨额损失。

6．数据传输转移风险

在利用信息系统的时候，需要从被审计单位提取数据。而在提取期间，由于财务系统的多样化，在与审计系统之间转换数据时，会发生一些问题，从而增加了转移风险的发生概率。

7．计算机犯罪

信息处理过程中的防护措施比较薄弱，使得图谋舞弊者容易获得可乘之机。

8．信息系统外包风险

信息系统外包后，可能因对外包团队过于依赖而造成技术风险，外包过程中如果管控不严，则易造成信息安全风险。

3.4.2 控制风险

控制风险是指被审计单位建立了与信息系统相关的内部控制制度，但组成信息系统的软件、硬件系统在应用、运行时发生错误，并且没有被内部控制及时防止或发现纠正而产生的风险。控制风险与内部控制制度执行的有效性有关，与审计无关。信息系统在处理相关数据时，大部分处理流程和相应的控制程序都存在于系统中。在计算机信息系统环境中，它的控制范围发生了一定程度的变化，这有其特殊性，包括系统的组织和运行、安全和数据处理，因此许多一般的控制活动会失效。

信息系统审计控制风险的影响因素主要包括：

(1) 内部控制不健全或未发挥效力；

(2) 软件系统的应用测试不严密；

(3) 软件系统的设计有缺陷，如软件系统数据控制设计不严密、日志记录不完整、缺乏系统运行故障的事后恢复措施或数据备份方案、系统没有预留审计接口等。

信息系统审计中的控制风险具体表现在以下几个方面。

1．未经授权访问

在计算机信息系统环境下，任何对系统及数据的访问都是直接通过电子数据处理功能取得、批准的，如果信息系统采用的技术不先进、访问技术设置不充分，则会引起整个系统的技术性暴露，出现未经授权的系统访问。主要表现在对网络、操作系统、数据库及应用系统四个层面的数据和软件的操作上。

2．凭证与记录控制

在计算机信息系统中，终端操作者把业务数据直接输入计算机而没有留下任何凭证。

3．资产接触与记录控制

在计算机信息系统环境下，大部分业务数据集中于电子数据处理部门，如果缺乏适当的控制，未经授权人员可能通过外部指令，甚至远程入侵系统，机密数据很可能被非法复制或篡改。

4．职责划分

被审计单位内部通常都制定了职责划分的有关制度。而在信息系统中，若想对员工的职责进行划分，主要通过两种形式。首先是明确员工的工作责任，其次是根据软件设计的具体情况，对其子系统设置不同的职责。但在实践中，由于人员数量的限制，往往出现一个人负责多个关键职位的情况，使内部控制实质上处于失效状态。此外，在信息系统中，各岗位不相容，使职责分配较为集中，也可能因此导致在授权过程中出现错误，导致舞弊行为发生，进而增加出现审计风险的概率，最终有可能让职责划分这一工作环节失去它原本的作用。

5．独立稽核

在信息系统中，如果一个工作细节出现失误，则极有可能会让与之有关联的账簿发生信息失真的情况。要是应用程序出现故障，计算机就会在审计期间出现多次失误，进而让出现审计风险的概率进一步增高。

6．网络监控失效

对网络的广泛使用，使得通过网络传输的信息很容易被窃听、追踪和非法使用。

7．信息流和业务流的不一致

信息处理和业务传递缺乏有效的控制手段，往往出现业务处理资料和系统处理数据的不一致，可能导致企业决策失误。

8．业务流程重组

在追逐利益和效率的过程中，被审计单位纷纷进行业务流程重组，但是很可能对一些关键环节缺乏有效控制，加大了系统运行的控制风险。

3.4.3 检查风险

检查风险就是因为对信息系统进行审计而产生的风险，即信息系统的安全性、可靠性、有效性等方面存在着重大隐患，但信息系统审计人员由于采用了不恰当的测试程序，未能检查出已存在的重大错误，并做出了结论错误的风险评估。在计算机信息系统环境下，审计人员的自身能力和信息技术水平是影响检查风险的重要因素。如今审计人员所面临的工作任务已不再只是对手工会计凭证、报表进行处理，而是要面对庞大的信息化数据，也就意味着审计人员如果不能加强信息系统审计水平，就极有可能造成信息系统审计风险的发生，所以如何避免此类情况就成为相关工作者的重要工作内容。信息系统审计的检查风险贯穿于审计过程，是唯一可以通过审计人员控制的风险。当可接受的审计风险一定时，固有风险与控制风险越大，检查风险越高。

信息系统审计中的检查风险主要产生于以下几个方面。

1．审计人员的相关专业水平不高

这首先表现在审计人员计算机专业水平不高。在信息系统审计中要运用计算机分析数据，数据库查询、统计和分析，甚至编程等技术筛选出疑点数据，发现审计线索，然后快速核实情况，得出审计结果。然而审计人员基于自身的专业素质和综合能力未必能顺利发现问题，特别是一些高技术舞弊或特殊安全漏洞的情况，这就会直接影响审计结果。

其次表现在对被审计单位所属行业的专业知识水平有限。在审计过程中，审计人员未能识别出系统的关键业务环节和重要的信息资产，如企业的销售环节、财务核算信息和数据备份等。

2．审计线索难以查找

在手工环境下，会计账务处理的每一步都有相关人员的书面记录和签名，审计线索清晰。在计算机信息系统环境下，从录入原始数据到自动生成报表的整个过程，其中间处理环节是被忽略了的。利用信息技术也难以实现如签名、盖章等这些使审计线索证据化的操作，给审计追踪带来了很多困难。同时，数据文件都存储在硬盘、优盘等存储介质中，如果设计者事先未能考虑审计的需要而在系统中设置跟踪程序的话，就很难留下有价值的审计线索，增加了审计的难度。

3．控制测试难度增加

在手工环境下，内部控制的情况是可见的、有形的，有据可查；而在计算机信息系统环境下，内部控制主要依靠软件本身并集成到系统软件中。一方面，审计人员无法通过传统审计方法进行控制测试；另一方面，也要求审计人员掌握较高的计算机知识水平。例如，在进行技术性测试时，利用测试数据对系统进行测试，很难保证恰当的程序都被检查；用开发模拟程序来处理生产数据以测试生产系统时，加大了检查成本，延长了检查时间，反而加大了检查风险。

4．技术风险难以控制

随着线上业务的急剧增加，特别是智能化业务处理的逐步成熟和普及，相应的人工干预会逐渐减少，在这种前提下，对控制信息技术是否进行有效检查将更具实际意义。降低这种检查风险将比任何时候都更加重要。例如，当网络灾难导致数据存储平台或数据处理平台瘫痪时，灾备方案可以快速恢复信息处理功能，这是需要重点关注的基本检查风险。

5．审计人员职业道德风险

审计人员在审计过程中应始终保持其第三方的独立性。审计人员应保持其职业审慎性，选择适当的审计程序和方法，完成审计任务，降低审计过程中的检查风险。

6．其他不确定性的技术风险

在计算机信息系统环境下，还存在一些不可预知的技术风险，如系统或子系统即将更新换代，使得当前的审计测试失去了意义，不仅浪费时间，还误导审计人员对信息系统的审计评价。在信息系统审计人员缺乏的情况下，有时会出现让参与系统开发的人员对信息系统进行检查和测试的情况，其检查风险会非常高。

3.4.4 形成信息系统审计风险的原因

1．信息存储的电子化和传输的网络化

在信息化环境下，海量的信息都存储在硬盘、优盘等存储介质中，肉眼无法看到信息处理的轨迹，也发现不了线索。而这些电子化的数据很容易被篡改、删除、隐匿或转移，且不会遗留明显的痕迹。信息在计算机网络中进行传递，在传输过程中存在被窃听、篡改的可能性。

2．捕捉证据的动态化

信息系统是一个庞大的综合性系统，每天都要进行大量的业务处理和动态分析，供管理层决策参考。因此审计人员必须在系统运行过程中进行取证，而不能为了审计工作将系统停止下来，这就增加了取证难度，也存在一定的审计风险。当然也有搭建现行系统模拟运行环境的做法，即平行模拟法，这样可以不影响原有系统的正常运转，但其成本和耗时都非常高，很难在实际审计工作中实施。

3．内部控制制度的复杂化

在信息化环境下，被审计单位内部控制的技术和方法发生了很大变化，控制措施大多以程序的形式建立在信息系统中，肉眼无法觉察，在很大程度上依赖于计算机处理。在实际操作中，内控环境的复杂性及内部控制的局限性也为舞弊提供了机会。

4．审计人员知识结构单一

信息系统审计师除要有专业的审计、会计知识，还须掌握一定的计算机专业相关知识和技术。现实中，审计人员的知识结构比较单一，熟悉审计和会计知识的多，而掌握IT技术的少，审计人员给出的审计结论有可能偏离被审计单位信息系统的实际。

3.4.5 信息系统审计风险的特征

1. 隐蔽性

信息系统审计主要面对被审计单位系统中的大量电子数据，操作人员使用信息系统来对业务数据的输入、计算分析和输出进行处理，中间过程的数据处理几乎完全由计算机自身完成。与一般的审计证据不同，审计人员在获取审计证据时，应考虑电子数据复杂、易被破坏的特点。在收集、整理和分析数据信息的过程中，审计风险是隐蔽的，不易发现其存在的问题，审计人员的控制方法不能得以有效实施。

2. 群发性

在信息系统中，相同的程序用于处理相同或相似的业务。一旦程序出现了问题，处理这类业务时就会出现错误。同时，不同的子系统组合成一个完整的信息系统，这些子系统之间存在数据交互。子系统产生的错误数据会转移到下一个子系统，严重的情况下甚至整个被审计单位都会产生决策错误。因此，在信息系统审计中，由于没有发现单个错误而导致的审计风险很可能存在于一系列相同或相似的业务中，从而导致其他相关程序的审计风险，甚至出现影响整个信息系统审计过程的审计风险。

3. 不可控性

信息系统的数据处理相对集中高效，数据存储的电子化和数据传输的网络化使得内部控制主要以计算机系统内部控制为主。而系统自身的运行有效、控制失灵等安全隐患也造成了审计风险的不可控性。

4. 渠道多样性

在信息系统审计中，由于所处的信息环境不同，信息使用者不再是只关注审计人员所提供的信息，而是会从不同的渠道获取同种类型的信息从而进行相互印证。因此，信息系统审计的信息披露渠道较财务审计更丰富、更完善、更多样化。审计信息披露的渠道多样性造就了审计风险的渠道多样性。

3.4.6 信息系统审计风险与防范风险的措施

信息系统审计风险有其独特的表现形式，形成信息系统审计风险的原因也较为复杂。要对信息系统审计进行有效的控制，首先就是要提前制止可能会出现的风险，其次要在风险发生后及时采取有效的防范措施，确保损失的程度可以降到最低。在审计时，信息系统审计人员要谨慎执业，并采取适当措施将审核风险控制在可接受的水平。

1. 固有风险的防范

管理层对固有风险的认识程度是降低固有风险的关键，因此需要通过与被审计单位相关人员的访谈，充分了解被审计单位的信息化环境。通过了解和识别固有风险，制定相应的策略和机制。

防范固有风险一般采取以下几种措施。

(1)进行详细的审前调查。审计人员不仅要了解被审计单位内部控制的相关制度和措施，还可通过阅读技术文档和操作手册，详细掌握信息系统所设定的操作流程，并发放信息系统调查表，对系统模块框架进行实际观察，印证各流程业务之间的衔接。

(2) 加强信息资产管理。信息资产要通过表单进行管理，让所有信息资产都处于可控状态。

(3) 对信息系统所产生的数据资料的真实性、完整性和合法性进行评价，防止或揭露信息失真的情况。

(4) 加强内外安全控制机制。建立有效的数据信息使用和存储控制机制，降低数据信息被盗取、篡改和丢失的可能性。

(5) 建立安全可靠的数据传输通道。为了保护信息的安全传输，应建立相对开放、安全级别较高的专用局域网，并合理设置多层加密网关和防火墙。

(6) 数据输入校验。在系统设计时应设置输入准确性校验程序，以确保有效数据输入的准确性。

(7) 审计人员应掌握信息系统审核的重要环节，了解主要业务流程。要全面了解各个业务流程模块的内部逻辑，以及各个模块的总体框架和信息交互，尤其是对其业务流程和数据流程要有整体了解。

2．控制风险的防范

控制风险是由内部控制制度不完善或内部控制制度执行不严造成的。为了防范控制风险，应积极开展事前、事中和事后审计。

防范控制风险一般采取的措施有以下几种。

(1) 评价信息系统是否建立了合理的流程及控制体系，是否建立了相应的补偿控制措施，以分散风险，防患于未然。

(2) 评价信息系统的严密完善性，确保计算机信息系统运行后数据处理结果的真实性和正确性。

(3) 审查系统的运行情况。对信息系统在输入、处理、输出过程中的运行情况进行审查。

(4) 按照岗位职责、业务流程的要求，明确访问和操作权限的分配，以正确行使职权。关键岗位的权限密码要定期修改。对刚入职或离职的人员权限要及时分配或收回。重视对系统访问日志的检查，及时发现越权访问或操作的行为。

(5) 审查信息系统的运行环境，查看是否建立了一套检测病毒的控制措施。

(6) 审查是否建立了安全的网络监控机制，以降低外部风险。首先，为具有外部连接权限的用户建立身份验证机制，以确保只有授权用户才能登录和访问。其次，建立强制路径，控制用户终端和网络服务器之间的路径。最后，加强远程诊断端口的保护。

(7) 审查人员素质。查看是否建立了一个能够提升员工综合素质的控制措施体系。

3．检查风险的防范

为了防范检查风险，审计人员要在充分了解被审计单位的业务流程和信息流程的基础上，有效识别每个风险点。

防范检查风险一般采取的措施有以下几种。

(1) 识别重要信息资产。向管理部门索要详细的信息资产清单，并对信息资产进行分类。按类型分类，如分为数据与文档、书面文件、软件资产、实物资产和人员等，或者按照敏感性及重要性分级，如分为高、中、低或其他级别。

(2) 建立信息系统内部审计机构。目的在于加强对信息系统风险控制的内部管理和监督。

(3) 确定合理的检验顺序。按照重要性原则，依次进行以下检查：信息系统防范控制检查、信息系统实体检查、信息系统安全管理控制机制检查、网络安全检查、财务核算检查。

(4) 建立健全信息系统审计法律、法规和标准体系。在信息系统环境下，审计对象、技术和方法都发生了变化，传统的审计准则已不能完全适用于当前的审计工作。然而，我国尚未制定和颁布相关的信息系统审计标准和法律。在国际上，ISACA 等组织发布的信息系统审计标准是国际通用的信息系统标准，包括审计标准、审计指南和审计程序及相关规范。我国可以借鉴国际信息系统审计的实践经验，同时结合国内注册会计师的管理情况，制定符合本国国情的信息系统审计准则和法律，从而为降低信息系统审计风险提供有力保障。

(5) 改进审计手段。选择有效的审计软件，进行科学抽样，将审计方法使用不当带来的风险降到最低。在对系统进行测试时，应根据审计成本和审计重要性原则来选择最合适的测试方法。

(6) 采用先进的审计技术和方法。应用先进的审计技术和方法可以提高审计效率和审计质量。审计人员需要熟练掌握最新的技术方法来获得足够和适当的审核证据，以实现审核目标。先进的信息系统审计技术包括相关的安全审计技术、数据挖掘技术和信息系统审计证据生成技术等。

综上所述，要有效防范信息系统审计风险，一方面，要通过综合运用审计取证方法来获取更为充分的审计证据，从而达到降低审计风险的目的。例如，在对系统物理控制审计时，要充分运用观察、询问、检查等审计方法；对信息系统保障产生数据真实性、完整性、可靠性等应用控制审计时，要灵活运用重新计算、重新操作等审计方法对业务管理模块进行有效核查等。另一方面应不断提高审计人员的业务素质和道德素养。这就要求审计人员不仅要有丰富的会计、财务、审计知识和技能，而且还应掌握计算机知识和应用技术，掌握数据处理和管理技术，不仅要懂得审计软件的操作方法，而且应根据审计过程中出现的种种问题，及时编写各种测试、审计程序模块。

3.5 识别重要性水平

为完成审计目标，合理分配审计资源，在制订审计计划时，信息系统审计师必须通过专业判断，对信息系统的整体情况进行重要性评价。

对重要性的评估一般需要运用专业判断。考虑重要性水平时要基于审计师的职业判断或公用标准、系统的服务对象及业务性质、内控的初评结果等因素。

对重要性水平的判断不能脱离实际环境，信息系统审计师需根据信息系统中各个子系统的实际应用情况做出重要性判断。越是重要的子系统，就越需要获得充足的审计证据来支持审计结论或审计意见。

重要性水平主要从以下几个方面进行考察：

(1) 以往的信息系统审计经验；
(2) 内部控制与风险评估结果；

(3) 信息系统规模和应用的程度；
(4) 经营管理业务对信息系统的依赖度；
(5) 与常规审计重点高度相关或与被审计单位核心业务高度相关的信息系统；
(6) 所在行业对信息系统的依赖度(如上/下游企业对信息交换或对接的要求程度)；
(7) 因改变经营管理模式、开拓新业务等情况需要更换或升级现有信息系统的难易程度；
(8) 系统设计文档齐全，且在信息系统审计小组能力范围内的信息系统。

3.6 确定审计依据

信息系统审计师需了解规划、执行及完成审计工作的步骤与技术，并应遵守国内的监管部门和国际信息系统审计与控制协会的一般公认信息系统审计准则、控制目标和其他法律与规定。

信息系统审计的依据主要包含以下几个。

(1) 通用的信息系统审计准则和标准体系，包括职业准则、ISACA公告和职业道德规范。职业准则可归类为：审计规章、独立性、职业道德及规范、专业能力、规划、审计工作的执行、报告、期后审计。

(2) 国内监管部门发布的审计准则或规范性文件。例如，中国内部审计协会发布的《第2203号内部审计具体准则——信息系统审计》和《第3205号内部审计实务指南——信息系统审计》。此外，银保监会等行业监管部门均发布了相关规范性文件或审计实务指南。

(3) 信息系统的控制目标。例如，ISACA自1996年开始陆续公布的COBIT被国际上公认是最先进、最权威的安全与信息技术管理和控制的标准。

(4) 委托方的系统需求和业务规定。

(5) 其他法律及规定。每个组织不论规模大小或属于何种产业，都需要遵守政府或外部对与计算机系统运作、控制及计算机、程序、信息的使用情况等有关的规定或要求，对于一向受严格管制的行业，尤其要遵守。

以上这些可以作为信息系统审计的总体纲要。

3.7 制订审计计划

以上程序为编制审计计划提供了良好准备，审计人员可以据以编制总体及具体审计计划，并形成书面文件。其基本内容包括被审计单位的基本情况、审计范围和重点、审计步骤和详细的时间安排、人员分工、准备采用的信息系统审计方法，以及其他审计注意事项等。

3.7.1 总体计划

总体计划包括：掌握被审计单位的基本情况；明确审计目的、审计范围及策略；重要问题及重要审计领域；工作进度及时间；估计完成审计需要的资源和技巧，以及合理进行审计小组成员分工；重要性确定及风险评估等。信息系统审计总体计划示例如表3-3所示。

表 3-3 信息系统审计总体计划示例

编制日期			审计期间			索引号	
审计项目	IT 审计		被审计单位	XX 公司信息部		审计类型	定期审计
审计目标	确保信息系统的可靠性、稳定性、安全性,以及数据处理的完整性、准确性				审计人员		
审计范围	信息资产的管理、账号与权限管理、灾难恢复计划、信息安全、中心机房管理、ERP 项目管理				审计依据	内部控制制度、行业惯例	
审计内容							

序号	耗时	项目内容	审计程序	查核资料	配合部门	计划时间	底稿索引
1	4	信息资产的管理	根据历史采购及信息部统计清单,盘点现有信息资产的完整性	信息资产清单	采购部 信息部 财务部	2020/10/8	
2	1		检查信息资产的报废、处置手续是否完整,审批权限是否完整	资产报废申请单/报告	信息部 财务部	2020/10/8	
3	1		检查信息资产的异动、使用、保管手续是否完整,审批权限是否完整	资产异动单/信息资产保管清单	信息部	2020/10/8	
4	2		检查信息资产的分布合理性,确定其配备人员与信息资产比率的一致性	信息资产清单	使用部门	2020/10/9	
5	1		检查信息资产的维修/维护是否合理,是否存在维修/维护申请	资产维修/维护申请单	信息部	2020/10/9	
6	1	账号与权限管理	询问 ERP 系统操作人员,确定是否存在多人使用一个账号的情况,是否存在员工将其账号借给别人使用的情况	ERP 账号清单	使用部门	2020/10/9	
7	1		抽取部分具有 ERP 系统操作权限的人员账号,测试是否存在密码为空或密码过于简单(如:123456)的情况	ERP 账号清单	信息部	2020/10/9	
8	1		根据 ERP 系统操作人员清单,核对是否存在《账号与权限申请》,审批手续是否完整	账号与权限申请单、ERP 账号清单	信息部	2020/10/9	
9	1		检查是否存在已离职人员的账号与权限仍然存在、仍然被使用的情况	ERP 账号清单	信息部 人力资源部	2020/10/9	
10	6	ERP 专项	评估 ERP 系统操作手册的完整性,确定是否存在未涵盖的业务流程、控制缺失或控制薄弱环节等情况	ERP 操作手册	信息部	2020/10/11	

续表

序号	耗时	项目内容	审计程序	查核资料	配合部门	计划时间	底稿索引
11	4	ERP专项	检查ERP系统中的主要业务模块，确定其数据处理是否完整、准确		信息部	2020/10/12	
12	2		通过调查，确定ERP现有开发功能的完整性，是否存在未覆盖的业务模块或存在未满足相关需要的数据		信息部使用部门	2020/10/12	
13	3		检查ERP系统后台配置维护的权限是否合理	ERP后台配置维护人员清单	信息部	2020/10/13	
14	4		检查ERP报表的开发程序是否完整，开发原理是否准确，程序开发与维护职能是否分离	ERP报表开发原理	信息部	2020/10/13	
15	2	灾难恢复计划	检查是否制订了信息数据的备份计划，确定备份计划(含备份内容、备份方式等)是否完整	数据备份计划	信息部	2020/10/14	
16	1		检查《数据备份计划》的执行情况，是否按计划规定时间进行对应数据的备份	数据备份计划、备份登记表	信息部	2020/10/14	
17	1		现场确认备份介质的保管是否合理，并确认备份数据的完整性	备份清单	信息部	2020/10/14	
18	1		询问备份数据使用是否予以记录，如是，检查备份数据使用的合理性及审批权限的完整性	备份数据使用记录	信息部	2020/10/14	
19	1		询问备份数据的清理程序，是否予以记录，如是，检查备份数据的清理是否合理，审批权限是否完整	备份数据清理记录	信息部	2020/10/14	
20	1	中心机房管理	确定是否存在非机房管理员进出机房的登记记录，登记记录内容是否完整	进出机房登记表	信息部	2020/10/13	
21	1		检查进出机房是否取得权限审批，与进出机房登记表核对是否一致	进入机房申请单	信息部	2020/10/13	
22	1		确定机房管理员是否定期对机房进行清理，是否存在灰尘等	机房清理日志	信息部	2020/10/15	
23	2		检查机房设备是否汇总登记，如是，根据登记设备清单，盘点机房设备的完整性	机房设备清单	信息部	2020/10/15	

续表

序号	耗时	项目内容	审计程序	查核资料	配合部门	计划时间	底稿索引
24	1	中心机房管理	检查机房内UPS不间断电源的运作情况,是否存在UPS不间断电源运行异常		信息部	2020/10/15	
25	1		检查机房是否有恒温、恒湿的测量仪器,如是,检查测量仪器的读数是否与规定的温湿一致		信息部	2020/10/15	
26	4		抽查部分计算机设备,是否存在未经授权的应用程序,非经授权的应用程序是否具有特殊的审批	授权应用程序清单	信息部使用部门	2020/10/16	
27	2		确定应用程序中源代码的访问权限,哪些人员具有可访问应用程序的源代码,是否经过授权		信息部	2020/10/16	
28	2		检查源代码修改是否有明确规定,是否存在源代码的修改,如是,其修改是否经权限审批,审批层级是否完整	源代码修改程序	信息部	2020/10/16	
29	1	信息安全管理	检查是否明确数据库、服务器等的访问权限规定,检查相关日志,确定是否存在非权限访问		信息部	2020/10/18	
30	2		统计外部网络使用者清单,核对计算机应用权限申请,确定是否存在未授权使用网络的情况	外部网络使用者清单、计算机应用权限申请	信息部	2020/10/18	
31	1		检查重要(如财务部)公共文件夹的安全性,是否存在未授权人员可访问相应数据,并确定是否有输入,输出权限		信息部	2020/10/18	
32	1		检查各重要(如财务部)公共文件夹内容是否设置读/写密码保护,是否存在未授权人员写入权限		信息部	2020/10/18	
33	2		检查防火墙或杀毒软件集中日志是否存在异常事项,确定异常事项是否为非授权范围内操作引起的	工作日志	信息部	2020/10/18	
34	2		检查服务器日志是否存在未经授权的访问,并确定是什么原因导致此访问	服务器日志	信息部	2020/10/19	

续表

序号	耗时	项目内容	审计程序	查核资料	配合部门	计划时间	底稿索引
35	2	信息安全管理	统计具有公司可外发邮件的使用者，查看是否进行邮件监控，是否存在未经授权的邮件	邮件使用者清单	信息部	2020/10/19	
36	2		检查腾讯通内部收发文件的权限设置，是否存在未经授权的操作		信息部	2020/10/19	
合计	66						
备注：此次IT审计仅涉及系统的执行与维护业务活动的范围，不涉及业务规划、业务开发等项目的审计								
编制/日期：复核/日期：								

3.7.2 具体计划

具体计划包括具体审计目标、审计程序、执行人员及时间限制等。现场审计时间安排（主机及网络安全主题）示例如表3-4所示。

表3-4 现场审计时间安排（主机及网络安全主题）示例

	星期一	星期二	星期三	星期四	星期五
08:30～09:00					
09:00～09:30	开始调查	主机及网络安全（网络数据中心符合性测试）	主机及网络安全（各业务部门符合性测试）	主机及网络安全（实质性测试）	对不确定性问题再次确认
09:30～10:00					
10:00～10:30	现场走访，了解概况				与被审计方交流审计结论，取得一致意见
10:30～11:00					
11:00～11:30					
11:30～12:00	提问	提问		提问	
12:00～13:00	午餐	午餐	午餐	午餐	午餐
13:00～16:00	主机及网络安全（总体概况，相关安全政策、管理与维护措施）	评审文档（主机及网络安全程序）	主机及网络安全（各业务部门符合性测试）	主机及网络安全（穿透性测试）	进一步整理审计底稿、审计结果汇总，得出此主题审计结论

续表

	星期一	星期二	星期三	星期四	星期五
16:00~16:30	文档评审	评审文档(主机及网络安全程序)		主机及网络安全(穿透性测试)	主机及网络安全主题审计结束
16:30~17:00	提问	提问	主机及网络安全(各业务部门符合性测试)	提问	
17:00~17:30	审计小组整理文档,总结交流,次日安排	审计小组整理文档,总结交流,次日安排		审计小组总结,评审底稿,初步审计结果汇总	
17:30~18:00			审计小组总结交流,次日安排		
18:00~18:30					

在确定审计范围时,应与被审计单位和审计委托方举行正式会议,并邀请被审计单位的高层领导参加,以确定审计范围和关键内容,制定时间表,说明审计方法,确保审计工作的顺利实施。现场审计步骤图如图 3-3 所示。

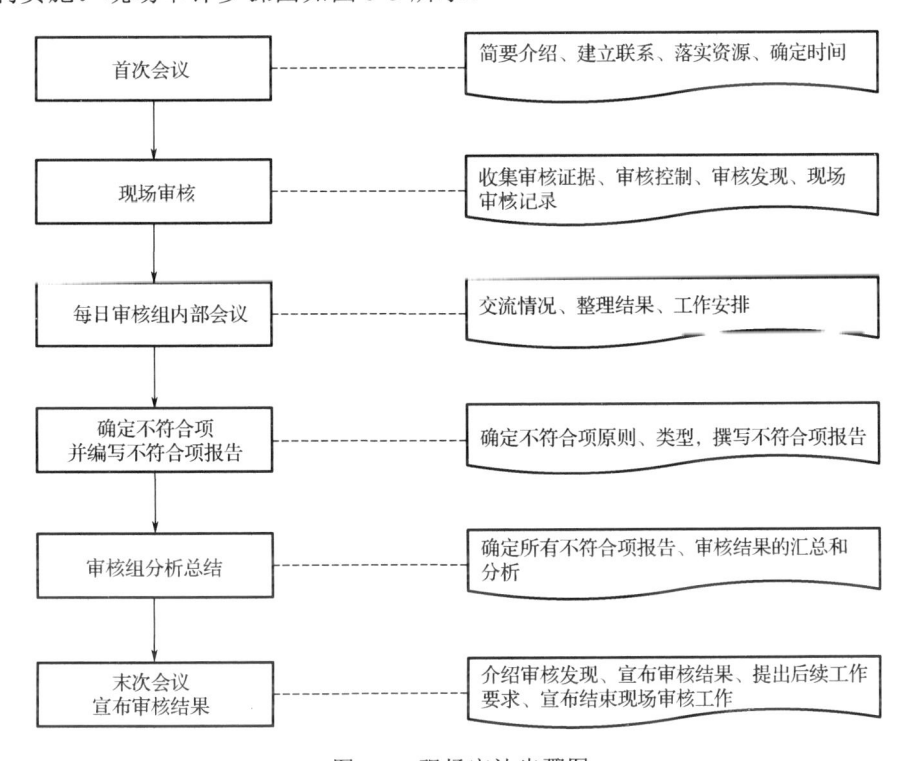

图 3-3 现场审计步骤图

3.8 收集审计证据

整个审计过程都需要收集审计证据。在实施审计之前,应找到对审计事项的评价标准,这将是衡量其真实性、合理性、合法性和有效性的主要标准。审计证据一般是由被审计单位提供的，或者是由审计人员收集的有关国家法律法规，以及上级部门出具的各种文件和资料。在审计实施过程中，审计证据主要是通过各种测试获得的，其具体方法在随后的章节中将对其叙述。

收集审计证据的过程包括符合性测试和实质性测试。

3.8.1 符合性测试

符合性测试是对内部控制的完整性、有效性和实施情况进行的测试，是检查内部控制机制是否健全有效的手段。为此，信息系统审计人员需要根据预期审计目标确定所收集证据的数量和质量上的标准，对信息系统的一般控制情况和应用控制情况进行一系列的测试。在这一阶段，可通过审计抽样确定测试范围，找出内部控制弱点，确定内部控制的可靠性。审计证据的获取可以利用人工作业技术、计算机辅助审计技术、信息系统审计技术或其他技术方法。审计人员只对实际存在的控制程序进行符合性测试，测试时需要在明确评审具体目的的基础上，通过一定的依据进行判断，这些依据主要是内部控制的相关准则。

在符合性测试的结论中，审计人员应记录并说明控制程序的遵守情况，并就规定的程序和补偿性控制是否适当，以及其在该组织中是否一贯应用得出结论。审计人员还要根据符合性测试的结果，确定实质性测试的程度并修订审计计划，为确定控制过程是否适当提供合理的保证。一般而言，内部控制越强，信息系统出错的概率越小，相应地，审计人员可以减少实质性测试的范围和数量，执行有限的实质性测试；反之，内部控制越弱，信息系统出现问题的概率越大，相应地，审计人员要加大实质性测试的范围和数量。

1．符合性测试的方法

分析被审计单位控制程序的符合程度，将实际控制程序和补偿控制措施与规定程序进行比较，检查文件、系统日志、数据库日志、权限设置和系统配置资料，并访谈相关人员，以判断控制措施是否被正确、持续地执行。

2．符合性测试的程序

（1）测试规定的控制程序是否按照要求持续一致地工作。获取所选控制项目和阶段的直接或间接证据。

（2）使用直接或间接的证据，确保被审计的项目和阶段始终符合相关控制程序的要求。

（3）对过程或结果的充分性进行有限的审核。

为了证明信息系统的业务和数据流程是正确合理并有效衔接的，就要确定后续的实质性测试的程度和其他需要进行的工作。一般来说，只能对那些已被证明有效的控制程序进行符合性测试。

3．符合性测试的审计底稿

信息系统审计的符合性测试底稿的一般格式如表3-5所示。

表 3-5 符合性测试底稿

项目名称：								
被审计单位：								
审计人员：				编制日期：				
审核人员：				审核日期：				
测试事项	符合目标	测试程序及方法	形式	所取得的相关资料	调查结论与评价	底稿索引	底稿页码	备注

3.8.2 实质性测试

实质性测试是对事务和事项进行详细测试或分析性复合测试，以获得审计期间这些事项或事务合法、完整、准确或真实存在的审计证据。其目的是通过一系列明确范围和数量的测试，对能否达到特定的业务目标向管理层提供最终的保证或不保证，同时证明信息系统审计师的审计判断，其结果是发布信息系统审计报告的依据。

从系统安全的角度来看，审计人员应该对事务和事项进行实质性测试。例如，为评价计算机中心机房设备资产的安全性，审计人员要检查其防潮、防火、灾备，以及进出机房的管理制度等；为评价数据的安全性、完整性，审计人员要对应用系统所处理的中间数据进行测试。

信息系统条件下的实质性测试与手工会计核算系统中的实质性测试在目的上是相同的，只是在测试手段、内容、方法、对象和时机上有所不同。例如，审计人员通过测试来评价事物或事项的处理是否符合规定，以及评价其处理过程的效率。为评价其权限控制措施的合规性，审计人员需对所有的系统登录和访问数据进行抽样检查，并核对系统访问者的真实岗位权限，以此评价其权限分配是否符合相关规定。再比如，为评价系统的处理效率，审计人员要对提交给应用系统的作业抽样审查其响应和周转时间，以确定时间是否在可接受的范围内。

1. 实质性测试的方法

对技术和可靠信息来源的分析，证明了控制目标的风险不存在，或者控制失效时的后果和风险。信息系统审计师要寻找和发现通常被认为是敏感或机密的信息，并以书面形式记录控制弱点及其造成的威胁和漏洞；识别并记录实际和潜在的影响，或者提供可供比较的信息等。例如，通过基准比较，向被审计单位管理层提出控制薄弱环节和改进建议。

实质性测试的方式是实施必要的数据测试，如果是下列情况之一就要执行大量的实质性测试，否则，可以执行有限的实质性测试：

(1) 没有任何控制措施是适当的；

(2) 控制措施经评估是不满意的；
(3) 符合性测试表明，控制措施不适当或未能一贯执行。

2．实质性测试的程序

(1) 根据符合性测试的结果，为了证实事项都得到了有效控制，审计人员需要确定进行实质性测试的事项的范围、数量及抽样方法。

(2) 根据前面的方法判断是否需要大量测试。

(3) 由于审计人员对每类事项的评价都必须有充足的关于该事项记录准确性与完整性的审计证据的支持，因此需要确认所有事项均已经被准确记录的可能性。

(4) 就样本而言，判断是否达到控制目标，并向被审计单位管理层提供最终的保证或不保证。

3．实质性测试的审计记录

信息系统审计的实质性测试根据测试内容的不同，所用的测试方法也不尽相同。例如，针对数据库的测试可采用 SQL 数据库查询法，针对系统功能的测试可采用穿行测试法等。因此，实质性测试的记录也有所差异。下面列出了两种常用的测试底稿的一般格式，分别如表 3-6 和表 3-7 所示。

表 3-6　穿行测试底稿

底稿索引：		页码：	
项目名称：			
被审计单位：			
审计人员：		编制日期：	
审核人员：		审核日期：	
测试对象：		测试方法：	穿行测试
测试事项：			
控制目标：			
业务流程描述：	（业务流程图及其描述）		
测试用例：	1. 测试所有系统账号 2. 常规业务数据 3. 异常数据、超边界数据 4. 违反控制规定的数据，如使用违反责权分离的账号 5. ……		

测试过程：	各步骤数据输入界面截图、执行结果截图： 步骤 1．…… 步骤 2．…… 步骤 3．……
测试结论：	
缺陷评价：	

表 3-7 SQL 数据库查询测试底稿

底稿索引：		页码：	
项目名称：			
被审计单位：			
审计人员：		编制日期：	
审核人员：		审核日期：	
测试对象：		测试方法：	执行 SQL 语句测试
测试事项：			
测试内容：	（测试所执行的 SQL 语句） Select … From … Where…		
测试结论：	1．…… 2．…… 3．……		
缺陷评价：			

3.9 出具审计报告

完成审计证据的收集后，信息系统审计人员必须运用专业知识整理、归纳和评价审计实施过程中收集的证据，以经过核实的审计证据为依据，形成书面审计意见，做出审计报告。

3.9.1 审计底稿的复核

首先，在提交审计报告之前，项目组成员需要对审计底稿开展复核。信息系统审计项目一般采用三级复核流程。

第一级复核：由负责应用控制和数据质量管理控制的信息系统审计项目组长对本小组的审计底稿进行复核。这一级复核是评判已经完成了的审计工作，小组成员对编写的审计底稿达成一致意见。

第二级复核：各小组复核工作完成之后，由外部咨询公司对审计底稿进行复核，对审计底稿中记录的事项实行把关。

第三级复核：由负责信息系统审计项目的经理对审计程序是否恰当、审计底稿是否充实、审计过程是否全面、是否存在重大缺漏进行复核。

3.9.2 审计事实的确认

在完成审计报告前，审计人员通常需要与被审计单位进一步对审计发现的关键问题，以及其对应的审计依据进行确认，所采用的审计事实确认书的一般格式如表 3-8 所示。

表 3-8　审计事实确认书

项目名称：			
被审计单位：			
审计事项：			
审计人员：		编制日期：	
审核人员：		审核日期：	
审计事项			
审计依据	1. …… 2. …… 3. ……		
审计发现	1. …… 2. …… 3. ……		
被审计单位意见	上述审计依据和审计发现情况：（　）属实　　（　）不属实 （签名、盖章、日期）		

3.9.3 信息系统审计报告的内容

在对审计底稿进行复核后，信息系统审计项目组就需要撰写审计报告了，这一过程可以概括为评估审计结果、编写审计意见、完成复核和编制审计报告。审计报告是审计工作的终极成果，是表达审计结果、审计范围、审计目标的工具。审计报告的内容主要包括审计发现、改进提议和最终定论三个部分。根据审计工作的阶段和审计报告使用者的不同，信息系统审计报告包括以下五个部分。

1. 审计工作底稿

审计工作底稿包括审计人员对信息系统进行的有效性测试和实质性测试所发现的内部控制问题、风险评估，以及对信息系统进行测试的人员、时间和地点的记录。

2. 审计问题汇总报告

这份报告主要记录审计过程中发现的影响较大的内部控制问题，以及针对这些问题提出的改进建议。一些低风险问题一般不会在这份报告中提及。信息系统审计缺陷汇总表示例如表3-9所示。

表3-9 信息系统审计缺陷汇总表示例

序号	问题	风险描述	风险等级	建议
1	未设立首席信息官	XX银行未设立首席信息官，不符合《商业银行信息科技风险管理指引》"第八条商业银行应设立首席信息官，直接向行长汇报，并参与决策。"	低	按照监管要求，设立首席信息官，向以行长汇报，参与信息技术建设相关决策，专职推动信息科技的建设和管理，建立健全首席信息官管理制度
2	技术人员在岗人员与岗位编制存在差距、培训偏少、流失率偏高	XX银行存在技术人员紧张，在岗人员与岗位编制存在较大差距。对信息技术员工缺少相关业务及其他业务的专门培训，可能会导致信息技术人员的技术不能满足生产需求和业务需求。2017年信息技术人员流失率偏高，达到21.62%，给银行信息技术开发运维工作带来困难	中	充实信息技术人员。需适当增加信息技术人员，以保证信息科技部各个团队能够安全持续地正常运转。应该注重技术人员技术教育、风险安全教育，提高技术人员技能，增强开发人员的安全开发意识和技能。技术团队的人员稳定性有待加强
3	XX分行技术运营维护岗位人员配备不足	XX分行只配备一名专职、一名兼职运行维护人员，未满足总行要求的两名专职人员，难以完成分行日常信息技术维护工作及突发性、区域性事件的应急处置	低	XX分行按照总行的要求，尽快配备两名专职运行维护人员，以较好地完成总行对维护工作的相关要求
4	对通过堡垒机进行的运维操作未建立定期检查的机制	XX银行目前尚未建立相关机制以对通过堡垒机进行的运维操作的合规性进行定期检查，未排查运维人员可能存在的对系统或数据不适当的访问和操作，不满足《商业银行信息科技风险管理指引》中"第十八条定期进行运行环境下操作风险和管理控制的检查。"	中	定期对通过堡垒机进行的运维操作进行合规性检查，建议每季度一次，重点排查不适当访问和操作，并对审查范围、审查结果进行记录，对发现问题进行整改

3．专题分析报告

在实际的信息系统审计工作中，还可以根据环境变化的客观条件调整审计报告的具体内容。例如，针对项目中某一问题的专题分析报告，提出紧急改进方案或一般改进方案。

4．审计管理建议书

审计人员将发现的内部控制问题与制定的内部控制标准进行比较，分析对信息系统影响较大的内部控制问题，最后提出相关改进建议。

5．审计总结报告

审计总结报告将对本次信息系统审计进行总体概述。审计总结报告说明了审计范围、审计目标、审计期间和所执行的审计工作的性质和范围；审计过程中采用了哪些计算机辅助审计技术和信息系统审计技术，以及与之有关的审计结果。审计人员在审计过程中受到被审计单位条件或客观环境的限制，而对某些重要事项不能获得充分完整的资料，也应在审计报告中予以说明。审计总结报告还要对存在高风险级别的控制点进行说明，提出相应的完善提议。最后，审计总结报告还要对信息系统审计后续阶段的工作进行说明。

3.10 审计结束

审计完成后，应召开正式会议，与被审计单位最高管理层交流审计结果，提出改进建议。这能确保最高管理层更好地理解审计内容，提高对审计建议的接受度，并为被审计单位提供表达意见的机会。

审计机构签署审计报告并不意味着审计过程的终结，对审计项目展开后续的跟踪检查也是信息系统审计的重要阶段之一。审计人员针对在信息系统审计过程中发现的信息系统重大问题和漏洞，可对被审计单位所采取的纠正措施及其效果进行后续审计。审计部门应该将后续审计放到审计计划中，并对人员、时间及分工进行保证。后续审计不是一次新的审计，而是本次审计的一部分。审计人员跟踪审计的目的是监督被审计单位的整改情况，促进被审计单位纠正信息系统及其管理中的不足，完善规章制度，提高经营管理水平。

在进行后续的跟踪检查审计时，还应考虑审计报告中提出的建议和意见是否可行，如果由于被审计单位实施的内部控制发生变化或其他因素，相关建议不再可行，则需要对审计报告进行适当修改。此外，还需要评估被审计单位纠正措施的复杂性、时间和成本，并需要检查纠正措施所起到的成效，检查审计报告中提到的相关问题是否得到有效解决。然而，后续审计并不能兼顾所有方面，它还侧重于关键性问题和制度性问题。

3.11 信息系统审计的重点环节

在信息系统审计实践中，存在许多共性问题。以下经验有助于更好地处理这些共性问题。

1. 审计项目选择环节

在初步选择信息系统审计项目时，有必要研究一下项目的必要性和可行性。一方面，调查审计需求，初步选择审计项目。主要调查被审计单位信息化建设的总体水平、信息系统建设的发展情况、信息系统对业务的覆盖率、信息系统建设的数量和复杂程度等。另一方面，对初级审计项目进行可行性研究时，评估审计机构可利用审计资源，确定审计项目。在此基础上，结合己方审计人员知识结构和能力水平等情况进行评估，从而确定适合的审计项目。

选择项目时应考虑以下三个因素。

(1) 重要性因素：选择重点行业、龙头企业或重点政府部门、项目涉及资金量较大、涉及部门和人员较多的信息系统开展审计。

(2) 关联性因素：选择被审计单位的核心业务高度依赖的信息系统，信息系统审计与常规审计的目标一致或相关，两者关联密切，能够相互补充，如超市的收银系统、电商的在线交易系统和 ERP 系统等。

(3) 关注度因素：优先选择与群众切身利益联系紧密、社会关注度高的信息系统开展审计，如信息系统项目为本地区公益民生项目、环境保护项目、医疗保险项目、养老保险项目、医院收费项目等。

除以上三个因素外，还应考虑几点：被审计单位的信息系统是作为一个独立的项目来开展审计，还是把信息系统作为一个子项目来审计；项目是否已完工结算并正常运行，这样便于对项目进行整体审计评价。

2．审前调查环节

审前调查环节是审计的重要环节，它直接关系如何制订审计计划，如何安排审计人员，审计风险能否得到控制。审前调查工作包括：调查了解被审计单位相关经济业务活动所依赖的信息系统的业务内容、业务流程、业务规模、资金流和信息流；调查了解信息系统的总体框架、技术架构、业务实现流程、数据运营流程、系统功能结构、系统网络结构和应用部署模式；调查了解信息系统建设的项目管理、投资管理、绩效评价和文件编制；调查了解被审计单位的信息化项目建设规划及标准、基本管理制度和单位绩效目标。

在调查了解的基础上，深入分析被审计单位信息技术部在本单位的责任状况和部门人员的具体分工；项目中信息人员、管理人员和财务人员的职责分工；被审计单位的业务流程与信息化的耦合程度；信息系统业务流程中涉及的主要部门是如何分配权限的；被审计单位的信息室设备是否符合标准要求，数据库等软件的本地化程度和程序数据接口标准；系统和数据安全评估等级；被审计单位业财一体化的程度；数据恢复和备份等。通过以上分析，关注信息系统中的一些关键环节和容易被忽视的地方，把握整体和主要问题，规避审计风险。

3．数据检查环节

在信息系统审计中，需要采用某种方法来跟踪某个交易和资产记录，并且其前后关联交易可追溯，这样审计人员才能选择某些交易做进一步的审查，以确认交易记录符合一般审计目标。

例如，在检查某一业务事项信息时，需对信息的合规性、时效性、完整性和信息披露等方面的问题做关联检查，包括确认所有的交易都被完整记录、无错漏，具体数据及其分类准确，符合相关的法律法规或权威机构的要求，并按照信息披露的要求对外公开。

在检查财务报表时，应当检查其是否真实存在、是否完整，以及会计计量是否正确和信息披露情况等，检查内容包括是否完整地记录了资产和负债，资产和负债的真实性，资产和负债计量的准确性，计算方法是否符合相关的会计政策或标准的要求，资产、负债、资本和存货都进行了披露。

此外，需分析信息系统所提供的业务数据。例如，每月工资总额，某一个阶段的付款清单和订单信息，以厘清基本交易，并追查信息的源头。

可以利用计算机辅助审计技术对上述信息进行分析，并按特定的标准对数据进行收集、清洗、分类、统计和比较等。

4. 内部控制审查环节

信息系统的内部控制对信息环境下的企业或组织具有重要意义。特别是随着科技的飞速发展，信息系统变得越来越复杂，越来越依赖于网络。行业内上/下游企业更加依赖信息系统及其数据交换，增加了使用信息系统的风险。因此，有必要加强信息系统的内部控制。

为了对系统的内控制度进行评价，审计人员应注重对以下几个方面的审计。

(1) 控制对系统资源的访问，包括物理资源，如终端、服务器、接线盒、相关文档等，以及逻辑资源，如软件、系统文件和表格、数据等。

(2) 控制系统资源的使用。用户应该只能操作那些授权给他们的资源。

(3) 建立按用户岗位职能来分配权限的制度。根据用户或用户组将重要的功能分离，从而减少缺乏监督的权限滥用，或者无意的误操作。

(4) 记录系统的使用情况，按时间顺序建立使用记录。记录应包括例外情况，如谁触发了安全相关事件，谁创建、修改或删除的财务信息。

(5) 确认处理过程的准确性。使用生成的财务控制信息来确认处理的准确完成。

(6) 管理人员对财务信息系统的修改。应确保对财务信息系统的所有修改都得到授权，记录在案并经过彻底或独立的测试。确认最终以可控方式投入使用。

(7) 保护财务信息系统免受计算机病毒攻击，必须建立一套控制措施来防范和查杀病毒。

5. 数据传输转移检查环节

在信息系统中，有些数据需要在两个财务信息系统或财务信息系统与业务信息系统之间相互转移，在此过程中可能会出现一些问题，尤其是在需要手工重新录入时。

因此，审计人员应注重对以下几个方面的审计：数据在转移过程中（网络传输、介质拷贝等）可能会发生变化，如被恶意篡改；新的科目表与旧的可能不一致，因而必须建立科目对照表来对应两个表之间的相同科目；核心数据库可能被某些分公司或下属部门的独立数据库所取代，造成数据不完整；数据的质量不佳；当使用全新的财务信息系统时，需要在前期录入许多初始数据。

这一环节的信息系统审计工作，需确保输出数据是经过批准的、完整的、准确的、真实的和可靠的。

6. 审计适用准则的选取环节

信息系统审计目前还处在探索和发展阶段，适用于信息系统审计的法律法规和审计准则同样也处于建设和发展完善阶段。依据《国家审计准则》和《信息系统审计指南》，信息系统审计实用法规包括国家信息化规划、国家和部门信息化法规、电子政务建设项目管理、国家信息化标准、信息系统安全保护、信息安全风险安全评估、信息系统软件规范、行业信息系统规范、信息系统服务、招投标和政府采购、被审计单位会计核算和财务管理等。除上述法规及规范外，审计中要特别注意被审计单位所在行业对信息系统的标准要求，以及被审计单位在信息系统项目建设初期，与建设方签订的项目建设预期标准和后期的维护标准，这些同样是有效的审计评价依据。

本章小结

1. 信息系统审计的准备阶段主要是初步调查被审计单位信息系统的基本情况，并拟订合理的计划。一般包括调查了解被审计单位信息系统的基本情况，初步评价被审计单位信息系统的内部控制及外部控制，确定审计重要性和审计范围，分析审计风险，制订审计方案，编制审计计划。在审计准备阶段，除对时间、人员、工作步骤和任务分配等方面做出安排外，还要合理确定符合性测试、实质性测试的时间和范围，以及测试的审计方法和测试数据。

2. 信息系统审计的实施阶段是信息系统审计工作的核心。在实施阶段，针对被审计的信息系统，信息系统审计师所开展的工作可以分为三个层次，即了解、描述和测试。在审计实施阶段，应完成信息系统规划与分析、设计与实现、运行与维护阶段的信息系统审计，以及对项目管理规范的审计。在实施阶段所采取的具体审计方法与系统建设的质量控制方法是类似的。例如，对于系统分析的审计，需要审核是否已详细分析组织结构、是否已确定用户功能和性能需求、是否已确定用户的数据需求等。

3. 信息系统审计的报告阶段是实质性的整个信息系统审计工作的结束，主要工作包括整理、评价、执行审计业务过程中收集到的证据；复核审计底稿，完成二级复核；评价审计结果，形成审计意见，完成三级复核，编制审计报告。审计报告是审计工作的最终成果，审计报告首先应有审计人员对被审计系统的安全性、可靠性、稳定性、有效性的意见，同时提出改进建议。被审计单位对审计结论如有异议，可提出复审要求，审计部门可组织复审。当被审计单位的信息系统有了新的改进时，还需要组织后续审计。

复习思考题

1. 在对某银行进行信息系统审计时，具体的审计依据有哪些？
2. 网上书店在其运营系统中包括了客户关系管理系统（CRM），信息系统审计师受命审查呼叫中心时，他应该采取的第一步行动是什么？
3. 在信息系统审计的准备阶段，应该了解被审计单位的哪些方面的情况？
4. 简要说明信息系统审计有哪些风险。
5. 在一项基于风险的信息系统审计中，固有风险和控制风险均已被评定为高级别，信息系统审计师可以通过额外执行哪些审计程序来弥补这种情况？
6. 在信息系统审计项目中，风险评估的作用是什么？
7. 与被审计单位相关人员召开审计启动会议的主要目的是什么？
8. 信息系统审计师在审计电子商务环境时，主要的审计流程是什么？
9. 应由谁做出是否将一项重大发现写入信息系统审计报告的最终决定？
10. 在信息系统审计工作正式结束前，与被审计单位举行会议的主要目的是什么？

第4章 信息系统审计方法

4.1 信息系统审计方法概述

审计方法是信息系统审计人员实现审计目标所采用的手段、工具和技术。当信息系统审计人员面对庞大、复杂的信息系统时，如果不借助计算机工具和技术对信息系统进行审计，可能会带来很大的审计风险。只有采用合适的审计技术和方法，才能全面、充分地了解被审计单位的信息系统，有效地开展信息系统审计工作。

伴随着日益复杂化的审计事项，计算机辅助审计技术、统计学技术和分析性复核技术，在国际上得到普遍应用。但目前还没有一套完整的审计技术可以全面解决所有的信息系统审计问题。审计机构没有一个相对统一的标准来规范信息系统审计人员何时以及如何使用审计技术和方法，在应用过程中随意性较大，无法保证质量。但人们已经创造和积累了许多可以用来帮助完成相应审计目标的技术和方法，正逐步增加信息系统审计技术的规范性。

与财务审计相比，信息系统本身的复杂性也使得信息系统审计的技术和方法表现出复杂性的特点。综合现有的一些观点，信息系统审计技术和方法不仅包括在财务审计中使用的询问、检查、观察和函证等审计方法，还包括信息系统审计环境特有的技术和方法，如测试数据、平行模拟、虚拟实体、程序日志、检查、程序流程图检查、嵌入式审计程序、快照、时间戳审计等技术和方法，以及性能测量工具、审计专家系统等审计软件与工具。面对众多的信息系统审计技术和方法，审计人员应根据信息系统审计的目标和审计人员自身的技术水平，以及被审计单位信息系统的特点，合理选择一种或多种方法进行信息系统审计。

信息系统审计人员在选择审计技术和方法时应考虑的主要因素包括：信息系统审计人员的计算机知识、技能和经验，时间约束，审计风险水平，使用计算机辅助审计技术代替手工技术的效率和效果，以及适用的信息系统基础设施。

此外，在结合对被审计单位基本情况了解的基础上，还应考虑以下因素：

(1) 设定的审计目标包括了解被审计单位基本情况后认为有必要采用的技术和方法；

(2) 了解被审计单位的信息系统基本状况，包括了解被审系统、被审程序和数据的可用性；

(3) 清楚了解被审系统处理的数据的组成，包括数据量、数据类型、格式等；

(4) 确定采取的程序(如统计样本、重新计算、确认等)；

(5) 确定输出要求；

(6) 确定资源要求，如审计人员、计算机辅助审计工具与技术、处理环境(被审计单位的信息系统设施或审计信息系统设施)；

(7) 获取对被审计单位的信息系统设施、应用程序、被审系统和数据，包括数据文件的定义。

对信息系统进行初步审查，主要是对信息系统及其内部控制体系进行调查、理解和描述，采用手工审计的方法比较多。例如，在对信息系统及其内部控制的调查中，可以采用问询法、调查问卷法、查阅法等。在描述信息系统及其内部控制时，可以采用文本描述法、表格描述法、图形描述法和控制矩阵法。

而对信息系统的进一步检查，则主要是对信息系统及其内部控制进行审查和评估。由于信息系统审计对象的特点，计算机辅助审计技术主要应用于信息系统的进一步审查阶段。特别是对信息系统的应用控制审计，就采用了计算机辅助审计方法。

从了解被审计单位的基本情况到正确选择审计技术和方法并获取相关测试数据，可能需要很长时间，审计人员应及时与被审计单位沟通。

4.2 信息系统审计的具体方法

4.2.1 证据收集的方法

1. 观察法

观察法是指审计人员对被审计单位的信息系统主要使用部门、机房和信息系统各工作点进行现场检查和观察，查看相关人员正在从事的活动或执行的程序和方法。实地查看有利于审计人员了解被审计单位的基本情况，获取被审计单位的经营环境、信息化环境、业务运转情况及内部控制制度执行情况等方面的第一手资料，从而核实审计事项。通过直接观察，了解信息系统操作流程的规范程度以及内部控制制度的执行情况，从中发现存在的问题。例如，观察技术人员工作情况，以了解其内部控制是否执行到位。

2. 问询法

问询法是指审计人员对被审计单位内部和外部人员通过个别面谈和召开会议的形式找有关人员谈话，以调查了解信息系统规划、实施、应用与管理控制等情况，从而证实审计事项的方法。可以向被审计单位的高层管理人员、信息技术部主管、系统管理人员、各业务部门的应用系统使用人员和内部审计人员等询问有关信息系统管理、应用的控制方面的问题，根据对方的回答获取某些资料。问询法可以发现书面材料未能提供或未被发现的信息，或书面材料本身可能存在的问题，并获得审计证据。好的沟通可以发现审计线索，信息系统审计人员要注重与被审计单位相关人员进行沟通的技巧。例如，与被审计单位人员共同召开各种业务会议，与不同的人员(技术人员、业务人员等)进行座谈等。

3. 函证法

函证法是指审计人员向与被审计单位有关的单位或个人发函，以证实或证伪某一审计事项的方法。通过第三方直接证明相关信息或状况的方式，获取和评价审计证据。例如，这种方法经常被用来核实应收账款和应付账款的准确性，以及电子交易本身的真实性。函证法又分为肯定式函证和否定式函证。

4．查阅法

查阅法是指审计人员通过查阅被审计单位的有关资料和技术文档等获得审计线索和证据的一种方法。查阅法要求对被审计单位的业务资料、财务资料和信息系统技术资料等从形式到内容进行认真查阅，在公正客观的基础上寻求相关的审计证据。这种方法特别适用于信息系统审计的初始阶段，即技术准备阶段。

每一个信息系统都应该有规范完整的文档资料，以增强系统的可维护性和可审计性。系统文档主要有：可行性分析报告、系统分析报告、系统概要设计说明书、系统详细设计说明书、业务流程图、数据流程图、源程序表、系统测试报告、操作手册、系统评审报告等。系统文档不仅可以为改进和维护系统提供必要的资料，也可以为信息系统审计提供重要线索。审计人员通过审核系统文档可以了解信息系统的开发、实施、测试和评审等方面的情况。例如，上机查看以证实有关电脑确实发挥相应功能，查阅系统日志和运行维护记录以了解系统最近一段时间内是否发生错误。同时，索取并检查业务文档资料，如系统规划方案、数据字典、运行维护记录、说明文档及相关合同等以了解信息系统的相关情况。

系统文档的审核有多种方式。例如，审计人员可以要求被审计单位提供一份完整的系统文档的副本以供查阅；或者索要一份信息系统源程序清单，审计人员可以将清单中的关键功能跟正在使用的被审计程序手动进行比对。

5．复核法

复核法是指审计人员检查、验证被审计单位信息系统的输出结果，以证实信息系统提供的输出结果是否正确的方法。

6．调查问卷法

通过调查问卷的方式可以了解被审计单位的基本情况、信息系统及内部控制情况。调查的问题主要针对信息系统管理及其内部控制情况、信息技术环境下的各类应用系统的处理流程、内部控制及关键控制点等。

合理编制信息系统审计调查问卷、调查大纲、控制矩阵等，包括软硬件环境、岗位设置、人员角色、AB岗位等，并在审前调查阶段将其提交给被审计单位的信息技术部门和相关业务部门，以获取信息系统的基本信息、总体结构和业务流程，发现有价值的审计线索。

信息系统审计调查问卷示例如表 4-1 所示。

表 4-1　信息系统审计调查问卷示例

基本信息			
您的姓名：		所在部门：	
性　　别：		您的专业：	
您的年龄：		入职年限：	

续表

问答部分

1. 您觉得办公系统中，涉及您日常工作的功能能满足您现在的工作需要吗？
   A．完全满足　　　　　　B．基本满足　　　　　　C．不能满足
2. 在您的日常工作中，您所使用的办公系统运行中出现系统问题的频次是多少？
   A．6次及以上/月　　B．3到5次/月　　　C．1到2次/月　　　D．0次/月
3. 当您所使用的办公系统功能出现问题时，信息科技部能否及时解决？
   A．非常迅速　　　　B．一般　　　　　　C．有点儿慢　　　　D．有点儿拖拉
4. 贵部门是否存在人员离职或调岗后原有系统权限未收回或变更现象？
   A．离职或调岗后一律调整　　　　　　　B．存在个别账号长期使用情况
   C．无人进行清理或变更　　　　　　　　D．不了解
5. 贵部门中是否存在多人使用同一账号及密码情况？
   A．不存在　　　　　　B．存在　　　　　　C．不了解
6. 您是否参加过信息化相关培训(含软件使用培训)？
   A．过去3年中，每季度参加一次　　　　B．过去3年中，每半年参加一次
   C．过去3年中，每1年参加一次　　　　D．过去3年参加过　　次
   E．过去3年从未参加
7. 您使用的办公电脑是否连接了互联网？
   A．是　　　　　　　　B．否
8. 您使用的办公电脑是否遭遇了病毒攻击，并造成损失？
   A．是　　　　　　　　B．否
9. 您是否通过办公电脑的USB接口导入或导出业务数据？
   A．经常　　　　　　　B．偶尔　　　　　　C．从未有过
10. 您所使用的办公系统是否需要与其他业务系统共享数据，如果需要，系统能否实现共享功能？请举例说明。
11. 在工作中是否存在系统其他业务模块的错误数据对本模块数据产生不利影响？如有，请举例说明。
12. 您所使用的办公系统中是否存在部分功能不能使用，需手工维护的情况？如有，请举例说明。
13. 您认为信息技术方面的培训能否满足工作需要，还需加强哪些方面的培训，对培训有什么建议？
14. 您对本单位信息化建设方面的其他意见或建议。

7．技术验证法

运用计算机技术手段，对信息系统各功能模块进行符合性测试和实质性测试，发现信息系统内部控制可能存在的问题。并对系统功能和业务需求进行比较分析，发现信息系统功能可能存在的差异或问题。

4.2.2　数字取证方法

数字取证方法是运用计算机数据采集及分析技术，识别和获取具有法律效力的电子证据。它们针对黑客和网络入侵审计取证，旨在保护网络安全。随着数字取证技术的发展，出现了电子取证、计算机取证、网络取证等。

1．电子取证

电子取证是通过电磁记录物来证明审计事项的方式。电磁记录物是计算机和计算机系

统运行过程中产生的数据的载体。这种取证方式主要用于计算机以外的电子设备所产生的数据的采集和分析，如复印机、传真机、数码相机等。

2．计算机取证

计算机取证的主要方法有：复制文件、删除文件、获取缓冲区内容、分析系统日志等。它是一种被动的事后评估，并不局限于网络环境。

3．网络取证

网络取证强调网络安全主动防御功能，主要是通过实时监测和分析网络的数据流、主机系统日志，发现网络入侵行为，记录犯罪证据，并防止对网络系统的进一步攻击。

网络取证的一般流程如图 4-1 所示。

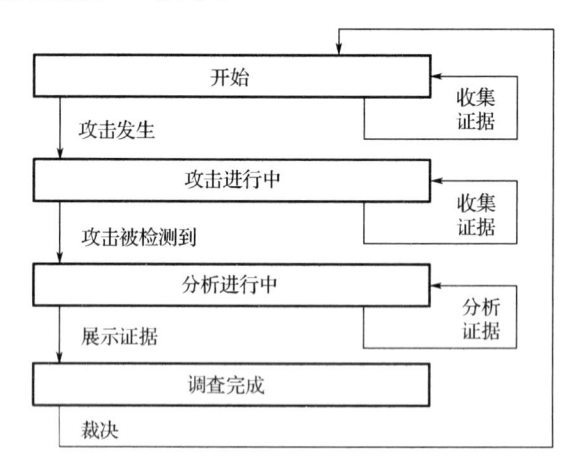

图 4-1　网络取证的一般流程

4.2.3　数据库查询法

结构化查询语言 SQL（Structured Query Language）是用于访问和操作数据库的标准计算机语言，用于存取数据以及查询、更新和管理关系数据库系统。SQL 语法简单，功能强大，易学易用。SQL 已成为数据库操作的基础，目前几乎已被所有的关系数据库所支持。

SQL 主要包含以下几个部分：

(1) 数据检索，用于从数据表中获取和显示数据。SELECT 是查询关键字，配合使用的保留字还有 WHERE、ORDERBY、GROUPBY 和 HAVING。

(2) 数据操作，用于从数据表中添加、修改和删除数据。关键字分别是 INSERT、UPDATE 和 DELETE。

(3) 事务处理，用于确保数据处理语句所处理到的所有数据都能及时更新。关键字包括 BEGINTRANSACTION、COMMIT 和 ROLLBACK。

(4) 数据定义，用于创建或删除数据表，或为数据表加入索引等，关键字包括 CREATE 和 DROP。

在进行信息系统审计工作所用到的数据库查询方法中，SQL 的数据查询语言将发挥重要作用，下面介绍利用 SQL 进行数据库查询、统计的具体用法。

1．单表查询

单表查询的语法为：

```
SELECT [ALL | DISTINCT] [TOP n [PERCENT]] 列表达式(s)
FROM 数据表
[WHERE 查询条件(s)]
[GROUP BY 数据列(s) [HAVING]]
[ORDER BY 数据列(s) [ASC | DESC] ];
```

其中，ALL 返回所有数据，DISTINCT 返回所有不重复的数据（自动去重）；TOP n 指定返回数据的行数，PERCENT 表示返回数据的百分比，TOP n [PERCENT]子句通常搭配 ORDER BY 子句使用；FROM 子句指定了 SELECT 语句中所查询数据的来源，这个来源可以是一个或多个数据表（多个表用逗号分开）；WHERE 子句用于指定查询条件；GROUP BY 子句用于指定查询结果的分组依据，HAVING 用于设置分组后的过滤条件；ORDER BY 子句用于指定查询结果的排序依据，ASC 为顺序排列，DESC 为倒序排列。

实例数据表：某公司的商品销售数据表（以下简称"销售表"）如表 4-2 所示。

表 4-2 销售表

小票编号	销售时间	门店编号	门店名称	收款类型	金额（元）
91016899	2021/05/04 11:14:02	103	中山路店	微信	21.30
91017341	2021/05/04 11:14:07	105	解放路店	支付宝	186.00
91028642	2021/05/04 11.14.13	106	空港店	现金	52.70

（1）查询全部数据列。

例如，查询销售表中所有的数据。

```
SELECT *
FROM 销售表;
```

（2）查询指定数据列。

例如，查询销售表中"小票编号、销售时间、金额"这几列的数据。

```
SELECT 小票编号, 销售时间, 金额
FROM 销售表;
```

（3）查询经过计算或聚合的数值。

在 SQL 查询中，不仅可以使用算术表达式对各数值型数据列进行四则运算，还可以利用聚合函数对数据进行统计计算，常用的聚合函数如表 4-3 所示。

表 4-3 聚合函数

平均值	AVG(列名)
最小值	MIN(列名)
最大值	MAX(列名)

续表

和	SUM(列名)
计数	COUNT(列名)
值的长度	LEN(列名)

① 使用 AVG(列名)求平均值。

例如，查询所有销售单的平均金额。

```
SELECT AVG(金额)
FROM 销售表;
```

② 使用 MAX(列名)求最大值。

例如，查询销售表中单笔销售订单最大的金额。

```
SELECT MAX(金额)
FROM 销售表;
```

(4)带条件的查询。

在 SQL 查询中，WHERE 子句用于指定查询条件，常用的查询条件如表 4-4 所示。

表 4-4　SQL 常用查询条件

算术比较运算符	<, <=, >, >=, =, <>
逻辑运算符	AND，OR，NOT
集合运算符	UNION(并)，INTERSECT(交)，EXCEPT(差)
集合成员资格运算符	IN，NOT IN
范围	BETWEEN…AND…，NOT BETWEEN…AND…
空值	IS NULL，IS NOT NULL
匹配	LIKE，NOT LIKE

例如，查询销售表中微信支付的销售单。

```
SELECT *
FROM 销售表
WHERE 收款类型='微信';
```

例如，查询销售表中金额超过 30 元，且用微信支付的销售单。

```
SELECT *
FROM 销售表
WHERE 收款类型='微信' and 金额>30;
```

① 使用 BETWEEN…AND…选取范围。

例如，查询销售表中销售时间在 2021 年 5 月 1 日至 2021 年 5 月 3 日的销售单。

```
SELECT *
FROM 销售表
```

```
WHERE 销售时间 BETWEEN '2021/05/01 00:00:00' AND '2021/05/03 24:00:00';
```

② 使用 IN 指定多个具体的值。

例如，查询销售表中门店为"中山路店"、"解放路店"或"空港店"的销售单。

```
SELECT *
FROM 销售表
WHERE 门店名称 in ('中山路店', '解放路店', '空港店');
```

③ 使用 LIKE 对关键字进行匹配查询，搭配百分号"%"一起使用可进行模糊匹配查询。

例如，查询销售表中门店名称中包含"山"字的销售单。

```
SELECT *
FROM 销售表
WHERE 门店名称 LIKE '%山%';
```

上面语句中的百分号"%"代表任意长度(可为 0)的字符串。

例如，查询销售表中门店名称中第二个字为"山"的销售单。

```
SELECT *
FROM 销售表
WHERE 门店名称 LIKE '_山%';
```

上面语句中的"_"代表任意单个字符。

(5) 排序与分组查询

对 SELECT 语句的查询结果可以进行进一步操作，如排序或分组，所用到的关键字如表 4-5 所示。

表 4-5 数据排序、分组

对数据排序	ORDER BY 子句
对数据进行分组	GROUP BY 和 HAVING 子句

使用 ORDER BY 排序。

例如，查询销售表中"中山路店"2021 年 5 月 1 日至 2021 年 5 月 3 日的销售单，并根据销售金额由低到高排列。

```
SELECT *
FROM 销售表
WHERE 门店名称='中山路店' AND
      销售时间 BETWEEN '2021/05/01 00:00:00' AND '2021/05/03 24:00:00'
ORDER BY 金额 ASC;
```

GROUP BY 子句可以将查询结果表的各行按一列或多列取值相等的原则进行分组。分组通常是为了进行统计，因此常在分组查询中使用聚合函数。

例如，按门店分组，查询各门店的销售总额。

```
SELECT 门店名称, SUM(金额)
FROM 销售表
```

```
GROUP BY 门店名称；
```

在 GROUP BY 之后搭配使用 HAVING，可以应用限定条件进行分组。HAVING 类似于 WHERE，这两者的差别在于 HAVING 过滤组，而 WHERE 过滤行。

例如，按门店分组，查询销售单平均金额超过 50 元的门店名称及其销售单平均金额。

```
SELECT 门店名称, AVG(金额)
FROM 销售表
GROUP BY 门店名称
HAVING AVG(金额) > 50;
```

ORDER BY 子句通常搭配 TOP n [PERCENT]使用，用于返回指定行数的数据，如果使用 PERCENT 则表示返回数据的百分比。

例如，按门店分组，查询销售表中 2021 年 5 月 1 日至 2021 年 5 月 3 日销售总额排名前 3 的店名及其销售总额。

```
SELECT TOP 3 门店名称, SUM(金额)
FROM 销售表
WHERE 销售时间 BETWEEN '2021/05/01 00:00:00' AND '2021/05/03 24:00:00'
GROUP BY 门店名称
ORDER BY SUM(金额) DESC;
```

2．多表查询

如果需要查询的数据分布在不同的表中，就需要用到多表查询的方法，就是将多个表中的数据结合到一起进行查询。

多表查询的语法为：

```
SELECT [ALL | DISTINCT] [TOP n [PERCENT]] 列表达式(s)
FROM 数据表1 [INNER | OUTER] JOIN 数据表2
ON 连接条件
[WHERE 查询条件(s)]
[GROUP BY 数据列(s) [HAVING]]
[ORDER BY 数据列(s) [ASC | DESC] ];
```

其中，INNER JOIN 表示内连接；OUTER JOIN 表示外连接，外连接又分为左连接（LEFT JOIN）、右连接（RIGHT JOIN）和完全连接（FULL JOIN）。

实例数据表：某公司的商品销售明细表（以下简称"销售明细表"）如表 4-6 所示。

表 4-6 销售明细表

小票编号	商品编号	商品名称	单价（元）	销售数量（个）	小计（元）
91016899	P06106129	A 商品	21.30	1	21.30
91017341	P01237654	B 商品	3.50	10	35.00
91017341	P03921660	C 商品	10.00	4	40.00
91017341	P06361702	D 商品	18.50	6	111.00
26000000	P03901145	E 商品	22.50	2	45.00
26000000	P05866158	F 商品	16.00	1	16.00

(1) INNER JOIN。

内连接将两个表中满足指定连接条件的记录连接成新的结果集,舍弃所有不满足连接条件的记录。内连接是最常用的连接类型,也是默认的连接类型。

例如,使用 INNER JOIN 查询所有商品的销售记录,包括:小票编号、商品编号、商品名称、单价、销售数量、门店名称及销售时间。

```
SELECT 小票编号, 商品名称, 单价, 销售数量, 门店名称, 销售时间
FROM 销售表
INNER JION 销售明细表 ON 销售表.小票编号 = 销售明细表.小票编号
```

上面语句中的"INNER"关键字可以省略不写。此语句查询结果如表 4-7 所示。

表 4-7 INNER JOIN 语句查询结果

小票编号	商品编号	商品名称	单价(元)	销售数量(个)	门店名称	销售时间
91016899	P06106129	A 商品	21.30	1	中山路店	2021/05/04 11:14:02
91017341	P01237654	B 商品	3.50	10	解放路店	2021/05/04 11:14:07
91017341	P03921660	C 商品	10.00	4	解放路店	2021/05/04 11:14:07
91017341	P06361702	D 商品	18.50	6	解放路店	2021/05/04 11:14:07

从表 4-7 中的查询结果可以看出,销售表中小票编号为"91028642"的数据,以及销售明细表中小票编号为"26000000"的数据(即 E 商品、F 商品)均未出现在查询结果中,因为这几条数据在对方表格中均不存在相同值,因而不满足连接条件:"销售表.小票编号 = 销售明细表.小票编号"。

(2) FULL JOIN。

FULL JOIN 用于存在匹配,即不管连接条件是否符合,两个表中存在的数据均被查询出来,但未匹配上的字段留空显示,可以看成是左外连接与右外连接的并集。

例如,使用 FULL JOIN 查询所有商品的销售记录,包括:小票编号、商品编号、商品名称、单价、销售数量、门店名称及销售时间。

```
SELECT 小票编号, 商品名称, 单价, 销售数量, 门店名称, 销售时间
FROM 销售表
FULL JION 销售明细表 ON 销售表.小票编号 = 销售明细表.小票编号
```

查询结果如表 4-8 所示。

表 4-8 FULL JOIN 语句查询结果

小票编号	商品编号	商品名称	单价(元)	销售数量(个)	门店名称	销售时间
91016899	P06106129	A 商品	21.30	1	中山路店	2021/05/04 11:14:02
91017341	P01237654	B 商品	3.50	10	解放路店	2021/05/04 11:14:07
91017341	P03921660	C 商品	10.00	4	解放路店	2021/05/04 11:14:07
91017341	P06361702	D 商品	18.50	6	解放路店	2021/05/04 11:14:07

续表

小票编号	商品编号	商品名称	单价（元）	销售数量（个）	门店名称	销售时间
91028642					空港店	2021/05/04 11:14:13
26000000	P03901145	E商品	18.00	2		
26000000	P05866158	F商品	16.70	1		

(3) LEFT JOIN。

与 INNER JOIN 和 FULL JOIN 不同，LEFT JOIN 和 RIGHT JOIN 的连接条件只过滤一个表，对另一个表不进行过滤(该表的所有记录出现在结果集中)。

如果"表 A LEFT JOIN 表 B"则意味着查询结果集中须包含表 A 的全部数据，然后表 A 按指定的连接条件与表 B 进行连接，若表 B 中没有满足连接条件的记录，则结果集中表 B 相应的字段显示为 NULL。

例如，使用 LEFT JOIN 查询所有商品的销售记录，包括：小票编号、商品编号、商品名称、单价、销售数量、门店名称及销售时间。

```
SELECT 小票编号, 商品名称, 单价, 销售数量, 门店名称, 销售时间
FROM 销售表
LEFT JION 销售明细表 ON 销售表.小票编号 = 销售明细表.小票编号
```

查询结果如表 4-9 所示。

表 4-9 LEFT JOIN 语句查询结果

小票编号	商品编号	商品名称	单价（元）	销售数量（个）	门店名称	销售时间
91016899	P06106129	A商品	21.30	1	中山路店	2021/05/04 11:14:02
91017341	P01237654	B商品	3.50	10	解放路店	2021/05/04 11:14:07
91017341	P03921660	C商品	10.00	4	解放路店	2021/05/04 11:14:07
91017341	P06361702	D商品	18.50	6	解放路店	2021/05/04 11:14:07
91028642					空港店	2021/05/04 11:14:13

(4) RIGHT JOIN。

RIGHT JOIN 与 LEFT JOIN 的逻辑正好相反，这里不再复述。

例如，使用 RIGHT JOIN 查询所有商品的销售记录，包括：小票编号、商品编号、商品名称、单价、销售数量、门店名称及销售时间。

```
SELECT 小票编号, 商品名称, 单价, 销售数量, 门店名称, 销售时间
FROM 销售表
RIGHT JION 销售明细表 ON 销售表.小票编号 = 销售明细表.小票编号
```

查询结果如表 4-10 所示。

表 4-10   RIGHT JOIN 语句查询结果

小票编号	商品编号	商品名称	单价（元）	销售数量（个）	门店名称	销售时间
91016899	P06106129	A 商品	21.30	1	中山路店	2021/05/04 11:14:02
91017341	P01237654	B 商品	3.50	10	解放路店	2021/05/04 11:14:07
91017341	P03921660	C 商品	10.00	4	解放路店	2021/05/04 11:14:07
91017341	P06361702	D 商品	18.50	6	解放路店	2021/05/04 11:14:07
26000000	P03901145	E 商品	18.00	2		
26000000	P05866158	F 商品	16.70	1		

3. 嵌套查询

在 SQL 语言中，一个 SELECT…FROM…WHERE 语句称为一个查询块。将一个查询块嵌套在另一个查询块的 WHERE 子句或 HAVING 短语的条件中的查询称为子查询。

嵌套查询的语法为：

```
SELECT [ALL | DISTINCT] [TOP n [PERCENT]] 列表达式(s)
FROM 数据表 1
WHERE 数据列 运算符
    (SELECT [ALL | DISTINCT] [TOP n [PERCENT]] 列表达式(s)
        FROM 数据表 2
        WHERE 查询条件(s));
```

其中，外层对数据表 1 的查询块为父查询，小括号内对数据表 2 的查询块为子查询。衔接父、子查询块的运算符可以是<、<=、>、>=、=、<>、IN、NOT IN、EXISTS、NOT EXISTS。

例如，查询 2021 年 5 月 1 日至 2021 年 5 月 3 日销售总额超过各门店平均销售额的门店，显示该门店名、该门店销售总额。

```
SELECT 门店名称，SUM(金额)
FROM 销售表
WHERE 销售时间 BETWEEN '2021/05/01 00:00:00' AND '2021/05/03 24:00:00' AND
    金额 > (SELECT AVG(金额)
            FROM 销售表
            WHERE 销售时间 BETWEEN '2021/05/01 00:00:00' AND
                '2021/05/03 24:00:00')
GROUP BY 门店名称;
```

4.2.4 穿行测试法

穿行测试法，是指为了追踪某个业务处理事项在信息系统中的处理过程，审计人员亲自执行一次业务发生过程。在正常运行条件下，将初始数据输入内控流程，穿越全流程和所有关键环节，把运行结果与设计要求相对比，以发现内控流程缺陷的方法。

穿行测试法不是一种单独的程序，而是将多种程序按特定审计需要进行结合运用的方法。在风险管理中，穿行测试法通过跟踪信息系统中的交易过程，验证审计人员对其控制的理解，评价控制设计的有效性，确定控制是否得到有效执行。

穿行测试法主要有以下几个步骤。

(1) 先查阅并理解被审计单位某个业务行为的相关制度或规范，然后按业务流程的方式描述出来。以表明被审计单位的业务行为都是按所描述的业务流程来运行的。

(2) 抽取某几笔业务样本。

(3) 要求被审计单位提供所有所抽取业务样本的运行记录。

(4) 按照之前描述的业务流程，重新逐步描述样本业务的实际运行情况。

(5) 对照业务流程与要求，比较并记录没有做到位的地方。

例如，在银行借贷审计中，审计人员将借贷流程中涉及的每一笔明细的处理过程按照既定的复利规则重新计算一遍，以验证数据的正确性；又如，审计人员以普通人员身份试图进入对方核心机房，以检测被审计单位信息系统物理访问控制的安全性等。

4.2.5 测试数据法

测试数据法是指获取一套与被审计单位信息系统或程序模块完全相同的副本，作为模拟系统独立运行，然后用模拟系统对当期的实际数据进行处理，并将模拟系统的处理结果与被审计系统的处理结果进行比较，从而评价被审计应用程序的处理和控制功能是否可靠。

从以前的经验看，要让审计人员明白被审计系统的全部处理逻辑不太现实，但可以让审计人员弄清系统在关键事项上的处理逻辑，从而判断系统是否可靠。因此，测试数据法被信息系统审计人员广泛应用于测试程序运行和数据处理的准确性中，比如用来验证对输入数据的校验和控制、数据处理的逻辑和数据计算的算法等。这种方法对于测试那些有关利息和折旧计算的程序十分有效。

测试数据法有以下几个优点。

(1) 它可以为审计人员提供关于应用程序功能的清晰而详细的证据，并且具有广泛的适用性。

(2) 进行测试的过程对被审计系统的正常运行无任何影响。

(3) 实施测试的综合成本低。

(4) 对审计人员的计算机技术要求不高。

测试数据法的缺点主要有以下几点。

(1) 审计人员必须从被审计单位获得一个用于测试的程序副本，这就存在一个风险，即被审计单位可能有意或无意地向审计人员提供错误版本的程序，这就会降低审计证据的可靠性。

(2) 一项测试只能在特定时间、特定程序上运行，如果程序改变了，测试数据也就过时了。

(3) 由于是对程序逻辑功能的测试，因此审计人员需要充分了解程序的内部逻辑，建立测试数据，这就导致学习成本较高、实施困难。

测试数据通常不能覆盖计算机程序在使用过程中会遇到的所有情况的组合。如果审计人员没有预想到程序中的某些错弊，没有针对它们设计测试数据进行测试，则这种审查方法不可能发现这些错弊。

4.2.6 平行模拟法

平行模拟法是指审计人员按照被审计程序的主要功能和处理流程重新开发一个相同的模拟程序,用它对被审计程序以前处理过的各种事务和数据进行再处理,并将模拟程序得到的处理结果与原程序的处理结果进行比较,从而评价被审计程序可靠性的方法。其处理流程如图 4-2 所示。

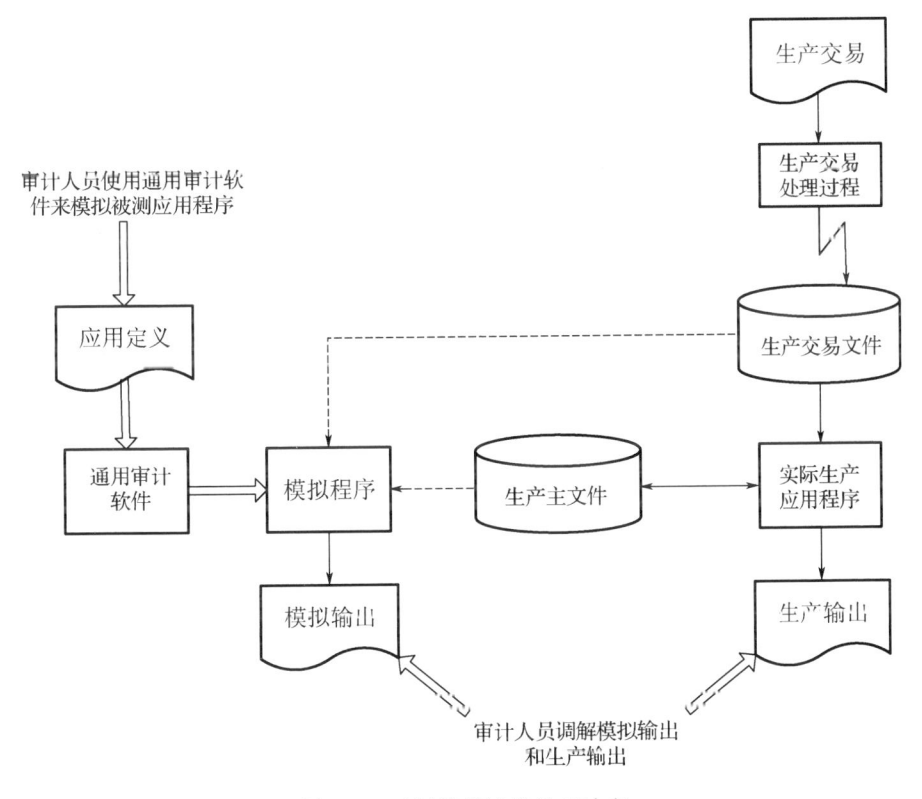

图 4-2 平行模拟法的处理流程

测试数据法是用真实的程序处理测试数据,而平行模拟法是用审计人员自己编写的专门用于测试的程序处理真实的数据,自编的审计程序段承担冗余的处理工作,所需编写的程序功能仅限于审计最关心的部分,而不是全部功能照搬。采用平行模拟法自行开发测试程序对审计人员的计算机技术要求很高,时间长,费用高。同时,测试程序要随实际系统同步进行功能更新,又要相应地增加时间和费用。

4.2.7 虚拟实体法

虚拟实体法是对测试数据法的改良,一般是在被审计系统中建立虚拟的实体(如供应商、客户、员工等),然后将虚拟实体的有关数据与真实的数据一起输入信息系统进行处理,最后将虚拟实体的输出结果与预期进行比较,确定信息系统的控制功能是否发挥作用。

例如,在某应用系统中建立一个虚拟的职员,然后进行正常的业务处理测试。这种方法的优点是在系统正常处理过程中进行测试的,因此可直接测试到被审计系统在真实业务处理时的功能是否正确有效。而缺点是这些虚拟的测试数据可能会对被审计单位真实的业务和汇总的信息造成破坏或影响。

4.2.8 程序日志检查法

程序日志是由系统自动产生的，包含启动和结束时间、中断、故障等事务信息。通过查看程序运行日志，可以在一定程度上评估被审计程序的控制措施的可靠性。如果记录中断，表明程序中可能存在语法或逻辑错误。

程序日志检查法的优点是对审计人员的计算机水平要求不高，而缺点是程序中的错误或缺陷不会全部出现在一份或多份打印输出的资料上。

4.2.9 数据分析法

数据分析法包括数据结构验证法、参数法和外部关联数据法。

数据结构验证法：结合数据字典，检查数据之间的逻辑关系，以验证输入数据的正确性和保存数据的完整性，包括业务数据与财务数据的对比验证，业务数据表之间的钩稽关系校验。

参数法：检查设置的相关参数是否与实际业务所产生的数据正确地对应。

外部关联数据法：外部关联数据是指存在于被审计单位信息系统之外，但又与该系统数据有内在关联，并能够帮助审计人员有序处理被审计单位业务数据和财务数据的电子数据。通过将外部关联数据与被审系统中的数据进行对比分析，可以发现信息系统中仅靠被审计单位的数据无法发现的问题。

4.2.10 程序流程图审核法

程序流程图审核法是利用信息系统的程序流程图来检查程序的控制功能是否可靠、业务处理逻辑是否正确的方法。程序是信息系统的底层逻辑，信息系统处理业务是否合法、合规和正确，都归根于程序的处理规则。而程序流程图中描绘了这些处理规则，并且有专门的程序流程图来描述这些处理规则。实践证明，程序是最容易发生错误和舞弊的地方，因此需要加强对信息系统内部控制有效性的审计，对这些控制流程图进行审核就是方法之一。

在信息系统审计工作中，常见的流程图主要有：业务流程图、数据流程图、程序流程图、应用系统的处理流程图、控制流程图、应用系统之间的数据传递流程图等。审计人员通过检查被审计单位提供的各类流程图，来了解被审计单位的信息系统及其控制的具体措施，并与被审系统进行比对分析来完成信息系统内部控制的审核。幸运的是，各种流程图对于用户和审计人员来说都很容易理解，因此各方都可以通过它来进行交流。

例如，在对账务处理系统的审计中，根据账务处理流程图，程序中应该对输入的财务数据进行合法性检验，通过对样本业务的跟踪和审核，发现当输入非法数据时，程序仍然按照正常步骤进行处理，这说明控制措施在该程序中是无效的。

4.2.11 受控处理法与受控再处理法

受控处理法是指审计人员对被审计程序的实际业务的处理进行监控，并查明被审计程序的处理和控制功能是否适当有效的方法。审计人员首先要检查输入数据并进行审核控制，然后亲自处理或监督这些数据的处理过程，最后将处理结果与预期结果进行比对和分析，判断被审计程序的处理和控制功能是否达到了设计要求。受控处理法的优点是对审计人员的计算机水平要求不高，只需要采取突击审计的方式，就能保证被审计程序与实际使用程序的一致性，从而保证审计结论的可靠性。

而受控再处理法是指在被审计单位正常业务开展之外的时间内，由审计人员亲力亲为，或在审计人员的监督下对某一批已经处理过的业务进行再次处理，并对两次处理结果进行比较，以确定被审计程序是否被非法篡改，以及被审计程序的处理和控制功能是否适当和有效。运用这种方法的前提是以前对此程序进行过审查，并证明其原始的处理和控制功能是恰当有效的。

4.2.1.2 嵌入审计程序法

嵌入审计程序法也称系统控制审计评审文件法，是指在被审计程序中嵌入为执行特定的审计功能而设计的审计程序，通过这些审计程序来收集信息并写入一个特殊的审计文件——SCARF 文件中去。通过这种方法，审计人员可以很方便地采集其感兴趣的数据。通过进一步的审核和分析这些数据，审计人员可以评价被审计程序的处理和控制功能的可靠性，其原理如图 4-3 所示。

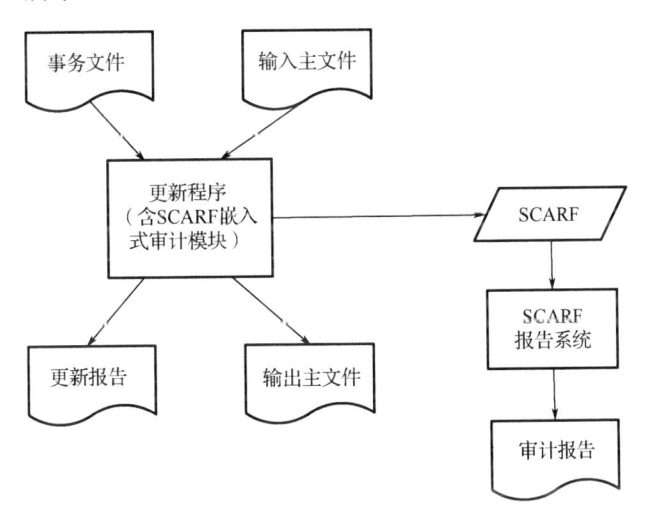

图 4-3 嵌入审计程序法

在实际应用中，通过嵌入审计程序法检查输入到系统中的每一项事务，并识别出其中不符合预定义标准的异常事务，审计人员要进一步审查这些识别出的异常事务。嵌入审计程序法一般用于处理大数据量的实质性测试，也可以用于测试应用程序的控制是否得到有效执行，它可以在完成日常业务处理的同时获取审计证据。并且获取的审计证据都是业务处理中的异常情况，可以说是一系列的审计线索，这极大地缩短了审计查找线索的过程。

为了能够自动记录系统运行中的异常事务，一般是在被审计程序设计开发之初，对其设置专门的业务操作追踪和记录功能。因为在程序的开发过程中添加嵌入审计程序要比系统开发完工后作为修改将嵌入审计程序加到程序中更加容易。而在被审计程序开发完成之后再嵌入审计程序也是可行的，只是对嵌入审计程序的开发人员的技术水平要求更高，且开发耗时也较长。

此外，由于审计程序嵌入在系统中，自然会增加系统负荷，降低被审计单位系统的工作效率；并且当被审计程序发生变化时，嵌入审计模块也应随之做出程序上的修改，这也会导致系统开发和维护成本的增加。

嵌入审计程序法是持续在线审计的一种方法。持续在线审计是指利用信息技术的优势，在不中断被审计系统正常运行的情况下，对其进行实时的、持续的、远程的审计并及时完成审计报告的一种审计方法，是对传统审计的突破和一定程度的替代。目前，许多 ERP 软件、管理信息系统等都提供了持续审计的采样器，经过适当的配置，在系统运行后可以自动和持续地记录异常事务清单，这也是实施连续在线审计的具体事例。

4.2.13 快照法

快照法也称抽点转储法，是指在系统的重要处理节点嵌入可以"拍照"的审计程序。当事务流经应用系统时，嵌入式审计软件可以"捕获"事务在处理前后的"影像"，"影像"即数据，通过对比分析前影像和后影像及其转换情况来评价系统事务处理的真实性、正确性和完整性。快照法也是持续在线审计的一种方法，一般可以用来测试被审计程序的控制功能的执行情况或者检查程序的正确性。与嵌入审计程序法类似，快照法嵌入的审计程序段的位置可能会降低被审计单位正常业务的执行效率。快照法原理和技术流程图分别如图 4-4、图 4-5 所示。

4.2.14 审计抽样测试法

审计抽样是从审计总体中选取一定数量的样本进行测试，并根据测试结果，推断审计对象总体特征的一种方法。信息系统审计抽样测试底稿示例如表 4-11 所示。

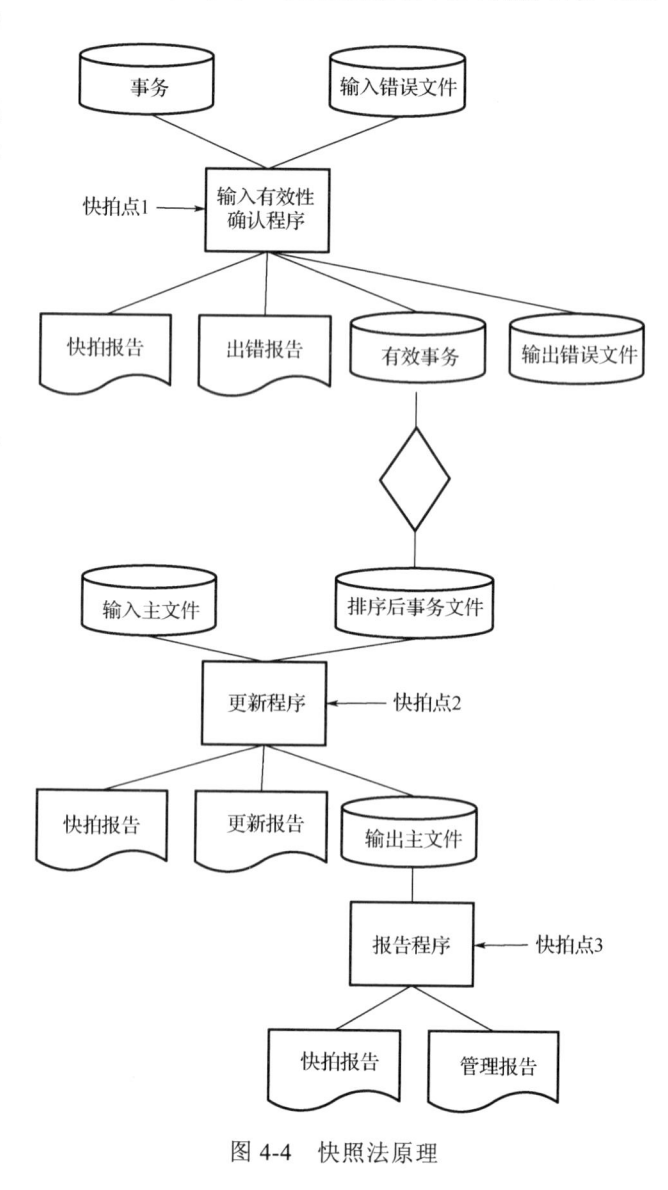

图 4-4 快照法原理

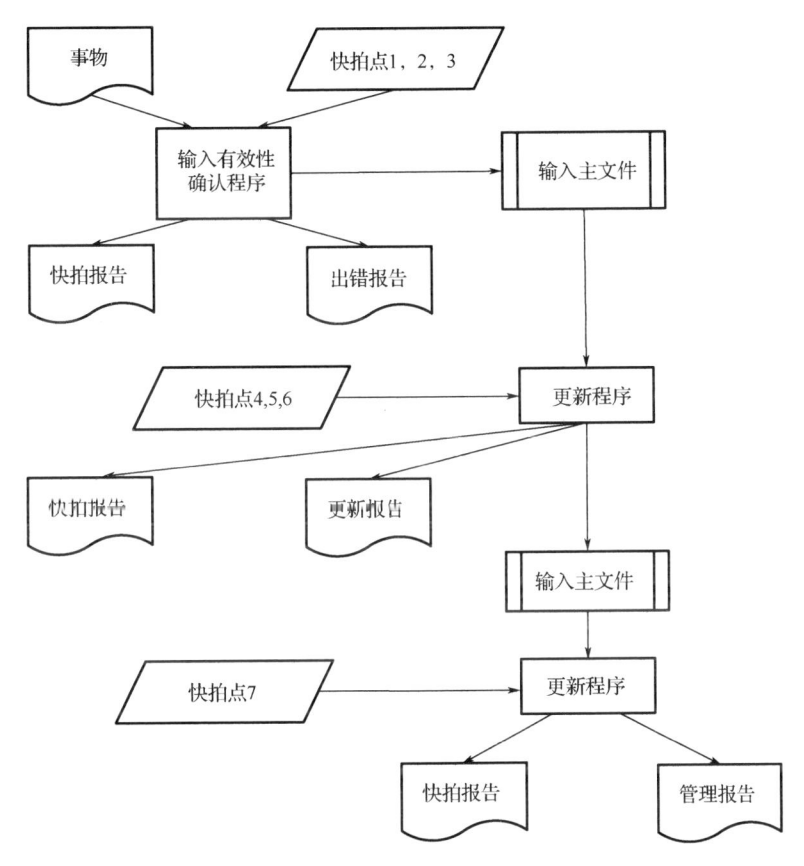

图 4-5 快照法技术流程图

表 4-11 信息系统审计抽样测试底稿示例

审计项目:	系统开发审计	单位名称:		编制人:			日期:	
复核人:		复核日期:		样本量:	30		索引号:	

序号	样本发生日期	凭证/单据/合同号	样本描述	涉及金额	控制执行人	控制点 [1]	控制点 [2]	控制点 [3]	是否通过	索引
1										
2										
3										
…										
28										
29										
30										
结论:										
发现改进点描述:										

87

审计抽样分类的方法有很多种，按抽样决策的依据不同可分为：统计抽样和非统计抽样；按所了解的总体特征的不同可分为：属性抽样和变量抽样。下面是对这几种审计抽样方法的介绍。

1. 统计抽样

统计抽样是审计人员在计算正式抽样结果时采用统计推断技术的一种抽样方法。统计抽样采用客观的方法来决定样本量大小及抽样方式。

2. 非统计抽样

非统计抽样是审计人员全凭主观标准和个人经验来评价样本结果并对总体做出结论。统计抽样和非统计抽样最根本的区别是，非统计抽样不能量化抽样风险，而统计抽样可以。

3. 属性抽样

属性抽样用来估计一个控制或一组相关控制属性的发生概率，主要用来对控制进行测试，回答属性是否存在的问题，属于符合性测试，提供发生概率表示的结论。

在进行控制测试时，属性抽样又可以分为以下三种方法。

(1) 固定样本量抽样。

固定样本量抽样也叫固定样本规模抽样，是一种基本的、最为广泛的属性抽样方法。这是根据公式或表格确定固定的样本数量进行审查，并以全部样本审查结果推断总体的一种审计抽样方法。常用于估计审计对象总体中某种偏差的发生比例。其特点是预先确定样本量，在执行抽样计划的过程中不再进行变动。

(2) 停—走抽样。

停—走抽样是在固定样本量抽样的基础上的一种改进形式。它从预计总体误差为零开始，通过边抽样边审查评价来完成审计工作。这种方法可以防止过度抽样，当认为总体中存在的错误相对较少的时候使用。它可以克服固定样本量抽样时要选取过多的样本的缺点，提高审计工作的效率。

(3) 发现抽样。

发现抽样是属性抽样的一种特殊形式，主要用于查找非法重大事件。发现抽样的审计目标是有无欺诈、违规，一旦发现任何错误，则整个样本被视为欺诈或违规。其理论依据是，如果总体偏差率大于或等于某一特定比率，那么在既定的可信赖程度下，从一个足够大的样本中至少能查出一个偏差。

属性抽样的具体步骤如下。

(1) 明确审计测试目标。

一般来说，控制测试的总目标在于测试某一循环中控制的应用情况。例如，在销售和收款循环测试中，测试的总目标通常为测试销售和现金收入控制的有效性。

(2) 定义属性和偏差状态。

采用审计抽样，审计人员必须仔细定义所测试的特性（属性）及偏差状态。相关属性和偏差状态都直接来自审计方案。

(3) 定义总体。

总体是审计人员希望通过测试得到其特性的数据集，即审计对象所包含的所有项目的综合。在定义总体时，必须使其与审计测试的目标一致。此外，在选取样本之前，审计人员应测试总体的完整性，以确保依据样本的结果而推断出的总体结果有效。

(4) 定义抽样单位。

定义抽样单位时，主要考虑如何使其与审计测试的目标一致。因此，在定义总体、指定审计计划时，往往同时就定义了恰当的抽样单位。

(5) 确定可容忍的偏差率。

偏差率确定为多大才是适当的呢？受属性的定义和属性的重要程度的影响，偏差率是职业判断的结果。属性越重要，则发生偏差代表的情况越严重，可容忍的偏差率越低。

(6) 确定可接受的过度信赖风险。

只要使用抽样方法，可接受的过度信赖风险就是存在的。在确定过度信赖风险时，审计人员必须运用专业判断。因为过度信赖风险是审计人员愿意承担的风险的量度，主要考虑的是审计人员想将控制风险的估定水平降低到什么程度，以确定详细测试的范围。估定的控制风险越低，过度信赖风险越低，计划的详细测试的范围也就越小。

(7) 估计总体偏差率。

为了计划适当的样本量，应当预先估计总体偏差率。如果预期总体偏差率较低，则需要较小的样本量就可以满足审计人员的可容忍偏差率的要求，这是因为不需要精确的估计。通常审计人员可以利用以前年度的审计结果来估计总体偏差率。如果没有以前年度的审计结果或者虽有但不可靠，审计人员还可以从本年度总体中选取一个较小的预备样本进行估计。如果使用了预备样本，只要遵循恰当的选样的程序，它也可以被包括在最终样本之中。

(8) 确定初始样本量。

初始样本量受四个因素影响：总体容量、可容忍的偏差率、过度信赖风险和估计总体偏差率。在上述四个因素中，可容忍的偏差率与估计总体偏差率两因素的结合对样本量影响较大。属性抽样中初始样本量的确定，通常既可以用计算法，也可以采用查表法来确定。

(9) 选取样本。

选取样本采用随机选样方法。

(10) 实施审计抽样。

审计人员在实施审计抽样时，要检查样本中的每一个项目，以确定它们是否与属性一致，同时记录所有发现的偏差情况。审计抽样完成后，每种属性都具有一个对应的样本量和发现的偏差数。

(11) 根据样本推断总体。

在属性抽样中，审计人员需要根据样本结果，计算出在特定的过度信赖风险下的偏差率上限。我们可以利用专门的属性抽样的样本结果评价表来确定偏差率上限。

(12) 分析偏差。

除确定每种属性的偏差率上限和估计真实总体的偏差率是否可能超过可容忍的偏差率外，还有必要分析样本偏差的性质，进而判定引发这些偏差的内部控制中的故障。

(13) 决定总体的可接受性。

只有当根据样本结果确定的偏差率小于或等于可容忍的偏差率，且二者是以相同的 0/1 为基础时，才可以认为总体是可以接受的。在这种情况下，只要对偏差的分析并未表明内部控制的某一方面可能存在预先未曾考虑到的重大问题，则认为所测试的内部控制是可以信赖的，可以因此减少控制风险水平。当偏差率上限大于可容忍的偏差率，无法确定总体的可接受性时，审计人员可以采取如下措施。

① 修正可容忍的偏差率或可接受的过度信赖风险。只有在审计人员认为当初设定的可容忍的偏差率或可接受的过度信赖风险过于保守时，才可以采取此种方法。因为一旦发生诉讼，这个措施的采用会给审计人员带来败诉的风险。

② 扩大样本量。采用这个措施，样本量偏差率可能降低，但也可能提高。

③ 修正估定控制风险。如果控制测试和业务实质性测试结果都不支持计划估定的风险水平，则应当调增估定的控制风险，这将会导致详细测试的增加。是增加样本量，直到抽样风险足够小，还是修正估定控制风险水平，必须在权衡成本与效益的基础上进行，必须将增加的控制测试成本与增加的实质性测试成本进行比较。如果扩大后的样本继续产生不可接受的结果，那么必须增加实质性测试。

4．变量抽样

变量抽样是从一个样本的部分来估计样本的总体。变量抽样与实质性测试相关，适用于样本总体具有会发生变化的特征，并提供与偏离常规现象相关的结论。其主要目的是验证可能存在于程序或功能中的、因控制失效导致重大影响的数据。

在选用变量抽样时，必须满足以下三个条件。

(1) 设计分层样本的能力。

(2) 审计价值与账目价值之间的差异不能太大。

(3) 资料的可得性。

变量抽样法主要运用在实质性测试中，通常有以下几种常用方法。

(1) 分层单位平均估计抽样。

先对样本总体进行分层，在不同分层中进行抽样检查确定样本的平均值，根据样本平均值推断总体的平均值和总值。

(2) 不分层单位平均估计抽样。

通过抽样检查确定样本的平均值，根据样本平均值推断总体的平均值和总值。

(3) 差额估计抽样。

以样本实际价值与账面价值的平均差额来估计总体实际价值与账面价值的平均差额，然后再以这个平均差额乘以总体项目个数，从而求出总体的实际价值与账面价值的差额。

在实质性测试中，如果推断的总体误差超过了可容忍误差，应增加样本量或执行替代审计程序。在符合性测试中，如果认为抽样结果无法达到其对所测试内部控制的预期信赖程度，则应考虑增加样本量或者修改实质性测试程序。

此外，变量抽样测试和属性抽样测试的区别在于测试的种类、目标不同。属性抽样测试采用控制测试，其测试目标是估计总体既定控制的偏差率(次数)；而变量抽样测试采用实质测试，其测试目标是估计总体金额或者总体中的错误金额。变量抽样测试和属性抽样测试，分别适用于实质性测试与符合性测试。

4.2.15 时间戳审计法

数字时间戳(Digital Time Stamp，DTS)(一般简称时间戳)是一个经加密后形成的独立的具有标准格式的电子文件,包括三个部分:摘要(digest)、收到文件的日期和时间、数字签名。DTS 时间戳服务中心是指所有的提供时间戳设备及服务的机构,对电子数据进行时间认证处理,即在存储电子数据时,时间和日期通过数字时间戳服务,可以防止被伪造或篡改。

时间戳分为可信时间戳和非可信时间戳。可信时间戳是由权威可信时间戳服务中心签发的一个能证明数据电文(电子文件)在一个时间点是已经存在的完整的可验证的、具备法律效力的电子凭证。可信时间戳主要用于防止电子文件被篡改和当事人事后抵赖,它可以确定电子文件产生的准确时间。

时间戳的实现主要有以下几个过程。

(1)发送方给文件生成消息摘要。

(2)发送方将消息摘要发送到专门提供数字时间戳服务的权威机构。

(3)权威机构对原消息摘要加入时间后,用私钥加密,进行数字签名。

(4)权威机构将加入时间后的新消息摘要发送给发送方。

时间戳产生的过程如图 4-6 所示。

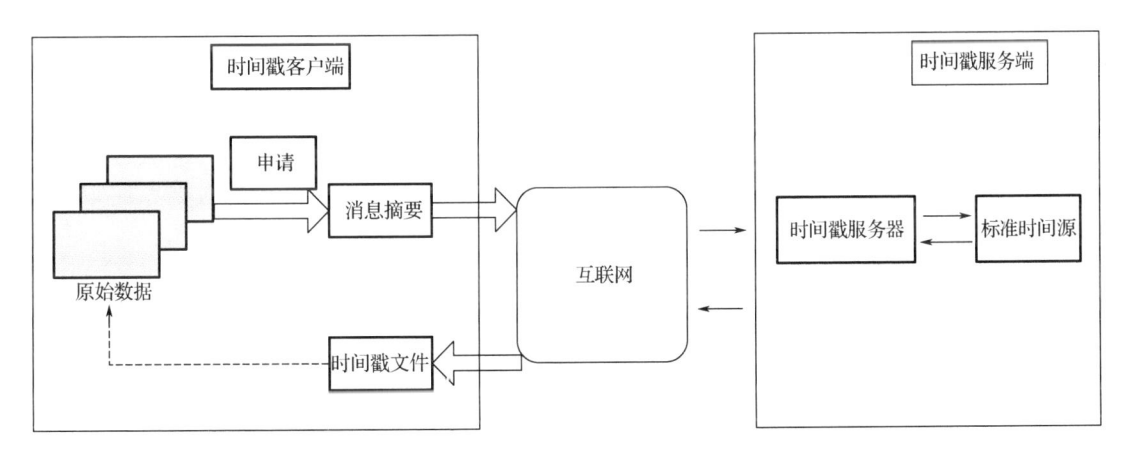

图 4-6 时间戳产生的过程

时间戳在联网审计信息系统中的架构是:在审计单位架构时间戳服务器,为被审计单位的原始数据提供加盖时间戳、验证时间戳服务。时间戳在建立的过程中,并不与电子数据的信息内容发生作用,只是附于电子数据信息的某个部位,相当于是盖了一个章印,能够充分地保证电子数据信息的完整性。审计单位架构的时间戳服务器由国家授时中心来负责保障时间的授时和守时监测,任何机构包括时间戳服务中心自己都不能对时间进行修改,以保障时间的权威性,只有这样产生的时间戳才具有法律效力。审计机构建立的时间戳服务器是为被审计单位提供的公共服务平台,要求有较高的稳定性和安全性。被审计单位不用修改系统即可方便部署。时间戳服务器的具体架构如图 4-7 所示。

4.2.16 网络审计技术

由于通信、网络等相关技术的发展及电子商务的诞生,使虚拟化及网络化的经济活动得到了有效发展,而在这一现实环境下,网络审计也就随之诞生了。在网络审计诞生之后,审计人员就能够通过网络来进行跨区域审计了。而且审计项目负责人也能够利用网络来编制审计计划，并对相应的审计任务进行分配。除此之外，还能够随时了解审计的进度。

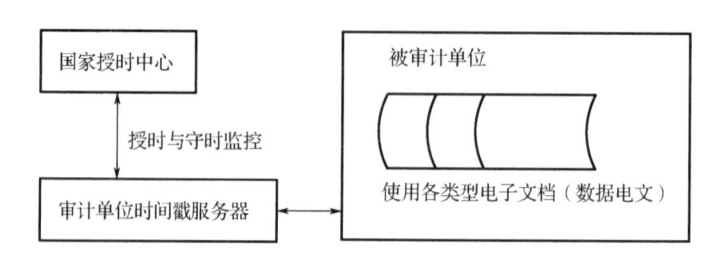

图 4-7 时间戳服务器在信息系统审计中的架构

1. 网络交易数据库的审计技术

企业或组织所实施的网络化经营重点表现在会计信息电子化及部分会计控制程序化上，可是这一变化就使审计线索有了"不可见性"。面对这一现状，审计人员就需要应用数据库技术对会计信息进行完整地保存及管理。除此之外，还要借助单机系统或工作站来对会计数据实施精准的加工和处理，并利用网络技术和通信技术来对会计数据实施更有效的分配、传输。网络审计技术中的关键环节是怎样收集审计证据并对其进行评价，进而判断数据的完备性、可靠性、真实性及合法合规性的呢？网络交易数据库的审计技术有以下四种。

(1) 计算机抽样取证、计算比对及整合分析技术。

这种技术实际上是对数据库查询法、测试数据法和审计抽样测试法的综合运用。审计人员在利用该技术的时候，只需按照审计活动的具体需要挑选相应的数据参数及条件，就能够马上获取所需的业务数据。该技术不但能够在日常的审计监督活动中进行有效运用，而且在年度审计活动中也可进行有效运用。在应用该技术的时候，计算机会按照预设的审计条件到数据库里面选择相应的信息，并通过有关的程序来对金额数据实施计算。除此之外，还能够将计算结果与标准业务结果进行对比，从而发现这两者之间所存在的差异等。而且审计软件还能够对各种业务抽样审计展开整合分析，进而得出综合性较强的审计线索。

(2) 嵌入审计程序进行线上审计。

该方法在前面的章节做过介绍。不同的是，在网络交易环境下，审计人员可随时对这些证据文件进行调阅和分析，适时地对系统运行情况进行判断并提出相应的审计建议。

(3) 网络数据实时备份加密技术。

和人工发票要被同时复写几份是同一个道理，网络在进行实时备份的时候可以将备份的数据同时存入到不同的硬盘中，而且在这些备份数据里面至少会有一份被审计机构实施加密及保存，从而确保这些数据的真实性和客观性。

(4) 专设审计控制字段。

专设审计控制字段，就是利用具有一定特殊性的控制字段来构建起同被审计网络信息系统数据之间的联系，或是对所发生的业务数据进行加密存储。其能够在程序的编码设计过程中实现同业务有机结合，在网络信息系统里面加入控制的具体内容，进而确保控制字段所记录的信息真实、可靠。对于在线业务,为避免操作人员进行不合法的数据伪造或篡改,则常运用这种控制字段。这一技术使得收集所需审计证据的过程容易很多,可专门用于审计的鉴证。

2. 网络信息系统的审计技术

为防止修改软件造成的信息虚假这一情况的发生,在对网络信息系统进行审计时,审计人员不单要审计其网络数据库,更要审计其系统本身。审计网络信息系统主要是对这一系统的功能与质量进行评价。软件质量直接对数据的完整性与安全性产生影响。网络信息系统的审计技术主要有以下三种技术。

(1) 审计网络信息系统的测试。

对业务测试系统的设计是作为业务数据测试活动得以有效展开的关键点。因此审计人员在对业务测试系统进行设计的时候,一定要确保设计活动的全面性,以防止因系统本身存在的不足而导致数据失去应有的效用。

(2) 利用测试数据进行审计。

在对计算机系统的逻辑处理及控制规则进行全面审查和了解的情形下,信息系统审计人员能够设计相应的数据来帮助测试活动的有效实现。这些用于测试的数据所产生的结果,可以帮助审计人员对系统展开可靠性评价。例如,在销售系统中,同一种产品在间隔不长的时间内有销售价差是非正常的,发货远远超于信用额度也属于非正常情况,在审计测试结果中应体现对这些异常状况的发生及出错源头的建议。

(3) 审计软件测试法。

审计人员在应用软件测试法的时候,通常都是基于模拟的网络信息系统程序及受审计系统的基础数据之上,来对系统的运行展开测试的,而且应用该方法还能够对所测出的结果同被审计系统在运行上的具体结果进行对比分析,从而对应用控制程序上的可靠性展开判断。可是因为网络系统里面有大量繁杂的数据,因而导致审计人员很难对其展开全面的测试,所以在具体测试的时候,通常都是挑选一些比较关键的数据来进行测试。

4.3 审计数据采集、数据清理和数据转换

不管采用何种审计方法,审计过程都要落脚到对审计数据的分析,从而得出审计结论。而被分析的数据必须是完整可靠的,那么前期对审计数据的采集、清洗和转换工作几个环节就尤为重要了。

1. 审计数据采集

审计数据采集是整个信息系统审计工作中非常重要的基础和前提,是整个过程中获取资料的主要途径。具体流程是将被审计单位的数据传输到审计人员的系统中。数据收集的顺利实施和数据审查是审计人员在操作过程中必须注意的两个重要工作。审计工作还应确保被审计单位提供的数据的科学性和完整性,以保证审计人员得出最公正、最科学的审计结果。导入审计系统中的数据不能作为单一的审计分析材料,只有当导入审计系统中的数据与被审计单位原生系统中的数据完全一致时,这部分数据才能作为正确的审计数据直接传输到审计系统中。如果条件允许,审计人员的系统可以直接与被审计单位的数据库进行

连接，直接采集和整理原生数据，这样可以极大地方便审计人员的工作开展，保证审计结果的公正性和科学性。

2. 审计数据清理

在审计实施过程中，审计人员不能对初步获得的审计数据进行直接应用和分析，因为这些数据中有许多不完整、不一致的错误数据，很难满足计算机审计工作的数据要求，将对审计结果的准确性产生重大的消极影响。因此，应该对采集到的原始数据进行仔细整理。在后续审计分析数据时，审计人员必须再一次检查所采集和整理后的数据质量，一旦发现审计数据有遗漏和错误，必须立即手动操作。通过对多个数据源的综合对比分析，对缺失的或有缺陷的数据进行补充更新，得到完整正确的数据。

在审计数据清理过程中，如果发现数据存在错误，可以通过偏差分析和统计分析对错误数据进行修正和补充。只有保证数据清理的顺利进行，才能消除不合格、错误的无效数据，顺利开展后续的审计工作。

3. 审计数据的转换

经过数据采集和数据清理两个过程后，为了进一步保证审计数据满足信息系统审计的要求，审计人员必须对处理后的审计数据进行进一步转换和处理，以进一步保证审计数据的质量和科学性，然后将这些数据传输到数据库中，让计算机软件重新清理这部分数据。

在进行数据转换时，需要定义不同的表和字段来代表不同的经济含义，明确它们之间的联系和区别。在审计数据转换之前，要全面了解业务或财务的组成部分，向被审计单位工作人员学习和咨询业务或财务的运行特性和运行参数，从而掌握业务或财务的运行准则。同时，审计人员还应从被审计单位获取与业务或财务相关的文件，了解系统中的数据与现实业务的关系，以保证审计工作的科学性和有效性，以及审计结果的公正性和准确性。

4.4 信息系统审计软件与工具

目前审计软件有很多种。传统软件，如系统实用程序、信息检索程序或高级编程语言可以用来辅助审计。更常见的是使用专门设计的审计软件包，称为通用审计软件。还包括一些常见的办公软件或数据处理软件，这类实用性工具软件中最具代表性的就是微软的Excel表格处理软件。汇总来看，信息系统审计软件与工具主要包括以下几种。

1. 通用和专业审计软件

通用审计软件是专门为促进信息技术在审计中的应用而设计的，是一系列能够读取、计算和分析计算机可读记录的程序。通用审计软件最早是由会计师事务所在20世纪60年代末开发的，并且已经使用了很长时间。通用审计软件使计算机专业知识很少的审计人员能够完成审计相关的数据处理，比如可以完成从文档中选择样本数据、核算计算结果、查找文档中的异常项目等审计工作，还可以整合很多对审计人员有用的特殊功能，如函证信息的批量生成与自动汇总、样本数据的统计选择等。

通用审计软件的可扩展性较强，应用范围广，应用前景广阔；而专业的审计软件的应用范围较小，但其功能性和专用性强，主要用于处理数据读取与转换、查询、计算、分类、抽样选择、排序，以及数据文件连接、比较、合并和输出等审计工作。

2．实用工具软件

实用工具软件包括：
(1)辅助数据采集、计算和分析的数据表格处理软件，如 Excel 表格处理软件；
(2)辅助生成有关审计文档的工具软件，如文档生产器；
(3)服务器操作系统性能分析软件，如系统配置分析软件；
(4)系统业务流程和数据流程分析软件，如流程图制作软件；
(5)数据库查询和数据质量分析软件，如数据库查询语言 SQL 语言、数据比较软件；
(6)评估程序质量的工具软件，如程序比较软件、测试数据生成器。

此外，信息系统审计软件和工具在信息安全审计领域中的应用比较普遍，常用的工具包括：
(1)系统扫描软件：恶意代码扫描、系统和网络漏洞扫描、数据库漏洞扫描、源代码漏洞扫描、应用安全扫描；
(2)日志审计软件：收集、存储、分类、分析一个信息系统中产生的全部日志、警报等信息，形成审计报告，系统日志来源包括：操作系统日志、应用系统日志、网络设备日志、数据库系统日志、安全设备日志等；
(3)数据库安全审计软件：通过对数据库协议分析，解析数据库的登录、注销、插入、删除、存储等操作，跟踪并记录数据库访问过程中的所有细节，及时发现对数据库的越权使用、权限滥用、权限盗用等非授权操作。

3．性能测量工具

一般来说，性能是一种指标，表明软硬件系统或构件对其及时性要求的符合程度。用于测量系统软硬件在运行时性能表现的性能测量工具，包括硬件监测器、软件监测器、负载性能测试器、固件监测器、混合监测器。

4．人工智能软件

随着信息技术的快速发展，人工智能技术日益成熟，人工智能技术在处理相关业务时的效率和安全性都有了很大提高。将人工智能应用于审计，将促进审计效率的快速提高，让那些可以被数字化或分解的、并不需要多大创造性的基础性工作全部由计算机自动完成，而审计师则可以更专注于职业判断能力和与管理层的沟通上，真正体现审计师的价值。

人工智能软件可用于帮助审计人员进行风险评估，发现审计线索，它通常把值得怀疑的交易和账户通知给审计人员，审计人员随后进行更深一步的调查。人工智能软件的技术原理基于计算机神经网络，通过模型识别把可能的不规则交易和账户数据标识出来。神经网络最大的优势在于它可以在使用中完成自学，从而使其分析判断能力在下一次任务中得以提升。

目前，有会计师事务所将人工智能软件引入审计工作当中，以此帮助审计人员从阅读报表、合同和其他文件的乏味工作中解放出来，通过减少阅读时间，使人才投入到更有价值的工作中，更加关注战略方面的事务。

5. 审计专家系统

审计专家系统也是人工智能的一种应用,其技术原理可能包含数据挖掘技术、征兆发现技术、A-GENT 技术等。审计专家系统建立在预定义的规则和大量历史数据基础上,这些规则是专家做决策时使用的。例如,某个预定义的规则是:如果某个会计账户的当期发生额比过去 5 年的平均值高出 30%,就需进一步调查这个账户。由于审计专家系统是按照预先定义的决策规则运行的,所以更容易被审计人员控制。审计人员经常可以改变决策规则。

在信息系统审计中,作为一种决策支持工具,审计专家系统可以为审计人员提供指导和有价值的信息,帮助他们对交易和账面数据进行详细测试,实施分析检查流程,对信息系统的一般控制和应用控制进行符合性测试,评估操作系统的漏洞,实施渗透测试等。

本章小结

1. 信息系统审计的方法包括一般方法(手工方法)和应用计算机审计的方法。一般方法主要用于对信息系统的了解和描述,包括面谈法、系统文档审阅法、观察法、调查问卷法、程序流程图审核法等;应用计算机的方法一般用于对信息系统的控制测试,包括数据库查询法、穿行测试法、测试数据法、平行模拟法、虚拟实体法、程序日志检查法、数据分析法、受控处理与再处理法、嵌入审计程序法、快照法等。应用计算机技术的审计方法主要是指计算机辅助审计技术与工具的运用,但不能将计算机辅助审计技术与工具的使用过程与信息系统审计等同起来。在信息系统审计的过程中,仍然需要运用大量的手工审计技术。

2. 在信息系统审计的实施过程中,信息系统审计师应该根据审计目的和实际情况,灵活运用各种审计策略,并采用高效、灵活的辅助工具。

复习思考题

1. 审查被审计单位在信息系统中职责分离的控制情况时,最佳的审计方法是什么?
2. 人力资源副总裁要求进行审计,以确定上一年多付的工资额。在这种情况下,最佳的审计方法是什么?
3. 穿行测试法的步骤和优点有哪些?
4. 信息系统审计师在使用哪种审计方法时需要查阅被审计单位的数据流程图?
5. 信息系统审计师在使用哪种审计方法时需要查阅被审计单位的系统日志?
6. 信息系统审计师评估被审计单位 IT 部门内部职责分工落实情况的最佳方法是什么?
7. 哪种审计方法能最有效地确保会计系统内部利息计算相关控制的有效性?

第 5 章

信息系统生命周期审计

同任何事物一样,信息系统也有一个萌芽、诞生、成长、成熟和衰亡的生存过程,对于信息系统生命周期的审计,就是针对信息系统的不同阶段展开的审计,它能够为企业或组织运营提供高效安全的支持作用。

信息系统建设项目的生命周期包括信息系统的规划、开发、设计、编码、测试、上线实施、运行与维护全过程。由于信息系统生命周期审计直接关系着信息系统运行的质量,因此,信息系统生命周期审计也构成了信息系统审计的一项重要内容。信息系统生命周期审计主要是对信息化建设项目的过程情况及其涉及的文档进行审计。

目前,许多企业或组织已经完成了信息系统的建设。然而,由于缺乏信息系统审计人员的积极参与,很多系统存在内部控制薄弱、缺乏必要的审计线索等问题。此外,信息系统一旦投入使用,任何修改和升级的成本都异常高昂。此外,一旦信息系统投入使用,任何功能改动或系统升级的成本都是极高的。因此,与其他审计工作相比,信息系统审计人员必须参与信息系统建设的全过程,信息系统审计的实施必须从事后审计转变为事前审计和事中审计,从而有效降低被审计单位所承担的风险。

部分学者的理论研究或实务应用将信息系统生命周期审计纳入信息系统一般控制审计的内容之中。鉴于信息系统生命周期的流程体系较为独立,本书将其作为独立章节介绍。

5.1 信息化建设全过程

1. 信息化建设流程

信息化建设流程如表 5-1 所示。

表 5-1 信息化建设流程表

开发阶段		主要任务	常用工具或方法
战略规划	项目立项	提出开发请求	
	初步调查	用户需求分析 企业或组织的运行情况 企业或组织管理方法 信息需求分析 基础数据管理状态 现有信息系统运行状态	各种调查方法

续表

开发阶段		主要任务	常用工具或方法
战略规划	总体方案设计	确定系统目标 划分子系统 功能结构图的总体设计 数据库系统总体结构设计 代码方案的总体设计 系统物理配置总体方案的设计 工程费用概算与效益分析 制订实施计划 给出系统的总体方案	U/C 矩阵 PERT 图
	可行性研究	经济上的可行性研究 技术上的可行性研究 操作上的可行性研究 法律上的可行性研究 管理上的可行性研究 书写可行性分析报告	
	审核批准	审核项目开发计划 审核可行性分析报告	
系统需求分析	详细调查 — 组织机构与功能分析	组织机构与功能调查 绘制组织机构图 绘制业务功能一览表	组织结构图 业务功能一览表
	详细调查 — 业务流程分析	收集相关资料 绘制业务流程图 绘制表格分配图	业务流程图 表格分配图
	详细调查 — 数据流分析	收集相关资料 绘制数据流程图	数据流图
	系统分析与逻辑模型设计	分析系统目标 分析原系统存在的问题 优化子系统的划分结果，分析各子系统的功能 数据分析，绘制新系统的 DFD 图 新系统的边界分析 确定数据处理方式	
	系统分析报告	完成系统分析报告，交有关部门审批	
资源获取	项目计划	软、硬件获取计划 项目论证 项目审批	
	过程监控与管理	项目预算及执行 项目招投标管理 采购与合同管理 项目投产	
	项目验收	测试与验收	

续表

开发阶段		主要任务	常用工具或方法
系统设计、开发与测试	系统物理配置方案设计	选择计算机机型 确定网络 确定 DBMS	
	功能结构图设计	绘制功能结构图 划分模块	功能结构图
	系统流程图设计	把 DFD 图转化为管理信息系统流程图	系统流程图
	处理流程图设计	具体规定处理过程中的各个步骤	
	详细设计编码	为新系统中的数据编码 统一并改进编码	
	数据存储设计	DB 的逻辑结构设计 DB 的物理结构设计	
	输入与输出设计	输入设计、输出设计	
	系统测试	编码自测、单元测试、安全测试、压力测试、流畅度测试、兼容性测试、用户测试等	
	制定设计规范	制定文件名和程序名的统一格式	
	编写程序说明书	定义处理过程	
	编写系统设计报告	完成系统设计报告，提交有关部门审批	
系统实施与试运行	物理系统的实施	采购计算机和通信网络系统 准备机房 安装调试设备	
	程序设计	管理程序设计 业务程序设计	软件开发工具
	程序和系统调控	程序调控 分调 总调	
	系统切换、试运行	以新系统代替旧系统	
	系统测试、验收	将系统交付使用，验收是否合格	软件测试工具
	编写技术文档	编写程序设计说明书 编写测试报告	
系统维护	系统维护记录	程序维护 数据文件维护 编码维护	

2．系统战略规划阶段

战略规划阶段是信息化建设的第一阶段，是软件开发过程中的第一步，也是描绘信息系统建设远景目标的关键一步。由于企业或组织的信息化建设一般投资大、周期长且系统工程较复杂，系统规划的质量对未来的系统建设和运行至关重要，一旦规划有偏差，就会出现系统成本高、开发周期长、系统功能缺失等各种问题。因此在系统开发的早期阶段，做好战略规划工作十分重要。一个比较完整的战略规划应包括信息系统开发的范围、总体结构、实现目标、组织管理体系、管理流程、建设计划、技术规范等。

3. 系统需求分析阶段

系统需求分析阶段的任务是：结合对相关文档资料的研究和分析，梳理出业务流程、数据流程、组织结构和详细功能需求，以此在对现有业务流程进行详细了解和分析的基础上，确定信息系统必须完成的总目标，并提交系统建设方案说明，确定方案的可行性，导出实现方案目标应该采取的策略及系统必须完成的功能，估计完成该项工程需要的资源和成本，并且制定工程进度表。

4. 资源获取阶段

信息系统的建设需要多种 IT 资源的获取与整合。这些 IT 资源包括各种 IT 相关人员、软件和硬件等。企业或组织根据对自身情况的评估，其软硬件资源可以自行设计开发，也可以选择部分或全部进行市场化采购，即采购能够满足业务需求的成熟的商品化软件和配套硬件，由第三方提供安装、培训、实施和维护等工作。这类采购任务，应根据系统建设方案选择合适的商业软件，对项目进行立项、招标、评标和签订合同，完成软件系统采购工作。

5. 系统开发阶段

系统开发阶段可进一步分为系统设计、系统编码和系统测试三个阶段。

系统设计阶段的任务是：提供信息系统的概括的解决方案，主要内容包括信息系统的功能模块的划分，功能模块之间的层次结构和关系。进而对系统进行详细设计，详细设计的任务是把系统总体设计的结果具体化，设计出各个功能模块的详细规格说明，如信息系统各个模块的处理流程、系统的数据流程和数据库的逻辑结构。

系统编码阶段的任务是：将上述系统设计阶段的蓝图，通过编写程序的方式在计算机上实现，将原来纸面上的、类似于设计图式的新系统的设计方案转换成可执行的应用系统。

系统测试阶段的任务是：充分运行系统，尽可能多地发现软件的缺陷和潜在的问题，验证系统各部件能否正常工作并完成所赋予的任务。

以上三个过程是创造一款软件有机统一的整体，缺一不可。

6. 系统实施与试运行阶段

系统实施阶段包括基础平台实施和应用系统实施两部分内容。基础平台实施是指将计算机硬件、操作系统、数据库和网络架构等作为企业或组织信息系统的基础设施搭建完成。而应用系统实施是将采购的商品软件或开发出的软件具体应用到现实的业务中。

系统的设施是人和设备相互配合的过程，相关的部门和人员需从原有的业务处理方式过渡到以信息系统为支撑的新方式上去。系统实施工作需分阶段、分步骤、有组织地进行，这也是对系统的质量、运行效率、稳定性和可维护性等的全面验证。

7. 系统维护阶段

系统维护是系统投入正常运行之后一件长期而又艰巨的工作。维护时期的主要任务是使系统持久地满足用户的需要。具体地说，系统维护的任务包括：当系统在使用过程中发现错误时,应该加以改正;当环境改变时,应该修改系统以适应新的环境;当企业或组织有新的需求时,应该及时改进信息系统以满足需求。每一次维护活动本质上都是一次压缩和简化了的系统定义和开发过程。

信息系统的生命周期是周而复始进行的,一个系统开发完成以后会被不断地评价,也会不断地出现问题,积累到一定程度就要重新进行系统分析,开始一个新的生命周期。一般来说,不管系统运行得好坏,每隔一定时期都要进行新一轮的开发。

在信息系统运行过程中,要记录系统的运行情况,特别是出现非正常情况时,应将现象、时间、可能原因、处理措施等做详尽的记录。这对信息系统后期的完善和维护是有益的。

5.2 信息系统战略规划审计

信息系统战略规划是企业或组织关于信息化建设的纲领,应在充分的管理、业务与IT分析的基础上,由管理高层制定。战略规划通常包括应用架构规划、数据架构规划、技术基础设施规划和IT治理架构规划等。

战略规划是信息系统的前提和基础,信息系统的开发和运营归根结底是为企业或组织的发展战略服务的。在信息系统规划阶段,需要制定符合企业或组织战略的信息系统规划,对IT资源进行管理和引导。信息技术部和业务利益相关者应确保通过项目和服务组合实现最大价值。

现实情况是,目前绝大多数企业或组织没有明确、清晰的战略,即使有,也是模糊地存在于最高管理者的脑海中。信息系统规划的制定者要想运用企业或组织的战略指导信息化建设,无疑存在一定困难。没有明确清晰的战略,IT规划就无从谈起,也就没有存在的价值和必要性。因此,这也是信息系统审计工作要重点审查和评估的地方。

1. 信息系统战略规划审计的目标

信息系统战略规划审计的目标是:评价信息系统的规划是否满足被审计单位战略需求,使其与业务目标保持一致,信息系统资源得以统一管理和优化;风险得到有效控制,信息技术业务活动符合法律法规和行业规范要求,保障信息系统战略规划制定及实施过程得到合理的控制、监督并持续改进;促进组织价值最大化。

2. 信息系统战略规划审计的内容

信息系统战略规划审计的主要内容包括两个方面:一方面是跟踪整个系统规划的过程,判断整个规划是否是按照必要的可行性分析步骤进行的,是否越过了某些必要的关键步骤,或其规划步骤是否存在着明显的不合理性;另一方面是审计规划的内容。规划内容的审计的一个重要依据就是分析员提交的文档,其中包括可行性分析报告及相应的系统流程图、数据流程图、数据字典或成本效益分析等。

此外,在规划阶段,信息系统审计人员还应通过审查文件和观察的方式评估信息系统开发单位或团队的结构和人员部署,以确保信息系统开发单位或团队符合权责明确、人尽其用的标准。如果被审计单位决定将系统开发工作外包,审计人员在审核投标、签订和执行过程时,必须关注外包合同涉及的系统结构、流程、服务和质量,以维护被审计单位的切身利益。

3．信息系统战略规划的风险

信息系统战略规划的风险包括：

(1) 缺少信息系统战略规划目标；

(2) 信息系统目标与组织战略规划不一致或更新不及时；

(3) 信息系统目标与组织信息系统能力不符，缺乏实用性；

(4) 信息系统目标与其他管理控制流程不符，缺乏可操作性；

(5) 信息系统目标缺少保障措施；

(6) 信息系统投资立项与信息系统战略规划、业务目标不符；

(7) 信息系统投资项目未经信息系统决策部门批准；

(8) 信息系统投资项目流程控制不足。

4．信息系统战略规划审计的主要方法和程序

信息系统战略规划审计的主要方法和程序如表 5-2 所示。

表 5-2　信息系统战略规划审计的主要方法和程序

审计项目	审计方法和程序
信息系统的战略规划合规性审计	1．检查战略规划是否符合被审计单位战略规划要求，是否得到了董事会或者管理层的许可，是否形成文档。 2．审阅战略规划管理制度文档，访谈 IT 部门及相关业务部门，评估其战略规划的理解认识和满意度。 3．审阅战略规划职责文档，访谈主管人员，评估其作用和参与程度。 4．检查战略规划是否明确阐述了信息化的效果、推进体制、费用等各项内容，以及信息系统的整体概貌、系统开发的优先级、组织及业务改变、安全对策的方针，是否定期进行修正以及随经营环境的变化而修正。 5．检查战略规划是否进行可行性分析，可行性分析一般包括技术可行性、经济可行性及操作可行性。技术可行性是指当前技术能够实现用户需求，经济可行性是指系统的开发符合成本效益原则，操作可行性指用户对信息系统能够容易上手。 6．检查战略规划是否是在对内外信息技术调查基础上决定的。 7．检查战略规划和预算是否充分反映出了信息系统的可管理性和可控制性。 8．检查战略规划中是否说明了信息系统的整体框架及系统开发的优先级。 9．检查战略规划是否明确交代了信息系统的建设目的、应该达到的水平、实现的功能、投入的规模、对象业务、性能价格比等各项内容。
战略规划与组织战略和业务需求的符合性审计	1．访谈被审计单位管理层中关于信息系统的主管人员，收集组织章程、信息系统管理组织机构设置图，了解被审计单位的战略布局、组织主营业务构成，从而评价信息系统架构与组织架构的一致性、信息系统战略与被审计单位战略和业务需求的一致性。 2．访谈管理人员，评估决策对被审计单位信息系统的风险及应对措施，评估决策层及管理层对信息系统治理的支持程度。应当关注风险评估的总体架构中信息技术风险管理的框架、流程和执行情况，信息资产的分类以及信息资产所有者的职责等。 3．检查信息系统架构，包括但不限于基础设施架构、应用架构、数据架构，评估治理架构和机制对设计与实施、服务与支持、监控与评估的闭环管理的有效性。 4．访谈被审计单位管理人员，了解信息系统目标和业务目标是否一致。

续表

审计项目	审计方法和程序
战略规划与组织战略和业务需求的一致性审计	5．检查信息系统的建设方案、规划内容、实施内容与被审计单位各主要业务的需要是否相符。 6．审阅信息系统的可行性研究报告中的设定目标，评估被审计单位信息系统的能力是否能够支持信息系统设定的目标。 7．对比分析信息系统建设与应用的内容与被审计单位的主营业务目标是否一致，是否能够有效支撑主要业务目标。 8．检查和评价战略规划时业务部门主动参与信息技术部会议的次数的百分比、对当前项目和应用系统投资的满意度等。 9．检查战略规划是否考虑了对现有系统的整合化及系统安全策略。 10．通过对业务部门员工进行访谈，了解员工对信息系统的战略规划的理解程度、员工对信息系统的需求是否满足及信息系统出现故障时与技术部门的反馈与交流。 11．检查安全策略文档是否明确规定资产(包括程序代码和业务数据)的保护人、安全风险的防范职位与防范措施以及对违规人员采取的惩罚条款。 12．检查需求分析书和开发计划书所反映出的系统规划是否能够满足被审计单位的当前需求和长远发展，是否会造成部门之间的矛盾，是对被审计单位整体有利还是对个别部门有利。 13．检查系统开发计划是否得到最高领导的认可，是否考虑了与整体计划的协同一致。 14．访谈高层管理人员，了解信息系统投资战略规划和年度计划，评估信息系统投资项目与战略规划和投资计划的一致性。 15．获取信息系统项目的流程文件、管理文档等相关资料，审核信息系统投资预算、支付、进度报告、验收管理等关键流程的合规性、合法性、准确性。 16．检查信息系统项目的管理文件、年度投资计划文件等，审核信息系统项目授权审批情况。

5.3 信息系统需求分析审计

信息系统需求分析的目的是确定用户的需求及其解决方案，其步骤如表5-3所示。

表5-3 信息系统需求分析步骤

步骤	说明
需求计划	对研发项目必须编制需求分析计划，且必须通过研发中心需求部审批后，才能开展需求分析工作
需求说明	需求说明必须从多角度描述业务方的真实需求，包括从业务流程、操作要求、组织权限、业务规则、查询统计功能角度描述业务需求
需求确认	对于需求说明的设计结果，必须反馈给最初的需求方进行评审，同时需求管理部门也应对用户需求说明书进行确认，确保用户需求的描述准确
需求制定	需求分析师应撰写软件需求规格说明书，需求分析组组长应对产品需求规格说明书进行审核；软件需求规格说明书应涵盖功能需求和非功能需求，包括软硬件环境要求、软件接口要求、响应时间和吞吐量等，可通过界面原型更清晰地描述需求

续表

步骤	说明
需求规格	定义系统角色，明确角色关系；定义用户需求与软件需求的对应分层关系，细化并抽象软件功能需求
需求对于安全事件的响应	进行需求分析时应明确需要进行安全审计的事件与内容，应满足的安全需求
需求评审	对于需求分析完成后的结果，应该进行评审，特别是新立项项目、公司重大项目、涉及接口复杂的需求等

1. 信息系统需求分析审计的目标

信息系统需求分析审计的目标是：确保被开发信息系统的经济可行性、技术可行性和管理可行性。对经济可行性的审查，要评价其建立信息系统所投入的成本，并客观地评估系统运行后可能带来的收益，比如缩短了生产或服务周期、精简了人员岗位等，保证系统的开发符合成本效益原则。对技术可行性的审查，可以咨询相关计算机专业人士，看系统使用的软硬件是否能满足被审计单位数据处理的需要，并预留足够的空间用于系统兼容性和软硬件设备升级。既要满足被审计单位的现实，又要有一定的远见。对管理可行性的审查，主要看信息系统如何被人们有效地利用，比如提升了生产办公效率、简化了操作、优化了办公流程、促进了知识积累和传递等。但从不好的方面说，也可能出现被审计单位的员工素质不足以使用新系统、管理流程老化、管理思维僵化等情况，那么就会大大降低信息系统开发的可行性。

2. 信息系统需求分析审计的内容

对信息系统需求分析的审计可以是事前审计，也可以是事后审计。如果是事前审计，审计人员对于系统需求分析的适当控制就具有很大的作用。审计人员在参与式审计过程中，配合系统设计人员共同研究新系统在技术、经济、管理方面的可行性，审核资金、人力、物力的投入及来源是否恰当等；如果是事后审计，则需查阅需求分析相关文档，包括需求调研报告、系统论证报告、用户确认文档和会议纪要等，以此来检查系统分析过程中是否有精通业务的人员参与，使用的分析模型是否方便分析师与用户沟通，系统的逻辑模型是否满足用户的需求等。

3. 信息系统需求分析的风险

（1）未制定合理的项目生命周期管理方案和符合质量管理标准的质量控制体系，不能有效控制开发质量；开发过程未进行必要的安全控制，未对源代码进行有效管理和严格审查可能导致的风险。

（2）项目需求说明书阐述业务范围及内容不清晰，未能结合需求制定出最优化的技术设计方案的风险。开发环境、测试环境和生产环境未分离，网络未有效隔离，设备未独立于生产系统，开发人员直接接触生产系统，直接使用未经批准并脱敏的生产数据，导致泄密或造成生产系统受损的风险。

4. 信息系统需求分析审计的主要方法和程序

信息系统需求分析审计的主要方法和程序如表5-4所示。

表 5-4　信息系统需求分析审计的主要方法和程序

审计项目	审计方法和程序
需求分析计划审计	1．通过访谈，抽取审计区间内发生的项目开发样本，在管理平台上或项目配置库中，检查是否有经过审批的需求分析计划。 2．检查开发计划和需求定义是否得到开发人员与用户方的共同认可。 3．检查引入信息系统后会受到影响的业务、管理体制和各种规程等是否进行了研讨与修正。
需求合规性审计	1．检查是否对相关信息系统的法律制度等进行了调查核实。 2．在配置库上检查、获取用户需求说明书，检查用户需求说明书中是否包含业务流程、操作要求、组织权限、业务规则、查询统计功能角度描述的用户需求。 3．检查用户需求说明书中是否得到业务部门、需求分析部门人员的确认签字。 4．在配置库上检查是否存在软件需求规格说明书和评审报告，软件需求规格说明书是否包含功能需求和非功能需求，是否由需求分析师编写并得到需求分析组组长签字确认；是否存在评审报告；用户及关键项目干系人是否在需求规格说明书中签字。 5．检查软件功能需求中是否定义系统角色、明确角色关系，是否定义用户需求与软件需求的对应分层关系，并细化了软件功能需求；是否定义软件系统分层次数据流程图；是否按照软件层次确定系统边界和接口。 6．检查需求是否经过安全审计分析。 7．对于需求分析结果，检查是否召开需求分析评审会议，是否存在需求评审报告。
需求有效性审计	1．检查是否对信息系统所能达到的效果进行定量和定性分析，确定系统是否正确有效，是否能解决用户面临的问题。 2．检查对信息系统的需求调查是否有明确对象、范围和方法，是否有精通业务的用户参与。 3．检查是否已细致分析被审计单位的组织结构。 4．检查是否确定用户功能和性能需求。 5．检查用户部门和信息技术部的功能分配是否考虑了软件、硬件和网络等的需求。 6．检查是否确定用户的数据需求。 7．检查是否存在达到信息系统目的的替代方案。 8．检查是否按照开发的规程、时间及系统的特性来确定开发方法。 9．检查开发以及相关运行费用的计算是否准确。 10．检查是否对信息系统的运行效果进行了定量与定性评价。 11．检查系统开发是否考虑已有硬件、软件和网络情况。 12．检查系统开发是否有明确的进度完成计划。 13．检查是否有足够的开发所必需的人员、预算、设备及时间等。

5.4　信息系统资源获取审计

资源获取包括计算机硬件的采购、软件的采购、软件的外包，或软/硬件整体解决方案的外包。作为信息系统的基础设施，计算机软/硬件是保障信息系统工作所必需的设施与条件，因此，对于计算机软硬件的获取、管理和维护必须高度重视，信息系统的一般控制要针对系统基础设施采取必要的控制措施，以保障信息系统安全、平稳地运行。其控制重点是信息系统环境，如软硬件的获取、管理和维护。

计算机硬件的采购是信息系统建设的一个关键问题,各种硬件设备不仅价格、配置、功能等不同,而且直接关系到所连接的网络、配置的操作系统和应用软件,且使用周期一般较长。因此,采购计算机硬件时必须充分论证和比较。

计算机软件的采购审计是在软件总体规划和需求分析完成,并确定采购成熟的商品软件后,对系统选型、采购计划、采购询价、供应商选择、合同评审、测试验收的整个信息系统采购过程进行系统的审查。

1. 资源获取审计的目标

资源获取审计的目标包括:合理地保证信息化项目计划与组织的发展战略、年度计划一致,立项流程遵循了被审计单位的规章制度,并得到正式的审批;保证预算编制及执行审计检查预算的合理性、预算执行的真实性、合法性;对于系统功能是否达到标准、规范及业务处理的要求,能可靠地运行以实现业务目标,审计人员可通过对信息系统招投标和采购环节的各个阶段的目标、可靠性、安全性、合法性和效益性需求及其执行情况的检查,评价系统采购是否符合信息系统建设的需要,合理保证采购行为的合法性、真实性、准确性、经济性。

2. 资源获取审计的主要内容

资源获取审计的主要内容包括:对信息化项目年度计划的编制、上报、汇总、审批、发布等环节进行审计。审计项目建设背景、必要性、项目的目标、范围和主要内容、初步业务需求分析、实施周期、投资估算及系统所需要软硬件环境等内容。检查信息系统立项与年度计划的一致性,检查项目的可行性研究报告,重点关注需求提报、上报、技术经济论证、办理批复和项目备案管理的过程。审计预算目标的科学性,编制程序的合规性,预算内容的完整性、准确性,相关费用支出、资金支付的真实性及合规性。

对信息化项目招标管理情况、投标管理情况、评标管理情况、中标及合同签订情况、采购行为及合同的合法性、真实性、准确性、经济性等方面的内容进行监督。

3. 资源获取的风险

资源获取的风险包括以下几方面。

(1) 信息化项目计划未制定或未落实造成的项目资金、工期、责任等风险。
(2) 信息化项目管理缺失或失当造成的立项、审批、技术、资金等风险。
(3) 信息化项目预算不准确或不规范造成的项目投入超预算风险。
(4) 信息化项目招投标、采购和验收不规范造成的法律和经济风险。

4. 资源获取审计的主要方法和程序

资源获取审计的主要方法和程序如表 5-5 所示。

表 5-5 资源获取审计的主要方法和程序

审计项目	审计方法和程序
项目计划审计	1. 审阅规章制度,访谈管理层,获取并审阅年度信息化项目计划制订和审批的规章制度。 2. 访谈相关管理层,了解制订和审批年度信息化项目计划的流程和方法,评估合理性。

续表

审计项目	审计方法和程序
项目计划审计	3. 审阅年度信息化项目计划相关文档和资料,合理确定年度信息化项目计划的制订和审批管理的执行有效性。 4. 获取并审阅被审计单位的中长期规划或信息化建设规划、年度信息化项目计划、年度信息化项目计划审批文件等,确认年度信息化项目计划的制订和被审计单位中长期规划的一致性。
项目管理审计	1. 收集整理立项资料,按照信息化分类或分级管理的规定,收集项目立项上报、审批和批复全流程涉及的文件,包括但不限于可行性研究报告、年度信息化投资计划、评审资料、批复等纸质文件或电子资料等。评估项目管理制度的完善程度。 2. 审阅、对比分析立项主要资料,检查项目的立项是否符合信息化发展的战略、项目建设规划和年度计划,检查重复建设或信息化建设出现孤岛的风险和问题。 3. 抽查审批流程文件,从分析比对立项报告中对国内外同类信息化项目建设和应用的现状,以及被审计单位业务发展对信息化的需求,检查信息化立项的必要性,避免技术上的落后造成开发失败或应用价值不高等问题。 4. 检查业务需求说明、技术方案,查看业务需求描述是否清晰明确,是否包括业务功能需要、技术方向、性能指标、成本、可靠性、兼容性、可审计性、有效性、可持续性、经济性、可用性、安全性和合规性等方面。 5. 检查信息化项目立项审批流程,依据被审计单位的信息化项目内部控制管理体系,检查信息化项目投资立项上报审批流程。 6. 检查信息化项目立项报批流程是否按信息化内部控制和规章制度及细则执行,立项报告、投资计划、立项材料等资料是否齐全。 7. 检查立项报告,项目立项投资计划,项目背景资料文件及相关审批文件的领导签字、日期签署是否完整,时间逻辑是否一致。通过上述内容的审计,检查项目的上报、审批流程的合规性,以及无计划立项、拆分项目躲避立项审批程序等问题和风险。
项目预算及执行审计	1. 检查预算的编制及审批流程,核实其费用预算的真实、准确性。 2. 检查信息化项目内部审批流程是否规范,包括预算文件及审批流程文件的完整性、一致性、合规性。 3. 查阅信息化项目批复及审批过程文件,重点关注审批过程中项目预算的不同意见,检查是否存在违规审批,造成项目预算超计划的问题。
项目招投标管理审计	1. 对采购备选的信息系统的功能进行符合性界定,看是否符合前期软件总体规划和需求分析所提出的各项必须满足的业务功能和标准。 2. 检查招标项目的招标范围是否与被审计单位的规定相符,招标方式是否一贯执行了国家法律法规和被审计单位规定。 3. 取得信息系统项目立项、招标公告、招标文件和补充招标文件、会议记录、投标文件、招标投标情况书面报告等文件资料,对比信息系统投资计划、可行性研究报告,需求分析等资料,检查是否存在化整为零、规避公开招投标的行为。 4. 查阅尽职调查的相关文件、资格检查公告结果、预审结果通知书、招标文件,检查信息系统中标人是否达到招标人所要求的资质等级、资质是否真实、是否存在挂靠获取资质、是否存在转包分包问题。 5. 查阅开标资料,重点检查开标过程的规范性及在出现流标、废标时的处理程序。

续表

审计项目	审计方法和程序
项目招投标管理审计	6. 获取评标委员会名单，检查评标委员会人数组成和人员是否满足法定和被审计单位要求；查阅评标资料，评价招标文件确定的评标标准和方法是否合理，检查评标委员会是否存在评标打分不合理的情况；是否按规定根据评标结果签订合同。 7. 检查信息系统项目投标资料，判断不同投标人的投标文件是否雷同、是否存在股权关系、投标报价是否呈规律性差异等，发现招投标过程中围标、串标等违法中标的现象。 8. 检查中标通知书发放和合同的签订是否符合国家和组织的相关规定，检查签订合同的人与中标人是否一致，合同内容是否与招标文件相符。
采购与合同管理审计	1. 主要审查被审计单位信息部门所提出的信息系统软硬件采购需求计划是否合理可行，是否存在偏离实际的情况。 2. 对采购数量、采购时间、安装、部署、培训、维护、软件质量标准是否有可靠的依据或保证措施。 3. 查阅采购询价记录及相关审批文件，检查采购备选方案，看是否比较了不同供应商的成本，做到了货比三家。 4. 供应商的软件研发实力、质量保证措施、售后维护和服务、运营和财务状况调查。 5. 供应商的软件是否符合 ISO 质量标准或其他软件行业质量标准。 6. 对于一些长期合作的供应商，是否进行了年度定期审查，包括软件质量、客户服务、合约履行度、服务效率、价格水平、合作态度等的审查。 7. 查阅合同采购条款文本，检查是否存在关键条款不清晰，数据质量考核无标准，信息资产权属不清的情况；检查合同价格的组成要素，将合同价格与同行业、同类型信息系统指标进行比对，判断采购价格是否合理。 8. 查阅合同内容，比较信息系统在实施期和运行维护期的合同执行情况，是否有完整的测试、验收、部署、培训等原始记录，是否严格按照合同规定付款。如果合同的规定与实际执行情况有所差异，是否及时与供应商进行了沟通，并拒付了相应的款项。
测试验收审计	1. 查阅立项文件、工程可行性研究报告、初步设计等资料，了解项目的建设背景和信息系统所承担的具体业务内容，同时结合信息系统招标资料、合同文件和项目过程文件，如软件需求说明书、软件概要设计文件、软件详细设计文件等，明确信息系统功能的实现目标和具体实现方式。然后以此为依据，测试信息系统，审查需满足的功能是否全部满足，各项数据标准是否符合国际有关规定或行业准则，这里要重点关注是否有补充协议，以及补充协议及设计变更内容是否包含在原主合同内。 2. 审查初步验收和最终检验的时间节点是否与合同一致，如有延误，是否按照合同条款进行赔偿，是否按照合同及时支付各种款项。 3. 审查项目关键文件是否按协议提交，提交文件的质量是否合格。 4. 审查是否委托第三方测试单位进行了软件质量和安全等级测试，并取得了测试报告，包括审查是否存在恶意代码或软件后门。 5. 审查是否提供相关的技术文档和软件使用手册。 6. 对照合同、技术附件等资料中规定的信息系统中相应的项目验收规范，获取测试项目运行效果验收记录，检查验收程序是否符合规定，是否符合信息系统项目的设计需求，运行数据是否能满足被审计单位需要。

5.5 信息系统开发审计

信息系统的开发是将用户需求程序化，形成代码。信息系统开发根据方式不同，通常包括自主开发、外包开发，或者二者兼有的开发方式。在进行信息系统开发时，应当根据自身技术力量、资金状况、发展目标等实际情况，选择适合自身的开发方式和合作伙伴。

信息系统开发过程的审计是指信息系统审计人员对信息系统开发和相关控制所涉及的一系列活动进行审计。如果信息系统的规模较大、自动化处理的水平较高，其复杂程度也会较高，那么系统开发阶段出现程序功能偏差、错误或留下安全隐患的风险也越大。为保证信息系统的安全性、合法性、可靠性和效率性，在信息系统的开发阶段就应寻求信息系统审计人员的介入，对信息系统设计、开发和测试阶段开展审计，这样才能保证整个系统运行后数据处理的合法、正确和完整。

在信息系统开发过程中进行审计，信息系统审计人员需获得被审计单位高层管理人员的支持与配合，审查用户需求，审查人工控制与应用控制。在此阶段审计的主要工作是帮助被审计单位规范系统的开发过程。如果没有前期的规范，信息系统审计人员在后期审计中就很难工作，相关的审计建议不容易被管理层接受。因而在系统开发过程中，信息系统审计人员的参与程度，以及在参与过程中建立了何种程度的规范化标准将直接影响系统最终的质量。

信息系统审计人员需要审查技术文档的规范性；审查项目组是否使用了项目管理工具来对系统开发过程进行有效管理；在对开发过程中的每个阶段进行检查后，提出审计意见和建议，并确保这些意见和建议被认真考虑或采纳。

这些任务有助于在系统运行之前控制系统的弱点与问题，使之最小化，而不至于在系统实施之后出现类似问题。为充分参与到系统开发过程中去，信息系统审计师首先需要分析系统开发过程中的风险，然后建立审计计划，包括与开发进度相关的审计进度。最后，需要与项目管理人员沟通，确定信息系统审计人员的参与程度，并将系统开发过程中发现的问题及时向管理层汇报。

信息系统开发审计可以是对信息系统开发过程进行事中审计，也可以是在信息系统开发完成后，且在上线运行前进行事后审计。相比而言，事中审计更有意义，审计结果的得出有利于故障、问题的及早发现，有利于调整计划，有利于开发顺序的改进。

如果是对开发过程进行事中审计，还要在检查开发活动是否得到适当控制、系统开发方法是否科学合理、系统开发过程中是否产生了必要的系统文档以及这些文档是否符合规范的过程中，指出现有措施的不足并提出改进建议。另外，在系统开发过程中，应选择关键控制点对开发工作本身进行测试和评估，以确保信息系统运行后的数据处理结果正确完整，运行效率达到设计目的。

在信息系统开发审计过程中，审计人员须熟悉项目合同，和拟定的功能需求，用科学的项目管理方法和审计方法进行全程的审查监督。审核功能模块设计、文件与数据库设计、计算机及系统配置方案是否满足业务和管理的需求，是否符合控制要求，特别是文件和数据的安全保密控制和权限控制；审查信息系统的操作管理制度，是否对不同使用人员的工作职责进行明确划分等。

1. 信息系统开发的内容

信息系统开发的主要内容包括三部分：信息系统设计（总体框架设计、结构设计、数据库设计、输入输出设计）、信息系统实现（流程处理及功能模块的开发）、信息系统测试。信息系统开发流程图如图 5-1 所示。

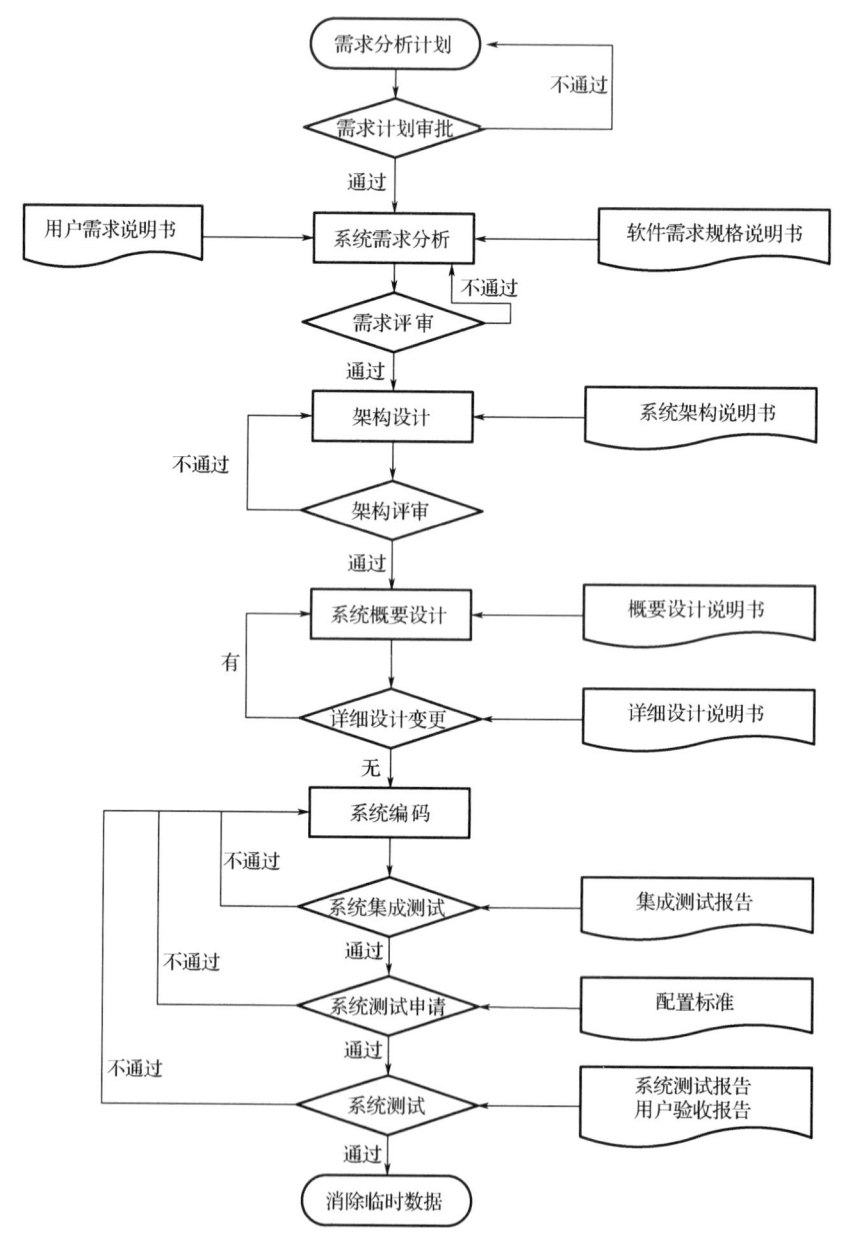

图 5-1 信息系统开发流程图

（1）信息系统设计阶段

信息系统设计的步骤如表 5-6 所示。

表5-6 信息系统设计的步骤

步骤	说明
系统架构师的认定	应为每个项目设置系统架构师，并报应用架构处进行资质审核
系统架构的分析	系统架构师应进行系统架构影响分析，确认是否影响现有架构，对现有系统的职责范围、开发技术、部署方式、系统间接口有影响的开展系统架构设计
系统架构说明书的要求	每个系统应有一份最完整、最新版的系统架构设计说明书，并保留每个历史版本，系统架构设计说明书的最终版本必须经过评审，包含架构表示方法和架构设计目标两部分
系统架构设计的调整	系统开发过程中如需调整系统架构设计的，需重新提交评审
架构设计的评审	系统架构师应审核概要设计与关键组件的详细设计，评估是否符合架构设计，应确保开发成果与评审通过的系统架构设计完全一致；现有系统维护开发的，如没有变更系统架构设计，研发团队负责人应在提交系统测试前的集成测试报告上签署新需求未影响系统架构的意见
系统架构的抽查	系统架构评审委员会负责牵头组织不定期抽查开发成果与评审（审批）通过的系统架构设计的一致性验收情况并通报
概要设计的要求	概要设计说明书由系统架构师组织进行评审并保证概要设计与架构设计一致
详细设计的要求	系统详细设计说明书必须在架构设计或概要设计的基础上细化形成
详细设计的变更	由于详细设计的基础是概要设计，因此，详细设计及其后续的变更应获得概要设计人员的审批

(2)信息系统实现阶段

信息系统实现的步骤如表5-7所示。

表5-7 代码编写的步骤

步骤	说明
理解功能需求	程序设计人员首先要详细阅读项目的需求分析和设计要求文档，明确理解需要做什么功能，谁来用这些功能，需要设计的功能跟其他功能有没有联系
整理功能实现的流程、步骤	整理功能的实现思路，大概有哪些主要的步骤。把这些步骤列出来，明确这个功能要实现的目标
团队讨论	整理完思路之后不是直接开发，而是用思维导图、文字、UML图或流程图将所理解的功能和实现流程、步骤表述出来。但此时仍不能确定对功能的理解和实现思路就是正确无误的，还要跟需求分析人员、项目组开发人员一起讨论，验证之前理解的准确性，再经过一定修改，把功能点理顺
编写代码	明确每个步骤的实现代码，编写代码把所有的步骤和功能点都实现到了，那相关功能就开发完了
自检测试	代码开发完，并不是就交给测试人员了，而是先要自检一遍功能。开发人员要自己用下相关功能，如果有用得不流畅的地方就修改完善

(3)信息系统测试阶段

信息系统测试的步骤如表5-8所示。

表 5-8　信息系统测试的步骤

步骤	说明
集成测试	项目开发组对完成的功能模块应进行单元测试并产生单元测试报告，所有单元测试及相应的修改完成后，项目开发组组织进行集成测试并产生集成测试报告
代码的抽查	为了确保代码开发的准确性，避免代码错误地集中爆发，开发组织的项目经理需组织对代码规范性进行抽查，抽查比例不低于代码量的 3%
手册的维护	开发组织的项目经理要指定专人负责编写用户操作手册和安装维护手册，凡涉及应用系统的变更，应对两手册同时进行更新
开发环境的标准	开发环境因素直接影响着开发结果，因此，为了评估开发结果是否最终能够适用生产环境，开发环境应保持独立。操作系统、数据库、各种中间件和其他相关软件的版本应与生产环境保持一致
测试文档的规格	测试项目组应编写测试需求、测试方案和测试计划，测试需求、测试方案和测试计划的内容必须符合相关规范的要求，必须遵照统一的模版格式
测试用例的要求	系统测试用例应能覆盖全部测试需求，包含功能测试和非功能测试用例。系统测试完成标准至少应包括关键测试用例执行率和通过率达到 100%
测试结果的要求	功能测试结果应包括功能测试计划、功能测试方案以及功能测试报告
性能测试	实施性能测试方案的过程中，应该撰写用户性能测试报告，记录软件系统的性能变化曲线，判断是否存在硬件、软件瓶颈，描述最后分析得到的结果，并给出相应的建议
测试报告的要求	测试项目组在系统测试完成后应形成书面的系统测试报告，内容包括编写目的、预期读者、术语定义、测试环境、测试数据分析、测试过程概述、缺陷统计分析、风险分析及测试结论与建议等
第三方代码管理	应对使用的第三方代码的安全性进行评估和测试
用户验收	对于最终测试结果，业务部门应出具用户验收意见，明确是否验收通过
版本的核查	项目经理应在版本发布前对版本进行核查，验证版本内容与发布说明中的描述是否一致，配置项是否一致且完整
临时数据的清除	测试和验收完成后，应消除用到的一切后门、临时账号和相关数据
重大缺陷管理	由于开发过程中出现的重大缺陷将对日后投入生产环境使用产生严重影响，因此，在开发阶段必须对重大缺陷问题进行重点关注。如在测试中发现系统缺陷，应分析缺陷的严重程度，收集缺陷的完整记录，进行缺陷登记，经进一步审核确认，提交开发部进行缺陷修复

2. 信息系统开发审计的目标

实施信息系统开发审计是为了确保信息系统开发的控制得到有效实施，使设计的系统具有较高的水平，并在投入使用后能顺畅运行，最终实现被审计单位的组织目标。信息系统开发审计的目标是：通过规范开发程序，提高信息系统开发的可控性、安全性、可靠性和经济性，揭示信息系统开发环节存在的风险及问题，提出完善信息系统开发控制的审计意见和建议，实现组织目标。

3．信息系统开发审计的内容

检查信息系统开发项目的组织机构设置、资源配置情况；开发过程中与业务部门的沟通情况；系统开发全过程的需求分析、架构设计、软件实现、系统测试、用户测试、系统试运行、系统验收、系统上线和数据迁移、产品维护等内容的质量、安全管理情况。

4．信息系统开发的风险

信息系统审计人员需要评估信息系统开发过程中可能存在的控制风险和项目风险。常见的风险包括以下几种。

(1) 缺少开发统一的标准，如编码规则、命名规则等，或未遵循开发标准和规程。
(2) 缺少明确的开发目标。
(3) 缺乏有效的控制，导致开发周期延长、成本超支。
(4) 采用了不当的技术方案。
(5) 需求变化频繁或变化较大。
(6) 相关文档不完整、不规范。
(7) 配置管理不合理。
(8) 数据开放接口不合理或不规范。
(9) 现有资源不可用。
(10) 项目较复杂，现有技术人员在能力上不能胜任。
(11) 测试计划、标准、步骤、用例和所需的系统设置要求不清晰、不明确，特别是缺少最终用户测试，导致无法实现需求功能，或实现的功能不符合设计目标。
(12) 在系统测试完成后，未提交测试报告；未及时为用户测试准备数据，测试数据脱离生产环境的实际数据或与系统所实现的设计要求不符。
(13) 系统安装部署手册、功能测试报告、集成测试报告、性能测试报告、用户培训教材等测试文档不全或缺失。
(14) 系统未经充分测试即投入使用，程序、功能上的缺陷或系统配置上的错误未能及时发现，导致系统运行不稳定或业务功能失效。

除以上常见风险外，外包开发项目还应关注下列风险与问题。

(1) 信息管理部门对外包项目开发未进行有效的管理与控制，导致信息系统开发计划与实际运行不符，信息系统项目无法按时完工。
(2) 信息管理部门未及时与外部受托单位沟通项目开发阶段的计划执行情况，导致实施内容与建设目标偏离，造成开发工作无法满足组织需求。
(3) 信息管理部门未对外包开发的技术人员加强管理，离职的开发人员未签订保密协议而造成泄密。未对外包开发方进行充分调研分析，不能保证系统可靠性。

以上风险的级别要根据应用的复杂程度、对重要决策的依赖程度、已确定的系统开发完成时间、使用终端的数量等因素综合考虑。

5．信息系统开发审计的方法和程序

信息系统开发关系到其最终产品的质量，因此必须加强系统开发过程的各项控制，并对其控制的有效性进行审计。对系统开发的审计就是针对上述四个阶段进行审计，并根据系统分析报告，审查各阶段产生的各种文件，找出设计过程中的错误和遗漏，获取证据。

信息系统开发审计的主要方法和程序如表 5-9 所示。

表 5-9　信息系统开发审计的主要方法和程序

审计项目	审计方法和程序
信息系统开发管理审计	1. 询问系统开发小组负责人，了解被审计单位是否建立了系统开发质量控制体系及质量控制检查和监督记录。 2. 调阅项目相关的制度、流程、指引和开发建设文档，查看是否有专门的项目组织机构，是否分配相应职责。 3. 检查系统开发环境、测试环境和运行环境是否分离，网络是否有效隔离，设备是否独立于生产系统，开发人员是否不得接触生产系统，开发过程中是否使用了生产数据，使用的生产数据是否得到管理层的批准并经过脱敏或相关限制。 4. 检查系统开发过程中，是否进行了安全控制，是否对源代码进行了有效管理和严格检查，系统所有入口是否都经过安全规则的控制，并在系统开发文档中全部注明。 5. 检查是否制定了信息系统开发文档管理规范、制度，查看项目开发设计、源代码、技术使用和运行维护说明书，用户使用手册，风险评估报告等项目文档管理是否符合规范，是否进行了文档的版本控制；检查是否有系统开发过程的检查记录，是否对系统完整性、恶意代码和后门程序进行了防范。
信息系统设计审计	1. 检查系统设计文档，确认其是否经过了审批流程。 2. 审查项目组织架构，了解项目领导组和工作组的成员组成，项目组成员的角色和职责，项目组成员的能力、责任心和稳定性。 3. 检查是否有详细的总体框架设计、代码设计、数据库设计及功能模块等方面的设计。其中，结构设计、数据库设计及流程处理是重中之重，需要对数据字典进行审计，检查数据字典的各项数据属性是否合理，数据库的内容和结构是否满足被审计单位需求，流程处理是否正确。 4. 检查用户界面是否友好，用户是否容易操作，用户对用户界面的满意度。 5. 检查设计是否与业务内容相符；性能能否满足需要，是否考虑故障对策和安全保护等。
信息系统实现审计	1. 检查是否有程序说明书，并按照说明书进行编写。 2. 检查编程与设计是否相符，有无违背编程原则。 3. 程序作者是否进行自测。 4. 检查是否有程序作者之外的第三人进行测试。 5. 检查编程的书写、变量的命名等是否规范。 6. 检查系统开发过程中所产生的相关技术文件和资料，验证系统开发活动与政策和规划的一致性。 7. 审核项目进度报告，确保系统开发任务按时推进。 8. 检查被审计单位的内部审计人员是否全程参与了信息系统的研发工作，并对每个阶段性成果进行评审。
信息系统测试审计	1. 获取系统的测试计划及标准、各阶段的测试报告，特别是最终用户的测试报告，现场演示系统运行效果，以检查测试结果满足功能需求的真实性和有效性。 2. 审查系统的各项功能及其处理逻辑是否与总体设计一致，是否设有恰当的控制措施。 3. 检查输入输出是否合理，是否有友好的提醒及良好的容错率。 4. 检查测试数据的选取是否按计划及需要进行，是否具有代表性。 5. 检查测试是否站在公正客观的立场进行，是否有用户参与测试。

续表

审计项目	审计方法和程序
信息系统测试审计	6．检查测试结果是否被正确记录。 7．检查系统测试报告，确认系统的所有功能都经过了有效的全面测试，所用到的测试数据是否具有代表性和覆盖性，并选择系统中的某些模块进行再次测试，以复核原测试结果的准确性。 8．检查系统的测试环境与实际的运行环境是否相同。 9．检查测试数据的选择是否具有代表性，包括一些具有代表性的错误业务和真实业务。 10．检查一些特殊业务是否能被正确处理，错误信息能否被系统拒绝接收并做出错误输出判断。 11．检查系统之间、功能模块之间的衔接是否协调一致。
外包开发审计	1．检查外包项目的系统开发中信息管理部门与外部受托方的协调与沟通记录，根据信息系统要求及时调整开发进度与考核的书面资料，检查是否存在系统开发偏离开发目标的问题，是否存在项目开发计划与进度不匹配的问题。 2．检查外包项目关键技术人员的管理制度及保密协议，是否存在开发人员频繁调整影响开发进度，是否存在离职人员未签订保密协议造成泄密的情况。 3．获取项目组关于业务需求变更的处理资料，检查是否根据项目需求及时变更项目开发程序，且该变更经过适当的授权与审批。

5.6 信息系统实施审计

信息系统实施阶段是实际搭建新平台并应用新系统的过程。它是根据系统设计时确定的功能和目标，建立能够平稳、安全运行的信息系统的过程。在整个信息化建设中，系统的实施是最耗时且涉及部门人员最广泛的阶段。

1．信息系统实施审计的目标

信息系统实施审计的审计目标包括以下几方面。
(1)确认信息系统的基础平台是否达到要求。
(2)确认信息系统的各项功能是否有效。
(3)确认信息系统的可控制性是否达到要求。
(4)确认信息系统的可维护性是否达到标准。
(5)确认信息系统是否已经备案。

2．信息系统实施审计的内容

信息系统实施审计包括基础平台审计、系统上线审计和系统备案审计三部分内容。
(1)基础平台审计。
基础平台审计主要包括硬件系统审计、操作系统审计、数据库审计和网络架构审计，其中涉及硬件设备规格和硬件设备采购计划的评价、系统容量管理程序测试、操作系统安全和稳定性测评、软件可行性和兼容性分析、操作系统软件成本和效益分析、操作系统软件安装及维护测试和数据库管理系统的设计、访问、管理及界面测试，以及网络构架、协议、加密标准和拓扑结构的先进性和可扩展性的评估。

(2)系统上线审计。

系统上线审计的对象则包括上线评审、试运行评审等。信息系统审计人员要对信息系统上线后的情况进行评审,对于新老系统切换上线情况,还需提交新老系统详细迁移方案和系统应急预案。上线评审应重点检查合同对照表,确保合同任务目标达到要求;对功能测试、性能测试、文档检查、数据准备、数据备份、管理办法等进行评审,检查项目文档的完整性、系统测试结果的合理性和系统上线前各项准备工作的完备性。

系统通过上线评审后,要经过系统试运行进一步评审。系统试运行工作的主要目的是系统消缺、功能试用和功能完善试运行时间应按照合同执行,原则上应不少于三个月,并完成缺陷整改。试运行结束后,应形成用户使用报告和系统消缺报告。

(3)系统备案审计。

信息安全等级备案审核是根据《信息安全等级保护管理办法》对信息安全等级备案的明确规定,要求新投入使用的信息系统在设计和规划阶段确定安全保护等级。新建(运营)二级以上信息系统,应当在投入运营或者安全防护等级确定后 30 日内向所在地市级以上公安机关办理备案手续。进行信息系统等级备案,对于各类信息系统的安全有效管理具有重要意义。在实践中,可能由于被审计单位或管理单位的疏忽,很多按要求应记录信息安全等级的系统并没有做相应的备案工作。在审核过程中,应特别注意信息系统等级备案情况。

3. 信息系统实施的风险

信息系统实施的风险主要包括以下几种。

(1)系统基础平台不稳定或安全性不达标而导致的风险。

(2)系统不能有效使用而导致的系统可用性风险。

(3)未经授权访问系统所导致的系统安全性风险。

(4)系统不能完整、准确、及时地处理数据或未经授权处理数据而导致的系统完整性风险;

(5)需要对系统更新维护或升级,但为了保持系统的可用性、安全性和完整性,未能更新系统而导致的系统漏洞风险。

(6)与数据完整性、保密性和准确性有关的风险。

(7)新系统未经过信息安全等级备案即上线使用的安全风险。

4. 信息系统实施审计的方法和程序

具体而言,信息系统审计人员应根据试运行计划对系统的试运行准备、试运行期间的实施和检测反馈进行审计。

信息系统实施审计的主要方法和程序如表 5-10 所示。

表 5-10 信息系统实施审计的主要方法和程序

审计项目	审计方法和程序
系统实施计划及管理审计	1. 在进行新旧系统切换时,是否开展业务数据兼容性测试,是否制订了详细的数据迁移计划。 2. 检查业务系统上线前,是否进行过数据迁移测试和数据有效性、兼容性验证。 3. 调阅信息系统升级文档,是否进行过更新。

续表

审计项目	审计方法和程序
系统实施计划及管理审计	4．检查是否制定了相关制度、标准和流程，以保证信息系统开发、测试、维护过程中数据的完整性、保密性和可用性。 5．获取信息系统初步设计及详细设计、项目实施控制计划、项目进度控制计划、项目质量控制报告。检查项目建设单位是否按计划对项目进度与建设质量实施了控制。重点关注项目进度或设计受到资源约束或外部环境变化时，是否及时对进度计划进行了调整。 6．检查是否按照试运行计划来试运行。 7．检查按照试运行计划是否能确保必要的人员、预算和设备等。 8．检查试运行结果的验收方法是否明确。 9．检查是否制订了试运行后的运行计划。 10．检查应用系统的相关技术文档，如数据流图、业务流程图、用户手册、输入输出数据的正确性校验说明、系统日志记录、系统维护记录和错误报告等。 11．检查应用系统的维护审批手续、维护政策与规程，确认其是否合理。 12．检查应用系统的问题报告及维护记录，确认是否及时正确地对应用系统进行了相应的维护，保证系统正常运行。 13．获取项目培训相关文档，检查被审计单位是否对系统用户开展了全面培训，用户使用手册、维护手册、应急处理及培训教材是否完整，判断组织是否具备相应的上线能力。 14．获取信息系统上线运行前的信息主管部门或信息主管部门委托的相关测评机构开展的信息安全评估报表，检查报告结论是否符合上线运行要求。 15．访谈系统使用人员，了解在投产时其是否已熟悉运行操作，维护人员是否接管维护职责，从而判断是否存在操作风险。 16．检查新系统的等级备案情况。
系统功能一致性、有效性审计	1．通过软件测试等方法，检查新系统的各项功能是否符合设计要求。 2．通过穿行测试等方法，核对新系统输出和旧系统输出的结果是否一致。 3．检查新系统的输入方式，评价其操作的便利性、效率性、数据输入输出控制和误操作保护等。 4．使用计算机辅助审计技术与方法，对信息系统各项功能进行有效性测试。 5．检查新系统的响应速度，包括运算速度、传递速度、查询速度和输出速度等。 6．获取被审计单位的业务处理流程文档，了解数据输入、数据处理、数据存储和数据输出过程。 7．向被审计单位IT部门的人员和业务处理人员询问应用系统的相关情况。 8．查阅相关文档，如用户手册、业务流程图、数据流程图、数据正确性和完整性校验方法说明、审计线索说明、日志文件、应用系统的差错报告和维护记录等。 9．询问被审计单位信息技术部职员和其他相关的业务员，了解他们的实际使用情况。 10．检查信息系统的权限设置和授权机制，用测试账号模拟未经授权的人员访问系统，从而验证系统权限控制的有效性。 11．实地观察相关部门人员使用系统的过程，包括在系统上进行业务处理的具体过程。在业务处理现场让应用系统使用人员输入不完整、不正确的业务数据，验证应用系统的相关控制是否有效。

5.7 信息系统维护审计

信息系统维护是指采用相关的方法、手段、技术、制度和流程，对信息系统运行的软硬件环境、信息系统的运维进行的综合管理。在信息系统正式运行后，在运行过程中可能出现各种问题，如程序错误、数据库突然停止和系统升级导致的软件不兼容等，因而，此阶段一个重要的任务就是对信息系统进行定期维护，使其保持完好的运行状态，以确保依赖信息系统的各项业务能够顺利进行。

信息系统的维护工作不仅保证了信息系统的正常运行，而且改进和增强了信息系统，给组织带来了显著的效益。信息系统的维护管理是信息系统生命周期的最后阶段，也是持续时间最长、资金和人力成本最高、难度最大、最复杂的阶段。

1．信息系统维护的内容

信息系统维护工作应建立明确的软件质量目标和优先级，并有计划、有步骤地统筹安排。按照维护工作的范围、严重程度等因素确定优先级，安排合理的维护计划，然后通过一定的流程对系统进行维护。

针对信息系统中不同的维护对象，系统的维护工作主要包括以下几种。

（1）应用维护。

应用维护，即程序的维护。由于信息系统的程序处理流程对应的是实际的经营管理业务流程，所以当实际业务流程出现改变时，对应的应用程序处理流程也要做相应的改变，也就是需要重新设计某段程序来适应业务的变化。因此，应用维护是系统运行与维护中最重要的部分。

（2）数据维护。

在应用维护中提到，业务流程一旦改变就需要对程序重新设计，同时，对应的业务数据及其数据结构也将发生改变，包括添加新数据表、删除旧数据表、修改配置数据、定期备份数据和恢复数据等。

（3）代码维护。

由于信息系统应用范围扩大或应用环境的变化，信息系统所依赖的软硬件环境也在发生变化，这导致系统中的各种功能代码需要进行一些必要的调整或者设置新的代码，这些都属于代码维护工作。

（4）计算机硬件设备的维护。

计算机硬件设备是保障系统运行的基础设施，操作人员应严格遵守操作规程，维修人员也应及时处理突发故障，更换易损零部件，做好日常维护和管理工作。维护人员须有效监控设备的工作状态，特别是对重要设备应时刻监控，及时发现系统报警或异常情况，以便在发生故障前采取必要措施。对计算机设备应做好定期检查和维护，同时做好系统维护记录。

（5）数据库维护。

数据库对信息系统存取数据信息提供支持，系统的良好运行依赖于数据库的稳定状态。为了防止在断电、火灾等情况下对数据库的破坏，也为了满足业务变化引发的数据库变更的要求，必须对数据库进行维护。为了防止数据库的损坏或数据丢失，应定期进行数据库备份。一旦发生意外，备份的数据库应仍能保证信息系统的正常运行。

（6）系统安全维护。

系统安全维护是指对软件、硬件和数据的安全维护。为了保证系统安全，应建立严格的内部管理制度，如对系统进行权限控制；对重要文件进行定期备份；禁止非法进入机房；对重要数据需加密传输和存储，以防止数据被窃取、篡改或破坏。

（7）日志管理。

日志管理是指企业或组织为满足法律和行业监管的合规要求，对日常的交易记录采取必要的程序和技术加以保存，确保存档数据信息的完整性，满足安全保存和可恢复的要求。

（8）系统监控与故障管理。

系统监控是指为确保信息系统的运行安全，针对其所处的基础物理环境、系统性能（如网络、主机等）及其运行状况，明确并建立测评体系和监控机制，通过人工与自动化监控系统相结合的方式加强安全检查，从而及时发现问题并采取适当的措施进行处置。

2．信息系统维护审计的目标

信息系统维护审计的目标是：通过对维护计划、人员管理、访问控制、职责分离、值班巡检与操作规范等方面的检查，评价被审计单位信息系统的维护计划的真实性和有效性、运维与服务的合理性、安全性和规范性。

3．信息系统维护审计的内容

对信息系统维护过程的审计应重点审查是否存在明显的系统漏洞，数据备份是否及时，重点数据是否安全，信息系统的权限管理是否根据工作流程划清职责。审查系统修改文档资料，查明每次修改是否按照规定程序进行，修改过的程序是否妥善保管等。关注软件升级、维护和重大修改状况等。审查日志记录是否完整、有效。审查系统监控是否有效，故障管理是否完善、有效。

4．信息系统维护的风险

信息系统维护的风险主要包括以下几种。

（1）未对重要业务岗位或系统的运维管理岗位实施职责分离。

（2）未制定详尽的日常信息系统运行操作规范说明，操作任务和步骤不明确、不清晰。

（3）未定期生成信息系统运行报告并对其进行分析，特别是重要信息系统，或管理层未审阅有关报告。

（4）运维过程中出现问题，无有效应急处理预案，导致系统运行效率低。

（5）未建立健全规范的日志管理制度，或未对信息系统日志进行留存并符合监管要求。

（6）未对存储的日志信息及其存储介质采取妥善的物理和逻辑安全防护措施。

（7）未定期对日志信息进行分析，可能导致未对存在的管理与技术漏洞采取纠正和防范措施。

5．信息系统维护审计的方法和程序

信息系统维护过程的审计是对信息系统维护活动所进行的审计，包括对维护团队、维护计划、维护实施、维护确认、日志管理和系统监控与故障管理等维护活动的审计。

信息系统维护审计的主要方法和程序如表 5-11 所示。

表 5-11　信息系统维护审计的主要方法和程序

审计项目	审计方法和程序
维护团队审计	1. 检查维护团队的大小是否适应信息系统的规模的要求。 2. 检查维护团队中人员的职责分工是否明确。 3. 检查维护团队是否有一套科学的内部管理机制和协调工作机制。 4. 检查维护团队人员交替是否规范。 5. 观察并确认维护团队在遇到问题时能否相互沟通。
维护计划审计	1. 从相关的书面文件以及实际操作过程中寻找审计证据，确认维护组织制定并遵守了科学的维护顺序。 2. 查阅相关维护计划文件，确认有详细的目标计划来推进系统维护工作。 3. 检查计划包含的内容是否完整。 4. 检查维护任务所需要的资源是否明确并合理配置。 5. 检查维护费用的预算是否能满足维护活动的需要。 6. 检查维护进度的安排是否合理。 7. 检查制订的维护计划是否得到维护方与用户责任人的认可。 8. 在制订维护计划前，检查是否对维护内容与影响范围进行了调查与分析，明确了解维护后的变更将造成的影响。 9. 检查维护的测试计划是否有明确的目的、范围、方法和安排等。
维护实施审计	1. 检查维护顺序是否标准化，作业进度是否有优先级，操作是否按标准进行。 2. 检查能否对预计与实际运行的差异进行分析。 3. 检查现场技术人员值守情况，查阅是否有完整的值守记录。 4. 检查现场巡检工作情况，查阅是否有完整的巡检工作记录。 5. 检查系统维护工作是否有完备的审批手续。 6. 核对应用程序的版本，检查是否存在违规更改或替换应用程序的情况。 7. 检查系统设计报告、程序设计说明书等是否按照维护计划进行修改。 8. 检查信息系统的维护是否得到用户责任人认可。 9. 检查程序的修改是否按照维护顺序进行。 10. 检查是否在得到维护负责人的同意后实施。 11. 检查是否按照修改后的程序设计说明书对程序进行修改。
维护确认审计	1. 检查修改程序的测试是否按照维护测试计划进行。 2. 查阅系统维护的日志记录，确认维护工作是否真实有效，并严格安装计划进行，维护记录完整并且详细。 3. 查阅系统测试报告，确认在每次系统维护后，并在重新投入使用前都进行过全面的测试。 4. 挑选相对重要的应用或功能进行二次测试，确认之前的测试结果的正确性。 5. 检查相关文档资料，确认在系统维护后，这些文档资料都及时得到了更新。 6. 修改程序的测试是否由用户参加，按照用户手册实施。 7. 修改程序的测试结果是否得到开发、运维及用户责任人的认可。 8. 修改的程序的测试结果是否记录下来并进行保管。 9. 维护数据是否记录并妥善保存。

续表

审计项目	审计方法和程序
日志管理审计	1．查阅日志管理规范与策略，检查日志存储内容、留存时间、访问控制策略等是否完整。 2．对日志信息进行抽样检查，检查内容是否与规范要求相符以及日志留存时间是否符合规范要求。 3．访谈系统运维负责人，询问是否存在对系统的日常运维操作及用户登录操作日志信息的管理，是否有防止非法访问和篡改的保护措施。 4．查验日志存储信息是否存在日志信息被编辑或删除、日志保存介质耗尽，或者不能记录事件以及自身覆盖重写的情况。 5．访谈系统运维负责人，询问是否定期对系统管理员和系统操作者的活动日志进行了评审。 6．抽样调阅系统日志信息，查验日志内容是否包括但不限于以下信息：事件发生的时间、关于事件(如处理的文件)或故障(发生的差错和采取的纠正措施)的信息、涉及的账号和管理员或操作员、涉及的过程，并调阅日志检查记录，核实相关日志是否被定期评审。 7．调阅系统错误日志，检查是否完整地记录了处理信息、应用系统及通信系统的问题，并明确记录了故障处理的相关措施，主要包括：评审故障日志，了解是否已解决故障；评审纠正措施，评估方法的合理性。
系统监控与故障管理	1．访谈信息技术负责人，了解是否就信息系统自身及其所处的基础物理环境建立监控相关制度规范、运行和维护测评体系，以及是否有专门部门和人员负责系统测评考核工作。 2．查阅相关文档，检查监控相关制度规范是否覆盖基础物理环境、系统性能和系统运行等。 3．检查是否建立了针对系统运行的测评体系，测评指标和内容是否覆盖基本要求。 4．通过访谈及文档查阅，验证针对测评指标不达标的方面是否进行了及时处置。 5．查阅基础物理环境监控相关制度，检查制度内容是否明确规定了基础环境监测的相关内容。 6．查阅日常巡检登记簿，验证是否按照相关制度严格进行监控，登记簿的登记是否完整。 7．查阅故障记录，并对比日常巡查登记簿，验证是否能够及时发现基础环境中出现的问题。 8．查阅系统性能监控相关制度，检查制度内容是否明确规定了系统性能监测的相关内容。 9．实地查看监控系统，验证其监测内容是否完善，监控指标能否完整反映线路质量、通信设备的处理能力和网络服务质量的参数。 10．查验监控系统是否能够及时监测性能异常并产生、发送警告，且与当前系统的实际情况进行验证。 11．参照事件管理处置流程，验证被审计单位在监测到系统性能异常后能否及时处置。 12．通过查询系统故障记录，验证监控的有效性。 13．查阅应用系统监控相关制度，检查制度内容是否明确规定了应用系统监测的相关内容。 14．实地查看监控系统，验证其监测内容是否完善，监控指标能否完整反映系统运行状态、并发用户数量、异常交易等。

续表

审计项目	审计方法和程序
系统监控与故障管理	15．实地查看、验证数据中心网管工作站、系统性能监视屏、系统资源监视屏、会话连接监视屏、应用错误监视屏是否有专人负责监控。 16．通过查询系统故障记录，验证监控的有效性，检查在监测到应用中断等异常时是否可以及时产生告警。 17．参照事件管理处置流程，验证被审计单位在监测到应用异常后能否及时处置。

本章小结

1．信息化建设必须以企业或组织的战略为核心，信息化建设过程应该是一个在企业或组织战略指导下的持续改善的过程。信息化建设应结合企业或组织的管理需求、业务流程和信息化基础，对信息化目标和内容进行整体规划，全面系统地指导其信息化建设。信息化建设过程中的难点包括：信息化技术更新迅速；市场与需求处于不断变化中；建设时间长，并行难度大；缺少专业人才；难与战略保持一致。

2．信息系统战略规划审计是为了确认信息系统与业务目标的一致性，是根据被审计单位发展战略和业务发展规划，将信息系统目标和内容的整体规划与被审计单位业务目标进行比对评价，保证信息系统战略规划围绕其战略意图展开，将战略意图转化成目标和任务，并且评估达成目标和完成任务所需要的信息系统能力需求，根据信息系统能力的需求进行信息系统战略规划。

3．信息系统招投标审计是对被审计单位的信息化项目招投标程序和形式的合法合规性、组织制定的信息系统招投标标准的合理性、招投标范围的完整性、组织招投标管理的规范性和一贯性开展审计，达到规范管理、杜绝漏洞，提升组织价值的目的。

4．信息系统采购是指由被审计单位购买服务或需要运行维护的各类信息系统，包括执行信息处理的计算机、软件和外围设备等货物和服务。采购需求应与现有系统功能协调一致，避免重复建设。在资源获取审计中，通过对信息系统项目采购合同审计，评价采购是否符合信息系统建设的需要。合理保证采购行为的合法、真实、准确、经济。

5．信息系统开发的工作内容包括：系统设计、系统实现和系统测试。信息系统开发审计通过规范开发程序，提高信息系统开发的可控性、安全性、可靠性和经济性；通过对测试方案和测试标准、测试步骤、测试用例和所需的系统设置要求过程开展审计，达到对信息系统项目的功能性、效益性和经济性进行评价。通过以上审计工作，揭示信息系统开发环节存在的风险及问题，提出完善信息系统开发控制的审计意见和建议，实现组织目标。

6．信息系统实施审计是指对信息系统项目的开发、测试、验收、正式上线等重要环节的质量、进度、安全、变更、风险实施控制和监管的过程。审计过程中应关注信息系统项目实施(含初步设计、详细设计)的合理性、合规性，满足技术发展的前瞻性要求，以提高项目进度的可控性，提升项目质量管理，完善项目验收管理。

7．信息系统维护是指被审计单位的信息技术部采用相关的方法、手段、技术、制度、流程和文档等，对信息系统的运行环境、信息系统的运维进行的综合管理。信息系统维护审计通过对人员管理、职责分离、值班巡检与操作规范等方面的检查，评价被审计单位信息系统的运维与服务的合理性、安全性和规范性。

复习思考题

1. 对信息系统生命周期中哪些阶段的审计既可以是事前审计，又可以是事中审计或事后审计，不同的认定有何差别？
2. 信息系统资源获取审计的关键控制点有哪些？
3. 信息系统开发审计通常可以采用哪些审计技术和方法？
4. 在审计某单位的系统过去的上线记录和审批资料时，信息系统审计师发现该系统未按要求到监管部门进行备案，但系统当前已经处于正常运行状态，该如何处理？
5. 在审计某第三方IT服务提供商时，信息系统审计师发现未按合同要求进行访问审查，该如何处理？
6. 在审计某单位的系统日志时，信息系统审计师发现系统日志有被篡改的痕迹，该如何处理？

第 6 章

信息系统内部控制审计

内部控制是指企业或组织的经营管理者为了维护财产物资的安全、完整，保证会计信息的真实、可靠，而对经营管理活动进行调整、检查和制约所形成的内部管理机制。而信息系统内部控制是为保障业务活动的有效开展，保护其信息资产的真实、安全和完整，防止、发现并纠正错误与舞弊，从而制定的一系列的内部管理规章制度，并确保其有效实施。

为了评价信息系统的内部控制制度，信息系统审计人员必须验证内部控制制度是否合理和有效，并提供相应的证据，证明内控制度的完整性和有效性。信息系统内部控制的对象包括与信息系统的规划、实施、运行、管理和维护有关的部门和人员。

信息系统审计的内部控制包括一般控制审计和应用控制审计两个方面。一般控制审计适用于测试和评价信息系统有无涉及威胁应用程序完整性的风险，而应用控制审计主要是用于测试和评价应用系统本身的漏洞或直接威胁到数据的安全、准确等特定应用系统的风险。图 6-1 阐述了一般控制、应用控制及安全控制(后续章节介绍)的关系与分工。

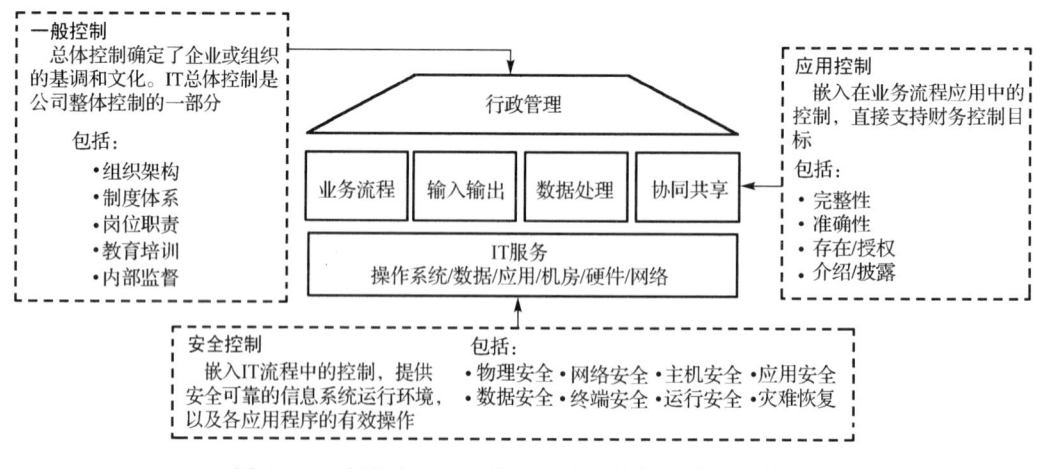

图 6-1 一般控制、应用控制及安全控制的关系与分工

6.1 一般控制审计

信息系统的一般控制也称信息系统管理控制，是从管理的角度对信息系统进行的内部控制。它是对计算机基础运行的控制，这种控制的目的是保证计算机本身的正常运行，属

于基础性控制。一般控制适用于整个信息系统，为信息系统提供良好的工作条件和必要的安全保证。

常见的一般控制表现为：组织架构、制度体系、岗位职责、教育培训和内部监督。需说明的是，部分理论研究或实务界应用将信息系统生命周期审计或信息系统安全审计也纳入一般控制审计的范畴。本书考虑到读者对知识结构理解的难易程度，采取了进一步细分的做法。

6.1.1 组织架构审计

被审计单位应设置合理的 IT 职能部门，建立 IT 相关人才招聘、选用、培训、考核和晋升的机制，确保 IT 人力资源能够支持其信息化发展战略。

1. 组织架构审计目标和内容

组织架构审计的目标是：通过对信息系统决策与规划、执行与实施、风险管理、监督机构的评价，向管理层提供信息系统组织工作得到控制、监督、持续优化的合理保证。

组织架构审计的主要内容包括：审查被审计单位的 IT 组织架构设置、部门职责及 IT 人力资源招聘、选用、培训、考核和晋升机制等是否真实存在，以及相关管理制度等是否规范。

2. 组织架构审计的主要方法和程序

组织架构审计的主要方法和程序如表 6-1 所示。

表 6-1 组织架构审计的主要方法和程序

审计项目	审计方法和程序
组织架构审计	1. 获取并审核信息系统组织架构图、信息技术部工作职责资料，审核信息系统组织架构是否建立，信息技术部的职责划分情况，是否采取了有效的控制措施防止岗位职责冲突。 2. 调阅各部门有关信息化建设的工作文档，检查是否有明确的 IT 职权与责任，访谈相关人员，确认其是否正确理解各自 IT 职责。 3. 查阅 IT 部门编制、工作职责等文档，分析其职权定位是否合适。

6.1.2 制度体系审计

健全的信息化管理制度体系应包括人力资源管理制度、内部监督制度、软件采购制度、软件外包制度、软件开发制度、系统运维制度等。明确各层级管理者的权责关系和沟通机制。

1. 制度体系审计目标和内容

制度体系审计的目标是：确保被审计单位的信息化控制相关制度体系的真实性和有效性。

制度体系审计的主要内容包括：审查被审计单位的信息化管理制度体系是否真实存在，以及各层管理人员的岗位职责和权责关系是否明确，沟通渠道是否通畅。检查人力资源管理制度，信息系统人才选拔、培训、储备等关键岗位职责，绩效考核等制度，评价人力资源管理对信息系统架构的支持程度。检查主要业务流程如采购管理、资产管理、财务管理等制度，评价相关制度对信息系统架构的支持程度。

2. 制度体系审计的主要方法和程序

制度体系审计的主要方法和程序如表 6-2 所示。

表 6-2 制度体系审计的主要方法和程序

审计项目	审计方法和程序
制度体系审计	1. 访谈决策层和管理层相关人员，了解风险管理机构职能；访谈信息系统风险管理相关人员，获取信息系统风险管理职责等相关文件，获取信息系统风险管理相关记录，检查风险管理工作开展情况。 2. 查阅相关内部控制手册、权限指引，评估信息系统治理职权与责任分配以及制衡机制的合理性。 3. 查阅文件、会议纪要等流转处理记录，评估信息系统相关问题信息沟通机制的及时性、有效性。 4. 查阅管理层有关信息化工作的相关会议记录，访谈相关人员，评价有关信息系统问题的决策机制是否有效。 5. 查阅信息化管理制度文档，评价其制度体系是否健全和完善。 6. 查阅 IT 预算审批、采购、外包、开发、运维等文档，评价其信息化管理制度的规范性。 7. 了解人力资源的相关政策，确认信息技术部门的员工在招聘、培训和考核等方面的制度是否真实有效。 8. 访谈相关人员，了解决策层的相关工作机制，检查相关文件、资料，确认决策层在信息系统治理中的作用等，取得相关文件，检查信息系统管理层成员的构成及工作机制的建立情况。 9. 检查人力资源管理制度，信息系统人才选拔、培训、储备等关键岗位职责，绩效考核等制度，评价人力资源管理对信息系统制度的支持程度。 10. 检查主要业务流程如采购管理、资产管理、财务管理等，评价相关制度对信息系统制度的支持程度。

6.1.3 岗位职责审计

被审计单位应设置信息化系统规划、建设、运维等岗位，明确岗位职责，配备相应人员，做到权责分离、奖惩合理、沟通顺畅。

1. 岗位职责审计目标和内容

岗位职责审计的目标是：确保被审计单位的信息化岗位配置、岗位考核机制的真实性和有效性。

岗位职责审计的主要内容包括：审查信息系统的权限管理，确保系统的安全。信息系统中不同的用户应该使用不同的账户，拥有不同的权限。在实际使用过程中，由于需要在线测试、后期控制不到位、人为因素等原因，出现了多人使用同一个账号、开发维护公司和管理单位使用同一个账号的情况，且该账号一般拥有较高的权限。这类问题一般很难获得证据。以问卷调查的形式，要求被审计单位的信息系统管理部门人员和系统维护公司人员同时在不同地点填写信息技术部岗位责任情况表和外部维护公司岗位责任情况表，其一般格式如表 6-3、表 6-4 所示。以此方法来检查信息系统权限管理，审核安全防护措施是否到位。

审计人员不仅要了解信息技术部的岗位职责,还需了解其他业务部门的岗位职责情况,以便完成信息系统不相容职务分工与授权的审计。部分被审计单位的人事部门所提供的职责权限信息,以及信息技术部所提供的系统权限信息不尽完整,此时可以通过问卷调查的形式,要求被审计单位的业务部门人员同时在不同地点填写业务部岗位责任及系统权限情况表,其一般格式如表 6-5 所示。

表 6-3 信息技术部岗位责任情况表

姓名:		联系方式:		办公地址:		
所属部门:		部门负责人:		部门主要职责:		
岗位名称:		主要职责:				
主要岗位职责权限情况							
序号	系统名称	是否具有访问权限	系统 IP 地址	登录账号	在系统中的角色	对系统的访问权限	备注
1	核心数据库						
2	前置数据库						
3	查询数据						

表 6-4 外部维护公司岗位责任情况表

姓名:		联系方式:		办公地址:		
公司名称:		公司负责人:		外包业务:		
岗位名称:		主要职责:				
主要岗位职责权限情况							
序号	系统名称	是否具有访问权限	系统 IP 地址	登录账号	在系统中的角色	对系统的访问权限	备注
1	核心数据库						
2	前置数据库						
3	查询数据						

表 6-5 业务部岗位责任及系统权限情况表

姓名:		所属部门:	
职位名称:		直接上级职位:	
直接下级职位:		职位定员(可不填):	
职责一:			
职责二:			
职责三:			
系统权限情况:			

续表

类型	具体事项	建议权 （无权限/部分权限/完全权限）	审核权 （无权限/部分权限/完全权限）	批准权 （无权限/部分权限/完全权限）
资金权				
信息权				
人事权				
资源调配权				
备注	(1) 资金权包括：部门费用、部门预算、财务投资等； (2) 信息权包括两种，一种是阅读权限，一种是审批权限：信息报表、下属起草文件、财务信息、人事信息、产品信息、销售信息等； (3) 人事权包括：员工晋升、员工降级、员工调动、员工辞退、员工处罚、员工奖励(奖金分配)等； (4) 资源调配权包括：办公类固定资产的调配、办公用品调配等。			

结合人员岗位职责信息、系统中的权限分配数据，以及调查问卷的反馈数据，进行信息系统不相容职务分工与授权的审计。若存在不相容职位授权，则填写信息系统不相容职务分工与授权情况表，其一般格式如表 6-6 所示。

表 6-6 信息系统不相容职务分工与授权情况表

岗 位	被授权限说明	牵制岗位	制度依据

2．岗位职责审计的主要方法和程序

岗位职责审计的主要方法和程序如表 6-7 所示。

表 6-7 岗位职责审计的主要方法和程序

审计项目	审计方法和程序
岗位职责审计	1．查阅组织架构文件，确认其岗位工作描述真实存在。访谈相关人员，了解其岗位职责是否明确可行，不同岗位权责是否严格分离。 2．检查系统中的用户权限，核对人员岗位所对应的权限与其工作职责是否一致。 3．查阅岗位考核制度文件，访谈相关人员，考察其岗位考核机制是否真实。 4．访谈相关人员，考察组织沟通反馈机制是否有效。 5．不相容的职责是否由不同的人员来执行，是否存在信息系统相关人员与业务部门相关人员兼任的情况。一般而言，信息技术部负责保证信息系统的设计、开发、运行和维护，而其余业务部门负责各种业务的具体操作以及通过信息系统的分析进行辅助决策。 6．走访并观察不同岗位的人员，确认其是否在应授予的职权范围内履行自己的职责，没有超越自身的权限。例如，信息系统相关人员包括系统分析设计员、程序设计员、数据库管理员、网络管理员等，系统分析设计员的职责是调查、分析用户需求，编写系统说明书，设计信息系统结构，定义硬件和软件；程序设计员的职责是按照用户需求设计、调试计算机代码，并编写系统开发文档；数据库管理员主要是对数据库进行权限控制，向用户提供数据技术支持；网络管理员主要负责局域网的设计、实施与监控，确保网络畅通与安全。各部门人员均有各自的责任，应各司其职，不逾矩。 7．检查系统中各部门的人员的授权是否合理，如采购部门的人员只能进行采购模块的授权操作，财务部门的人员只能进行财务模块的运行。另外，不同层级的员工的授权也应不同，如财务部门的普通员工只能使用财务模块的添加功能，而财务部门的主管可以使用添加、更改或者删除等功能。 8．检查系统是否对未授权行为进行检测与控制。未授权行为是指员工不能在信息系统中进行的操作，如采购部门人员想登录信息系统的财务模块，财务部门普通人员想使用更改或者删除功能。 9．通过对管理层访谈，了解管理层对信息系统的贯彻情况、与业务部门和支持服务部门的沟通情况。 10．通过对信息技术部员工的访谈，了解信息技术部对业务人员需求的了解以及对业务部门反馈的问题的沟通与处理情况。

6.1.4 教育培训审计

信息系统的有效性在于员工对信息系统的熟练程度和理解程度。随着信息系统功能的日益强大，独创性的过程越来越复杂，技术日新月异，员工知识的老化将直接影响信息系统的有效运行。从长远来看，缺乏必要的培训将使员工的知识老化，降低他们对信息系统的理解，并最终影响信息系统的运行效果。在这种情况下，增加员工对信息系统的新知识，扩大和更新员工的知识库，使员工能够胜任自己的岗位就显得尤为重要。

对于信息技术人员而言，信息技术的发展和迭代速度较快，新的技术和平台不断涌现，如果信息技术人员不加强自身专业素质来紧跟技术的发展，那么在处理专业问题时可能造成错误，在做 IT 规划时或将出现偏差，从而使被审计单位面临信息安全风险。因而，对于被审计单位的信息技术人员也应加强专业技能的继续教育和培养。

因此，对被审计单位在 IT 方面的教育培训工作进行审计，确保其拥有良好的培训体系，能够跟上信息技术的快速发展，从而提高系统的运行效率和有效性。

1．教育培训审计的目标和内容

教育培训审计的目标是：确保被审计单位的 IT 培训制度及其落实情况的真实性和有效性。

教育培训审计的主要内容包括：审查教育培训的制度体系是否健全，是否落实到位，培训的力度如何，培训的内容是否全面和有针对性；审查教育培训是否有考核管理制度来保证培训的效果等；审查信息技术人员是否有专业领域的持续培训以加强专业技能。

2．教育培训审计的主要方法和程序

教育培训审计的主要方法和程序如表 6-8 所示。

表 6-8　教育培训审计的主要方法和程序

审计项目	审计方法和程序
教育培训审计	1．检查是否有健全的教育培训体系。 2．针对使用的信息系统，检查是否对员工进行了必要操作培训，培训次数、培训总天数是多少。 3．检查培训内容是否针对信息系统的操作与使用，是否详尽并涵盖全面。 4．检查对员工的教育培训是否有考核制度，从而确保培训效果。 5．检查培训是否定期按计划进行，而不是随机决定时间段。 6．检查每一次的培训执行力度如何。 7．检查信息技术人员是否有专业领域的持续培训以加强专业技能。

6.1.5　内部监督审计

完善的内部监督制度有利于被审计单位规避由信息系统带来的各种风险，保障其各项业务顺利开展。

1．内容监督审计的目标和内容

内部监督审计的目标是：确保被审计单位的 IT 风险管理和内部监督机构设置、管理政策和流程等制度的真实性和有效性。

内部监督审计的主要内容包括：审查被审计单位是否明确信息系统监督职能，在信息系统监督部门设立信息系统监督岗位；是否建立了信息系统审计制度；是否按照组织的要求开展信息系统审计。

2．内部监督审计的主要方法和程序

内部监督审计的主要方法和程序如表 6-9 所示。

表 6-9　内部监督审计的主要方法和程序

审计项目	审计方法和程序
内部监督审计	1. 查阅岗位职责文档，确认建立了 IT 风险管理和内部监督部门或岗位，以及建立了相关 IT 风险管理政策和制度。 2. 查阅内控审计报告、信息系统审计报告，评估内部监督机构设置、职责、权限、独立性及监督机制作用的发挥情况。 3. 访谈决策层、监督层及管理层相关人员，了解信息系统监督职能的确定及报告路线。 4. 访谈信息系统监督机构相关人员，获取信息系统监督管理相关记录，检查信息系统监督工作的开展情况。 5. 访谈决策层、监督层及管理层相关人员，评价其信息系统监督管理措施是否及时有效。

6.2　应用控制审计

应用控制审计是对具体业务的控制，主要是对运行在业务流程层面的人或程序的控制，是从较为具体的技术层面对信息系统的数据输入、处理、输出、传输和存储管理进行控制，以保证信息系统正确、可靠和高效地运行。即使一般控制保证了信息系统正常运行，但如果在业务处理时的数据不正确，也难以实现总体的控制目标。

应用控制涉及各种类型的业务，每种业务及其数据处理都有其特殊的流程，这就决定了具体的应用控制的设计需结合具体的业务。

应用控制的内容一般包括：业务流程控制、数据输入控制、数据处理控制、数据输出控制、业务协同和信息共享控制。

应用控制审计在选择审计方法时，一般采用查阅法、询问法、软件测试法、测试数据法进行符合性测试，且多采取数字取证。例如，在对某单位的信息系统审计中，采用系统检查法，对信息系统进行了数据输入、处理、输出等信息的检查。采用数据验证法，利用直连式数据采集方法进行数据符合性验证；利用数据库数据转换、文本转换对数据库之间的数据转换的一致性和准确性进行检查验证；通过对数据库 SQL 语句进行转换解析，实现对各类业务活动的计量、计费、核算、汇总等数据处理的符合性与准确性验证。

6.2.1　业务流程控制审计

业务流程控制审计是对被审计单位的业务流程进行检查，确保被审计单位所设计的流程能满足业务活动需要，并且借助信息技术的优势对业务流程进行整合、还原或再造，避免重复操作，确保关键环节、关键节点和关键岗位落实了授权审批、访问控制及不相容职责分离等必要的安全控制措施。

1. 业务流程控制审计的目标

业务流程控制审计的目标是：确保业务流程的有效性和合规性。一是系统的业务流程设计与实际业务需求相吻合，并能满足生产经营管理的需求，提高管理水平和市场应变能力；二是保障信息系统平稳、安全运行，有较强的故障恢复能力；三是系统具有较好的业务协同能力和可扩展性；四是防范业务流程的操作风险，为实现职责分离提供保证并在业务流程中得以体现，同时符合监管的相关要求。

2. 业务流程控制审计的内容

审计人员需检查被审计单位的信息系统的业务流程设计与实际业务的匹配度，系统流程设计是否符合经济活动的需求，是否对业务流程进行了整合或改造来避免重复的操作，是否对关键业务环节和关键岗位采取了正确有效的控制，做到了职责分离等。评估业务流程的合理性，看系统功能是否能满足经济业务活动的需要，突发状况管理、应急响应和系统控制是否有效。发现系统业务流程设计的缺陷，评价系统业务流程设计的合理性和有效性，提出审计意见和建议。

3. 业务流程控制的风险

业务流程控制的风险包括：

(1)核心业务系统的业务流程设计没有满足组织的需求；
(2)信息系统的业务流程缺乏或规划不合理，导致重复建设或经营管理效率低下；
(3)未统筹兼顾业务风险和信息科技风险，在业务信息系统的流程处理控制中未做风险控制的考虑；
(4)业务流程中关键环节的相关控制点没有得到有效执行；
(5)业务系统的接口不符合相关规范的要求，存在接口标准不统一、安全控制不到位的风险；
(6)业务处理过程中的接口访问权限没有得到有效管理，存在数据泄露及被滥用的风险；
(7)信息系统的业务流程功能对系统的性能和容量有一定要求时，因缺乏有效、及时的监控，导致信息系统运行效率低下，甚至出现安全事故，使信息系统不能正常运行，从而无法满足业务需求。

4. 业务流程控制审计的主要方法和程序

业务流程控制审计的主要方法和程序如表 6-10 所示。

表 6-10 业务流程控制审计的主要方法和程序

审计项目	审计方法和程序
业务流程控制审计	1. 查阅业务流程设计文件，再通过对实际业务的了解，比对业务流程设计与实际业务的匹配度。 2. 查阅系统业务流程设计文档，检查是否为业务流程风险提供了合理的控制措施，关键环节的控制是否有效。 3. 梳理被审计单位的关键业务需求，评估其对信息系统的依赖程度，评价是否存在信息系统应实现而未实现的功能。 4. 审阅用户需求文档和系统各业务流程的设计文档，检查系统流程的设计是否与被审计单位实际业务需求相吻合。 5. 访谈安全主管和业务部门主管，了解用户权限授权审批管理制度及流程、业务处理关键流程和关键岗位职责要求。

续表

审计项目	审计方法和程序
业务流程控制审计	6. 检查岗位职责是否符合"职责分离"原则,从而建立不相容的职责分离矩阵,并从关键系统中导出权限数据与职责矩阵相对照,查验用户权限设置的一致性。 7. 调阅用户权限申请表,核查用户权限审批制度是否按照相应的制度规范严格执行,权限申请是否基于用户工作岗位和职责并得到业务部门和信息技术部主管审批。 8. 运行系统权限报表或执行相关数据库语句从权限表中直接取出权限数据,基于关键系统权限和导出的权限数据,检查用户权限设置的合理性。 9. 调阅系统业务流程设计文档,检查是否为业务流程风险提供合理人工或自动化控制措施。 10. 现场观察业务流程关键环节的系统操作,检查相关控制点执行的有效性。 11. 访谈系统关键用户,设计用户满意度调查问卷,评估分析系统业务功能的完备性。 12. 调阅问题管理、故障管理流程管理制度,问题处理、故障处理记录单,评价系统用户服务的及时性。 13. 调查系统常见问题和故障发生的频率和性质,分析反映出的系统功能薄弱环节。

6.2.2 数据输入控制审计

数据输入的方式包括数据录入、数据导入、数据修改、数据删除、数据库输入、通过共享与交换输入、通过备份恢复输入。

数据输入过程的舞弊是信息系统舞弊中最常见的方法。这类计算机舞弊主要是在系统输入环节做文章,通过伪造、篡改、冒充他人身份或输入虚假数据达到非法目的。我国目前发现的计算机舞弊现象多数为此类型。可能实施这类舞弊的人员包括:参与业务处理、数据准备、原数据提供、能够接触数据但不参与业务处理的人员。

数据输入控制主要是保证数据被正确地接受、处理和记录,保证所有由管理层授权和批准的事务,确保只有经授权的数据才能进入计算机系统进行处理。数据输入控制跟数据处理控制、数据输出控制一样,属于信息系统运行过程中的日常控制措施。

1. 数据输入控制审计的目标

业务流程控制审计的目标是:确保输入数据的合规性、安全性、完整性和准确性。

2. 数据输入控制审计的内容

数据输入控制审计主要对信息系统数据输入操作进行审计,评价数据输入操作及其管理的正确性和规范性;是否在系统中建立用户账号和权限管理机制,并根据设定的权限使用数据输入功能,以及监督操作的规范性;是否具备日志记录功能;同时它也是对输入界面和数据进行有效验证的再审计,以进一步确定和评价系统数据输入的有效性和合规性,以及对错误数据的识别和纠正能力;是否制定数据管理规范,规定数据入库的工作流程和岗位职责,以及数据入库工作是否严格按照规范和制度执行;信息系统功能是否存在数据入库控制,系统的数据入库控制是否有效;是否能够保证共享与交换数据的完整性、准确性和合规性;是否能够保证用户通过数据备份与恢复数据接收功能接收的数据的完整、准确、可用。通过以上审计和评价，指出系统输入控制的缺陷与不足，并提出相应的改进建议。

3．数据输入控制的风险

数据输入控制的风险包括以下几种。

(1) 职责分工不明确。

(2) 系统账号与权限管理机制不存在或不健全。

(3) 系统的数据录入、导入、修改、删除不符合国家、行业或单位规范标准，或存在未经许可的数据录入、导入接口。

(4) 数据录入、导入、修改、删除的结果不准确、不完整，或存在错误的数据输入。

(5) 数据录入、导入接口未设置数据校验控制，或设置的数据校验控制失效。

(6) 数据输入操作无日志记录。

(7) 数据校验功能不符合国家、行业或单位的规范标准。

(8) 未制定数据管理规范、数据入库的工作流程和岗位职责，或虽然制定但没严格按照制度执行。

(9) 数据入库控制功能缺失。

(10) 数据入库不完整，采集的数据、缓冲区的最终数据库数据出现不一致情况。

(11) 访问共享数据的用户未经过授权。

(12) 共享数据的传输未经加密。

(13) 未建立数据备份与数据恢复的制度规范。

(14) 备份与恢复接收数据的安全性无法得到保障，备份数据未进行恢复测试。

(15) 其他输入控制的不完善。作案者主要是系统的内部用户和计算机操作员，他们比较了解系统的运行状况和内部控制的薄弱环节，从而利用工作上的便利实施犯罪。

4．数据输入控制审计的主要方法和程序

数据输入控制审计的主要方法和程序如表 6-11 所示。

表 6-11　数据输入控制审计的主要方法和程序

审计项目	审计方法和程序
身份识别访问控制审计	1. 审查是否对进入操作系统及数据库系统的用户进行相应的身份辨识。 2. 审查操作系统及数据库系统管理用户口令是否有数字和字母的，并定期更换。 3. 审查是否启用登录失败处理功能、限制不法登录次数及能够强制退出等措施。 4. 审查是否采用多种组合的辨识技术对管理用户进行身份辨识。 5. 查阅相关文件，确认设计数据操作的岗位职责权限。 6. 通过不同权限的测试用户身份对系统进行测试，检查系统中的数据校验控制是否有效。 7. 询问相关人员，确认是否建立了数据访问的权限控制体系，并严格实施。 8. 检查系统操作日志，分析用户的数据操作是否被日志记录下来，且符合其岗位对应的权限范围。 9. 审查并确认数据操作控制包括检查被审计单位信息系统甄别、拒绝接纳各种无效、不合理、不合法或不完整的业务及其数据。 10. 检查录入、修改和删除数据时所使用的用户身份和权限控制是否合法有效。

续表

审计项目	审计方法和程序
用户账户管理控制审计	1. 审查是否启用访问控制模块，遵循安全管理制度限制用户对系统的访问。 2. 审查是否限制账户的访问权限，系统默认账号的重命名，更改这些账户的原始口令。 3. 审查是否及时删除了过剩的、无效的账户，避免共享账户的存在。 4. 审查是否保证在外部人员访问系统区域之前率先进行书面申请，核准后由人员进行陪同或监督，并记录在册。 5. 审查对外部人员允许访问的内容是否进行正式的书面的规定，并按照规定执行。
数据输入总体管理控制审计	1. 检查信息系统用户是否制定并遵守输入管理的规则。 2. 设定不同权限的测试用户，对系统进行穿行测试，检查系统是否严格限定只有满足权限要求的用户使用数据录入和导入、数据修改和删除功能，并验证该功能的有效性。 3. 抽取一部分已处理过的业务进行核对，以证实数据输入的完整有效性。 4. 检查系统日志是否按照规定记录了用户的数据录入和导入的操作。 5. 检查输入数据的生成顺序、处理等是否有防止差错、防止不正当行为及机密保护的对策。 6. 检查数据输入的防止差错、防止不正当行为及机密保护的对策是否有效。 7. 检查输入数据的保管及废除是否按输入管理规则进行。
数据录入和导入控制审计	1. 对比国家、行业或者单位规范，检查系统的数据录入、导入接口是否符合国家、行业或单位自身规范，是否制定数据录入、导入的制度规范。 2. 测试数据的完整性。审计人员模拟一组被审计单位的计算机数据处理系统的数据输入，使该系统在审计人员的亲自操作和控制下，根据数据处理系统所能达到的功能要求，完成处理过程，得到的数据与事先计算机处理得到的结果相比较，检验原来数据与现有数据之间是否保持一致。 3. 检查系统是否提供了输入值约束功能，以保证输入数据的准确性。
数据修改和删除控制审计	1. 对比国家、行业或者单位规范，检查被审计单位设置的数据修改和删除功能是否符合国家、行业或者单位规范。 2. 检查系统是否存在未经许可的数据修改和删除功能。
数据校验控制审计	1. 检查数据输入规则控制中是否存在不符合数据独一性控制，必填字段控制，数据格式、合法性和准确度控制等数据输入控制缺陷。 2. 检查录入到系统中的数据是否存在不符合规定代码值的数据。 3. 检查录入到系统中的数据，有关板块之间的数据是否一致。 4. 检查录入到系统中的数据，是否有数据是不完整的。 5. 对比国家、行业或者单位规范，检查数据校验控制是否符合国家、行业或者单位规范。 6. 访谈开发人员，了解数据录入、导入接口的数据校验控制的需求定义及算法实现，判断其有效性和完备性。
数据库输入控制审计	1. 审阅信息系统开发文档、组织架构文件、岗位职责与流程和用户授权文档，检查信息系统是否设置了数据入库控制功能，了解数据入库的岗位及其职责与权限。 2. 访谈管理人员，了解被审计单位是否存在数据入库工作的制度规范并严格执行。 3. 检查系统的访问控制列表，了解系统对数据入库功能权限的设定与规定是否相符。 4. 设定不同权限的测试用户，对系统进行穿行测试，检查系统中的数据入库控制是否有效。

续表

审计项目	审计方法和程序
通过共享与交换输入控制审计	1. 检查信息系统是否对传输的信息加密以保证共享与交换数据的传输安全。 2. 抽取敏感数据的共享与交换记录进行分析核对,确定是否存在数据控制责任人的监督和确认。 3. 设定不同权限的测试用户,对系统进行穿行测试,测试系统数据的共享与交换结果是否完整、准确。
通过备份恢复输入控制审计	1. 检查接收备份数据时是否对备份数据包进行恢复测试以保证备份数据的安全性。 2. 设定满足权限的测试用户,测试系统提供的数据备份包是否可恢复,数据是否完整、准确、可用。

6.2.3 数据处理控制审计

数据处理控制审计是针对处理器接收到输入的数据后对数据进行加工处理过程的审计。此时的审计主要针对数据输入系统后是否被正确处理。

1. 数据处理控制审计的目标

数据处理控制审计的目标是:信息系统的数据计算控制是否符合国家、行业或者单位的相关规定和规范;数据计算控制是否能够按照预计条件完成数据计算过程中的正确控制。

2. 数据处理控制审计的内容

审计人员应该对处理过程进行抽样,并对抽样的处理过程进行全程跟踪和记录,对数据从被系统接收到处理完毕之间的整个处理过程进行检验分析和评价数据处理的正确性和效率,给出信息系统数据处理性能的评价报告和合理建议。

3. 数据处理控制的风险

数据处理控制的风险包括以下几种。

(1) 信息系统的数据计算控制不符合国家、行业或单位相关规定和规范。
(2) 信息系统存在未经许可的数据计算功能。
(3) 存在数据计算控制失效的情况。

4. 数据处理控制审计的主要方法和程序

数据处理控制审计的主要方法和程序如表 6-12 所示。

表 6-12 数据处理控制审计的主要方法和程序

审计项目	审计方法和程序
数据处理控制审计	1. 在数据加工控制方面,检查是否存在没有按照需求采集相关数据、未按项目要求将采集的数据进行清洗和整理、未按项目需求和数据标准将数据转换成满足项目处理需要的标准数据、未按业务处置性能需求进行数据分类排序和索引。 2. 在数据分析控制方面,检查是否存在没按提高业务能力和软件经济性的要求搭建开放型的查询、分析模型,没按业务需求保障各类分析模型的建构、测试、结果验证等的建构工具和环境。 3. 在数据识别控制方面,检查系统是否能有效地处理数据。

续表

审计项目	审计方法和程序
数据处理 控制审计	4．审阅信息系统开发文档，了解业务系统的数据计算需求与设计情况；访谈管理人员，了解关键的数据计算流程；确定信息系统中关键的数据计算控制点和控制逻辑；对比国家、行业或者单位规范，检查关键数据计算控制点和控制逻辑是否符合国家、行业或者单位规范。 5．设定不同权限的测试用户，对系统进行穿行测试，检查系统中的关键数据计算控制点和控制逻辑的有效性，检查系统是否存在未经许可的数据计算功能。 6．抽取一部分已处理过的真实业务进行核对，以证实数据计算控制的有效性。 7．审查数据处理实现的目的、系统处理的差错率、平均无故障时间、可恢复性和平均恢复时间等，看是否存在异常情况。 8．查阅原始业务凭证和计算机处理结果，确认在业务发生时，通过计算机的控制程序，对业务发生的合理性、合法性和完整性进行了检查和控制。

6.2.4 数据输出控制审计

数据输出的方式包括外设输出、检索输出、通过共享与交换输出、通过备份恢复输出。

数据输出控制主要是保证交付给用户的数据是符合格式要求的、可交付的，并以一致和安全的方式递交给用户或不同的系统。通过信息系统的打印、网络发送、复制输出的内容和相关操作都要形成相应的日志记录，审计人员对输出日志要进行抽查，检查有关授权是否适合。审计人员要观察是否有人负责审视输出资料，是否有人核对输入输出控制总数，同时对被审会计期间输出的资料进行抽查，复查控制总数的核对，把重要的输出输入单据重新进行比较。审计人员还应跟踪输出资料的分发和保管，检查打印输出资料的登记和签收记录，以证实系统的输出按时送到了指定人员的手中，而未经批准的人不能接触。

数据输出阶段的舞弊主要通过篡改系统输出报告、盗取或截取机密文件、商业秘密来实施舞弊。这类舞弊的主体，除了篡改输出报告的为内部用户外，其余多为外来者，有简单的"捡垃圾者"，更多是间谍人员。如与输出相关的内部控制措施不健全，就可能出现此状况。

1．数据输出控制审计的目标

数据输出控制审计的目标是：确保输出数据的合规性、安全性、完整性和准确性。

2．数据输出控制审计的内容

数据输出控制审计是对信息系统输出数据的管理进行的审计，也是对报告等系统输出结果的再审计，它进一步确定系统数据输出的正确有效性和系统输出数据对用户的易接受性和易理解性，评价对系统输出数据的管理的科学性和规范性，指出系统输出的缺陷与不足并提出相应的改进建议。

3．数据输出控制的风险

数据输出控制的风险包括以下几种。

(1)职责分工不明确。

(2)系统账号与权限管理机制不存在或不健全,未根据用户需要约束其使用数据信息的计算机显示、打印、介质复制等外设输出功能,或虽然建立了权限控制但未建立相关约束用户数据外设输出操作的制度规范。

(3)数据输出操作无日志记录。

(4)敏感数据的输出失控,缺失相关人员的许可与监督。

(5)输出结果不正确或不准确。

(6)因未建立加密传输机制,或共享后无法确认是否被指定用户使用,无法确认是否存在非法用户获取共享数据,从而共享数据的安全性得不到保障。

(7)因备份数据未进行恢复测试,无法确认备份数据是否安全、完整、可用,从而导致数据备份和恢复的安全无法得到保障。

4．数据输出控制审计的主要方法和程序

数据输出控制审计的主要方法和程序如表 6-13 所示。

表 6-13　数据输出控制审计的主要方法和程序

审计项目	审计方法和程序
数据输出总体控制审计	1．检查计算机系统使用日志,看数据文件是否被存取过,是否属于正常工作。 2．检查数据输出规则控制:是否存在不符合数据独一性控制、必填字段控制、数据格式、合法性和数据准确度控制等数据输入控制缺陷。 3．检查数据输出校验控制:数据输出校验控制中是否存在不切合数值范围控制、连带关系控制等控制问题。 4．检查输出错误预警控制:数据输出错误报警控制中是否存在数据输出错误提醒、追踪、报告和处理等方面的控制缺陷。 5．抽取敏感数据的输出记录进行分析核对,检查是否存在数据控制责任人的监督、签字。 6．检查是否制定及遵守输出管理的规则。 7．检查输出信息的获取及处理时是否有防止不正当行为及机密保护对策。 8．检查输出信息的传递是否及时准确,是否按输出管理规则进行。 9．检查输出信息的保管及废除是否按输出管理规则进行。
数据外设输出控制审计	1．检查计算机硬件设施附近是否有窃听装置或无线电发射装置。 2．检查无关或作废打印资料是否被及时销毁,暂时不用的磁盘、磁带上是否还残留有数据。 3．评估计算机外部设备对数据输出的控制情况,如对数据打印、复制等形式的数据输出的控制情况。 4．设定不同权限的测试用户,对系统进行穿行测试,检查是否严格限定只有满足权限要求的用户才能使用数据信息的计算机显示、打印、介质复制等外设输出功能。 5．检查系统日志是否按照规定记录了用户对数据信息进行计算机显示、打印、介质拷贝等外设输出的操作。
数据检索输出控制审计	1．评估对数据检索输出的控制情况,如通过搜索引擎访问的控制情况。 2．测试系统提供的数据检索输出的数据结果是否完整准确。

续表

审计项目	审计方法和程序
通过共享与交换输出控制审计	1．检查数据共享输出的控制情况，如系统与外部接口的信息共享方式输出的数据的访问控制。 2．检查信息系统是否对共享与交换传输的信息进行加密，以保证共享数据的传输安全。
通过备份恢复输出控制审计	1．检查是否对备份数据包进行恢复测试以保证备份数据的安全性。 2．设定满足权限的测试用户，测试系统提供的数据备份包是否可恢复，数据是否完整、准确、可用。

6.2.5 业务协同、信息共享控制审计

在互联网高速发展的今天，业务协同、信息共享已成为不同部门或不同层次系统之间交换信息的重要方式，其目的是快速合理地配置资源、节约成本、创造价值。但控制缺失的信息共享可能会造成数据泄露或系统安全风险，这就要求对业务协同和信息共享进行必要的控制从而降低风险。

1．业务协同、信息共享控制审计的目标

业务协同、信息共享控制审计的目标是：业务协同和信息共享是否充分合理和合法性。

2．业务协同、信息共享控制审计的内容

业务协同、信息共享控制审计的内容包括：检查被审计单位的信息资源目录体系是否符合国家或行业的相关规范，是否较好地满足各类业务和管理需要；检查信息资源交换体系是否符合国家或行业的相关规范，是否较好地满足信息交换的需要；检查数据元素和数据库表是否符合行业或组织的相关规范，是否较好地满足信息系统建设、应用和共享的需要；通过内、外部数据的比对，确认数据之间的一致性；检查信息系统是否建立了满足信息共享和业务协同的信息资源标准和规范，是否执行了国家或者行业的标准化要求。通过以上审计和评价，指出系统输出控制的缺陷与不足，并提出相应的改进建议。

3．业务协同、信息共享控制的风险

业务协同、信息共享控制的风险包括以下几种。

(1) 职责分工不明确。

(2) 信息规划、部署过程中未设置信息资源目录体系。

(3) 目录体系设计缺乏整体性，未覆盖组织的主要信息系统。

(4) 目录体系的要素设计不全。

(5) 由于信息化建设缺乏长远和统筹规划，造成不同系统间形成彼此隔离的信息孤岛问题。

(6) 外部数据的获取渠道和方式存在问题，与内部数据出现重大分歧和不一致。

(7) 通过内、外数据验证，发现内、外数据的完整性、正确性和真实性存在问题。

(8) 被审计单位未开展信息资源标准化工作，各信息系统之间的数据无法实现共享和交换。

4．业务协同、信息共享控制审计的主要方法和程序

业务协同、信息共享控制审计的主要方法和程序如表 6-14 所示。

表 6-14　业务协同、信息共享控制审计的主要方法和程序

审计项目	审计方法和程序
业务协同、信息共享控制审计	1．查阅相关文档，确认被审计单位是否建立信息资源目录体系，评估其完善程度是否满足业务和管理的需要。 2．确认被审计单位是否建立了信息资源标准化规范，是否符合国家或者行业的相关规定或标准(如会计行业的 XBRL 行业标准)，在其信息系统中是否按照相关标准化规范进行建设。 3．检查信息系统的功能，确认信息共享平台的真实性，其业务活动的主要数据均在共享平台上，并确认其是否包含敏感数据。 4．查阅相关文档，确认是否遵循了国家信息安全相关制度、标准及规范，检查是否存在相关申请或备案手续。 5．检查信息共享平台的建设是否真实存在、是否合法，并进行信息泄露或网络攻击等情况的风险评估。 6．检查是否制定并遵守网络管理的规则对网络存取进行控制及监控。 7．检查是否有效记录网络的利用状况，并定期进行分析。 8．调查被审计单位的业务往来单位(供货商、分销商等)使用其共享数据和协同业务系统的现状，确认共享数据的一致性、安全性、合规性。

6.2.6　应用控制审计案例

1．审计计划

测试目的：对 XX 连锁药房销售数据的真实性和一致性进行应用控制测试。通过比对核查，测试该药房的业务管理系统内记录的有关销售订单和销售金额与财务记账信息之间是否存在差异。

审计方法：采用数据库查询法，通过 SQL 查询语句获取业务数据和财务数据，分别按会计月度、门店和收款方式进行数据汇总。首先比对汇总层级的数据，如果某一项汇总数据存在差异或者异常，则依据其重要性，再获取其相应的明细数据进行进一步比对。本例主要介绍汇总层级的数据核对。

准备工作：向客户详细了解业务系统中相关数据库以及业务数据表的组成，并掌握各数据字段的含义以及数据表之间的关联关系，获取所有与审计相关数据的详细信息。根据前期的了解判断，本次数据核查工作需抽查该药房十余家门店的零售数据。抽查的具体数据包括：

(1) 从该药房的业务管理系统获取系统记录的有关销售订单和销售金额。
(2) 从该药房的财务系统获取相关财务记账信息。

2．审计实施

应用控制测试过程如下：

(1) 获取业务数据。

编写并执行 SQL 语句，从该药房的业务管理系统中获取门店系统 001（以下简称 MDXT 001）的销售订单及销售收入数据。所执行的 SQL 语句如下：

```
SELECT A.RSAID 小票 ID,a.CREDATE 时间,a.PLACEPOINTID 门店 ID,
    A.PLACEPOINTNAME 门店, A.GOODSID 货品 ID, A.GOODSNAME 品名,
    A.GOODSUNIT 单位, A.GOODSTYPE 规格, A.PRODAREA 产地,
    A.SALESTAXRATE 销项税, A.GOODSQTY 销售数量,
    A.TOTAL_LINE 应收金额, A.REALMONEY 实收金额,
    A.RSATYPE 单据类型, B.ZX_OLDRSAID 退票原单 ID
FROM GRESA_SA_DETAIL_QUERY_V  A, GRESA_SA_DOC  B
WHERE A.PLACEPOINTID=102 AND A.RSAID = B.RSAID AND
    A.CREDATE BETWEEN TO_DATE('2021-01-01 00:00:00','yyyy-mm-dd hh24:
mi:ss')
    AND TO_DATE('2021-11-30 23:59:59','yyyy-mm-dd hh24:mi:ss');
```

执行结果如图 6-2 所示（由于篇幅限制仅列出部分数据）。

	小票ID	时间	门店ID	门店	收款类型ID	收款类型	收款明细类型	金额	退票原单ID
1	91000368	2021/1/4 11:14:42	102		123	002医保(银海接口)		23.00	
2	91016853	2021/1/5 8:19:47	102		124	005收钱吧（原：益企保）	微信	23.00	
3	91016899	2021/1/5 8:22:28	102		124	005收钱吧（原：益企保）	微信	169.50	
4	91017341	2021/1/5 8:42:19	102		123	002医保(银海接口)		4.50	
5	91028642	2021/1/5 16:22:28	102		123	002医保(银海接口)		1500.00	
6	91028720	2021/1/5 16:23:42	102		123	002医保(银海接口)		1500.00	
7	91031343	2021/1/5 17:54:03	102		19	004提货卡		92.80	
8	90938783	2021/1/1 13:21:54	102		1	001现金		13.00	
9	90939006	2021/1/1 13:30:49	102		124	005收钱吧（原：益企保）	微信	16.80	
10	90940442	2021/1/1 14:23:23	102		123	002医保(银海接口)		451.00	
11	90944084	2021/1/1 16:28:11	102		1	001现金		-312.50	90836010
12	90945305	2021/1/1 17:10:09	102		124	005收钱吧（原：益企保）	微信	12.00	
13	90947327	2021/1/1 18:20:12	102		123	002医保(银海接口)		33.50	
14	90947446	2021/1/1 18:26:32	102		123	002医保(银海接口)		65.00	
15	90947498	2021/1/1 18:28:44	102		124	005收钱吧（原：益企保）	支付宝	32.90	
16	90947501	2021/1/1 18:28:51	102		124	005收钱吧（原：益企保）	微信	4.80	
17	90947681	2021/1/1 18:35:17	102		123	002医保(银海接口)		29.80	
18	90947739	2021/1/1 18:37:05	102		124	005收钱吧（原：益企保）	微信	4.80	
19	90947831	2021/1/1 18:41:48	102		124	005收钱吧（原：益企保）	微信	16.80	
20	90953457	2021/1/2 9:13:47	102		19	004提货卡		100.90	
21	90953901	2021/1/2 9:32:41	102		124	005收钱吧（原：益企保）	微信	16.00	
22	90954117	2021/1/2 9:40:06	102		124	005收钱吧（原：益企保）	微信	595.70	
23	90949800	2021/1/1 19:51:41	102		124	005收钱吧（原：益企保）	微信	10.80	
24	90950298	2021/1/1 20:07:59	102		1	001现金		12.60	
25	90950457	2021/1/1 20:12:34	102		123	002医保(银海接口)		37.50	
26	90950731	2021/1/1 20:21:47	102		124	005收钱吧（原：益企保）	支付宝	19.50	
27	90950877	2021/1/1 20:26:32	102		124	005收钱吧（原：益企保）	微信	16.00	
28	90935345	2021/1/1 10:53:39	102		124	005收钱吧（原：益企保）	微信	192.00	
29	90936856	2021/1/1 11:50:57	102		1	001现金		21.80	
30	90937993	2021/1/1 12:42:58	102		123	002医保(银海接口)		19.00	

图 6-2　门店系统 001 数据查询结果

编写并执行 SQL 语句，获取门店系统 002（以下简称 MDXT002）的销售订单及销售收入数据。所执行的 SQL 语句如下：

```
SELECT A.RSAID 小票 ID,A.CREDATE 时间,A.PLACEPOINTID 门店 ID,
A.PLACEPOINTNAME 门店, A.GATHERTYPE 收款类型 ID,
B.DDLNAME 收款类型, A.ZFTYPE 收款明细类型,
A.realmoney 金额, C.ZX_OLDRSAID 退票原单 ID
FROM GRESA_SA_LST_V A, ZX_GATHERTYPE_USESTATUS_V B, GRESA_SA_DOC C
WHERE A.PLACEPOINTID=103 AND A.GATHERTYPE =B.DDLID
AND A.RSAID=C.RSAID AND
A.CREDATE BETWEEN TO_DATE('2021-01-01 00:00:00','yyyy-mm-dd hh24:
```

```
mi:ss')
         AND TO_DATE ('2021-11-30 23:59:59','yyyy-mm-dd hh24:mi:ss');
```

执行结果如图 6-3 所示(由于篇幅限制仅列出部分数据)。

小票ID	时间	门店ID	门店	收款类型ID	收款类型	收款明细类型	金额	退票原单ID
1	91017229	2021/1/5 8:38:08	103		124	005收钱吧(原: 益企保)	微信	19.80	
2	91028596	2021/1/5 16:19:33	103		123	002医保(银海接口)		7.60	
3	91031585	2021/1/5 18:01:31	103		124	005收钱吧(原: 益企保)	微信	84.40	
4	90943694	2021/1/1 16:29:13	103		124	005收钱吧(原: 益企保)	微信	295.00	
5	90944183	2021/1/1 16:32:15	103		124	005收钱吧(原: 益企保)	微信	295.00	
6	90953542	2021/1/2 9:17:21	103		124	005收钱吧(原: 益企保)	微信	74.80	
7	90953602	2021/1/2 9:20:05	103		124	005收钱吧(原: 益企保)	微信	25.00	
8	90953631	2021/1/2 9:21:06	103		123	002医保(银海接口)		−105.30	90953483
9	90953751	2021/1/2 9:25:52	103		152	OMS京东		9.90	
10	90953814	2021/1/2 9:28:33	103		1	001现金		21.00	
11	90949750	2021/1/1 19:49:59	103		1	001现金		29.50	
12	90936103	2021/1/1 12:48:51	103		1	001现金		15.80	
13	90938268	2021/1/1 12:57:46	103		123	002医保(银海接口)		29.80	
14	90939720	2021/1/1 13:57:18	103		124	005收钱吧(原: 益企保)	微信	167.50	
15	90957848	2021/1/2 11:24:54	103		153	OMS美团		26.50	
16	90957960	2021/1/2 11:29:13	103		124	005收钱吧(原: 益企保)	微信	12.00	
17	90975572	2021/1/3 9:33:47	103		1	001现金		29.00	
18	90954768	2021/1/2 10:01:22	103		124	005收钱吧(原: 益企保)	微信	109.00	
19	90982065	2021/1/3 13:39:52	103		123	002医保(银海接口)		119.00	
20	90984832	2021/1/3 15:14:10	103		123	002医保(银海接口)		176.00	
21	90984846	2021/1/3 15:14:48	103		123	002医保(银海接口)		54.00	
22	90984899	2021/1/3 15:16:07	103		123	002医保(银海接口)		176.00	
23	90964141	2021/1/3 15:27:30	103		123	002医保(银海接口)		46.30	
24	90985846	2021/1/3 15:49:10	103		123	002医保(银海接口)		44.20	
25	90985881	2021/1/3 15:49:35	103		124	005收钱吧(原: 益企保)	微信	71.40	
26	90985997	2021/1/3 15:53:33	103		123	002医保(银海接口)		10.00	
27	90992074	2021/1/3 19:21:26	103		123	002医保(银海接口)		56.30	
28	90995887	2021/1/4 8:30:38	103		123	002医保(银海接口)		17.80	
29	90995886	2021/1/4 8:31:23	103		1	001现金		76.50	
30	90996144	2021/1/4 8:43:50	103		123	002医保(银海接口)		42.50	

图 6-3 门店系统 002 数据查询结果

其余门店的数据获取与此类似,不再赘述。

获取到以上门店系统的销售订单及销售收入数据后,导入审计中间表,以便进一步做数据比对,具体步骤如下:

① 以门店为单位,利用数据库的导出语句,将各门店的数据分别导出,生成相应的 CSV 文件;

② 利用 ETL 工具(Pentaho Data Integration)将 CSV 数据文件导入审计中间表,便于下一步进行比对处理。

(2)业务数据预处理。

编写并执行 SQL 语句,将审计中间表中的订单及销售收入(实收金额)数据按会计月度、门店和收款方式进行汇总。所执行的 SQL 语句如下:

```
WITH TAB AS (
    SELECT ACCOUNT_MONTH,START_TIME,STOP_TIME,ZF_TYPE_ORDER,
        EXCEL_ZF_TYPE,SYS_ZF_TYPE,PLACEPOINTID,PLACEPOINTNAME
    FROM TJG_ACCOUNT_PERIOD,TJG_DIM_ZFTYPE,TJG_DIM_PLACEPOINT
),
TTT AS(
    SELECT T.ACCOUNT_MONTH 会计月,TO_NUMBER(T.PLACEPOINTID) 门店ID,
        T.PLACEPOINTNAME 门店,T.EXCEL_ZF_TYPE 支付方式,
        NVL(SUM(A.REALMONEY),0) 实收金额
    FROM TAB T
    LEFT JOIN TJG_ORDER A
    ON T.SYS_ZF_TYPE=A.DDLNAME
```

```
            AND T.START_TIME<=A.CREDATE
            AND T.STOP_TIME>A.CREDATE
            AND A.PLACEPOINTID=T.PLACEPOINTID
            GROUP BY T.ACCOUNT_MONTH,TO_NUMBER(T.PLACEPOINTID),
                T.PLACEPOINTNAME,T.ZF_TYPE_ORDER,T.EXCEL_ZF_TYPE
            ORDER BY T.ACCOUNT_MONTH,TO_NUMBER(T.PLACEPOINTID),
                T.PLACEPOINTNAME,T.ZF_TYPE_ORDER,T.EXCEL_ZF_TYPE
        )
        SELECT * FROM TTT
        PIVOT ( SUM(实收金额)
            FOR 支付方式 IN ('现金','医保','医保接口','国家医保','支票','银联卡',
            '提货卡','电子会员券','纸质代金券','厂家代金券','礼品卡券','商通卡',
            '医卡通','宜捷通','支付宝手机钱包','太极水卡收款','优惠手续费',
            'JD到家支付','京东到家活动','移动pos支付','钥匙扣','微信支付','药联直付',
            '三方移动支付','银联二维码','普康卡','企健卡','提货券','美团外卖',
            '饿了吗','OMS饿百','OMS美团','OMS京东','OMS药联','OMS有赞','收钱吧',
            '收钱吧补单','刷脸猫','药柜美团','药柜支付宝','药柜微信','平安中心仓',
            '平安中心仓半日达','自动售药柜')
        )
        ORDER BY 会计月,门店ID,门店;
```

执行结果如图6-4所示（由于篇幅限制仅列出部分数据）。

图6-4 通过审计中间表汇总的销售收入数据

（3）获取财务数据并进行预处理。

利用该药房的财务系统自带的数据导出功能，以Excel文件形式导出与销售订单及销售收入相关的财务记账数据。在Excel文件内，将数据按会计月度、门店和收款方式进行数据汇总，并将汇总结果导入审计中间表，便于下一步的数据比对（具体步骤略）。

（4）对比结果。

将订单汇总数据导出为Excel文件，在Excel文件中比对业务管理系统中的数据和财务系统中的数据，判断是否存在差异。

审计发现，抽查的该药房的十余家门店2021年1月至11月的订单收款数据为761 534条记录，差异影响合计为91元，差异微小。但其中LK药店2021年9月与2021年10月的差异相对突出，详见表6-15。

经查，LK药店9月25日做了两次日结，第一次日结只做了一个订单，实收金额为36.00元，日结逻辑日期为9月25日，系统自动将逻辑日期切换到9月26日；第二次日结，门店将当日其他实收金额 49 778.06 元做到了逻辑日期 9 月 26 日；该药房的财务人员将逻辑日期为 9 月 25 日的数据结算到会计月 2021 年 9 月，逻辑日期 9 月 26 日的数据结算到会计月 2021 年 10 月。故 LK 药店 2021 年 9 月与 10 月的差异为 49 778.06 元。2021 年 LK 药店 9 月 25 日的订单收款明细如表 6-16 所示。

表 6-15　各门店总收款汇总表

会计月	门店	总收款（元）
202103	LK 药店	−55.80
202104	LK 药店	55.80
202107	LK 药店	−49.90
202108	LK 药店	49.90
202109	QYT 药店	42.80
202109	LK 药店	49 778.06
202110	QYT 药店	−42.80
202110	LK 药店	−49 778.06
202111	QYT 药店	91.00

表 6-16　LK 药店收款明细表

小票 ID	自然日	逻辑日	门店 ID	收款类型	收款类型	收款明细类型	金额（元）
96259306	2021/9/25	2021/9/25	XXX	128	002 医保		36.00
96259327	2021/9/25	2021/9/26	XXX	128	002 医保		6.50
96259335	2021/9/25	2021/9/26	XXX	128	002 医保		29.80
96259336	2021/9/25	2021/9/26	XXX	1	001 现金		96.80
96259338	2021/9/25	2021/9/26	XXX	1	001 现金		45.00
96259536	2021/9/25	2021/9/26	XXX	1	001 现金		88.20
96259511	2021/9/25	2021/9/26	XXX	128	002 医保		29.30
96259561	2021/9/25	2021/9/26	XXX	128	002 医保		43.00
……	……	……	……	……	……	……	……

3. 审计结论

通过上述测试过程，我们得出如下结论：

该药房的业务管理系统记录的销售收入与财务记账系统的销售收入差异甚微。

本章小结

1. 一般控制是针对信息系统运行的控制，这种控制的目的是保证计算机本身的正常运转，属于基础性控制。很明显，不论一般控制的内容是什么，如果计算机不能正常运行，难以实现正常的应用控制。一般控制审计的内容包括：组织架构审计、制度体系审计、岗位职责审计、教育培训审计和内部监督审计。需说明的是，部分理论研究或实务界应用将信息系统生命周期审计或信息系统安全审计也纳入一般控制审计的范畴。

2．信息系统一般控制是整个信息系统审计的基础和内核，对被审计单位的应用控制和数据保驾护航。如果信息系统一般控制没有得到有效设计或运行，依赖于其上的自动控制和手工控制就如建立在沙滩上的城堡，无法对财务报表提供有效支撑。因此，如果信息系统一般控制和应用控制均在审计范围内，我们一般应该先安排执行信息系统一般控制的审计工作。在大致确保一般控制整体有效的前提下，再进行相关的应用控制审计的执行工作。

3．应用控制是信息系统为适应各种数据处理的特殊控制要求，保证数据处理的可靠性而建立的内部控制。因此，应用控制的目标是保证信息系统输入、处理和输出数据及记录的完整性和准确性。应用控制涉及各种类型的业务，每种业务及其数据处理都有其特殊流程的要求，这就决定了具体的应用控制的设计需结合具体的业务，但一般都包括了业务流程控制、数据输入控制、数据处理控制、数据输出控制，以及业务协同和信息共享控制这几方面的内容。

复习思考题

1．信息系统审计师审查被审计单位的组织架构的主要目的是什么？

2．在应用程序软件审查过程中，信息系统审计师在超出审计范围的相关数据库环境中发现了漏洞，该如何处理？

3．在审计某大型企业的身份管理（IDM）系统的配置程序时，信息系统审计师很快发现少量访问请求并未由某位管理人员通过正常的预设工作流程逐步审批授权，审计师应采取什么行动？

4．在审计某金融服务公司的网站时，信息系统审计师发现此网站拥有一个独立代理用来管理客户账户的网站。在检查网站的逻辑访问时，发现有些用户ID被多个代理用户共享。信息系统审计师应采取什么行动？

5．经初步调查，信息系统审计师有理由相信可能存在舞弊行为，此时他应采取什么行动？

第 7 章 信息系统安全管理审计

计算机及其信息系统在企业或组织的经营管理过程中起着至关重要的作用，其相关的安全需求也与日俱增。可以说信息技术对企业或组织的发展而言是一把双刃剑，既能创造巨大价值，也可能带来安全风险。

信息系统安全审计的目标是审查并发现被审计单位信息系统的安全隐患，这些隐患可能来自组织外部，如数据被窃取、黑客攻击、非法访问等；也可能来自组织内部，如舞弊、数据篡改、越权访问等。这些安全隐患可能破坏正常经营管理活动，导致商业机密被泄露、信息资产被窃取或丢失等。因此，需要对信息系统的安全性做出检查和评估。

表 7-1 列出了信息系统安全审计的审计类别和审计事项。

表 7-1 信息系统安全审计的审计类别和审计事项

审计事项类别	审计事项子类	审计事项名称
信息系统安全审计	物理安全控制审计	机房系统安全审计
		机器设备安全审计
		环境安全控制审计
	网络安全控制审计	网络总体运行控制审计
		网络结构安全控制审计
		网络传输安全审计
		网络接入安全与访问控制审计
		网络入侵防范控制审计
		网络恶意代码防范控制审计
		网络边界安全控制审计
	主机安全控制审计	主机总体运行控制审计
		主机访问控制审计
		主机入侵与恶意代码防范控制审计
		主机资源监控审计
	应用安全控制审计	应用系统客户端安全审计
		应用系统服务端安全审计

续表

审计事项类别	审计事项子类	审计事项名称
信息系统安全审计	数据安全控制审计	数据安全管理审计
		数据保密性审计
	终端安全控制审计	终端安全管理审计
	运行安全控制审计	人员安全管理审计
		安全管理岗位职能审计
		安全管理制度审计
		系统运维安全管理审计
	灾难恢复计划审计	灾难恢复计划审计

7.1 物理安全控制审计

物理安全控制审计是指基于物理层面控制的审计事项，物理安全主要包括环境安全、设备安全、存储介质安全等方面。比如集中处理和交换重要信息的中心机房应采用有效的技术防范措施，配备专人值守等。

物理安全控制审计的对象包括以下几个方面。

(1)机房系统安全。为了满足业务或管理的需要，保障计算机核心系统和网络系统的正常运行环境，需要稳定、高效的机房作为支撑。

(2)机器设备安全。机房内一般应包括的设备有：主服务器、磁盘阵列，以及空调设备、UPS不间断电源、安全消防器材等辅助设备。需确保这一系列设备的正常运转。

(3)环境安全。环境安全保护的目的是使计算硬件设备和数据存储介质不受物理坏境、自然灾害、人为差错和恶意操作等的影响。环境安全是信息系统安全防护的基础。环境安全控制审计的目标是物理设备及其安放场地的安全性、可靠性。

1．物理安全控制审计的目标和内容

通过对物理设施，特别是机房所处物理环境的安全检查，判断被审计单位是否采取了有效的物理安全控制措施，保障机房等物理环境的安全，防范非法访问，确保机房等重要物理设施持续、可靠地提供服务。

2．物理安全控制审计的风险

(1)机房和办公场所所处的物理环境不符合安全需求，存在安全风险。

(2)机房和重要办公场所等未采取有效的物理安全防护措施，防范非法物理访问，存在资产丢失或遭受破坏的风险。

(3)未针对机房等重要物理设施建立完善的安全管理制度和操作规范流程，并缺少必要的资源保障或安全控制措施，存在发生电力中断、火灾、水灾等安全隐患。

3．物理安全控制审计的主要方法和程序

物理安全控制审计的主要方法和程序如表7-2所示。

表 7-2 物理安全控制审计的主要方法和程序

审计项目	审计方法和程序
机房系统安全	1. 通过座谈和调阅相关资料，了解组织是否制定并明确机房安全策略、操作规程、人员职责，并查验是否对机房基于业务和安全管理需要进行功能分区并判断划分的合理性。 2. 访谈相关人员了解其职责履行、教育培训、安全意识和制度执行情况，判断相关安全工作落实情况。
机器设备安全	1. 检查主要设备和部件是否存放于机房内，并对其进行加固和设置明显、不易去除的标记。 2. 检查通信线缆是否铺设在隐蔽处或架空铺设在地板下或置于管道中，强弱电是否隔离铺设并进行统一标识。 3. 检查是否对磁带、光盘等介质进行分类标识，并存储在介质库或档案室的金属防火、防磁柜中保管。 4. 检查是否对机房和重要物理设施设置监控报警系统，外围是否设置光、电等技术设施和防盗报警系统，防范对其进行非法访问、盗窃和破坏。
环境安全控制审计	1. 确认机房等地理位置的选择是否具有防震、防风、防雨、防潮等特性。 2. 确认进入机房应有申请、审批和监控流程，并有专人值守。 3. 确认有完备的防盗、防灾和防破坏措施和安全设备。 4. 确认电力供应稳定，并有备用供电系统。 5. 访谈物理安全负责人，询问机房和办公场地的环境条件是否满足信息系统业务和安全管理需求，具有基本的防震、防风和防雨等能力，并查验机房和办公场地所处周边环境是否存在强电场、强磁场、易燃、易爆等安全隐患。 6. 访谈物理安全负责人，询问机房等级并查验设计/验收文档是否符合安全标准。 7. 访谈机房维护人员，询问是否存在因机房和办公场地环境条件引发的安全事件或安全隐患，是否及时采取了补救措施。

7.2 网络安全控制审计

计算机网络是最容易招致风险的环节，是抵御外部攻击的重要防线，因此必须做好最全面的防护。审计人员应该检查网络架构是否有助于保护信息资产的安全，流经内外网边界的数据是否有严格的访问控制，是否能对来自其他设备的网络通信进程进行安全控制，是否部署了防攻击、防恶意代码的防护软件或硬件设备，以及对全网所有主机的传输信息和运行状态进行了安全监控。这种监控主要通过现有的操作系统或网络管理软件、路由器配置等来实现。

1. 网络安全控制审计的目标和内容

网络安全控制审计的目标是从网络设备、网络结构、网络传输、网络接入与访问控制、网络入侵防范、恶意代码防范等方面的检查与评价，来确保网络支持信息系统平稳运行的真实性、完整性和安全性。

2. 网络安全控制审计的风险

（1）网络安全架构设计不合理，网络安全域划分不完善，未采取有效的访问控制措施和网络边界安全控制措施。

(2) 主机与设备的网络接入没有得到有效的识别与控制，存在网络非法接入或外联现象。

(3) 未根据业务与场景的需要而采取有效的传输安全控制措施，存在传输数据泄露的风险。

(4) 网络入侵与恶意代码防护不到位，容易造成内外部攻击者入侵风险和恶意代码传播风险。

(5) 未部署有效的网络安全审计工具或日志管理机制不健全，导致无法实现对网络安全事件进行留痕和溯源的风险。

3. 网络安全控制审计的主要方法和程序

网络安全控制审计的主要方法和程序如表 7-3 所示。

表 7-3 网络安全控制审计的主要方法和程序

审计项目	审计方法和程序
网络总体运行控制审计	1. 确认网络设备配置有足够的业务处理能力，网络带宽有足够的冗余，以满足业务高峰期的数据处理需求。 2. 检查网络运行日志是否完整。 3. 确认是否部署了防攻击、防恶意代码的防护软件或硬件设备。 4. 访谈网络管理员，确认是否根据重要性、功能职责等划分了若干网段或子网，不同的网段或子网之间具备有效隔离手段。
网络结构安全审计	1. 访谈网络管理员，询问是否在关键网络节点部署了核心网络设备及冗余设备，查阅网络拓扑图，查验设备部署合理性和一致性，判断是否具备业务安全处理能力。 2. 访谈网络管理员，询问信息系统中的边界和主要网络设备的性能以及业务高峰流量情况，网络带宽及控制情况和带宽分配的原则，并登录查看网络设备，查验负载情况及性能，判断是否可以满足业务高峰期需要。
网络传输安全审计	1. 访谈网络管理员，了解广域网和局域网重要传输链路采用的通信协议，以及是否采用加密技术和设备对其进行加密传输，从而判断重要应用服务是否采用了不可靠连接的传输协议。 2. 查阅网络拓扑图，检查组织是否有至少两条的主干链路接入和备份线路，以及关键传输链路是否有冗余，并访谈网络管理员对其进行验证。 3. 通过执行安全工具扫描和渗透测试，验证网络之间传输数据的安全性。
网络接入安全与访问控制审计	1. 确认是否采取了有效的网络访问控制措施，并且对网络流经数据进行过滤，以实现对应用层的控制。 2. 确认是否对网络的最大连接数做了限制。 3. 查阅网络接入管理相关制度规范，了解是否针对网络接入制定了管理控制措施及访问控制策略，并登录相关网络控制设备查验是否配置并开启相应的功能。 4. 访谈网络管理员，了解现有的网络访问控制措施、访问控制策略设计原则及更新频率，以及是否对非授权设备的非法内联和外联进行了监测并采取了相应的管控措施，查验安全控制措施的有效性。 5. 询问网络管理员是否配置了路由器远程拨号登录，拨号网络是否在拓扑图中有标识。 6. 检查交换机、路由器的口令是否启用了加密功能，重要的路由表更新是否启用加密。
网络入侵防范控制审计	1. 访谈网络安全管理员，询问是否在网络边界及重要系统或存储设备区域部署了防火墙和入侵检测与防范系统，查阅网络拓扑结构图，验证其一致性。 2. 登录上述设备，查看是否配置并启用了相应的安全策略，并测试其是否具有相应的安全防护能力。

续表

审计项目	审计方法和程序
网络恶意代码防范控制审计	1．查阅并了解被审计单位是否制定了恶意代码防范制度及更新策略。 2．访谈安全管理员，了解被审计单位目前所采用的防恶意代码产品，询问网络恶意代码防范措施内容及恶意代码库的更新策略。 3．查看在网络边界及核心业务网段处是否部署了恶意代码防护产品（如防病毒网关），并查验防护产品是否开启实时更新功能及恶意代码库是否为最新版本。
网络边界安全控制审计	1．检查边界和网络设备，查看审计策略是对网络设备运行状况、网络流量、用户行为等进行了全面的监测、记录，以及事件审计策略内容是否包括事件日期、用户、事件类型、事件成功情况等审计关键信息。 2．检查边界和主要网络设备，查看时钟是否保持一致； 3．查验边界和网络设备的日志是否被集中保管，并采取安全措施防范恶意删除、修改或覆盖，验证安全审计的保护情况与要求是否一致。

7.3 主机安全控制审计

主机安全控制管理是指为了确保主机及其存储信息的安全，采取包括主机访问控制、用户身份鉴别、入侵及恶意代码防范等保护措施以及主机资源监控和安全审计等手段，确保主机资源的可用性并实现对主机重要操作等用户行为的安全监控和审计，同时满足对日志管理的要求。

1．主机安全控制审计的目标和内容

主机安全控制审计的目标是检查和评价主机安全防护和访问控制情况，确保主机的安全性、连续性。

主机安全包括服务器或其他数据集中处理设备上的操作系统、数据库的安全。审计人员应检查主要服务器或其他设备操作系统、数据库的身份认证、访问控制等方面的安全策略和防护措施。

2．主机安全控制的风险

（1）未制定完善的访问控制策略或采取有效的访问控制措施对主机及其资源访问进行控制，容易造成访问权限过大、职责交叉等风险。

（2）主机用户的身份鉴别控制措施和策略不完善，致使出现主机用户身份识别有误、多人共用同一登录账号、身份验证信息泄露、主机密码设置过于简单，未采用多种身份鉴别技术等风险。

（3）未对主机实施有效的入侵检测与恶意代码防范措施，或主机恶意代码版本更新不及时，致使遭受恶意攻击。

（4）未对主机资源进行有效监控，导致主机资源不可用或无法有效支撑业务发展。

（5）未部署有效的主机安全审计工具或日志管理机制不健全，导致无法实现对主机的违规操作进行有效识别和记录。

3．主机安全控制审计的主要方法和程序

主机安全控制审计的主要方法和程序如表 7-4 所示。

表 7-4　主机安全控制审计的主要方法和程序

审计项目	审计方法和程序
主机总体运行控制审计	检查主机安全日志，确认日志记录的完整性，以及异常情况是否得到了及时处理。
主机访问控制审计	1. 用测试账号登录系统，确认登录主机的身份识别功能是否有效，用户密码的复杂度是否达到要求并定期更换。 2. 通过远程登录来管理服务器时，检查是否对流经网络的数据采取加密措施以防止其在网络传输过程中被篡改或窃取。 3. 确认访问控制功能的有效性，相应角色权限的用户对特定信息的访问是否符合规定。 4. 查阅访问控制策略规范，检查其制定的原则是否遵循"权限分离"和"最小授权"原则，并基于角色制定和分配访问控制权限。 5. 登录信息系统，查验是否启用访问控制功能并基于制定的控制策略和用户角色进行权限分配和资源访问控制。 6. 检查是否对操作系统和数据库的特权用户实现权限分离，限制默认账户访问权限，修改系统默认账户名称及默认密码。 7. 检查是否对重要信息资源设置敏感标记并依据安全策略严格控制用户对其访问。 8. 查看是否制定账号与密码管理策略，检查是否涉及口令复杂度、长度、更换周期、账户锁定并登录服务器进行验证。 9. 访谈系统管理员对操作系统和数据库系统采取的用户身份鉴别方式，并验证是否采用多种身份鉴别技术，以及抽样检查是否存在重复、共享或过期账户。
主机入侵与恶意代码防范控制审计	1. 检查主机防攻击和防恶意代码的措施，确认其有效性。 2. 检查是否针对重要服务器部署入侵检测设备，查验是否对入侵行为可及时监测、记录和报警，检查入侵记录是否完整。 3. 检查服务器和操作系统是否安装恶意代码软件并支持统一管理，查验其版本和代码库是否与服务商提供的最新版本相一致，以及与网络恶意代码库不相一致。
主机资源监控审计	1. 访谈系统管理员对重要服务器的访问终端采用的管理手段有哪些，并验证是否对终端接入方式、网络地址范围等条件做了限制。 2. 检查是否根据安全策略设置登录终端操作超时锁定。 3. 检查是否限制单个用户对系统资源的最大或最小使用限度，以及同一时间会话数量。 4. 检查是否对主机资源的使用进行监视并设置阈值，从而在低于阈值时报警，以确保重要服务器提供既定的服务标准。

7.4　应用安全控制审计

应用安全控制就是保护信息系统中各种功能模块程序的安全、持续运行，审计人员应检查主要应用系统的登录身份认证、权限控制、数据传输加密、软硬件防火墙等方面的防护措施。

1. 应用安全控制审计目标和内容

应用安全控制审计的目标是对应用系统的访问，数据输入、处理、传输和输出安全进行控制，以保证业务应用的安全性、连续性。

通过对应用系统客户端、服务端及应用系统自身全生命周期的安全审计，确保客户端业务逻辑模块、安全模块、交互功能、接口功能以及服务端认证权、业务逻辑，及其所涉及的通信功能的安全。

2．应用安全控制的风险

（1）未制定完善的访问控制策略或采取有效的访问控制措施对主机及其资源访问进行控制，容易造成访问权限过大、职责交叉等风险。

（2）应用系统在设计、编码和测试阶段未考虑安全控制措施，未使用国家管理部门认可的加解密算法或算法过于简单，无法保证应用系统中数据传输、操作和存储的安全性。

（3）未执行源代码安全检查或安全检查不到位，无法及时发现代码中存在的非法后门和安全漏洞，一旦受到恶意攻击，将威胁应用系统的安全性，甚至导致客户端敏感信息泄露。

（4）应用系统操作日志记录不全面，无法有效利用日志分析应用系统存在的安全风险和隐患，不利于应用系统的日常维护和安全管控。

（5）应用系统安全需求评审不到位，可能导致无法在设计和编码阶段融入安全需求，不利于应用系统的安全需求的落实。

3．应用安全控制审计的主要方法和程序

应用安全控制审计的主要方法和程序如表 7-5 所示。

表 7-5　应用安全控制审计的主要方法和程序

审计项目	审计方法和程序
应用系统客户端安全审计	1．源代码安全。获取客户端源代码，检查客户端源代码是否进行了混淆处理，是否具有完整性校验能力，是否对签名信息进行了安全校验；检查客户端源代码是否删除了应用中的冗余或注释代码。 2．运行环境安全。安装应用客户端软件，观察应用系统是否可以正常运行，是否具有异常处理安全机制；通过执行客户端软件反汇编、客户端指令篡改、客户端密码暴力破解等技术手段，验证客户端运行环境的安全性；检查客户端软件是否具有版本检测机制，提供版本更新功能。 3．算法安全。检测客户端软件是否采用了国家管理部门认可的加解密算法。 4．组件安全。检测客户端软件是否对组件权限进行了限制，避免第三方应用随意调用组件内容。 5．日志安全。检测客户端软件是否对日志数据进行了加密保护；必要时，是否删除了与应用系统运行逻辑相关的日志数据。 6．存储数据安全。检测客户端软件是否对本地存储的数据进行加密保护，对本地存储数据进行完整性校验。 7．权限安全。检测客户端软件是否删除了多余的权限配置，避免冗余权限的滥用，对权限申请模块进行完整性校验。 8．通信安全。检测客户端软件与服务器进行通信时是否采用安全通信协议，如 SSL/TLS、IPSec 等；客户端是否对通信数字证书进行了安全性校验；检测是否对通信数据进行了加密保护，是否对通信数据进行了完整性校验。
应用系统服务端安全审计	1．身份认证安全。检查服务器是否对用户请求等操作进行认证授权；检查服务器是否具有登录异常处理机制；通过执行渗透测试，检查服务器是否能对 SQL 注入、XSS 跨站脚本攻击、上传漏洞、缓冲区溢出等安全问题引起的认证绕过进行防范。

续表

审计项目	审计方法和程序
应用系统服务端安全审计	2．口令及密码安全。检查服务器与客户端进行身份认证时是否采用静态密码、动态口令、USBkey等认证方式；服务器与客户端应具有双因子或多因子认证机制；服务器是否对口令复杂度进行安全提示，服务器是否具有口令找回功能。 3．会话安全。检查服务器是否对会话信息进行安全加密；检查服务器是否对会话信息添加时间戳，进行完整性校验。 4．提示信息安全。检查服务器是否对客户端错误请求引起的提示信息进行处理。 5．检查服务器与移动应用、与其他服务器进行通信时是否对通信数据进行加密保护；检查服务器与移动应用及服务器与其他服务器进行通信时，是否对通信数据进行完整性校验。

7.5 数据安全控制审计

数据是被审计单位的核心资产，直接反映被审计单位的经营和管理状况。要保障应用程序正在处理的数据和数据库中存储的数据的安全，必须采取有效的安全控制措施。

1．数据安全控制审计的目标和内容

数据安全控制审计的目标是确保被审计单位信息系统主要业务数据的真实性、完整性和安全性。

审计人员应检查主要经营和管理数据的完整性、保密性、备份和恢复方面的安全策略和防护措施。通过制度层面及数据全生命周期管理、完整性和保密性等方面的检查，确保组织对数据均进行安全控制，同时采取必要的技术工具，防范数据完整性遭受破坏、数据泄露并确保数据的可用性。

2．数据安全控制的风险

(1)未建立数据全生命周期的安全管理制度，无法有效对数据安全的各项工作进行管控，不利于落实数据全生命周期的安全要求。

(2)未对重要和敏感数据进行分类分级，无法针对不同类别的数据进行不同的安全控制措施，可能导致安全管控过重或安全管控缺失。

(3)在数据采集、处理、存储、传输、分发、备份、恢复、清理和销毁等阶段，未充分采取有效的技术工具，一旦数据遭到非法访问与使用，可能出现数据泄露和完整性遭到破坏等风险。

3．数据安全控制审计的主要方法和程序

数据安全控制审计的主要方法和程序如表 7-6 所示。

表 7-6 数据安全控制审计的主要方法和程序

审计项目	审计方法和程序
数据安全管理审计	1．当检测到数据完整性被破坏的情况，是否采取了恢复措施，如通过异地备份数据来恢复。

续表

审计项目	审计方法和程序
数据安全管理审计	2. 通过测试账号登录系统，并采用技术方法检查系统存储和传输过程中的重要数据是否有加密措施。 3. 查阅被审计单位的数据管理制度，确认其涵盖数据采集、处理、存储、传输、分发、备份、恢复、清理和销毁等阶段，是否分类分级管理，并据此制定相应的管理审批流程。 4. 调阅数据管理制度，查看是否有数据安全管理方面的管控措施以及用户敏感信息的保护措施，并检查其是否符合国家相关法律法规的要求。 5. 检查被审计单位岗位职责相关文档，了解各岗位在数据的采集、处理、存储、传输、分发、备份、恢复、清理和销毁过程中的职责和权限划分，并判断各岗位之间职责分离的遵循程度，确认其划分的合理性。 6. 对数据安全管理负责人员进行访谈，了解各个工作岗位的人员情况，确认人员的相关资质是否符合数据安全管理的要求，以及是否签署了相关的安全保密协定及遵守情况。 7. 对数据安全管理负责人员进行访谈和现场验证，了解被审计单位是否部署了数据库防火墙、数据库审计系统、数据防泄漏系统、数据脱敏系统、终端用户行为分析系统等多层次的数据管控工具。
数据保密性审计	1. 查阅并判断数据保密相关管理制度、使用规范与技术标准是否符合国家标准。 2. 访谈信息安全管理人员或技术开发人员，了解网络设备鉴别信息、敏感的系统管理数据和敏感的用户数据在存储、处理和传输过程中所采取的加密机制(如密码算法、密钥和加密设备)的有效性和合规性,特别关注利用公共网络传输业务数据时的加密处理办法及重要数据是否全部得到了保护。 3. 访谈安全员，询问在使用便携式和移动式设备时，是否加密或者采用可移动磁盘存储敏感信息。 4. 检查操作系统、网络设备、数据库管理系统、应用系统的设计/验收文档，查看其是否对应用系统的鉴别信息、敏感的系统管理数据和敏感的用户数据采用加密或其他有效措施实现传输保密性描述，是否采用加密或其他保护措施实现存储保密性的描述。

7.6 终端安全控制审计

终端安全管理是指以移动存储介质为载体的固定终端和移动终端的安全管理。被审计单位为确保上述终端的安全，一方面从其选取、采购、申领、发放等过程制定一整套完善的安全管理制度，另一方面通过常规的安全防护工具和技术，在对固定终端进行安全管理的基础上，针对便携式终端采取特殊的管理手段。

1. 终端安全控制审计的目标和内容

终端安全控制审计的目标是确保被审计单位终端设备所处理和存储的业务数据的真实性、完整性和安全性。

通过对制度规范及固定终端和移动终端安全的检查，确定被审计单位是否制定相应的管理制度，从而对各类设备的选取、采购、申领、发放和运维等流程进行管理，以及对两种终端采取安全保护措施。

2. 终端安全控制的风险

(1) 未建立终端设备安全管理制度，可能无法有效落实对信息系统各类软、硬件设备的选取、采购、申领、发放等过程的规范化管理。

(2) 对移动存储介质的安全防护措施部署不充分或执行不到位，可能会导致存储的重要数据或敏感信息遭到泄露。

3. 终端安全控制审计的主要方法和程序

终端安全控制审计的主要方法和程序如表 7-7 所示。

表 7-7 终端安全控制审计的主要方法和程序

审计项目	审计方法和程序
终端安全管理审计	1. 查阅被审计单位是否针对终端设备制定安全管理制度，检查是否实现对信息系统各类软、硬件设备的选取、采购、申领、发放等过程进行规范化管理。 2. 检查被审计单位是否对终端设备的维修和服务制定相应的管理制度、审批流程及维修过程的监督。 3. 查阅相关制度文件和审批手续，核查被审计单位是否对将信息设备带离机房或办公地点的行为制定了相应的管理制度和审批流程。 4. 检查被审计单位是否基于其业务安全需要和基本信息安全管理规范制定了终端安全的管理规范，内容包括基本的系统安全配置、账户策略配置、日志与审核策略配置、浏览器安全配置，并对终端采用恶意代码防范、个人防火墙和系统漏洞补丁升级等安全管理措施和工具。 5. 检查被审计单位是否对终端采取安全防护措施和安全配置对其进行终端安全性检测，阻止不符合规范的终端接入组织网络。 6. 检查被审计单位是否依据业务需要和安全策略对终端的应用程序和防护软件进行管理。 7. 检查被审计单位是否对终端用户操作行为事件、配置信息更改事件进行审计，并支持审计数据的集中管理，防止审计数据未经授权被篡改和删除。

7.7 运行安全控制审计

运行安全控制审计是指基于信息系统运行管理层面控制的审计。主要包括人员安全管理审计、安全管理岗位职能审计、安全管理制度审计、系统运维安全管理审计。

1. 运行安全控制审计的目标

运行安全控制审计的目标是确保被审计单位的信息系统平稳运行，从而保证业务的连续性和数据的安全性。

2. 运行安全控制审计的内容

(1) 人员安全管理审计。

人是信息安全中最为关键的因素，也是最薄弱的因素。信息化建设过程中所涉及的人，包括程序开发人员、用户和管理者，都是信息系统安全的构成因素。只有人员得到了适当的管理，才可以降低风险。这包括人员招聘、考核、培训、安全教育和外部人员准入管理等。

审计人员通过审查人员安全管理方面的情况，如入职、离职等环节，评估控制措施的有效性；通过检查人员安全制度及其执行情况，评价其安全性；通过检查人员安全管理制度的内容及其执行效率与效果，评价其效益性。

(2) 安全管理岗位职能审计。

安全管理岗位的职能包括组织架构设置、人员安排、授权审批情况、岗位检查等。

审计人员通过检查岗位设置、人员配备、安全机构授权与审批机制、审核与检查工作流程等方面，评价其合法性；通过检查安全机构的设置、工作内容和方法评价其安全性；检查与评价安全机构的工作效率和效果。

(3) 安全管理制度审计。

信息系统安全管理制度主要是为了实现职责分离和对各岗位人员的管理，旨在建立一套基本的规则或行为指导，从而防范不安全行为的发生。审计人员应检查被审计单位是否建立了全面有效的信息系统安全管理体系，包括总体方针政策、管理制度、操作规程等，以及这些政策和制度的落实情况。

审计人员通过检查管理制度的制定流程、审批流程、管理制度的内容以及执行与修订情况，评价其合法性；检查与评价信息系统安全制度的内容及其落实情况；检查与评价安全管理制度的制定、审批效率与效果，评价其效益性。

(4) 系统运维安全管理审计。

系统运维安全管理审计主要包括网络操作控制审计、信息系统操作审计、紧急情况操作审计和问题处理报告审计等内容。系统运维安全管理审计涉及信息系统日常使用的方方面面，并以行业通行标准和被审计单位自定的信息系统使用规章为主要依据。通过系统运维安全管理审计，信息系统的潜在缺陷会完全暴露出来，信息系统用户可以提早进行修正和弥补。

3. 运行安全控制的风险

(1) 人员录用时未签署保密协议，或所签署的保密协议内容过于简单，保密义务未包含技术保密、管理制度保密和发展规划保密等条款，或未包含保密期限、违约责任、竞业协议和离职协议等内容。

(2) 人员离职后系统账号未及时收回，造成信息泄露的风险。

(3) 人员缺乏信息安全培训，造成系统操作错误或信息泄露的风险。

(4) 外部人员访问系统缺乏审批手续，造成信息泄露的风险。

(5) 安全管理制度未指定或安全管理岗位职责未明确，在权责不清的管理环境下可能引发严重信息安全后果。

(6) 安全补丁和漏洞更新不及时，一旦被恶意人员利用，可能直接威胁系统安全性，甚至导致敏感信息外泄或系统中断。

(7) 主机、网络设备或系统的补丁及漏洞在升级前，未制定有效的测试规范和流程，或系统重要数据未执行备份，一旦系统更新失败，可能对系统可用性和业务稳定性产生较大影响。

(8) 未建立存储介质的安全管理制度，无法有效落实介质的登记、存放、使用、流转、维护、盘点、检查与销毁等环节的各项安全要求。

(9) 密码技术和产品应用不符合国家安全规范，密码算法过于简单，一旦密码被暴力破解，可能导致数据在传输和存储等过程的完整性和机密性遭到破坏。

4．运行安全控制审计的主要方法和程序

运行安全控制审计的主要方法和程序如表 7-8 所示。

表 7-8　运行安全控制审计的主要方法和程序

审计项目	审计方法和程序
人员安全管理审计	1．在人员录用上，除基本的审查和技术考核外，检查其是否签署保密协议。 2．人员离岗后，审查是否及时终止离岗人员的访问权限，取回各种身份证件和软硬件设备。 3．是否定期进行了安全技能培训或考核。 4．查阅外部人员访问系统申请文件或记录，确认外部人员对系统的访问是否经过了审批程序，得到授权后是否有专人陪同。 5．抽样调查信息安全流程运行绩效数据是否被纳入员工绩效考核体系。
安全管理岗位职能审计	1．查阅相关制度文档，确认是否设立信息安全管理工作的职能部门，设立安全主管及各个方面的负责人岗位，并明确各岗位职责。 2．分析信息安全管理相关流程的指标体系，判断其岗位职责的对应程度。 3．实地观察，确认其组织架构设置中的岗位，如系统管理员、网络管理员、安全管理员等，都得到了安排。 4．查阅相关审批文档，检察是否明确授权审批事项，是否建立审批程序并执行审批过程。 5．查阅日志文件，确认是否定期进行安全检查，包括系统日常运行、系统漏洞和数据备份的情况。
安全管理制度审计	1．查阅相关信息系统安全管理制度文件，确认是否制定信息安全工作的总体方针和安全策略，以及各类安全管理制度。 2．实地观察，确认管理人员和执行人员是否严格按照安全管理制度的规定完成日常规程。 3．访谈信息安全负责人，询问是否已经建立信息安全管理流程，对安全事件、安全监控、防病毒、补丁管理、账号口令、备份恢复、远程接入、安全审计、物理访问、系统退役等日常安全工作进行优化以提高管理效率。 4．选择一个或几个安全管理流程进行穿行测试，了解安全流程的执行情况。
系统运维安全管理审计	1．在网络操作方面，对被审计单位的网络操作进行测试，以判断在网络数据处理过程中是否存在相应的实施测试计划，是否对网络数据的安全性制定了相应的操作规程、防护措施及数据恢复机制等。 2．在信息系统操作方面，观察 IT 部门人员执行任务的情况，判断是否有足够的控制以确保操作的效率，是否遵守已制定的标准政策，信息管理层的监督审查是否足够以及数据的正确性和安全性等。 3．在紧急情况操作方面，测试在软件出现问题时，如何通过后备操作程序来恢复系统，同时要考虑到对于自动软件的定期测试问题。 4．在问题处理报告方面，确认有充分的文档记录程序，支持 IT 部门人员及时记录、分析和解决问题，并符合管理层的要求，获得授权；同时，审计人员应评价问题管理机制是否恰当，尚未解决的问题是否正在处理或解决中。

7.8 灾难恢复计划审计

信息系统灾难恢复是指为保证信息系统的持续运行，防范灾害风险，减少灾害造成的损失和不利影响而进行的一系列工作。被审计单位不希望出现由于灾难或其他不可预见事件引发的正常经营过程中断或长时间延误。当地震、火灾、飓风等灾难性事件发生时，即使应用程序短时间关闭，也会对依赖于信息系统实现业务运营管理的单位产生严重影响，甚至会造成信息丢失，或资产(有形或无形)及劳务方面的损失。为了确保灾后业务的连续性，需要预先制订灾难恢复和业务连续性计划，以减少损失，确保关键业务持续运行。在制定这些控制程序时，首先要评估灾害的潜在影响和后果，了解风险。

1. 信息系统灾难恢复工作的主要内容

(1)灾难方案设计须考虑的因素。

① 被审计单位会发生哪些灾难，并且这些灾难会导致业务中断多久？

② 业务进程与交易数据能恢复到何种程度，仅恢复到某一日还是全部恢复，是否需要逐条恢复交易记录？有多少人在执行记录，并且该记录能否重新输入，这些交易记录的重要程度；

③ 当灾难发生后需要多长时间重启并运行系统，被审计单位能承受多久的等待时间？

④ 恢复时所选用的技术在当地是否适用，是否存在法律、环境等相关因素的制约？

⑤ 在执行该项方案时是否存在合适、充足的资源做支撑？

⑥ 执行该项方案的投入成本、机会成本、剩余风险有多高？

(2)项目启动和管理。

确定业务连续性计划过程的需求，包括获得管理层支持、确保项目符合被审计单位整体发展规划和预算的要求。

(3)风险评估和控制。

确定可能造成机构及其设施中断和出现灾难、具有负面影响的事件和周边环境因素，以及事件可能造成的损失、防止或减少潜在损失影响的控制措施。提供成本效益分析以调整控制措施方面的投资，达到降低风险的目的。

(4)灾难应急测试。

通常是由被审计单位风控部负责的，最好的测试是在生产业务环境中，并且是在拥有同等规模业务量的情况下完成的。有些业务系统可能无法进行全面的实战测试，只能进行模块中断测试和纸面上的串行测试，此时应精细设计测试环境，使之尽可能接近实际环境。测试的周期通常为每年一次、半年一次、每季度一次，也有一周一次的案例，通常发生在银行等交易数据量大、交易频繁的企业或组织。

(5)及时更新。

当控制环境发生变化时，灾难恢复计划必须随之改变，以保证计划的时效性。

(6)后续总结。

当发生灾难并启动灾难恢复程序后，内审部门联合风控部门应进行后续调查，找出在恢复过程中存在的问题，并做出相关灾难与恢复调查总结报告，经部门管理层审批后报送至高级管理层、董事会，审核后作为下一期灾难恢复计划的制订依据。

(7) 业务影响分析。

确定由于中断和预期灾难可能对机构造成的影响以及用来定量和定性分析这种影响的技术。确定关键功能、确定其恢复优先顺序和相关性以便确定恢复时间目标。

(8) 制定业务连续性策略。

确定和指导备用业务恢复运行策略的选择，以便在恢复时间目标范围内恢复业务和信息技术，并维持机构的关键功能。

(9) 应急响应和运作。

制定和实施用于事件响应以及稳定事件所引起状况的规程，包括建立和管理紧急事件运作中心，该中心用于在紧急事件中发布命令。

(10) 制订和实施业务连续性计划。

设计、制订和实施业务连续性计划以便在恢复时间目标范围内完成恢复。

(11) 意识培养和培训项目。

准备建立对机构人员进行意识培养和技能培训的项目，以便业务连续性计划能够得到制订、实施、维护和执行。

(12) 维护和演练业务连续性计划。

对预先计划和计划间的协调性进行演练，并评估和记录计划演练的结果。制定维持连续性能力和业务连续性计划文档更新状态的方法，使其与机构的策略方向保持一致。通过与适当标准的比较来验证业务连续性计划的效率，并使用简明的语言报告验证的结果。

(13) 公共关系和危机通信。

制订、协调、评价和演练在危机情况下与媒体交流的计划。制订、协调、评价和演练与员工及其家庭、主要客户、关键供应商、业主/股东以及机构管理层进行沟通和在必要情况下提供心理辅导的计划，确保所有利益群体能够得到所需的信息。

(14) 与公共当局的协调。

建立适用的规程和策略用于同地方当局协调响应、连续性和恢复活动，以确保符合现行的法令和法规。

2. 灾难恢复计划审计的目标

灾难恢复计划审计的目标是：确认灾难恢复计划的真实性、可行性、合规性。

3. 灾难恢复计划审计的内容

信息系统审计人员应评估被审计单位是否建立健全了信息系统应对突发事件的应急响应措施，是否制定了完备的策略和具体的实现目标，是否具备一定的危险判断能力、病毒抵抗能力、恢复能力，是否符合相关的标准或方法，如国际标准 SHARE78（见表 7-9），定义了七个不同层次的灾难恢复解决方案。

表 7-9 国际标准 SHARE78 的灾难恢复解决方案

容灾等级	恢复时间目标	恢复点目标	数据丢失情况	灾备中心	备份方式	数据更新/恢复	主机
等级 1	72 小时以上	24 小时	几天乃至几星期的数据丢失	无	磁带	磁带	关机

续表

容灾等级	恢复时间目标	恢复点目标	数据丢失情况	灾备中心	备份方式	数据更新/恢复	主机
等级2	24~72小时	24小时	数据丢失量1天以上	专有	磁带	磁带	关机
等级3	12~24小时	文件级	数据丢失量1天以内	专有	电子	文件，定时的	活动
等级4	4~12小时	日志级	几个小时的数据丢失	专有	电子	文件或日志，时间段	活动
等级5	2~4小时	交易级	只允许少量数据丢失	专有	电子	数据，软件	活动
等级6	30~60分钟	交易级	没有或基本没有数据丢失	专有	电子	数据，系统/硬件	活动
等级7	30~60分钟	交易级	0数据丢失	专有	电子	数据，系统/硬件	活动

另一个常用的应急响应和灾难恢复方法是PDCERF方法(见表7-10)，该方法将应急响应流程分成准备(Preparation)、监测(Detection)、抑制(Containment)、根除(Eradication)、恢复(Recovery)、跟踪(Follow-up)六个阶段。根据应急响应总体策略为每个阶段定义适当的目的，明确响应顺序和过程。但是，PDCERF方法不是安全事件应急响应的唯一方法。在实际应急响应过程中，不一定严格存在这6个阶段，也不一定严格按照这6个阶段的顺序进行。但它是目前适用性较强的应急响应通用方法。

表7-10 PDCERF方法

应急响应阶段	措施
准备阶段	此阶段以预防为主。主要工作涉及识别被审计单位的风险，建立安全政策，建立协作体系和应急制度；按照安全政策配置安全设备和软件，为应急响应与恢复准备主机。通过网络安全措施，为网络进行一些准备工作，比如扫描、风险分析、打补丁，如有条件且得到许可，可建立监控设施，建立数据汇总分析的体系和能力；制定能够实现应急响应目标的策略和规程，建立信息沟通渠道和通报机制，有关法律法规的制定；创建能够使用的响应工作包；建立能够集合起来处理突发事件的应急响应小组。
监测阶段	检测事件是已经发生还是在进行中，以及事件产生的原因和性质。确定事件性质和影响的严重程度，预计采用什么样的专用资源来修复。选择检测工具，分析异常现象，提高系统或网络行为的监控级别，估计安全事件的范围。通过汇总，确定是否发生了全网的大规模事件；确定应急等级，决定启动哪一级应急方案。
抑制阶段	及时采取行动遏制事件发展。初步分析后，重点确定适当的遏制方法，如隔离网络，修改所有防火墙和路由器的过滤规则，删除攻击者的登录账号，关闭被利用的服务或者关闭主机等；咨询安全政策；确定进一步操作的风险，控制损失保持最小；列出若干选项，讲明各自的风险，应该由服务对象来做决定。确保封锁方法对各网业务影响最小；通过协调争取各网的一致行动，实施隔离；汇总数据，估算损失和隔离效果。
根除阶段	彻底解决问题隐患。分析原因和漏洞，进行安全加固，改进安全策略。加强宣传，公布危害性和解决办法，呼吁用户解决终端问题；加强检测工作，发现和清理行业与重点部门的问题。

续表

应急响应阶段	措施
恢复阶段	被攻击的系统由备份来恢复；做一个新的备份；对所有安全上的变更做备份；服务重新上线并持续监控。持续汇总分析，了解各网的运行情况；根据各网的运行情况判断隔离措施的有效性；通过汇总分析的结果判断仍然受影响的终端的规模；发现重要用户及时通报解决；适当的时候解除封锁措施。
跟踪阶段	关注系统恢复以后的安全状况，特别是曾经出问题的地方；建立跟踪文档，规范记录跟踪结果；对响应效果给出评估；对进入司法程序的事件，进行进一步调查，打击违法犯罪活动。

4．灾难恢复计划的风险

（1）未根据国家、行业的合规监管要求以及自身的经营规模和业务需求，建立灾难恢复管理体系或工作领导小组。

（2）未制订灾难恢复计划，或灾难恢复计划未覆盖被审计单位重要业务和系统，导致灾难恢复计划无法有效执行。

（3）在制定灾难恢复策略前，未进行系统风险分析和业务影响性分析，无法确定重要信息系统的恢复时间目标、恢复点目标和恢复优先级策略。

（4）未针对灾难恢复计划制订演练计划及定期开展演练，不利于检验灾难恢复计划的合理性和适用性，不利于灾难恢复计划的持续改进。

（5）未对重要和敏感数据实施有效的备份和恢复策略，或建立本地（异地）灾备系统，一旦发生网络安全事件或重大灾害，无法及时对重要数据进行恢复，数据的完整性和可用性得不到保证，将给系统的稳定运行带来较大安全隐患。

5．灾难恢复计划审计的主要方法和程序

灾难恢复计划审计的主要方法和程序如表 7-11 所示。

表 7-11　灾难恢复计划审计的主要方法和程序

审计项目	审计方法和程序
灾难恢复计划审计	1．访谈网络管理员，询问是否建立异地灾备系统，以及信息系统中的网络设备、操作系统、数据库管理系统是否提供自动备份机制并对重要信息进行本地和异地备份功能，以及是否提供重要设备和线路的硬件冗余。 2．检查设计/验收文档，查看其是否有关于重要业务系统的本地和异地系统级热备份的描述，以及是否有关于在灾难发生时的业务自动切换和恢复功能的描述。 3．检查灾难恢复计划是否存在，且具有可行性。 4．检查重要数据是否已经做好了异地备份。 5．评估异地存储数据的安全性。 6．检查灾难恢复计划是否符合相关行业标准。 7．检查所有灾难恢复计划是否是最新的，是否有更新计划的程序。 8．检查计划是否涵盖了所有关键的业务职能和系统，如果没有，是否对缺漏做了记录。 9．检查灾难恢复计划是否以业务中断的风险和潜在后果为基础。 10．检查灾难恢复计划是否充分记录并且符合被审计单位的政策、程序，是否明确了职责。

续表

审计项目	审计方法和程序
灾难恢复计划审计	11. 检查被审计单位是否能够并且准备实施计划。 12. 检查灾难恢复计划是否经过测试并根据结果加以修订。 13. 检查灾难恢复计划是否妥善保存，管理人员是否知道保存地点和获取途径。 14. 检查相关人员是否知道替代设施的位置(备份地点)。 15. 检查灾难恢复计划是否要求与当地紧急部门合作。

本章小结

1. 信息资产与人力资源、财务资产和实物资产一样，都是被审计单位的重要商业资产。信息安全，是指保护被审计单位信息资产的保密性、完整性和可用性，信息内容符合国家法律、法规及监管要求。安全管理，是指被审计单位通过制定总体信息安全管理方针，明确工作的总体目标、范围、原则和安全框架等内容；通过建立制度规范、操作规程、安全策略，确保安全管理工作的合规性，支持组织业务安全运营；通过风险评估、持续检查和独立审计等促进手段，实现信息安全管理体系的持续改进与完善。

2. 信息系统安全审计是对被审计单位的信息系统安全控制体系进行全面审查与评价，确认其是否健全有效，从而确保信息系统安全运行。其目标在于审查安全控制体系设计的有效性，以及安全控制措施执行的有效性，最终得出审计结论。

3. 关于信息系统安全审计的作用，一是预防来自互联网对信息系统的威胁，二是预防来自被审计单位内部对信息系统的危害。

复习思考题

1. 在评估对密码管理的程序控制时，信息系统审计师应审查哪些具体的控制措施？
2. 在审查软件使用和许可情况时，信息系统审计师发现许多 PC 含有未经授权的软件，应采取什么行动？
3. 执行审计工作时，信息系统审计师检测到系统内存在病毒。该信息系统审计师下一步应该怎么做？
4. 在进行数据库安全控制审计时，可采用哪些审计方法？

第 8 章

信息系统绩效审计

在信息系统审计中，绩效审计是一项重要的审计任务。信息系统审计师需评价系统运行结果的有效性或可行性，是否满足业务和管理对信息系统的需求；用户是否对系统的运行过程和结果感到满意。

信息化建设被认为是一项投资大、风险高、见效难的工程。信息系统如何为企业或组织的发展做出贡献是所有管理者都在探索的问题。一方面，管理者需要评估信息化建设项目，考虑项目在企业或组织发展中的作用，为其决策提供依据；另一方面，投资者和债权人也需要评估信息化建设项目，考虑项目对盈利能力的影响，为其决策提供依据。这就是信息系统绩效审计的目的。

我们必须科学、准确和公正地评价信息系统的绩效。这就需要根据信息系统建设的初步规划和目标以及信息系统建设的投资，对被审计单位的信息系统进行综合评价，掌握评价依据，执行审计程序，收集审计证据，给出审计意见。这是一项困难的工作，其难点在于，理论和实践方法都处于探索阶段，没有成熟的模型和方法来实现这个目标，也没有完善的指标体系可以遵循。

信息系统绩效审计的目标是：通过开展绩效考核、后评估审计，了解信息系统持续对企业或组织的支撑作用是否能达到预期，便于及时开展相应的后续服务。

信息系统绩效审计的重点和难点包括但不限于被审计单位信息系统项目绩效的考评机制，被审计单位对信息系统运行后评价的评价标准、指标、体系。

8.1 信息系统绩效评价指标设计

1. 信息系统绩效评价指标的设计原则

在设计信息系统绩效评价指标时，应考虑以下原则。

(1) 实用性原则。

各项指标要能够被明确衡量，且衡量所用的计算方法应尽可能简便，以便于绩效评价工作的开展。

(2) 广泛性原则。

绩效评价框架和指标的设计必须得到实践者广泛的认可和接受，管理者的认可是评价指标得以实施的前提，而审计人员的接受是评价体系具体实施的基础。

(3) 结合 IT 治理的目标。

IT 治理最重要的任务是保证信息技术与各种业务的有效结合，使其与被审计单位战略保持一致,促进组织利益最大化,实现信息化风险的最有效控制。信息系统审计不仅是IT治理的组成部分,也是IT治理的促进因素。因此,评价指标应与IT治理目标紧密结合。

(4) 体现信息系统审计的独特价值。

通过多维度的比较和挖掘,探索信息系统审计在审计实践中可以发挥的作用。全面性和系统性是设计绩效评价指标的目的之一。同时,信息系统审计的绩效难以量化,这是指标设计的难点。在设计评价指标时,需要充分考虑信息系统审计的业务流程,使评价指标能够反映信息系统审计的战略价值。

2. 信息系统绩效评价指标设计

绩效评价指标通常可划分为以下几类:量化与非量化指标、财务与非财务指标、衡量过程与衡量结果指标。进行绩效审计时需要在评价指标体系中的各类指标之间取得一个平衡。

(1) 量化与非量化指标。

量化指标就是将所要评价的目标予以数量化,通常用货币、产销量、百分比、完成阶段、处理件数等来表示。但并非所有评价对象均能很容易地予以数量化。例如,信息系统增进部门间的沟通、促进组织结构重组等方面的评价就难以用数字来表达,因此通常将难以量化的指标称为非量化指标。

(2) 财务与非财务指标。

对于量化指标而言,如果能以金额表示的即为财务性指标,反之为非财务性指标。过去对信息化建设项目的评价侧重财务性指标的衡量,但随着经济、技术的不断发展和外部环境的不断变化,非财务指标逐渐受到重视,其理由有如下几点:

① 产品的质量和服务越来越被重视;

② 信息系统在被审计单位活动中的融合越来越深,信息系统的作用与影响常常通过间接方式显现出来;

③ 信息系统所发挥的作用是长期性的,短时间难以用财务指标来衡量。

用非财务性绩效评价指标并不代表财务指标不重要,而是用非财务性的控制方法来追踪关键成功因素,从而有利于财务目标的实现。在信息系统绩效审计过程中应该平衡考虑财务性与非财务性指标。

(3) 衡量过程与衡量结果指标。

衡量结果的指标体现战略执行的结果(如营业收入的增长、质量改善等),这些指标是典型的事后指标,它告诉管理者过去行动的结果。相对的,衡量过程的指标是事中指标,显示在执行某一策略时的关键因素。衡量结果的指标仅能指出最终结果,而衡量过程的指标能够指出实现最终结果的变化过程。

总之,对于信息系统绩效审计而言,信息系统给被审计单位带来的效益是多方面的,会涉及其经营管理者中的各个层次,而且每一层次都有不同的系统使用水平和要求。因此,在进行信息系统评价时,必须结合每一个层次的系统使用特点,选取适合的评价指标。

3. 信息系统绩效评价指标

对于信息系统的绩效评价研究是从对企业制造资源计划(Manufacturing Resource Planning,MRP)项目的绩效评价体系研究开始的。1976 年,MRP II 的创始人怀特(Olive Wight)提出,把实施 MRP 系统的企业分别评为 A、B、C、D 四个等级。1992 年,Delone

和 Mclean 提出了关于信息系统成功的六种主要的因变量：系统质量(System Quality)、信息质量(Information Quality)、系统使用(Information System Use)、用户满意度(User Satisfaction)、个人影响(Individual Impact)和组织影响(Organizational Impact)。

根据"3E"的国际审计评价标准，信息系统绩效评价主要分析信息系统建设资金使用的经济性(Economy)、效益性(Efficiency)和效果性(Effectiveness)。信息系统的性能、成本、效益的综合比是综合衡量系统质量的指标。评价信息系统成功的最重要指标是信息系统给企业带来的利益，而这些利益又包括运作利益、管理利益、战略利益、组织利益和 IT 基础利益等五大类。

结合以上理论，并综合现有的理论研究基础，本书将从经济维度、控制维度、服务维度这三个维度，再结合信息系统绩效评价指标，对信息系统的绩效进行综合评价。

8.2 经济维度下的绩效评价

经济性即以最低的资源耗费获得一定数量和质量的产出，即节省的程度。节省可以体现在许多方面，如 ERP 的建立将增加自动化程度，提高人员的工作效率，减少相应部分的人工费用。各类业务管理系统也带来各种不同的费用的减少，如供应管理系统的建立，有助于选择价格和供应商，做到及时订货，从而节省采购费用。库存管理系统将使原材料和在制品的库存量得到压缩，减少流动资金的占用。生产管理系统将实现均衡生产，提高劳动生产率，减少产品工时成本，按期交货，减少非正常支出（如延期罚金等）。财务管理系统将加速资金周转，提高准确率，避免不必要的经济损失。各类信息系统能及时、准确地提供对决策有重要影响的信息，从而提高决策的科学性和可行性，节省投资，避免不必要的开支。

效益性指以最小的投入获得一定的产出，或者以一定的投入获得最大的产出。也就是说，投入了信息化建设项目的资源，应努力实现产出最大化，或者确保以最少的资源投入获得一定数量的产出。例如，通过对 ERP 项目的资源投入，力争取得最大的产出，或确保以最小的资源投入取得一定数量的产出。企业通过 ERP 系统提高了企业物流、资金流、信息流一体化管理的效率，从而降低了库存，提高了资金利用率，减少了经营风险；控制了产品生产成本，缩短了产品生产周期；提高了产品质量和合格率；减少了坏账、呆账金额等；改善了与顾客和供应商的关系，提高了企业的信誉。

信息系统作为企业或组织的一种特殊投资项目，与其他一般投资项目相比，其投资所产生的经济效益的量化是较难的。首先，从组织顶层到各个下级部门都是信息系统的使用者，其产生的经济效益也遍布于整个企业，信息系统是通过对组织的业务活动的支持而间接取得经济效益的，因此无法通过财务核算的方式将经济效益归口于某个具体的部门或业务活动；其次，信息系统的投资和回报周期都很长，从系统的策划、建设、实施、运行，到后期维护和升级，其发挥的作用是逐步展现和扩大的，也就是说，其产生的经济效益是一个逐步增长的过程，在某个时间点的统计都是不准确的；最后，信息系统所产生的经济效益中有很大一部分是间接效益和无形收益，比如市场竞争力的增强、经营决策水平的提高等，这些效益难以量化。经济维度的绩效评价通常采用成本—收益分析法，从财务角度进行评价，集中于成本和效益的量化和度量。

鉴于以上考虑，本书仅将信息系统建设和运营的经济数据进行量化，而具体的经济效益分析不做探讨。经济维度下的绩效评价指标体系(经济指标)如表 8-1 所示。

表 8-1 经济维度下的绩效评价指标体系(经济指标)

一级指标	二级指标	说明	额度(万元)
信息化建设成本	软件成本	自行开发软件或采购商品软件的建设投入。	
	硬件成本	计算机硬件建设投入。	
	人员培训成本	系统使用培训、科技人员技术培训等的投入。	
	人工成本	科技人员雇佣成本。	
	软硬件维护成本	软硬件维护的长期投入。	
	管理成本	为保障信息系统平稳运行和数据安全，并控制信息安全风险而实施的一系列控制措施的管理成本。	
直接经济收益	增加销售收入	企业通过电子商务系统可以进行网上新品发布、新品宣传、新品促销，从而增强市场营销能力，扩大产品销售范围和销售对象，增加销售收入，降低市场营销费用。	
	降低或消除交易成本	企业采用电子商务作为产品销售手段，消除产品流通的中间环节，从而降低或消除交易成本。	
	节省的人工成本	由于系统自动化处理而减少雇佣人工所节省的成本。	
	节省的办公费、差旅费等	在线协同办公所减少的差旅费、无纸化办公所减少的耗材损耗、业务协同所减少的沟通交流成本。	
	降低要素配置成本	企业将电子商务系统作为生产过程中的要素配置手段，进行网上投入品采购、供应商关系管理、网上人才招聘、网上技术引进和网上融资等，提高要素配置的便捷性和及时性，降低要素配置成本。	
	节省库存成本	利用信息系统缩短投入品采购和成品供应提前期，加快库存周转，维持较低库存，节省库存成本。	
间接经济收益	服务或产品质量的提升	工作效率提升所降低的单个事项办公时长，团队办公效率提升，促进业务增长或产品质量改进所获得的间接收益。	
	社会效益	服务或产品质量的提升所带来的品牌效益。通过信息系统可以很方便地管理客户关系，为客户提供售前、售中和售后的个性化服务，巩固已有客户和吸引更多新客户。	
	提高管理水平和管理效率	信息系统如果能够得到较好的设计和运营，将有效提高管理水平和管理效率。	

8.3 控制维度下的绩效评价

信息系统运行过程中需通过一系列的内部控制和维护措施来为信息系统正常运行提供支持，这些措施包括组织和制度设计、岗位设置、人员管理、信息系统安全管理、信息技术咨询、招标与采购管理、开发与实施、运行维护和运营服务，以及与其他系统的数据共享与通信等。信息系统的内部控制对于信息系统的正常运行和组织目标的达成至关重要。

可以说,没有内部控制就没有信息系统。从信息系统上线运行开始,就与组织的制度、文化、目标和行为规则等紧密结合。决定信息化建设成败的关键除了系统本身,还有信息系统的管理控制环境,二者同等重要。

信息系统绩效评价在控制维度下应主要考虑控制对于信息系统达成组织目标的保障功能,具体包括:信息系统建设过程(生命周期)评价、一般控制评价、应用控制评价、信息系统安全管理评价。

控制维度下的绩效评价指标体系(业务指标)示例如表 8-2 所示。

表 8-2 控制维度下的绩效评价指标体系(业务指标)示例

一级指标	一级指标	评价内容	评分标准	指标分值
组织管理水平	一般控制管理水平	组织架构的完备性,以及执行落实情况评价	信息系统组织架构是否建立;信息技术部的职责划分是否明确;是否采取了有效的控制措施防止岗位职责冲突;相关人员是否正确理解各自的 IT 职责。 以上条件均满足的得满分,每有一项不满足扣 0.5 分,扣完为止。	0.5
		制度体系的完备性,以及执行落实情况评价	信息化管理制度体系是否健全和完善;信息系统治理职权与责任分配及制衡机制是否建立;信息沟通机制是否及时、有效;管理层有关信息系统问题的决策机制是否有效。 以上条件均满足的得满分,每有一项不满足扣 0.5 分,扣完为止。	0.5
		岗位职责的完备性,以及执行落实情况评价	确认相关岗位是否真实存在,相关人员是否了解其岗位职责,是否明确和履行;不同岗位权责是否严格分离;人员岗位所对应权限与其工作职责是否一致;岗位考核机制是否真实有效,是否对未授权行为进行检测与控制;信息技术部对业务人员需求的沟通是否及时有效。 以上条件均满足的得满分,每有一项不满足扣 0.5 分,扣完为止。	1
		教育培训的完备性,以及执行落实情况评价	是否有健全的教育培训体系;覆盖人数、培训次数、培训总天数、培训执行力度是否达到设定标准;对员工的教育培训是否有考核制度,从而确保培训效果;科技人员是否有专业领域的持续培训以加强专业技能。 以上条件均满足的得满分,每有一项不满足扣 0.5 分,扣完为止。	1
		内部监督的完备性,以及执行落实情况评价	是否建立了 IT 风险管理和内部监督部门或岗位,以及相关 IT 风险管理政策和制度;监督工作是否开展,监督措施是否有效。 以上条件均满足的得满分,每有一项不满足扣 0.5 分,扣完为止。	0.5

续表

一级指标	二级指标	评价内容	评分标准	指标分值
组织管理水平	应用控制管理水平	业务流程控制的完备性，以及执行落实情况评价	业务流程设计与实际业务是否匹配，系统功能是否完全实现；系统业务功能是否完备并满足用户需求；关键环节的业务流程控制是否有效；岗位职责是否符合"职责分离"原则，从而建立不相容的职责分离矩阵；用户权限审批制度是否按照相应的制度规范严格执行；是否为业务流程风险提供合理的人工或自动化控制措施；业务流程关键环节的控制点执行是否有效；问题管理、故障管理流程是否建立并能及时有效地处理问题和故障。 以上条件均满足的得满分，每有一项不满足扣 0.5 分，扣完为止。	2
		身份识别访问控制的完备性，以及执行落实情况评价	是否建立了控制数据访问的权限控制体系，并严格实施；是否对进入操作系统及数据库系统的用户进行相应的身份辨识；操作系统及数据库系统管理用户口令是否为数字和字母的组合，并定期更换；是否启用登录失败处理功能，有限制不法登录次数及能够强制退出等措施；是否采用多种组合的辨识技术对管理用户进行身份辨识；系统中数据校验控制是否有效；用户的数据操作是否被日志记录下来，且符合其岗位对应的权限范围。 以上条件均满足的得满分，每有一项不满足扣 0.5 分，扣完为止。	2
		用户账户管理控制的完备性，以及执行落实情况评价	是否及时删除过剩的、无效的账户，避免共享账户的存在；是否保证在外部人员访问系统区域之前率先进行书面申请，核准后由人员进行陪同或监督，并记录在册；对外部人员允许访问的内容是否进行了正式的书面规定，并按照规定执行。 以上条件均满足的得满分，每有一项不满足扣 0.5 分，扣完为止。	2
		数据输入总体管理控制的完备性，以及执行落实情况评价	是否制定并遵守输入管理的规则；数据输入是否完整有效；系统日志是否按照规定记录了用户的数据录入和导入的操作；输入数据的生成顺序、处理等是否有防止差错、防止不正当行为及机密保护的对策；数据输入的防止差错、防止不正当行为及机密保护的对策是否有效；输入数据的保管及废除是否按输入管理规则进行。 以上条件均满足的得满分，每有一项不满足扣 0.5 分，扣完为止。	2
		数据录入和导入控制的完备性，以及执行落实情况评价	数据录入、导入接口是否符合国家、行业或组织自身规范，是否制定了数据录入、导入的制度规范；导入数据是否正确、完整；系统是否提供了输入值约束功能，以保证输入数据的准确性。 以上条件均满足的得满分，每有一项不满足扣 0.5 分，扣完为止。	0.5

续表

一级指标	二级指标	评价内容	评分标准	指标分值
组织管理水平	应用控制管理水平	数据修改、删除、校验控制的完备性，以及执行落实情况评价	系统是否存在未经许可的数据修改和删除功能；数据输入规则控制中是否存在不符合数据唯一性控制、必填字段控制、数据格式、合法性和准确度控制等数据输入控制缺陷；录入系统的数据中是否存在不符合规定代码值的数据；录入系统的数据中，有关板块之间的数据是否一致；录入系统的数据中，是否有数据是不完整的；数据校验控制是否符合国家、行业或者单位规范；数据校验控制的需求定义及算法实现是否有效。 以上条件均满足的得满分，每有一项不满足扣 0.5 分，扣完为止。	2
		数据库输入、共享与交换输入、备份恢复输入控制的完备性，以及执行落实情况评价	系统是否设置了数据入库控制功能；是否存在数据入库工作的制度规范并严格有效执行；系统是否对传输的信息加密以保证共享与交换数据的传输安全；敏感数据的共享与交换记录是否存在数据控制责任人的监督和确认；数据的共享与交换结果是否完整准确；接收备份数据时是否对备份数据包进行恢复测试以保证备份数据的安全性；系统提供的数据备份包是否可恢复，数据是否完整、准确、可用。 以上条件均满足的得满分，每有一项不满足扣 0.5 分，扣完为止。	2
	信息系统建设过程管理水平	略		
	信息系统安全管理水平	略		

8.4 服务维度下的绩效评价

从战略角度考虑，信息系统建设的根本目标是为了达成组织的目标，其最直接的体现则是服务目标群体。对服务的评价，有利于提高信息系统建设和服务企业的能力与水平，加强自身建设，不断提高被审计单位的经营、技术和管理能力，参与市场竞争。

对信息系统服务效果的评价可以从用户满意度的评价着手，用户又包括内部用户与公众用户。对于内部用户来说，可操作、高容错、易掌握是多数人的基本要求，而要达到内部用户的业务需求则是其根本目标。公众用户的需求要复杂得多，不仅包括内部用户的基本需求，还反映了公众用户的期望，即信息系统服务的形式期望、结果期望和心理期望。形式期望是目标用户对信息系统界面、功能、色彩等直观内容的心理感受；结果期望是目标用户对信息系统提供的结果内容的深层心理感受；心理期望是指目标用户对信息系统的功能和用途的更深层次的心理感受。在用户满意度评价的审计实践中，问卷调查、访谈和实地观察是解决这一问题的比较好的方法，统计分析是重要手段。

服务维度下的绩效评价指标体系(业务指标)如表 8-3 所示。

表 8-3　服务维度下的绩效评价指标体系(业务指标)

一级指标	二级指标	评价内容	评分标准	指标分值
服务水平	提高办事效率	项目建成后,对提高审批效率方面的影响	系统上线后 3 年审批平均提前率≥40%得 4 分, 40%>提前率≥30%得 3 分, 30%>提前率≥20%得 2 分, 20%>提前率≥10%得 1 分, 10%>提前率得 0 分。 (其中系统上线后 3 年审批平均提前率=(系统上线后 3 年平均承诺时间−平均办结时间)/平均承诺时间*100%)	4
	推进网上办公	项目建成后,对推进网上办公方面的影响	实现网上办公事项增加数比率≥100%得 4 分, 100%>比率≥80%得 3 分, 80%>比率≥60%得 2 分, 60%>比率≥40%得 1 分, 40%>比率得 0 分。 (其中实现网上办公事项增加数比率=(系统上线 3 年后网上办公事项数−系统刚上线时网上办公事项数)/系统刚上线时网上办公事项数*100%)。	4
	增加业务覆盖面	项目建成后,对增加业务覆盖面的影响	1. 所覆盖的用户增加数比率≥100%得 2 分, 100%>比率≥80%得 1 分, 80%>比率得 0 分。 (其中所覆盖的用户增加数比率=(系统上线 3 年后所覆盖的用户数−系统刚上线时所覆盖的用户数)/区县市总数*100%) 2. 加入信息平台的分公司或部门增加数比率≥100%得 2 分, 100%>比率≥80%得 1 分, 80%>比率得 0 分。	4
	提升数据共享度	项目建成后,对提升共享数据量方面的影响	可共享数据量增长比率≥80%得 4 分, 80%>比率≥60%得 3 分, 60%>比率≥40%得 2 分, 40%>比率≥20%得 1 分, 20%>比率得 0 分。 (其中可共享数据量增长比率=(系统上线 3 年后可共享数据量比率−系统刚上线时可共享数据量比率)/系统刚上线时可共享数据量比率*100%)。	4
	系统使用的饱和度	对目前系统使用的饱和度进行评价	60%>系统饱和度>40%得 2 分, 60%≤系统饱和度<80%或 20%<系统饱和度≤40%得 1 分, 系统饱和度≥80%或≤20%得 0 分。 (其中系统饱和度=系统平台实际用户数/系统平台设计最大用户数*100%)。	2

续表

一级指标	二级指标	评价内容	评分标准	指标分值
服务水平	软件的可拓展性	邀请第三方机构对目前系统软件的可拓展性进行评价	根据评价结果，如拓展性较好得满分，拓展性一般得1分，拓展性较差得0分。	1
用户满意度	使用信息系统的用户的评价	调查问卷	调查问卷的得分。	5
	促进各部门工作协同程度	调查问卷	调查问卷的得分。	5
	合作伙伴的协同效率提升	调查问卷	调查问卷的得分。	2
	合作伙伴用户满意度	调查问卷	调查问卷的得分。	2
	各部门上传数据、查询统计便捷性和准确性	调查问卷	调查问卷的得分。	5

以上三个维度(经济效益、控制、服务)的审计评价探索是一个从微观到宏观、从静态到动态、从阶段到可持续发展的过程。在整个过程中，信息系统与企业或组织的发展紧密结合，相互影响，共同实现组织目标。

8.5 信息系统绩效审计的方法与技术

对信息系统进行绩效审计必须先对信息系统进行绩效评价，然后根据评价结果对照信息系统建设初期的规划、目标、投资进行审计。信息系统绩效审计的方法与技术较多，除了以经济效益为标准的成本—收益分析法和系统运行前后对比法，还有平衡计分卡、层次分析法(AHP)、模糊综合法和Delphi法等。

8.5.1 成本—效益分析法

成本—效益分析法是通过比较项目的总成本和总效益来评估项目价值的方法。成本—效益分析法作为一种经济决策方法，将成本效益分析应用于IT投资建设的规划决策或评估中，以寻求用最小的成本获得最大的效益。

由于现实分析中的很多技术和经济参数往往是不确定的，因此需要对这些参数进行多种假设，并通过分析、检验其对信息化建设项目成本的影响，从而权衡利弊，选择有利的方案。成本—效益分析法是对运筹学、程序设计、经济分析等学科知识和方法的综合运用。

1．成本的构成

根据信息系统的特点，信息化项目建设的成本构成涵盖了信息系统的整个生命周期，包括有形成本和无形成本，具体成本构成项目见表 8-1。

2．收益的构成

与成本相对应，信息系统的收益用可量化或定性的标准来衡量，主要包括直接收益和间接收益，具体收益构成项目见表 8-1。

3．成本—收益分析的量化方法

成本—收益分析法的基本原理是：针对某项支出的目标，提出若干种实现该目标的方案，运用一定的技术方法计算出每种方案的成本和收益，然后通过比较，按照一定的原则选择最佳的决策方案。

设 $B(t)$ 代表项目在 $[0, t]$ 年的累计效益，$C(t)$ 代表项目在 $[0, t]$ 年的累计成本。如果寿命周期 T 内任意 t 恒有 $B(t) > C(t)$，则可以认为该项目的投资是可行的。然而，对于一般的投资项目来说，它们并不总是满足上述特征。可能在某个时间区间 $[0, T_1]$ 内有 $B(t) < C(t)$，在另一个时间区间 (T_1, T) 内有 $B(t) \geq C(t)$。$B(t)$ 曲线的交点为 G，由图 8-1 可以看出，$t = T_1$ 是项目运行的行业基准投资回收期。将 T1 与项目运行的基准投资回收期进行比较，可以解决项目的经济可行性。

若设 $B(t)$ 和 $C(t)$ 均为 t 的线性函数
则由 $B(t) = C(t)$ 可解出 T_1：

$$T_1 = \frac{B_0 - C_0}{C_1 - B_1} = \frac{C_0 - B_0}{B_1 - C_1}$$

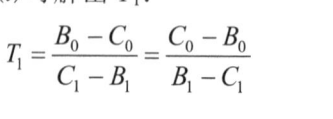

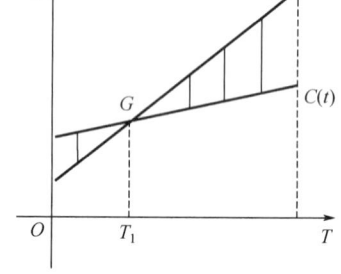

图 8-1　成本—收益线性关系图

4．成本—收益增量法

成本—收益增量法常用于解决以新系统代替旧系统的项目决策问题。

设 $B_0(t)$、$B_1(t)$ 分别表示在 $[0, t]$ 年原系统与新系统的项目累计收益。
$C_0(t)$、$C_1(t)$ 分别表示在 $[0, t]$ 年原系统与新系统的累计项目成本。
令：

$$\Delta B(t) = B_1(t) - B_0(t)$$

$$\Delta C(t) = C_1(t) - C_0(t)$$

若

$$\Delta R(t) > 0, \quad \Delta C(t) > 0, \quad 且 \ \eta_2 = \frac{\Delta B(t)}{\Delta C(t)} > 1$$

则可认为用新的软件系统来代替旧系统的方案是可行的。

8.5.2　系统运行前后对比法

成本—效益分析法的另一种扩展应用是系统运行前后对比法。即根据信息系统项目建设前后的情况，比较项目的效益和成本。具体而言，通过对项目实施前后两个不同历史时期相关特征量的变化进行比较,从而确定项目直接经济效益的方法。该方法适用于信息化建设项目后评价或项目实际效益估算。

系统运行前后对比法基于价值工程原理,侧重于系统的功能与所需成本的比较。系统的功能是指信息系统提供给用户的生产力工具,成本是指信息系统在其生命周期中的生产成本、运行成本和维护成本。根据价值工程原理,价值=功能/成本。为了获得最佳的经济效益,系统必须使价值方程式中的功能和成本达到最佳比例。而最佳比例的达成不仅需要系统提供必要的功能,而且成本最低,因此存在权衡和合理选择的问题。通常情况下,当成本增加时,功能也会相应有所加强;反之,低成本系统的功能也会有限,往往难以满足用户需求。所以信息化建设要考虑自身的经济承受能力,以及是否有必要为此承担额外的成本。由此可见,功能与成本之比不能无限增大,当两者的比例趋于合理平衡时,综合价值就能达到最高值了。

8.5.3 平衡计分卡

平衡计分卡是一套用于企业经营业绩衡量和评价的财务与非财务指标评价系统。其目的是要建立"企业战略目标"的绩效管理系统,从而保证企业战略得到有效的执行。同时,这些绩效考核指标具有可量化、可测度、可评估性,从而更有利于企业进行全面而系统的监控,促进企业战略与远景目标的达成。

20世纪90年代以来,对信息系统绩效的评价更加注重平衡,将财务指标、技术指标、业务指标相结合,而考核的主要方法就是平衡计分卡。该方法克服了原有的单纯采用财务手段进行绩效评价的片面性,从财务、客户满意度、内部流程及成长与学习这四个不同方面来考察系统的价值。

建立平衡计分卡的主要步骤包括内容框架和指标体系的建立,以及指标权重的确定。

1. 内容框架和指标体系的建立

由于平衡计分卡的四个方面都是围绕企业的战略目标展开的,所以有必要首先明确企业当前的战略目标。根据平衡计分卡的基本模板,评价指标应从四个方面进行选择。指标可以通过问卷的方式初步建立,问卷可以分发给各个部门,最好是部门领导。各部门的调查结果按照财务、客户满意度、内部流程及成长与学习四个方面进行分类,根据企业的战略目标筛选出一些相对重要的指标,得到初始指标组。同时必须指出,由于信息系统应用的成本效益的复杂性,在选择指标时必须充分考虑其隐性成本效益的重要性。

2. 指标权重的建立

不同的企业在不同的时期有不同的战略目标,这就使得平衡计分卡的四个部分的重要性不同,四个部分中各个指标的重要性也随之变化。正确确定各指标的权重是全面、科学评价信息系统绩效的基础。

平衡计分卡不仅是一种管理手段,也体现了一种管理思想,即只有量化的指标才是可以考核的,必须将要考核的指标进行量化。对于信息系统绩效评价而言,它也是较为切实可行的方法,其优点具体表现在以下几个方面:

(1) 克服了其他评估方法的短期行为,其评价指标具有长期性;

(2)通过指标的全面化综合衡量信息系统的显性和隐性效益;
(3)评价的同时,对信息系统的建设和改进也有一定的指导作用。

平衡计分卡的缺点表现在以下几个方面:

(1)从指标的建立到指标数据的获取,管理者评估信息系统的应用要花费大量的时间和资金;
(2)定性指标很难产生定量结果。

8.5.4 层次分析法

层次分析法是美国著名运筹学家、匹茨堡大学教授 T.L.Saaty 于 20 世纪 70 年代初提出的,旨在创造一种集定性和定量分析于一体、对人脑的决策过程进行建模(或标准化)的新的系统分析方法。

层次分析法本质上是一种思维方式,其主要思想是将复杂的问题分解成几个组成部分,然后根据主从关系将这些因素分组,形成层次结构,再通过成对比较确定这些因素在层次结构中的相对重要性,最后在综合决策者判断的基础上确定决策方案相对重要性的总体排序。

1. 层次分析法的基本步骤

(1)建立问题的层次结构;
(2)形成成对比较判断矩阵;
(3)分层单项排序;
(4)分层综合总排序;

2. 层次分析方法的计算方法

层次分析方法有以下几种计算方法:

第一种是乘幂法,通过计算机可以得到任意精度的数值;

第二种方法是一种近似方法——和积法可以使计算变得简单,并保证足够的精度。还有一种近似方法——平方根法;

第三种方法是最小二乘法或对数最小二乘法,这种方法使用较少。为了评价分层总排序计算结果的一致性,还需要计算出与单项排序相似的检验量。

层次分析法将定性和定量方法有机结合,分解复杂系统,将多目标多准则但难以完全量化的决策问题转化为多层次单目标问题。通过成对比较,确定了同一层级元素与上一层级元素之间的定量关系后,最后进行简单的数学运算。因此,层次分析法是一种简单实用的决策方法,也是确定评价指标权重应用最广泛的方法。

3. 层次分析法的优点

(1)系统性的分析方法:层次分析法把研究对象作为一个系统,按照分解、比较判断、综合的思维方式进行决策,成为继机理分析、统计分析之后发展起来的系统分析的重要工具。

(2)简洁实用的决策方法:这种方法既不单纯追求高深数学,也不片面地注重行为、逻辑、推理,而是把定性方法与定量方法有机地结合起来。

(3)所需定量数据信息较少:层次分析法主要是从评价者对评价问题的本质、要素的理解出发,比一般的定量方法更讲求定性的分析和判断。

4．层次分析法的缺点

(1)不能为决策提供新方案:层次分析法的作用是从备选方案中选择较优者。这个作用正好说明了层次分析法只能从原有方案中进行选取,而不能为决策者提供解决问题的新方案。

(2)定量数据较少,定性成分多,不易令人信服:在如今对科学的方法的评价中,一般都认为一门科学需要比较严格的数学论证和完善的定量分析。但现实世界的问题和人脑考虑问题的过程很多时候并不能简单地用数字来说明。

(3)指标过多时数据统计量大,且权重难以确定:当期望能解决较普遍的问题时,指标的选取数量很可能也就随之增加。

(4)特征值和特征向量的精确求法比较复杂:在求判断矩阵的特征值和特征向量时,所用的方法和多元统计所用的方法是一样的。

8.5.5 模糊综合法

模糊综合法是由美国控制论专家 L.A.Zadeh 教授于 20 世纪 60 年代提出的。它是针对现实中大量经济现象的模糊性而设计的一种评价模型和方法,并由相关专家在应用实践中不断演进。它是一种更适合企业绩效综合评价的评价方法,也是近年来发展迅速的一种新方法。

1．模糊综合法的步骤

(1)确定对象集、因子集:确定评估对象,准备从几个方面考虑,评估具体评估的评分。

(2)确定权重分布:权重的确定必须审慎、科学、可靠,并尽可能符合或接近实际。一般对评价目标影响较大的因素(评价指标)权重较大;对评价目标影响不大的因素,权重相对较小。

(3)建立各因素(评价指标)的评分隶属函数和综合评价矩阵:为了得到模糊矩阵,需要根据被评价对象的指标数据,为每一个评价指标分别构造出一系列评价等级的隶属函数。

(4)计算各对象的综合评价结果。

(5)向量的归一化处理:归一化即向量的单位化,可以让人直观地对最终的评价结果有更深入的了解。

(6)模糊分析结果:如果想要得到更直观的评价分数,还可以根据相应的等级设置分数重心,从而计算出被评价对象的绩效综合评价分数,这样就可以根据最终分数的大小来评价事物或对象。

2．模糊综合法的优点

(1)模糊综合评判理论模型考虑了分级模糊性,用隶属度来描述分级界限,还考虑了各参数指标的作用而给予不同的权重,从而使评价结果更加客观。

(2)模糊评价通过精确的数字手段处理模糊的评价对象,能对蕴藏信息呈现模糊性的资料做出比较科学、合理、贴近实际的量化评价。

(3)评价结果是一个矢量,而不是一个点值,包含的信息比较丰富,既可以比较准确地刻画被评价对象,又可以进一步加工,得到参考信息。

(4)由于模糊综合法是一种全面评价法,可以选择出最好的运算模型,使运算结果能尽可能科学地体现产品的质量状况。

3. 模糊综合法的缺点

(1)计算复杂,对指标权重的确定主观性较强。

(2)模糊综合法在模糊矩阵复合运算中取大取小运算的结果,没有充分考虑中间项,从而会影响评价结果的精度,而且有的评价结果常常趋于均化。

8.5.6 Delphi 法

美国兰德公司的 Helmer 和 Gordon 于 1964 年首次介绍了如何使用 Delphi 法进行技术预测。Delphi 法可以避免集体讨论存在的屈从于权威或盲目服从多数的缺陷,后来该方法被迅速而广泛地采用。

Delphi 法是通过询问和调查的方式向相关领域的专家询问评价问题,然后综合、整理和总结他们的答案,之后匿名反馈给每个专家,再次征求意见,然后综合反馈。这样经过反复循环,就会得到更一致、更可靠的意见。可以看出,Delphi 法的评价过程实际上是评价者组织的集体交流思想的过程。

1. Delphi 法的步骤

(1)确定专家组成员:按照课题所需要的知识范围,确定专家。专家人数的多少,可根据预测课题的大小和涉及面的宽窄而定,一般不超过 20 人。

(2)向所有专家提出所要预测的问题及有关要求,并附上有关问题的所有背景材料,同时请专家提出还需要什么材料。然后,由专家做书面答复。

(3)各位专家根据他们所收到的材料,提出自己的预测意见,并说明自己是怎么利用这些材料得出预测值的。

(4)将各位专家的第一次判断意见汇总,列成图表,进行对比,再分发给各位专家,让专家比较自己同他人的不同意见,再修改自己的意见和判断。

(5)将所有专家的修改意见收集起来,汇总,再次分发给各位专家,以便做第二次修改。收集意见和信息反馈一般要经过三四轮。这一过程反复进行,直到每一位专家不再改变自己的意见为止。

2. Delphi 法的优点

(1)评价过程具有匿名性。

(2)集思广益,评价结果具有统计特性,准确性高。

3. Delphi 法的缺点

(1)缺乏对各种意见的可靠性和科学依据的衡量。

(2)研究时间不易预估,问卷回收时间的延迟可能拖延研究进度。

(3)参与专家对问题的文字表述可能存在的不明确或歧义容易产生误解。

(4)匿名方法无法处理可能对专家产生的偏见。在展现其优点的同时,贬低了集体面对面讨论的积极意义,自然享受不到头脑风暴法带来的好处。

8.5.7 几种评价方法的比较

成本—效益分析法、系统运行前后对比法、平衡计分卡法、层次分析法、模糊综合法、Delphi法中的大部分方法都是自诞生以来就被广泛使用的评价方法,并经过了很多案例的检验。同时,几种评价方法都是基于相对科学的理论,相对客观,很大程度上避免了客观事物评价中可能包含的人为主观因素。虽然四种评价方法在不同情况下都有很好的应用效果,但横向比较可以看出它们都有各自的适用性。表8-4列出了对这几种评价方法的比较。

表8-4 几种绩效评价方法的比较

评价方法	优点	缺点
成本—效益分析法	可比较不同项目或方案的效益,从而选择最优的支出方案。	(1)评价指标过多,行业差异大,且指标难以量化; (2)难以处理无形成本和无形收益。
系统运行前后对比法	分析结果相对较准确。	(1)属于项目后评价,无法在项目建设前提供决策支持; (2)评价指标过多,行业差异大,且指标难以量化; (3)难以处理无形成本和无形收益。
平衡计分卡法	(1)通过指标的全面化综合衡量信息系统的显性和隐性效益; (2)指标具有长期性; (3)在评价的同时,对信息系统的应用也有一定的指导作用。	(1)从指标的设立到数据库的取得,都需要高层管理者的全力支持和全体员工的配合; (2)平衡计分卡中包含了定性和定量的指标,而定性指标却很难得出量化的结果。
层次分析法	(1)表现形式简单,容易掌握; (2)有效吸收定性分析结果,又发挥了定量分析的优势。	人的主观判断对结果影响较大,判断失误可能造成决策失误。
模糊综合评价法	(1)考虑了分级模糊性,用隶属度来描述分级界限; (2)考虑了各参数指标在总体污染中的作用而予以不同的权重,从而使评价结果更加客观。	(1)在模糊矩阵复合运算中取大取小运算的结果,没有充分考虑中间项的影响,从而影响评价结果的精度; (2)评价结果常常趋于均化。
Delphi法	(1)匿名性; (2)反馈性; (3)评价结果的统计特性。	(1)使各种意见的可靠程度和科学依据缺乏衡量; (2)对行为科学领域中的方法创新缺乏融入和应用; (3)对专家可能具有的偏见无法处理,贬低了集体面对面讨论的积极意义; (4)评价工作的周期较长,评价费用也相对较高。

与其他绩效审计方法一样，信息系统绩效审计的方法不是封闭的、一成不变的，而是动态的、综合的，需要信息系统审计人员具有创新精神。总之，审计人员应根据3E审计目标，按照综合平衡的思想，参考企业信息化指标体系，对信息系统的绩效进行审计和评价。

本章小结

1．企业或组织对其信息系统建设的投入并非可以产生直接的经济效益，因此其绩效评价很难量化。综合考虑，信息系统绩效审计可以从经济效益维度、控制维度、服务维度这三个维度进行评价。

2．信息系统绩效审计的重要评价指标是经济效益评价，即对信息系统投资过程、价值、回报，投入信息系统资源对实现业务目标、战略的影响能力的评价。通过对信息系统经济效益的评价，向管理层提供信息系统投资立项、决策、实施、监督、考核过程的合规性、合理性、合法性、经济性以及对业务目标影响的评估，以促进组织持续改善信息系统投资过程管理，提升信息系统投资价值。

3．信息系统绩效评价方法与技术较多，传统的评价侧重于财务方面的评价，通常采用投资回收期、投资收益率、净现值等方法衡量信息系统应用的效果。这种评价的最大弊端在于忽视了信息系统的无形收益，而无形收益占据信息系统收益的相当大比例。另外，财务指标是结果型指标，只能反映出最终结果，而无法反映出过程。由于单纯评价财务指标无法反映其真实性，需要考虑财务指标与非财务指标之间的平衡。

复习思考题

1．评价信息系统效益的难点在哪里？为什么？
2．财务会计对资产有一套成熟的核算方法，这类方法适用于对信息系统的核算吗？
3．不同行业、不同企业的信息系统绩效评价标准是否通用？举例说明。

第 9 章

信息系统审计案例

9.1 医院信息系统审计案例

9.1.1 A 医院基本情况及其信息系统的特点

1. A 医院的基本情况

A 医院是一所集医疗、急救、预防保健、康复、教学和科研为一体的国家三级甲等综合性医科大学附属医院，是国家卫生健康委员会认定的国际紧急救援中心网络医院、A 医院所在城市规划的区域性医疗中心、A 医院所在城市的医疗急救中心、医保跨省异地就医联网即时结算定点医疗机构。医疗服务辐射周边城市和区县的约 1000 万人口。

2. A 医院信息化建设的基本情况

信息系统自产生以来便始终伴随着各种安全问题。与其他风险相比，信息系统的风险更具破坏性和隐蔽性，特别是随着信息系统规模的扩大、功能的增加和技术的复杂化趋向给医院带来越来越大的风险，对医院在信息技术方面的风险管理提出了越来越高的要求。信息系统风险管理，作为医院风险管理的重要组成部分，也是监管机构重点关注的部分。监管机构针对医疗行业在信息系统方面的风险控制先后出台了一系列监管指引和管理办法，并提出了全方位的、明确的、具体的规范要求。

近年来，A 医院不断加大信息化建设力度，为医院提高管理效率、提升医疗服务质量、扩大服务范围和能力、强化风险管理等，提供了有力的技术支撑。2016 年，A 医院成功创建成为所在城市的智慧医院，2020 年成为互联网医院。

A 医院信息系统主要由硬件系统和软件系统两大部分组成。在硬件方面，要有高性能的中心电子计算机或服务器、大容量的存储装置、遍布医院各部门的用户终端设备及数据通信线路等，组成信息资源共享的计算机网络；在软件方面，需要具有面向多用户和多种功能的应用系统，主要应用系统有：HIS 医院综合管理系统（包括门诊收费系统、住院收费系统、医生护士工作站管理系统、物资设备管理系统、药品管理系统、体检系统、供应室系统）、LIS 检验系统、PACS 影像系统、手术麻醉系统、移动护理系统、电子病例系统、财务系统、院内感染系统、OA 协同办公系统等。

从功能及系统的细分讲，医院信息系统一般分为三部分：一是满足管理要求的管理信息系统；二是满足医疗要求的医疗信息系统；三是满足以上两种要求的信息服务系统。各分系统又可划分为若干子系统。此外，许多医院还承担临床教学、科研、社会保健、医疗保险等任务，因此在医院信息系统中也应设置相应的信息系统。

在医院的所有应用系统中，HIS 医院综合管理系统是最重要的一个业务系统，它提供信息以支持医院的计划、控制和操作。HIS 系统把从事务处理到医院环境(国家立法、卫生政策及国内外经济情况)中选出的数据汇总，加工成为用于管理的信息。

3. A 医院信息系统的特点

医院信息系统属于迄今世界上现存的企业级信息系统中最复杂的一类。这是医院本身的目标、任务和性质决定的。它不仅要同其他所有 MIS 系统一样追踪伴随人流、财流、物流所产生的管理信息，从而提高整个医院的运作效率，而且还要支持以病人医疗信息记录为中心的整个医疗、教学、科研活动。因此，鉴于医院环境的独特性，信息系统在医院的实现应具有其特殊的功能要求。

(1) 有一个大规模、高效率的数据库管理系统的支持。
(2) 有很强的联机事务处理支持能力。
(3) 典型的 7 天×24 小时不间断系统，要求绝对安全、可靠。
(4) 易学易用的、友善的人机界面。
(5) 可剪裁性和可伸缩性，能适应不同分院的发展计划需求。
(6) 开放性与可移植性，适应不同软硬件平台。
(7) 模块化结构，可扩充性好。

符合以上功能要求的医院信息系统普遍具有以下特点。

(1) 响应速度快。

在许多情况下，它需要极其迅速的响应速度和联机事务处理能力。在急诊病人入院抢救的情况下，迅速、及时、准确地获得他们既往病史和医疗记录的重要性是显而易见的。每天高峰时间，门诊大厅中拥挤着成百上千名患者与家属，他们焦急地排队等待挂号、候诊、划价、交款、取药，这时系统对联机事务处理(OLTP)的要求可以说不亚于任何银行窗口业务系统、机票预订与销售系统。

(2) 医疗信息复杂性高。

病人信息是以多种数据类型表达出来的，不仅需要文字与数据，而且时常需要图形、表格、影像等。

(3) 信息的安全、保密性要求高。

病人医疗记录是一种拥有法律效力的文件，它不仅在医疗纠纷案件中，而且在许多其他的法律程序中均会发挥重要作用，同时还经常涉及病人的隐私。有关人事、财务的，乃至病人的医疗信息均有严格的保密性要求。

(4) 数据量大。

任何一个病人的医疗记录都是一个不断增长着的、图文并茂的记录，而一个大型综合性医院拥有上百万份病人的病案是常见的。并且随着 HIS 系统的不断扩展，信息量是动态增长的，这种增长常常是指数级的，而非平缓的。

(5) 信息共享需求水平高。

一个医生对医学知识(如某新药品的用法与用量、使用禁忌，某一种特殊病例的文献描述与结论等)和病人医疗记录(无论是在院病人还是若干年前已死亡的病人)的需求可能发生在他所进行的全部医疗、教学、科研活动中,可能发生在任何地点。而一个住院病人的住院记录摘要(病案首页内容)也可能被全院各有关临床科室、医技科室、行政管理部门(从门卫直至院长)所需要。因此信息的共享性设计、信息传输的速度与安全性、网络的可靠性等也是 HIS 必须保证的。

9.1.2 A 医院信息系统的风险分析

下面列出了 A 医院在信息化建设中面临的主要风险。

1. 网络安全风险

(1) 网络边界安全风险。

A 医院的信息系统不可避免地要与外部网络进行连接,以便于数据交换和信息交流,如医疗保险系统、银行系统等,而外部网络安全风险具有不可预知性和不可控性。

(2) 医院内部网络安全风险。

A 医院信息系统具有用户多、网络信息点位分布分散、用户层次差异较大等特点,非法用户或终端接入(侵入)内部网络,内部网络终端通过有线或无线方式与外部网络连接等,都会对医院内部网络安全构成威胁。

2. 系统平台安全风险

(1) 操作系统的安全风险。

A 医院信息系统操作系统采用 Linux、Windows 系统,这两种操作系统都存在漏洞,为病毒和非法入侵者提供了机会,对医院信息系统构成了威胁。

(2) 数据库系统的风险。

A 医院信息系统的安全核心是其数据库系统,信息系统的安全性、运行效率和稳定性等与数据库平台本身直接相关。数据库系统与所有系统软件一样,都存在自身安全漏洞的风险。

3. 应用系统安全风险

(1) 应用系统设计。

A 医院信息系统的应用繁多且复杂。在系统开发阶段,存在需求分析不完善;在设计阶段,存在结构、接口不规范,采用标准不统一等问题。这些问题会给后期详细设计和医院信息系统的应用带来潜在风险。

(2) 应用系统更改。

随着 A 医院信息系统应用的深入,系统本身的问题会逐渐被发现,同时需求也会不断变化。为了解决发现的问题和满足新的应用需求,需要经常对系统功能进行完善和修改。在这个过程中,经常会出现新的问题。

(3) 用户安全意识。

用户缺乏安全意识、操作不熟练、权限管理不严、口令长期不改等均会形成系统潜在风险。

9.1.3 A医院信息系统审计的内容

1．A医院总体控制审计

A医院的总体控制审计方法和程序如表9-1所示。

表9-1 总体控制审计方法和程序

审计项目	审计方法和程序
制度体系	1．调阅信息化领导小组、信息化领导办公室等高层的信息化相关会议记录。 2．结合访谈相关人员，评价被审计单位重大信息中心问题的决策机制的有效性。 3．调阅被审计单位的信息化管理制度文件，检查是否涵盖从信息中心战略规划、投资决策、项目管理、运维管理、外包业务、业务持续性和信息化绩效评估等制度，评价制度体系的健全和完善性。 4．调阅被审计单位的信息中心的项目管理制度文件，并访谈相关人员，评价信息中心项目管理制度的完善程度。 5．抽查信息中心项目的实施文档，检查、评价被审计单位的信息中心项目的延期率、交付质量和交付成本等指标，评价信息中心项目管理制度执行的有效性。 6．调阅被审计单位的信息中心预算审批、采购流程、信息中心运维管理流程，信息中心外包商选择等流程制度，评价各项信息化管理制度的规范性。
岗位职责	1．审阅组织架构文件，确认是否有书面的组织结构图、清晰的岗位工作描述和作业流程文件。 2．访谈相关人员，考察其了解和掌握岗位职责的程度，判断其是否能正确履行职责。 3．审查岗位职责分离政策，考察各项职责划分是否合理，不相容职责是否进行了严格的分离。 4．实地观察相关作业活动，确认各项关键职能工作是否由不同员工担任，以及职责分离政策是否在实际作业活动中得以贯彻落实。 5．检查用户授权表，确认有关人员的权限是否与其工作职责描述一致。 6．审阅岗位考核制度文件，确认是否制定书面的岗位考核制度。 7．访谈相关员工，考察其是否了解相应岗位的考核机制。 8．检查是否制定了工作沟通反馈制度，规定了沟通内容形式等，制度是否得到有效执行。 9．检查是否搭建了合适的沟通平台和工具。
内部监督	1．调阅组织架构、职责说明文档，确认是否成立信息中心风险管理部门，相关岗位的职责是否清晰；是否建立明确的信息中心风险管理政策和管理制度。 2．调阅信息中心风险管理政策、管理策略、流程等管理制度，检查是否形成了对信息系统的风险评估、控制活动和信息交互等方面的有效控制。 3．调阅组织架构、职责说明文档，确认是否成立负责信息中心内部审计的部门，是否配置相应的信息中心内审人力资源。 4．访谈相关人员，了解其信息中心内审职责清晰程度，信息中心内审策略的执行情况。 5．审查信息中心内部控制情况，检查被审计单位是否建立健全了信息系统建设内审的工作文档，检查分析其信息中心内部审计工作的质量控制情况，检查被审计单位是否建立健全了信息系统建设和运维全过程的内部监督机构和监督机制。 6．调阅信息中心内审参与大型信息中心项目开发/实施的工作记录文档，检查分析信息中心内审在项目开发/实施中是否发挥信息中心风险控制作用。 7．调阅内部审计报告、外部审计报告，检查前期审计整改的落实情况，评价整改措施的及时性和有效性。

2．A医院物理安全审计

A医院的物理安全审计方法和程序如表9-2所示。

表9-2 物理安全审计方法和程序

审计项目	审计方法和程序
物理位置的选择	1．访谈物理安全负责人，询问机房和办公场地所在建筑物是否具有防震、防风和防雨等能力。 2．检查是否有机房和办公场地所在建筑物抗震设防审批文档。 3．检查机房和办公场地所在建筑物是否具有防风和防雨等能力。
物理访问控制	1．检查机房出入口是否有专人负责控制并鉴别进入机房的人员，是否有来访人员进入机房的登记记录。 2．检查是否有专人值守并登记值守记录，是否不存在专人值守之外的其他开放的出入口。 3．检查是否有来访人员进入机房的申请、审批记录，查看申请、审批记录是否包括来访人员的访问范围。 4．检查来访人员进入机房时是否有专人陪同。
防盗窃和防破坏	1．检查重要设备等是否放置在机房内。 2．检查重要设备等或设备的主要部件是否固定。 3．检查重要设备等或设备的主要部件上是否设置明显的不易除去的标记。 4．检查通信线缆铺设是否暗铺或在不易被发现的地方。 5．检查主机房是否安装防盗报警设施，防盗报警设施是否正常运行，是否通过了国家相关部门检验，并查看是否有防盗报警设施的运行记录。 6．检查介质是否有分类标识，是否分类存放在介质库或档案室内。
防雷击	1．访谈物理安全负责人，询问机房所在建筑物是否设置了避雷装置，是否通过验收或国家有关部门的技术检测。 2．检查机房所在建筑物的防雷验收文档中是否有设置避雷装置的说明。 3．访谈物理安全负责人，询问机房是否设置有交流电源地线。 4．检查机房防雷验收文档中是否有设置交流电源地线的说明。
防火	1．检查机房是否设置了灭火设备，灭火设备是否是经消防检测部门检测合格的产品，其有效期是否合格。 2．检查机房是否部署了火灾自动报警系统，火灾自动报警系统是否是经消防检测部门检测合格的产品，是否处于正常运行状态，是否有火灾自动报警系统的运行记录。
防水和防潮	1．检查机房屋顶或活动地板下是否未安装水管。 2．检查穿过机房墙壁或楼板的给水排水管道是否采取防渗漏和防结露等保护措施。 3．检查机房的窗户、屋顶和墙壁等是否出现过漏水、渗透和返潮现象，机房的窗户、屋顶和墙壁是否进行过防水防渗处理。 4．如果机房内安装有空调机和加湿器，检查是否设置了挡水和排水设施。 5．如果机房位于温度较高的地区，检查机房是否有除湿装置并能够正常运行，是否有防水防潮处理记录。
防静电	1．检查重要设备是否有接地构造或其他静电泄放措施。
温湿度控制	1．检查机房内是否配备了温湿度控制设施，控制设施是否能够正常运行，机房温度、湿度是否满足电子信息设备的使用要求。 2．检查机房内是否配备了温湿度自动调节设施，是否能够正常运行，是否有机房的温湿度记录，是否有温湿度自动调节设施的运行记录。

续表

审计项目	审计方法和程序
电力供应	1．检查机房电力系统是否接入市电供电系统，是否做到防雷接地和防静电措施。 2．检查机房供配电系统设备是否配有 UPS、电池、配电柜和柴油发电机等设备，是否有这些设备的运行记录。 3．检查机房是否有断电应急预案，是否有应急演练记录。
电磁防护	检查机房布线，查看是否做到电源线和通信线缆隔离。

3．A 医院网络安全审计

A 医院的网络安全审计方法和程序如表 9-3 所示。

表 9-3　网络安全审计

审计项目	审计方法和程序
结构安全	1．检查网络设计或验收文档，查看是否有满足关键网络设备业务处理能力需要的设计或描述。 2．检查网络设计或验收文档，查看是否有满足接入网络及核心网络的带宽业务高峰期需要的设计或描述。 3．检查网络拓扑结构图，查看其与当前运行的实际网络系统是否一致。 4．检查网络设计或验收文档，查看是否有根据各部门的工作职能、重要性和所涉及信息的重要程度等因素，划分不同的子网或网段，并按照方便管理和控制的原则为各子网和网段分配地址段的设计或描述。
访问控制	1．访谈网络管理员，询问网络访问控制的措施有哪些；网络访问控制设备具备哪些访问控制功能。 2．检查边界网络设备，查看是否有正确的访问控制列表，以通过源地址、目的地址、源端口、目的端口、协议等进行网络数据流控制，其控制粒度是否至少为用户组。 3．检查边界网络设备的访问控制策略，查看是否按用户和系统之间的允许访问规则，允许或拒绝对受控系统进行访问，且控制力度为单个用户。
安全审计	检查边界和关键网络设备的安全审计记录，查看其是否包括：事件日期时间、用户、事件类型、事件成功情况及其他与审计相关的信息。
入侵防范	检查网络入侵防范设备，查看是否能检测出以下攻击行为：端口扫描、强力攻击、木马后门攻击、拒绝服务攻击、缓冲区溢出攻击、IP 碎片攻击、网络蠕虫攻击等。
网络设备防护	1．访谈及检查边界和关键网络设备的设备防护策略，查看是否配置了对登录用户进行身份鉴别的功能。 2．访谈及检查边界和关键网络设备的设备防护策略，查看是否配置了登录失败处理功能，包括结束会话、限制非法登录次数、登录连接超时自动退出等。 3．访谈及检查边界和关键网络设备的设备防护策略，查看是否配置了对设备远程管理所产生的鉴别信息进行保护的功能。 4．访谈及检查边界和关键网络设备的设备防护策略，查看是否对网络设备的登录地址进行了限制。 5．访谈及检查边界和关键网络设备的账户列表，查看用户标识是否唯一。 6．访谈及检查边界和关键网络设备的设备防护策略，查看是否对口令的复杂度和定期修改进行了设置。

4. A医院主机安全审计

A医院的主机安全审计方法和程序如表9-4所示。

表9-4 主机安全审计方法和程序

审计项目	审计方法和程序
访问控制	1. 访谈系统管理员和数据库管理员，询问是否对操作系统和数据库管理系统采用了远程管理方式，如采用远程管理方式，查看是否具有防止、鉴别信息在网络传输过程中被窃听的措施。 2. 检查重要服务器操作系统和重要数据库管理系统的访问控制策略，查看是否已禁用或者限制匿名/默认账户的访问权限，是否重命名系统默认账户、修改这些账户的默认口令。 3. 检查重要数据库管理系统的特权用户和重要操作系统的特权用户，查看不同管理员系统账户权限是否不同，且不由同一人担任。
安全审计	检查重要服务器操作系统和重要数据库管理系统的安全审计策略，查看审计记录信息是否包括事件发生的日期与时间、触发事件的主体与客体、事件的类型、事件成功或失败、事件的结果等内容。
入侵防范	访谈系统管理员，询问重要服务器操作系统和重要数据库管理系统中所安装的系统组件和应用程序是否都是必需的，补丁是否得到了及时更新。
恶意代码防范	检查是否设置了专门的升级服务器，实现对重要服务器操作系统补丁的升级。
资源控制	检查重要服务器操作系统和重要数据库管理系统的资源控制策略，查看是否设定终端接入方式、网络地址范围等条件限制终端登录。

5. A医院应用安全审计

A医院的应用安全审计方法和程序如表9-5所示。

表9-5 应用安全审计方法和程序

审计项目	审计方法和程序
身份鉴别	1. 检查关键用户系统，查看是否提供身份标识和鉴别功能(需要一个HIS和其他重要应用系统的高级管理员用户账号做测试)。 2. 检查关键用户系统，查看是否采用了措施保证身份标识具有唯一性，是否对登录用户的口令最小长度、复杂度和更换周期等进行了要求和限制，保证身份鉴别信息不易被冒用。 3. 检查关键用户系统，查看其提供的登录失败处理功能，是否根据安全策略设置了登录失败次数等参数。 4. 测试关键用户系统，可通过以合法用户和非法用户分别登录系统，查看是否成功，验证身份标识和鉴别功能是否有效。 5. 测试关键用户系统，可通过多次输入错误的密码，查看系统的处理方式，验证登录失败处理功能是否有效。
访问控制	1. 检查关键用户系统，查看系统是否提供访问控制功能控制用户对客体的访问，是否针对不同的用户设定不同的访问权限。 2. 检查关键用户系统，查看是否限制了默认账户的访问权限，是否修改了账户的默认口令，是否删除了多余的、过期的用户。

续表

审计项目	审计方法和程序
访问控制	3．检查关键用户系统，查看是否有由授权用户设置其他用户访问系统功能和用户数据的权限的功能，是否限制默认用户的访问权限，是否修改了这些账户的默认口令。 4．检查关键用户系统，查看是否删除了多余的、过期的账户(先查询员工信息表中已离职员工及其账号，再验证能否正常登录)。 5．检查关键用户系统用户角色或权限的分配情况，查看是否授予不同账户为完成各自承担任务所需的最小权限，特权用户的权限是否分离，权限之间是否相互制约(需从数据库中导出全部员工及其对应系统角色权限列表，再对照人事部门提供的人员岗位职责信息进行对照)。 6．测试关键用户系统，可通过以不同权限的用户登录系统，查看其拥有的权限是否与系统赋予的权限一致。验证用系统访问控制功能是否有效。
安全审计	1．检查关键用户系统，查看审计是否覆盖到每个用户，审计策略是否覆盖系统内重要的安全相关事件。例如，用户标识与鉴别、访问控制的所有操作记录、重要用户行为、系统资源的异常使用、重要系统命令的使用等。 2．检查关键用户系统的审计记录，查看是否包括事件发生的日期与时间、触发事件的主体与客体、事件的类型、事件成功或失败、身份鉴别事件中请求的来源、事件的结果等内容。 3．测试重要用户系统，在系统上试图制造一些安全事件，如用户登录、修改用户权限等，查看用户系统是否对其进行了审计，验证用户系统安全审计的覆盖情况是否覆盖到每个用户；如果进行了审计，则查看审计记录内容是否包含事件的日期、时间、发起者信息、类型、描述和结果等。 4．测试重要用系统，试图非授权删除、修改或覆盖审计记录，验证安全保护情况是否无法非授权删除、修改或覆盖审计记录。
软件容错	1．检查设计或验收文档，查看是否对人机接口输入或通信接口输入的数据进行有效性检验；在故障发生时是否能继续提供一部分功能，确保实施必要的措施的描述。 2．测试关键用户系统，查看用系统是否能明确拒绝不符合格式要求的数据。 3．测试关键用户系统，验证在故障发生时是否能继续提供一部分功能，确保能够实施必要的措施。
资源控制	1．测试关键用户系统，当通信双方中的一方在一段时间内未有任何声响，查看另一方是否能够自动结束会话。 2．检查关键用户系统的配置参数，查看是否能对最大并发会话连接数进行限制。 3．测试关键用户系统，查看能否对单个账户的多重并发会话进行限制。
用户权限管理	检查账号及权限的申请、变更及撤销是否有相关审批文件，是否存在由同一人实施的情况。

6．A 医院数据安全及备份恢复审计

A 医院的数据安全及备份恢复审计方法和程序如表 9-6 所示。

表 9-6　数据安全及备份恢复审计方法和程序

审计项目	审计方法和程序
数据完整性	1．检查用户系统的设计、验收文档或源代码，查看是否有关于能检测、鉴别信息和重要业务数据传输过程中完整性受到破坏的描述。 2．如果关键网络设备、关键主机操作系统和关键数据库管理系统能够进行远程管理，则查看其能否检测、鉴别信息在传输过程中完整性受到了破坏。

续表

审计项目	审计方法和程序
备份和恢复	1. 检查是否对关键网络设备、关键主机操作系统、关键数据库管理系统和关键用户系统的重要信息进行了备份,并定期进行恢复测试。 2. 检查关键网络设备、通信线路和数据处理系统(如包含数据库管理系统在内的数据库服务器)是否提供硬件冗余。
数据保密性	检查关键网络设备、关键主机操作系统、关键数据库管理系统和关键用户系统,查看其鉴别信息是否采用加密或其他有效措施实现了存储保密性。

7. A医院信息化装备自主可控审计

A医院的信息化装备自主可控审计方法和程序如表9-7所示。

表9-7 信息化装备自主可控审计方法和程序

审计项目	审计方法和程序
信息化装备自主可控	1. 检查用户系统定级证书与备案资料,查看涉密系统或高定级系统是否确定关键信息化装备。 2. 检查用户信息化装备是否具有自主知识产权,硬件设备是否采用自主知识产权芯片和关键设备,软件产品应当自主开发或采用开源代码定制开发。 3. 检查主要信息化设备授权机构检测报告。
信息化装备安全性与可靠性	1. 检查主要设备主机的入网许可证。 2. 检查自主知识产权系统软件产品安全性与可靠性指标。 3. 检查自主开发应用软件系统建设是否符合安全管理的要求。
涉密信息处理	1. 检查系统定级证书与备案资料,涉密系统的升级等级,系统测评报告与整改意见是否能确定关键信息化装备。 2. 检查非涉密系统的数据访问,确定是否能够查看和处理涉密信息。

8. A医院安全管理机构审计方法和程序

A医院的安全管理机构审计方法和程序如表9-8所示。

表9-8 安全管理机构审计方法和程序

审计项目	审计方法和程序
岗位设置	1. 了解信息科技管理架构是什么?检查是否设有信息科技管理委员会,该委员会是否承担信息科技建设和风险管理的职责?如果没有信息科技管理委员会,那么对信息科技建设的重大决策、发展目标等决策,是通过何种形式体现的。 2. 访谈安全主管,询问信息系统是否设置了系统管理员、网络管理员和安全管理员等岗位,各个岗位的职责分工是否明确,是否设立安全管理各个方面的负责人。 3. 检查岗位职责文档,查看文档是否明确设置安全主管、安全管理各个方面的负责人,系统管理员、网络管理员和安全管理员等各个岗位,各个岗位的职责范围是否清晰、明确。
人员配备	1. 访谈安全主管,询问各个安全管理岗位是否配备了一定数量的人员;检查安全管理各岗位人员信息表,查看其是否明确相关岗位人员信息。 2. 检查是否明确系统管理员、网络管理员、安全管理员等重要岗位人员的信息,查看安全管理员是否没有兼任网络管理员、系统管理员、数据库管理员等岗位。

续表

审计项目	审计方法和程序
授权和审批	1．访谈安全主管，询问其是否对信息系统中的关键活动进行审批，审批活动是否得到授权。 2．检查新系统/新功能审批管理制度文档，查看文档是否明确系统投入运行、网络系统接入和重要资源访问等关键活动的审批部门、批准人和审批程序。 3．检查经审批的文档，查看审批程序与文件要求是否一致，是否有批准人的签字和审批部门的盖章。
沟通和合作	1．询问是否与公安机关、电信公司和往来单位建立联系，检查外单位说明文档，查看外联单位是否包含公安机关、电信公司及往来单位，是否说明外联单位的联系人和联系方式等内容。 2．询问信息安全职能部门内部之间、各类管理人员之间以及组织机构内各部门之间是否建立交流和沟通机制；检查部门间以及部门内部沟通和合作的相关文档，查看是否包括工作内容、参加人员等的描述。
审核和检查	询问安全管理员是否定期检查系统日常运行、系统漏洞和数据备份等情况，并检查安全记录。

9．A 医院人员安全管理审计

A 医院的人员安全管理审计方法和程序如表 9-9 所示。

表 9-9　人员安全管理审计方法和程序

审计项目	审计方法和程序
人员录用	1．访谈人事负责人，询问是否由专门的部门或人员负责人员的录用工作。 2．检查人员录用管理文档，查看是否说明录用人员具备的条件(如学历、学位要求，技术人员具备的专业技术水平，管理人员具备的安全管理知识等)。 3．访谈人事负责人，询问在人员录用时是否对被录用人的身份、背景和专业资格进行审查，检查是否具有人员录用时对录用人身份、背景和专业资格等进行审查的相关文档或记录，查看是否记录审查内容和审查结果等。 4．访谈人事负责人，询问是否对技术人员的技术技能进行考核。 5．访谈人事负责人，询问录用后是否与从事关键岗位的人员签署保密协议。 6．检查人员录用时的技能考核文档或记录，查看是否记录考核内容和考核结果等。 7．检查保密协议，查看是否有保密范围、保密责任、违约责任、协议的有效期限和责任人签字等内控。
人员离岗	1．访谈安全主管，询问是否及时终止了离岗人员的所有访问权限，是否取回了各种身份证件、钥匙、徽章以及机构提供的软硬件设备等。 2．检查是否有离岗人员交还身份证件、设备等的登记记录。 3．访谈人事负责人，询问人员离岗是否遵循严格的调离手续。 4．检查是否具有按照离岗程序办理调离手续的记录。
人员考核	1．访谈安全主管，询问是否定期对各个岗位人员进行了安全技能及安全知识的考核。 2．检查考核记录，查看考核人员是否包括各个岗位的人员，考核内容是否包含安全知识、安全技能等。

续表

审计项目	审计方法和程序
安全意识教育和培训	1. 访谈安全主管,询问是否制订培训计划并按计划对各个岗位人员进行安全教育和培训,告知相关的安全知识、安全责任和惩戒措施,是否对违反安全策略和规定的人员进行惩戒。 2. 检查安全教育和培训计划文档,查看计划是否明确了培训方式、培训对象、培训内容、培训时间和地点等,培训内容是否包含信息安全基础知识、岗位操作规程等。 3. 检查安全教育和培训记录,查看记录是否有培训人员、培训内容、培训结果等的描述。
外部人员访问管理	1. 访谈安全主管,询问外部人员访问重要区域(如访问机房、重要服务器或设备区等)是否需经有关部门或负责人批准。 2. 检查外部人员访问管理文档,查看是否有规范外部人员访问机房等重要区域需经过相关部门或负责人批准的管理要求。 3. 访谈安全主管,询问外部人员访问重要区域是否由专人全程陪同或监督,是否进行记录并备案管理。 4. 检查外部人员访问重要区域的登记记录,查看是否记录了外部人员访问重要区域的进入时间、离开时间、访问区域及陪同人等信息。

10. A医院安全管理制度审计

A医院的安全管理制度审计方法和程序如表9-10所示。

表9-10 安全管理制度审计方法和程序

审计项目	审计方法和程序
管理制度	1. 检查各项安全管理制度是否覆盖物理、网络、主机系统、数据、应用、建设和运维等层面。 2. 检查信息安全工作的总体方针和安全策略文件,查看文件是否明确机构安全工作的总体目标、范围、原则和安全框架等。 3. 检查安全管理制度是否覆盖物理、网络、主机系统、数据、应用、建设和运维等层面的管理内容。 4. 检查是否具有重要管理操作的操作规程(如系统维护手册和用户操作规程等)。
制定和发布	1. 访谈安全主管,询问是否由专门的部门或人员负责制定安全管理制度。 2. 访谈安全主管,询问安全管理制度是否能够发放到相关人员手中,是否对制定的安全管理制度进行了论证和审定。 3. 检查管理制度评审记录,查看是否有相关人员的评审意见。
评审和修订	询问安全主管是否定期对安全管理制度进行评审及修订,是否有安全管理制度评审记录;如做过修订,检查是否有修订版本的安全管理制度。

11. A医院系统建设管理审计

A医院的系统建设管理审计方法和程序如表9-11所示。

表9-11 系统建设管理审计方法和程序

审计项目	审计方法和程序
系统定级	1. 访谈系统建设负责人,询问是否参照定级指南确定信息系统安全保护等级。 2. 检查系统定级文档,查看文档是否明确信息系统的边界和信息系统的安全保护等级,是否说明定级的方法和理由,是否有相关部门或主管领导的盖章或签名。

续表

审计项目	审计方法和程序
安全方案设计	1. 访谈系统建设负责人，询问是否依据风险分析的结果补充和调整过安全措施，具体做过哪些调整。 2. 检查系统的安全设计方案，查看方案是否描述系统的安全保护等级，是否描述系统的安全保护策略，是否根据系统的安全级别选择了安全措施。 3. 检查系统的安全设计方案，查看是否详细描述安全措施的实现内容，是否有安全产品的功能、性能和部署等描述，是否有安全建设的费用和计划等。 4. 访谈系统建设负责人，询问安全设计方案是否经过论证和审定，是否经过审批。 5. 检查安全设计方案专家论证评审记录或文档，查看是否有相关部门和有关安全技术专家对安全设计方案的评审意见。
产品采购和使用	1. 检查是否制定了《采购管理规定》，并在其中包含了信息系统采购相关规定，或专门的《信息系统采购管理规定》。抽查两项信息系统采购的相关资料。 2. 访谈系统建设负责人，询问系统使用的有关信息安全产品是否符合国家的有关规定，如安全产品获得的销售许可证等。 3. 抽样检查安全产品和密码产品的相关凭证，如销售许可证等，查看是否使用了符合国家有关规定的产品。
外包软件开发	1. 访谈系统建设负责人，询问软件交付前是否依据开发要求的技术指标对软件功能和性能等进行验收测试。 2. 访谈系统建设负责人，询问软件安装之前是否检测软件中的恶意代码。 3. 检查是否具有软件开发的相关文档，如需求分析说明书、软件设计说明书等，是否具有软件操作手册或使用指南。 4. 访谈系统建设负责人，检查是否要求开发单位提供源代码，是否根据源代码对软件中可能存在的后门进行审核，检查部门软件源代码，查看是否具有源代码。
工程实施	1. 访谈系统建设负责人，询问是否指定部门或人员对工程实施过程进行进度和质量控制。 2. 检查工程实施方案，包括工程时间限制、进度控制和质量控制等方面内容。
测试验收	1. 访谈系统建设负责人，询问在信息系统建设完成后是否对其进行安全性测试验收。 2. 检查是否具有工程测试验收方案，查看其是否明确说明参与测试的部门、人员、测试验收内容、现场操作过程等内容。 3. 检查是否具有系统测试验收报告，是否有相关部门和人员对系统测试验收报告进行审定的意见。
系统交付	1. 访谈系统建设负责人，询问系统交接工作是否根据交付清单对所交接的设备、文档、软件等进行清点。 2. 访谈系统建设负责人，询问系统正式运行前是否对运行维护人员进行过培训，针对哪些方面进行过培训。 3. 检查是否具有系统交付清单，查看交付清单是否说明系统交付的各类设备、软件、文档等。 4. 检查系统交付提交的文档，查看是否有指导用户进行系统运维的文档等。 5. 检查是否有系统交付技术培训记录，查看是否包括培训内容、培训时间和参与人员等。

续表

审计项目	审计方法和程序
安全服务商选择	1. 询问信息系统安全服务商有哪些,是否符合国家有关规定。 2. 检查是否有与安全服务商签订的安全责任合同书或保密协议等,查看其内容是否包含保密范围、安全责任、违约责任、协议的有效期限和责任人的签字等。 3. 检查是否具有与安全服务商签订的服务合同,是否明确了后期的技术支持和服务承诺等内容。
等级测评	1. 检查是否有等级测评报告及整改情况。 2. 检查等级测评机构的资质证书。

12．A医院系统运维管理审计

A医院的系统运维管理审计方法和程序如表9-12所示。

表9-12 系统运维管理审计方法和程序

审计项目	审计方法和程序
环境管理	1. 询问是否有专人进行维护,由何部门/何人负责,维护周期多长。 2. 询问是否有专人对机房的出入、服务器的开机或关机等工作进行管理,由何部门/何人负责。 3. 检查是否有机房安全管理制度,查看其内容是否覆盖机房物理访问、物品带进/带出机房和机房环境安全等方面。 4. 询问为保证办公环境保密性采取了哪些控制措施,在哪个区域接待来访人员,工作人员调离时是否收回办公室钥匙。 5. 检查是否具有空调、温湿度控制等机房设备的维护保养记录,表明定期对这些设施进行了维护保养。
资产管理	1. 检查是否有资产清单,查看其内容是否覆盖资产责任部门、责任人、所处位置和重要程度等方面。 2. 访谈系统运维负责人,询问是否有资产管理的责任人员或部门,由何部门/何人负责。 3. 检查是否有资产安全管理方面的制度,查看是否明确信息资产管理的责任部门、责任人,查看其内容是否覆盖资产使用、借用、维护等方面。 4. 检查信息系统设备有无标识。
介质管理	1. 访谈资产管理员,询问介质的存放环境是否采取保护措施防止介质被盗、被毁等。 2. 访谈资产管理员,询问是否根据介质的目录清单对介质的使用现状进行定期检查。 3. 检查介质使用管理记录,查看其是否记录了介质归档和使用等情况。 4. 访谈资产管理员,询问是否将介质保管在一个特定环境里,由专人负责,并根据重要性对介质进行了分类和标识。 5. 访谈资产管理员,询问对送出维修或销毁的介质在送出之前是否对介质内存储数据进行了净化处理。
设备管理	1. 访谈系统运维负责人,询问是否有专门的部门或人员对各种设备、线路进行定期维护,维护周期多长。 2. 检查是否有设备安全管理制度,查看其内容是否对各种软硬件设备的选型、采购、发放和使用等环节进行规定。

续表

审计项目	审计方法和程序
设备管理	3．检查设备安全管理制度中是否有对终端计算机、便携机和网络设备等使用方式、操作原则、注意事项等方面的规定，是否有信息处理设备必须经过审批才能带离机房或办公地点的要求。
网络安全管理	1．询问是否指定专门的部门或人员负责网络管理，维护网络运行日志，监控记录，分析处理报警信息等。 2．询问是否定期对网络进行漏洞扫描，扫描周期有多长，发现漏洞是否及时修补。 3．检查是否有网络漏洞扫描报告，扫描时间间隔与扫描周期是否一致。 4．访谈网络管理员，是否根据厂家提供的软件升级版本对网络设备进行过升级，目前的版本号是多少，升级前是否对重要文件进行备份，采取什么方式备份。 5．访谈网络管理员，网络的外联种类有哪些，是否都得到授权与批准，由何部门或何人批准，申请和批准的过程。 6．检查是否有网络安全管理制度，其是否覆盖网络安全配置、安全策略、升级与打补丁、授权访问、日志保存时间、口令更新周期等方面内容。 7．检查是否有网络设备配置文件的备份文件。 8．检查是否具有内部网络外联的授权批准书。
系统安全管理	1．访谈系统运维负责人，询问是否指定专门的部门或人员负责系统管理，如根据业务需求和系统安全分析制定系统的访问控制策略，控制分配文件及服务的访问权限。 2．检查是否有系统漏洞扫描报告，扫描时间间隔与扫描周期是否一致。 3．访谈系统管理员，询问是否定期对系统进行漏洞扫描，扫描周期有多长，发现漏洞是否及时修补，在安装系统补丁前是否对重要文件进行备份。 4．访谈系统管理员，询问系统日常管理的主要内容，是否有操作规程指导日常管理工作，包括重要的日常操作、参数的设置和修改等。 5．检查是否有系统安全管理制度，查看其内容是否覆盖系统安全策略、安全配置、日志管理和日常操作流程等方面。 6．检查系统漏洞是否先在测试环境中测试通过再安装，检查是否有详细的日常运行维护操作日志。
恶意代码防范管理	1．询问是否对员工进行了基本恶意代码防范意识教育，是否告知及时升级软件版本，使用外来设备、网络上接收文件和外来计算机或存储设备接入网络系统之前进行病毒检查等。 2．询问是否指定专人对恶意代码进行检测，发现病毒后是否及时进行处理。 3．检查是否有恶意代码防范方面的管理制度，查看其内容是否覆盖防恶意代码软件的授权使用、恶意代码库升级、定期汇报等方面。
密码管理	询问系统中是否使用密码技术和产品，是否遵照国家密码管理规定。
变更管理	1．访谈系统运维负责人，询问是否针对系统的重大变更制订了变更方案，以指导系统变更工作的开展。 2．访谈系统运维负责人，询问重要系统变更前是否得到有关领导的批准，由何人批准，对发生的变更情况是否通知了所有相关人员，以何种方式通知。 3．检查系统变更方案，查看其是否覆盖变更类型、变更原因、变更过程、变更前评估等方面内容。 4．检查重要系统的变更申请书，查看其是否有主管领导的批准签字。

续表

审计项目	审计方法和程序
备份与恢复管理	1. 访谈系统运维负责人，询问是否识别出需要定期备份的业务信息、系统数据和软件系统，主要有哪些。 2. 检查备份管理文档，查看其是否明确了备份方式、备份频度、存储介质和保存存期等方面内容。 3. 检查数据备份和恢复策略文档，查看其内容是否覆盖备份数据的存放场所、文件命名规则、介质替换频率、数据离站传输方法等方面内容。
安全事件处置	1. 访谈系统运维负责人，询问是否告知用户在发现安全弱点和可疑事件时及时报告。 2. 检查是否有安全事件报告和处置管理制度，查看其是否明确安全事件现场处理、事件报告和后期恢复等方面内容。 3. 检查制度是否明确安全事件的级别，明确不同级别的安全事件的报告和处置方式等方面内容。 4. 检查安全事件处理记录，查看其是否记录引发安全事件的原因，是否记录事件处理过程，是否与管理规定的处理要求一致等。
应急预案管理	1. 访谈系统运维负责人，询问是否制定不同事件的应急预案，是否对系统相关人员进行过急预案培训，多长时间举办一次。 2. 检查应急预案框架，查看其内容是否覆盖启动应急预案的条件、应急处理流程、系统恢复流程、事后教育和培训等方面内容。 3. 检查是否具有根据应急预案框架制定的不同事件的应急预案。 4. 检查是否有对应急预案进行演练的记录。
故障记录	1. 检查是否对信息系统故障进行记录并及时处理。 2. 询问及检查是否存在因系统故障造成的损失，造成损失的原因，损失的具体金额，后续的跟踪及补救情况。

13. A医院系统开发(变更)管理审计

A医院的系统开发(变更)管理审计方法和程序如表9-13所示。

表9-13 系统开发(变更)管理审计方法和程序

审计项目	审计方法和程序
系统开发(变更)管理	1. 检查是否建立了完善的管理平台或工具，在对项目进行统一集中规范管理方面，包括项目预算、项目人员、项目流程、项目质量、工期进度、考核管理、对项目问题的跟踪管理等。 2. 检查新信息系统的购置或开发是否进行过需求分析并取得授权批准；项目是否进行过可行性分析；项目立项审批流程，经过哪些部门和领导审批，相关资料是否留存。 3. 检查信息系统开发(变更)是否进行立项并得到适当的授权批准。 4. 检查检查新系统设计是否满足需求，系统验收测试有无进行相关评审。 5. 检查开发(变更)系统过程中，是否做到环境分离。 6. 检查系统上线有无相关计划，是否对执行人员、时间、地点、方法进行审批。 7. 检查新旧系统转换过程中，是否保留相关转换记录并对旧系统数据进行备份。 8. 检查是否在新系统(变更系统)上线前，对用户进行过相关培训。 9. 检查购置或开发的新系统，系统管理员是否取得系统操作、技术及用户管理等文件。 10. 若属于外购系统，检查供应商的选择是否合理，是否按规定流程采购。

续表

审计项目	审计方法和程序
系统开发（变更）管理	11．检查系统进行交付时，有无编制系统交付清单，并根据交付清单对所交接的设备、软件和文档等进行清点。 12．检查项目上线后，有无进行项目总结，并编写《项目总结报告》。 13．若项目投产失败，检查是否有投产发布失败后的回退流程。 14．检查是否存在系统开发(或变更)立项、审批、编程、测试由同一人同时担任的情况。 15．通过访谈，抽取审计区间内发生的项目开发样本，在管理平台上或项目配置库中，检查是否有经过审批的需求分析计划。 16．检查是否与需求部门或需求小组沟通过业务与技术的对接问题。 17．检查是否存在《软件需求规格说明书》和《评审报告》；《软件需求规格说明书》是否包含功能需求和非功能需求，是否由需求分析师编写并得到需求分析组组长签字确认；是否存在评审报告；用户及关键项目干系人是否在需求规格说明书中签字。 18．用户需求说明书中是否得到业务部门、需求分析部门人员的确认签字。 19．检查用户需求说明书中是否包含业务流程、操作要求、组织权限、业务规则、从查询统计功能角度描述的用户需求。 20．检查软件功能需求中是否定义系统角色、明确角色关系，是否定义用户需求与软件需求的对应分层关系，并细化如抽象软件功能需求；是否定义软件系统中分层次的数据流程图；是否按照软件层次确定系统边界和接口。 21．检查需求是否经过安全审计分析，成果是否存放在配置库中。 22．对于需求分析结果，检查是否召开需求分析评审会议，是否存在需求评审报告。 23．检查系统设计文档，确认其是否经过了审批流程。 24．审查项目组织架构，了解项目领导组和工作组的成员，项目组成员的角色和职责，项目组成员的能力、责任心和稳定性。 25．检查是否有详细的总体框架设计、代码设计、数据库设计及功能模块等方面的设计。其中，结构设计、数据库设计及流程处理是重中之重，需要对数据字典进行审计，检查数据字典的各项数据属性是否合理，数据库的内容和结构是否满足A医院需求，流程处理是否正确。 26．检查用户界面是否友好，用户是否容易操作，用户对用户界面的满意度。 27．检查设计是否与业务内容相符；性能能否满足需要，是否考虑了故障对策和安全保护等。 28．检查编程与设计是否相符，有无违背编程原则。 29．抽查所有正在进行的项目，检查其开发人员是否遵循了相应的系统开发编码标准，包括开发规范、开发手册、开发安全基线等。 30．询问是否自主开发软件，是否在独立的环境中完成编码和调试，如相对独立的网络区域；询问软件设计相关文档是否由专人负责保管，负责人是何人。 31．检查程序作者是否进行自测。 32．检查是否有程序作者之外的第三人进行过测试。 33．检查《代码编写规范》，确认编程的书写、变量的命名等是否规范。 34．检查系统开发过程中所产生的相关技术文件和资料，验证系统开发活动与政策和规划的一致性。 35．审核项目进度报告，确保系统开发任务按时推进。 36．检查被审计单位的内部审计人员是否全程参与了信息系统的研发工作，并对每个阶段性成果进行了评审。

14．A 医院系统测试管理审计

A 医院的系统测试管理审计方法和程序如表 9-14 所示。

表 9-14　系统测试管理审计方法和程序

审计项目	审计方法和程序
系统测试管理	1．审查系统的各项功能及其处理逻辑是否与总体设计一致，是否设有恰当的控制措施。 2．检查输入输出是否合理，是否有友好的提醒及良好的容错率。 3．检查测试数据的选取是否按计划及需要进行，是否具有代表性。 4．检查测试是否站在公正客观的立场进行，是否有用户参与测试。 5．检查测试结果是否正确记录。 6．检查系统测试报告，确认系统的所有功能都经过了有效的全面测试，所用到的测试数据是否具有代表性和覆盖性，并选择系统中的某些模块进行再次测试，以复核原测试结果的准确性。 7．检查系统的测试环境与实际的运行环境是否相同。 8．检查测试数据的选择是否具有代表性，包括一些具有代表性的错误业务和真实业务。 9．检查一些特殊业务是否能被正确处理，错误信息能否被系统拒绝接受并做出错误输出判断。 10．检查系统之间、功能模块之间的衔接是否协调一致。

15．A 医院系统上线审计

A 医院的系统上线审计方法和程序如表 9-15 所示。

表 9-15　系统上线审计方法和程序

审计项目	审计方法和程序
系统上线	1．检查是否按照试运行计划来试运行。 2．检查按照试运行计划是否能确保必要的人员、预算和设备等。 3．检查试运行结果的验收方法是否明确。 4．检查是否制订试运行后的运行计划。 5．检查是否有软件使用指南或操作手册。 6．检查新系统的等级备案情况。

16．A 医院系统业务流程审计

A 医院的系统业务流程审计方法和程序如表 9-16 所示。

表 9-16　业务流程审计方法和程序

审计项目	审计方法和程序
业务流程设计	1．调阅系统中各业务流程的设计文档，分析业务流程设计与实际业务需求的吻合性，评价业务流程设计规划的完备性。 2．理解应用系统关键流程，确定应分离的关键职责，建立不相容职责分离矩阵，基于确定的应分离权限/功能，进一步检查职责分离的合理性。 3．访谈安全主管和业务部门主管，了解用户权限授权审批管理制度。

续表

审计项目	审计方法和程序
业务流程设计	4. 调阅用户权限申请表，核查用户权限审批制度是否得以严格执行，权限申请是否得到业务部门和信息技术部门主管审批，用户权限申请是否基于用户工作岗位和职责。 5. 运行系统权限报表，或执行 SQL 语句从权限表中直接取出权限数据；基于关键系统权限和导出的权限数据，检查用户权限设置的合理性。 6. 现场观察应用程序的操作，核查是否严格按相关职责规定执行业务流程。
业务流程处理	1. 调阅系统业务流程设计文档，检查是否为业务流程风险提供合理的人工或自动化控制措施。 2. 现场观察业务流程关键环节的系统操作，检查相关控制点执行的有效性。 3. 调阅系统接口规划文档，结合被审计单位具体业务，分析接口规划是否符合法律法规要求，接口规划是否涵盖数据采集、转换、传输、系统容错处理和访问权限等方面内容。 4. 综合采用接口规划文档审阅、接口程序测试以及接口数据分析等手段，审查接口数据处理是否能确保数据的完整性。 5. 查阅系统接口处理日志，分析接口容错机制的有效性。 6. 调阅接口权限分配文件，获得权限实际配置数据，审查接口用户的系统访问权限是否经过严格授权和审批，其所具有的权限是否与其工作职责相匹配。
业务流程功能	1. 梳理被审计单位的关键业务需求，评估被审计单位关键业务需求对信息系统的依赖程度，评价是否存在信息系统应实现而未实现的功能。 2. 访谈系统关键用户，设计用户满意度调查问卷，评估、分析系统业务功能的完备性。 3. 调阅问题管理、故障管理流程管理制度，问题处理、故障处理记录单，评价系统用户服务的及时性。 4. 调查系统常见问题和故障发生的频率和性质，分析反映出来的系统功能的薄弱环节。

17．A 医院数据输入、处理、输出审计

A 医院的数据输入、处理、输出审计方法和程序如表 9-17 所示。

表 9-17　数据输入、处理、输出审计方法和程序

审计项目	审计方法和程序
数据录入和导入	1. 审阅组织架构文件、岗位职责与流程和用户授权文档，确认涉及数据录入和导入的岗位及其职责与权限。 2. 访谈管理人员，了解被审计单位是否存在控制数据录入和导入的制度规范。 3. 访谈关键岗位员工，考察其是否了解数据录入和导入的相关制度规定。 4. 观察关键岗位员工操作，考察其是否按照数据录入和导入的相关制度规定完成操作。 5. 检查系统的访问控制列表，了解系统对数据录入和导入功能权限的设定与规定是否相符。 6. 审阅国家、行业或者单位规范，检查被审计单位设置的数据录入、导入接口是否符合国家、行业或者单位规范。 7. 设定不同权限的测试用户（1 个超级管理员、2 个普通用户权限），对系统进行穿行测试，检查系统是否严格限定只有满足权限要求的用户使用数据录入和导入功能。 8. 检查系统日志是否按照规定记录了用户的数据录入和导入的操作。 9. 抽取部分日志进行分析，判断是否符合相关规定试，检查系统。

续表

审计项目	审计方法和程序
数据录入和导入	10. 设定不同权限的测试用户，对系统进行穿行测试，检查是否存在未经许可的数据录入和导入接口。 11. 设定不同权限的测试用户，对系统进行穿行测试，检查系统是否提供了输入值约束功能，以保证输入数据的准确性。 12. 设定不同权限的测试用户，对系统进行穿行测试，检查是否所有输入的数据都能被正确地接收和处理。 13. 抽取一部分已处理过的业务进行核对，以证实数据录入和导入的完整有效性。
数据修改和删除	1. 审阅组织架构文件、岗位职责与流程和用户授权文档，确认涉及数据修改和删除的岗位及其职责与权限。 2. 访谈管理人员，检查被审计单位是否存在控制数据修改和删除的制度规范。 3. 访谈关键岗位员工，考察其是否了解数据修改和删除的相关制度规定。 4. 观察关键岗位员工操作，考察其是否按照数据修改和删除的相关制度规定完成操作。 5. 检查系统的访问控制列表，检查系统对数据修改和删除功能权限的设定与规定是否相符。 6. 审阅国家、行业或者单位规范，检查被审计单位设置的数据修改和删除功能是否符合国家、行业或者单位规范。 7. 设定不同权限的测试用户，对系统进行穿行测试，检查系统是否严格限定只有满足权限要求的用户才能使用数据修改和删除功能。 8. 检查系统日志是否按照规定记录了用户的数据修改和删除的操作。 9. 抽取部分日志进行分析，判断是否符合相关规定。 10. 设定不同权限的测试用户，对系统进行穿行测试，检查系统是否存在未经许可的数据修改和删除功能。 11. 设定不同权限的测试用户，对系统进行穿行测试，检查系统是否能够保证数据修改和删除的准确性。 12. 设定不同权限的测试用户，对系统进行穿行测试，检查是否所有需要修改或删除的数据都能被正确地修改或删除。 13. 抽取一部分已处理过的业务进行核对，以证实数据修改或删除的有效性。
数据校验	1. 审阅信息系统开发文档，确认被审计单位信息系统是否设置了数据录入、导入接口的数据校验功能。 2. 审阅国家、行业或者单位规范，检查被审计单位设置的数据校验控制是否符合国家、行业或者单位规范。 3. 设定不同权限的测试用户，对系统进行穿行测试，检查系统中的数据校验控制是否存在。 4. 访谈开发人员，了解数据录入、导入接口的数据校验控制的需求定义及算法实现，判断其有效性和完备性。
数据备份与恢复	1. 审阅组织架构文件、岗位职责与流程和用户授权文档，确认涉及数据备份与恢复数据接收的岗位及其职责与权限。 2. 访谈管理人员，了解被审计单位是否存在控制数据备份与恢复数据接收的制度规范。 3. 访谈关键岗位员工，考察其是否了解数据备份与恢复数据接收的相关制度规定。 4. 观察关键岗位员工操作，考察其是否按照数据备份与恢复数据接收的相关制度规定完成操作。

续表

审计项目	审计方法和程序
数据备份与恢复	5．检查系统的访问控制列表，了解系统对数据备份与恢复数据接收功能权限的设定与规定是否相符。 6．设定不同权限的测试用户，对系统进行穿行测试，测试系统是否严格限定只有满足权限要求的用户才能使用数据备份与恢复数据接收功能。 7．检查系统日志是否按照规定记录了用户对数据信息进行备份与恢复数据接收的操作。 8．抽取部分日志进行分析，判断是否符合相关规定。 9．检查接收备份数据时是否对备份数据包进行恢复测试以保证备份数据的安全性。 10．设定满足权限的测试用户，测试系统提供的数据备份包是否可恢复，数据是否完整、准确、可用。
数据转换	1．审阅组织架构文件、岗位职责与流程和用户授权文档，确认涉及数据转换的岗位及其职责与权限。 2．审阅信息系统的开发文档，了解被审计单位信息系统的数据转换功能的需求、设计实现情况。 3．审阅国家、行业或者单位规范，检查被审计单位设置的数据转换功能是否符合国家、行业或者单位规范。 4．访谈管理人员，了解被审计单位数据转换的工作流程。 5．访谈关键岗位员工，考察其是否了解数据转换的相关制度规定。 6．观察关键岗位员工操作是否按照数据转换的相关制度规定完成操作。 7．设定不同权限的测试用户，对系统进行穿行测试，检查系统是否严格限定只有满足权限要求的用户才能使用数据转换功能。 8．检查系统日志是否按照规定记录了用户的数据转换操作。 9．抽取部分日志进行分析，判断是否符合相关规定。 10．设定模拟转换数据，检查转换后的数据的完整、准确性。 11．抽取一部分已处理过的业务进行核对，以证实数据转换的完整、准确性。
数据整理	1．审阅组织架构文件、岗位职责与流程和用户授权文档，确认涉及数据整理的岗位及其职责与权限。 2．审阅信息系统的开发文档，了解被审计单位信息系统的数据整理功能的需求、设计实现情况。 3．访谈管理人员，了解被审计单位数据整理的工作流程。 4．访谈关键岗位员工，考察其是否了解数据整理的相关制度规定。 5．观察关键岗位员工操作，考察其是否按照数据整理的相关制度规定完成操作。 6．对系统进行穿行测试，检查系统是否严格限定只有满足权限要求的用户才能使用数据整理功能。 7．设定不同权限的测试用户，对系统进行穿行测试，完成数据整理流程，检查结果是否符合业务逻辑。 8．设定不同权限的测试用户，对系统进行穿行测试，完成数据整理流程，检查结果是否符合预定的数据整理逻辑。 9．对系统进行穿行测试，完成数据整理流程，检查结果是否完整。 10．抽取一部分已处理过的真实业务进行核对，以证实数据整理的完整准确性。
数据计算	1．审阅信息系统开发文档，了解业务系统的数据计算需求与设计情况。 2．访谈管理人员，了解信息系统关键的数据计算流程。

续表

审计项目	审计方法和程序
数据计算	3. 确定信息系统中关键的数据计算控制点和控制逻辑。 4. 审阅国家、行业或者单位规范，逐项检查被审计单位设置的行业或者关键的数据计算控制点和控制逻辑是否符合国家单位规范。 5. 设定不同权限的测试用户，对系统进行穿行测试，逐项检查系统中的关键数据计算控制点和控制逻辑的有效性。 6. 设定不同权限的测试用户，对系统进行穿行测试，检查系统是否存在未经许可的数据计算功能。 7. 抽取一部分已处理过的真实业务进行核对，以证实数据计算控制的有效性。
数据汇总	1. 审阅信息系统的开发文档，了解信息系统的数据汇总功能的需求、设计实现情况。 2. 审阅国家、行业或者单位规范，检查被审计单位设置的数据汇总功能是否符合国家、行业或者单位规范。 3. 访谈管理人员，了解被审计单位数据汇总的工作流程。 4. 访谈关键岗位员工，考察其是否了解数据汇总的相关制度规定。 5. 观察关键岗位员工操作，考察其是否按照数据汇总的相关制度规定完成操作。 6. 设定不同权限的测试用户，对系统进行穿行测试，检查系统是否严格限定只有满足权限要求的用户才能使用数据汇总功能。 7. 检查系统日志是否按照规定记录了用户的数据汇总操作。 8. 抽取部分日志进行分析，判断是否符合相关规定。 9. 设定模拟汇总数据，检查汇总后的数据的准确性。 10. 抽取一部分已处理过的业务进行核对，以证实数据汇总的准确性。
数据外设输出	1. 审阅组织架构文件、岗位职责与流程和用户授权文档，确认涉及数据外设输出的岗位及其职责与权限。 2. 访谈管理人员，了解被审计单位是否存在控制数据外设输出的制度规范。 3. 访谈关键岗位员工，考察其是否了解数据外设输出的相关制度规定。 4. 观察关键岗位员工操作，考察其是否按照数据外设输出的相关制度规定完成操作。 5. 检查系统的访问控制列表，了解系统对数据信息的计算机显示、打印、介质复制等外设输出功能权限的设定与规定是否相符。 6. 设定不同权限的测试用户，对系统进行穿行测试，检查系统是否严格限定只有满足权限要求的用户才能使用数据信息的计算机显示、打印、介质复制等外设输出功能。 7. 检查系统日志是否按照规定记录了用户对数据信息进行计算机显示、打印、介质复制等外设输出的操作。 8. 抽取部分日志进行分析，判断是否符合相关规定。 9. 抽取敏感数据的外设输出记录进行分析核对，确定是否存在数据控制责任人的监督、签字。
数据检索输出	1. 审阅组织架构文件、岗位职责与流程和用户授权文档，确认涉及数据检索输出的岗位及其职责与权限。 2. 访谈管理人员，了解被审计单位是否存在控制数据检索输出的制度规范。 3. 访谈关键岗位员工，考察其是否了解数据检索输出的相关制度规定。 4. 观察关键岗位员工操作，考察其是否按照数据检索输出的相关制度规定完成操作。 5. 检查系统的访问控制列表，了解系统对数据检索输出功能权限的设定与规定是否相符。

续表

审计项目	审计方法和程序
数据检索输出	6．设定不同权限的测试用户，对系统进行穿行测试，测试系统是否严格限定只有满足权限要求的用户才能使用数据检索输出功能。 7．检查系统日志是否按照规定记录了用户对数据信息进行检索输出的操作。 8．抽取部分日志进行分析，判断是否符合相关规定。 9．抽取敏感数据的检索输出记录进行分析核对，确定是否存在数据控制责任人的监督、签字。 10．设定不同权限的测试用户，对系统进行穿行测试，测试系统提供的数据检索输出的数据结果是否完整准确。
数据共享输出	1．审阅组织架构文件、岗位职责与流程和用户授权文档，确认涉及数据共享输出的岗位及其职责与权限。 2．访谈管理人员，了解被审计单位是否存在控制数据共享输出的制度规范。 3．访谈关键岗位员工，考察其是否了解数据共享输出的相关制度规定。 4．观察关键岗位员工操作，考察其是否按照数据共享输出的相关制度规定完成操作。 5．检查系统的访问控制列表，了解系统对数据共享输出功能权限的设定与规定是否相符。 6．设定不同权限的测试用户，对系统进行穿行测试，测试系统是否严格限定只有满足权限要求的用户才能使用数据共享输出功能。 7．检查系统日志是否按照规定记录了用户对数据信息进行共享输出的操作。 8．抽取部分日志进行分析，判断是否符合相关规定。 9．检查信息系统对传输的信息是否加密以保证共享数据的传输安全。 10．抽取敏感数据的共享输出记录进行分析核对，确定是否存在数据控制责任人的监督、签字。 11．设定不同权限的测试用户，对系统进行穿行测试，测试系统提供的数据共享输出的数据结果是否完整准确。
备份与恢复输出	1．审阅组织架构文件、岗位职责与流程和用户授权文档，确认涉及数据备份与恢复输出的岗位及其职责与权限。 2．访谈管理人员，了解被审计单位是否存在控制数据备份与恢复输出的制度规范。 3．访谈关键岗位员工，考察其是否了解数据备份与恢复输出的相关制度规定。 4．观察关键岗位员工操作，考察其是否按照数据备份与恢复输出的相关制度规定完成操作。 5．检查系统的访问控制列表，了解系统对数据备份与恢复输出功能权限的设定与规定是否相符。 6．设定不同权限的测试用户，对系统进行穿行测试，测试系统是否严格限定只有满足权限要求的用户才能使用数据备份与恢复输出功能。 7．检查系统日志是否按照规定记录了用户对数据信息进行备份与恢复输出的操作。 8．抽取部分日志进行分析，判断是否符合相关规定。 9．检查被审计单位是否对备份数据包进行恢复测试，以保证备份数据的安全性。 10．设定满足权限的测试用户，测试系统提供的数据备份包是否可恢复，数据是否完整、准确、可用。

18．A医院信息共享与业务协同审计

A医院的信息共享与业务协同审计方法和程序如表9-18所示。

表 9-18　信息共享与业务协同审计方法和程序

审计项目	审计方法和程序
信息资源目录体系	1．检查被审计单位在其信息系统构建过程中，是否进行了相应的规划及实施，要求利用目录技术和元数据技术，以及其他网络技术，构造统一的信息资源目录管理系统。 2．检查被审计单位目录体系的建设达到何种程度，对资源的分类、目录的构成、目录的结构、目录的存储和目录的查询是否都进行了设计及实施。 3．A医院作为事业单位，应检查其政务和行政管理子系统是否符合CB/T21063.2—2007政务信息资源目录体系的相关技术要求。 4．检查A医院的信息系统是否符合本单位长远规划的要求，例如是否符合A医院十四五发展规划的要求。 5．检查被审计单位在用的信息系统纳入目录体系规划的比例有多大。 6．检查被审计单位在用的信息系统按目录体系要求实施的比例有多大。 7．检查信息资源目录体系技术构架是否包括信息库系统和目录服务系统。 8．检查信息库系统是否包括了应用目录信息库、专业目录信息库、共享目录信息库、共享信息库、交换目录信息库、交换信息库。 9．检查目录服务系统是否包括了目录编制系统、目录注册系统、应用目录系统、共享目录系统、交换目录系统、交换桥接系统。
内部数据和外部数据	1．检查被审计单位的内部数据是否涵盖了被审计单位预算管理、会计核算和相关业务的主要方面。 2．检查被审计单位在履行职能或者实现经济业务活动时是否需要外部数据，是否以恰当的技术手段获取。 3．检查内部数据是否经过了业务流程控制审计，数据输入、处理和输出控制审计等程序是否能确认数据的真实性。 4．检查外部数据的提供部门是否值得信赖。 5．检查外部数据获取的技术方法是否恰当。 6．检查内外部数据是否可相互验证。 7．抽查内外部数据，相互验证结果如何。 8．检查内外部数据之间是否有重大不一致。
信息资源标准化	1．检查被审计单位是否建立了信息资源标准化规范。 2．检查被审计单位在信息化工作中，是否按照相关标准化规范建设信息系统。 3．检查被审计单位是否执行了国家或者行业的标准化要求。 4．检查被审计单位已建成的信息系统中，按信息资源标准建设的占多大比例。 5．检查被审计单位拟建的信息系统中，按信息资源标准进行规划的占多大比例。 6．检查被审计单位在用的信息系统中，按信息资源标准化要求，可实现信息共享和交换的占多大比例。
其他共享信息建设	1．核查被审计单位的其他共享信息建设是否存在。 2．如果其他共享信息项目确实存在，核查项目的立项申请或者备案是否确实发生。 3．如果其他共享信息项目属于续建项目，核查该项目是否确实具有续建的必要性。 4．检查被审计单位提供的其他共享信息，是否涵盖了其他部门利用被审计单位提供的其他共享信息履行职能或者实现经济业务活动需要的主要数据。 5．检查被审计单位提供的其他共享信息，是否满足其他部门履行职能或实现经济业务活动的特定时间段需要。

续表

审计项目	审计方法和程序
其他共享 信息建设	6. 检查被审计单位是否是其他共享信息产生或发布的合法、权威来源，是否履行了提供该信息的相关手续。 7. 检查被审计单位提供的其他共享信息中是否含有被审计单位及所在行业的敏感数据； 8. 检查其他共享信息的存储是否遵循了国家信息安全相关制度、标准及规范。
信息共享 平台建设	1. 核查被审计单位的信息共享平台建设是否存在。 2. 如果信息共享平台项目确实存在，核查项目的立项申请或者备案是否确实发生。 3. 如果信息共享平台项目属于续建项目，核查该项目是否确实具有续建的必要性。 4. 检查被审计单位提供的共享信息，是否涵盖了被审计单位及相关部门履行职能或者实现经济业务活动需要的主要数据。 5. 检查被审计单位提供的共享信息是否满足被审计单位及相关部门履行职能或实现经济业务活动的特定时间段需要。 6. 检查被审计单位及相关部门是否是共享信息产生或发布的合法、权威来源，是否履行了提供该信息的相关手续。 7. 检查被审计单位提供的共享信息中是否含有被审计单位及所在行业的敏感数据。 8. 检查共享信息的存储是否遵循了国家信息安全相关制度、标准及规范。
共享外部 数据	1. 检查被审计单位是否对职能需要的公共基础信息和其他共享信息建立了共享机制。 2. 检查外部数据是否与系统内部数据建立了业务关联。 3. 检查被审计单位是否具有较为明确的共享外部数据信息目录和格式规范。
共享外部 数据 有效性	1. 检查被审计单位是否建立了获取外部数据的相关制度和机制。 2. 检查被审计单位有关信息系统是否具有获取外部数据的接口功能。 3. 检查哪些可共享或已实现普遍共享的外部数据，被审计单位未建立共享机制。 4. 检查哪些关键外部数据缺失会对被审计单位经济业务活动形成影响。
共给外部 数据	1. 检查被审计单位信息系统中是否具有外部所需的公共基础信息和其他共享信息。 2. 被审计单位是否建立了供给外部数据和信息资源共建共享的相关制度和机制。
共给外部 数据 有效性	1. 检查被审计单位是否建立了供给外部数据的相关制度和机制。 2. 检查被审计单位信息系统是否具有符合国家或者行业数据接口标准的数据输出接口功能。 3. 检查被审计单位是否按照国家或者行业相关规定实现了有效的信息交换与共享机制。 4. 检查被审计单位向外部供给数据，是否较好地支持了外部系统相关业务的协同发展。

9.1.4 A医院信息系统审计的方法

1. 观察法

观察法是指审计人员对 A 医院的信息系统主要使用部门、机房和信息系统各工作点进行现场检查和观察，查看相关人员正在从事的活动或执行的程序。实地查看有利于审计人员了解 A 医院的基本情况，获取 A 医院的经营环境、信息化环境、业务运转情况及内部控制制度执行情况等方面的一手资料，从而核实审计事项。通过直接观察，了解信息系统操作流程的规范程度以及内部制度的执行情况，从中发现存在的问题。比如观察技术人员的工作情况以了解其内控执行是否到位。

2. 问询法

问询法是指审计人员对 A 医院内部和外部人员通过个别面谈和召开会议的形式找有关

人员谈话,以调查的了解信息系统规划、实施、应用与管理控制等情况,从而证实审计事项的方法。可以向 A 医院的高层管理人员、信息技术部主管、系统管理人员、各业务部门的应用系统使用人员和内部审计人员等询问有关信息系统管理、应用的控制方面的问题,根据对方的回答获取某些资料。问询法可以发现书面材料未能提供或未被发现的信息,或书面材料本身可能存在的问题,并获得审计证据。

3. 查阅法

查阅法是指审计人员通过查阅 A 医院的有关资料和技术文档等获得审计线索和证据的一种方法。查阅法要求对 A 医院的业务资料、财务资料和信息系统技术资料等从形式到内容进行认真查阅,在公正客观的基础上寻求相关的审计证据。这种方法特别适用于信息系统审计的初始阶段,即技术准备阶段。

每一个信息系统都应该有规范完整的文档资料,以增强系统的可维护性和可审计性。系统文档主要有:可行性分析报告、系统分析报告、系统概要设计说明书、系统详细设计说明书、业务流程图、数据流程图、源程序表、系统测试报告、操作手册、系统评审报告等。系统文档不仅可以为改进和维护系统提供必要的资料,也可以为信息系统审计提供重要线索。审计人员通过审核系统文档可以了解信息系统的开发、实施、测试和评审等方面的情况。例如,上机查看以证实有关电脑确实发挥相应功能,查阅系统日志和运行维护记录以了解系统最近一段时间内是否发生错误。同时,索取并检查业务文档资料,如系统规划方案、数据字典、运行维护记录、说明文档及相关合同等以了解信息系统的相关情况。

4. 复核法

复核法是指审计人员重复检查、验证 A 医院信息系统的输出结果,以证明信息系统提供的输出结果是否正确的方法。

5. 调查问卷法

通过调查问卷的方式,我们可以了解 A 医院的基本情况、信息系统及内部控制情况。调查的问题主要针对信息系统管理及其内部控制情况、信息技术环境下的各类应用系统的处理流程、内部控制及关键控制点等。

在审前调查阶段将其提交给 A 医院信息和相关业务部门,以获取信息系统的基本信息、运行状况和业务流程,并可能发现有价值的线索。

6. 技术验证法

运用计算机技术手段,对信息系统各功能模块进行符合性测试和实质性测试,发现信息系统内部控制可能存在的问题,并对系统功能和业务需求进行比较分析,发现信息系统功能可能存在的问题。

7. 数据库查询及数据分析法

结构化查询语言(Structured Query Language,SQL)是用于访问和处理数据库的标准的计算机语言,用于存取数据以及查询、更新和管理关系数据库系统。通过对 SQL 查询出来的数据进行分析(结合数据字典),可以检查数据之间的逻辑关系,以判断实际数据是否符合业务处理的要求,从而验证输入数据的正确性、保存数据的完整性。

8. 穿行测试法

穿行测试法，是指审计人员亲自执行一次业务发生过程。比如，审计人员将某项医疗服务流程中涉及的每一笔明细的处理过程按照既定的规则重新计算一遍，以验证数据的正确性；又如，审计人员以普通人员身份试图进入对方核心机房，以检测A医院信息系统物理访问控制的安全性等。穿行测试是通过跟踪信息系统中的交易过程，验证审计人员对其控制的理解，评价控制设计的有效性，确定控制是否得到有效执行。

9.1.5　A医院信息系统审计的实施

1．A医院信息系统审计访谈记录

A医院信息系统审计访谈记录示例如表9-19所示。

表9-19　A医院信息系统审计访谈记录示例

项目名称：	A医院信息系统审计
被审计单位名称：	A医院
访谈日期：	2021年3月7日
参与访谈人员：	
访谈对象：	A医院信息技术部项目开发负责人

问题1：采用了哪些开发平台和开发语言？
答：Windows(.net)、Web(J2EE)、手机App(iOS、Android)。
问题2：目前医院有哪些系统？哪些系统或功能模块尚未使用？
答：HIS(门诊收费、住院收费、医生护士工作站、物资设备管理、药品管理、体检系统、供应室系统)、LIS检验系统、PACS影像系统、手术麻醉系统、移动护理系统、电子病例、财务系统、院内感染系统。以上所有功能都在用。
问题3：新信息系统的购置或开发是否进行过需求分析并取得授权批准？
答：购买前有论证会议，但无留存资料。
问题4：信息系统开发(变更)是否进行过立项并得到适当的授权批准？
答：由使用部门提出自建或购买的需求，再立项，然后交由上级审批。
问题5：开发(变更)系统过程中，是否做到环境分离？
答：开发环境独立，开发和测试服务器是一起的。
问题6：新旧系统转换过程中，是否保留了相关转换记录，并对旧系统数据进行备份？
答：仅重要数据、重大升级有备份。
问题7：软件功能需求中是否定义了系统角色、明确了角色关系，是否定义了用户需求与软件需求的对应分层关系，并细化和抽象出软件功能需求；是否定义了软件系统中分层次的数据流程图；是否应按照软件层次确定系统边界和接口？
答：HIS系统有。
问题8：是否有详细的总体框架设计、代码设计、数据库设计及功能模块等方面的设计？
答：有功能设计、无数据字典。
问题9：是否有故障对策和安全保护策略——应急预案？
答：有。
问题10：是否自主开发软件？是否在独立的环境中完成编码和调试？软件设计相关文档是否由专人负责保管？

续表

答：设计文档在公共服务器上，内部开发人员都能看。
问题 11：是否有程序作者之外的第三人进行测试？
答：有测试岗位。
问题 12：是否有《代码编写规范》？
答：无规范，无具体要求，无编写后的检查。
问题 13：是否有项目进度报告？系统开发任务是否按进度报告按时推进？
答：基本无项目进度报告。由项目负责人总体把控项目进度。
问题 14：是否对数据外设的输入输出进行了控制？对访问外网进行了禁止或限制？
答：通过远程桌面控制程序进行控制。
问题 15：目前医院对外围的数据共享有哪些通道？
答：市内所有医院共享：电子病历； 卫生计划委员会有接口：医改检测数据上报； 财政局：电子票据； 第三方公司对接接口：挂号数据。

2．A 医院信息系统审计控制测试底稿

A 医院信息系统审计控制测试底稿示例如表 9-20 所示。

表 9-20　A 医院信息系统审计控制测试底稿示例

项目名称：	A 医院信息系统审计					
被审计单位：	A 医院					
审计人员：			编制日期：	2021 年 3 月 7 日		
审核人员：			审核日期：	2021 年 3 月 12 日		

测试事项	控制目标	测试程序及方法	形式	所取得的相关资料	调查结论与评价	底稿索引	底稿页码	备注
战略规划	信息中心战略规划报告的审核	审阅信息中心战略规划报告文件，分析和评估信息中心的规划内容是否得当，能否满足业务活动需求和信息需求	检查	《A 医院"十四五"整体规划》《A 医院信息化建设"十四五"规划》	符合	A-1	1~3	
		审阅信息中心战略规划及其工作完成情况，了解规划的落实执行情况	访谈检查		符合		4	
	信息中心战略规划流程与制度的审核	审阅信息中心战略规划管理制度，分析和评估其规范程度，是否包含起草、批准、实施和更新政策与流程	检查	《A 医院信息化建设"十四五"规划》	符合		5	
		访谈信息技术部主管，分析和评估其战略规划报告的理解认识和满意程度	访谈		符合		5~6	

续表

测试事项	控制目标	测试程序及方法	形式	所取得的相关资料	调查结论与评价	底稿索引	底稿页码	备注
战略规划	信息中心战略规划岗位职责的审核	审阅信息中心战略规划岗位职责文档,确认是否包含信息中心战略规划职责	检查	人事岗位文件	符合		7	
		评估和分析信息中心高管在战略规划过程中的作用与参与程度	访谈检查		符合		8~10	
		检查相关会议记录,评估高层对战略规划的关注程度	检查	会议记录	符合		11~12	
组织架构	信息化机构设置情况的审核	调阅各部门各岗位的工作职责文档,检查是否有明确的信息中心职权与责任,分析是否适应被审计单位信息化程度,以及外部监管要求	检查	人事岗位文件	符合	A-2	1~2	
		访谈相关人员,检查他们是否正确理解各自信息中心职责,分析他们之间是否保持良好的沟通合作关系	访谈		符合		3	
	信息化部门的职能定位	调阅信息中心部门编制的工作职责等文档,分析信息中心部门的定位是否合适	检查	人事编制、岗位文件	符合		4~6	
	人力资源情况的审核	调阅人力资源政策文件,调查信息中心员工离职率、受教育背景、专业技能、培训证书等情况,评价信息中心人力资源配置是否充分,是否胜任	访谈检查	人事聘用、培训、考核、晋级相关制度文件	不符合		7~8	
		调阅信息中心人才招聘、选用、培训、考核和晋升等管理制度文件,分析和评价信息中心人力资源管理机制是否能有效支撑被审计单位的信息化战略规划、业务战略发展的需要	检查	人事聘用、培训、考核、晋级相关制度文件	不符合		9~11	

3. A 医院信息系统审计穿行测试底稿

A 医院信息系统审计穿行测试底稿示例如表 9-21 所示。

表 9-21 A 医院信息系统审计穿行测试底稿示例

底稿索引:	G-2	页码	5
项目名称:	A 医院信息系统审计		
被审计单位:	A 医院		
审计人员:		编制日期:	2021 年 3 月 6 日

续表

审核人员：		审核日期：	2021年3月11日
测试对象：	HIS系统员工离职审批流程	测试方法：	穿行测试
控制目标：	系统功能设计与规划一致：通过对A医院门诊业务的系统业务流程的分析，查出系统在安全性和可靠性等方面存在的薄弱环节。确保A医院门诊业务按系统设计要求得到执行，数据处理正确、完整。		
业务流程描述：	A医院门诊业务流程如图9-1所示： 图9-1 A医院门诊业务流程图 A医院门诊业务流程描述： 1. 患者来院办理就诊卡并进行登记，产生患者门诊号和HIS内部使用的患者ID，该基本信息数据上传到信息平台并保存在基础数据表中。 2. 患者持就诊卡在HIS系统中挂号，门诊号与其挂号的科室ID关联，患者的挂号信息上传到信息平台并保持在业务数据表中。 3. 患者在EMR系统(Electronic Medical Record，电子病历系统)中就诊，EMR通过门诊号可以从信息平台获取HIS提供的患者详细信息，并开出医嘱。 4. EMR从信息平台查询到HIS共享的相应诊疗项目表、检查项目表，开出检查申请单，上传到信息平台的业务数据表中。 5. HIS根据门诊号从信息平台获取到EMR开出的检查申请单信息，收取费用后在系统中产生收费记录，回传到信息平台。 6. 患者前往医技科室，医技科室从信息平台获取有收费标志的申请单，并且根据HIS的收费记录来判断是否可以进行检查，检查完后向信息平台回传报告。 7. 患者返回诊室，医生使用EMR系统通过门诊号码从信息平台调阅医技科室返回的检查结果，并视情况判断是否追加检查申请单，如需要，重复4、5、6步骤。 8. 如不需要继续检查并需要开药，EMR系统从信息平台调用HIS所提供相关药品的基础字典数据，并且查询药品库存信息，为患者开药方。 9. 患者前往收费处，收费人员在HIS中根据门诊号从信息平台获取EMR处方信息进行收费，在系统中产生收费记录，回传信息平台。 10. 患者持已收费的处方前往药房取药，HIS扫描处方上的条码获取药品清单并发药。		
测试过程：	通过流程图分析法，对业务流程图中的关键控制点进行分析，查看是否存在漏洞。		
测试用例：	1. HIS系统患者(临时)账号、高级管理员账号。 2. 常规业务数据。 3. 异常数据、超边界数据。 4. 违反控制规定的数据，如使用违反责权分离的账号。		

续表

测试过程：	各步骤数据输入界面截图、执行结果截图(略)。
测试结论：	通过穿行测试过程，A 医院 HIS 系统中门诊业务主要环节确如业务流程所述得到执行，数据处理正确、完整。

4．A 医院信息系统审计数据库测试底稿

A 医院信息系统审计数据库测试底稿示例如表 9-22 所示。

表 9-22　A 医院信息系统审计数据库测试底稿示例

底稿索引：	D-3	页码：	2
项目名称：	A 医院信息系统审计		
被审计单位：	A 医院		
审计人员：		编制日期：	2021 年 3 月 7 日
审核人员：		审核日期：	2021 年 3 月 12 日
测试对象：	HIS 业务数据库——门诊收费系统收费数据	测试方法：	数据库查询法
控制目标：	A 医院门诊收费数据处理的正确性、完整性。		
测试内容：	测试所执行的 SQL 语句如下： ``` WITH TAB AS (SELECT ACCOUNT_MONTH, START_TIME, STOP_TIME, ZF_TYPE_ORDER, EXCEL_ZF_TYPE, SYS_ZF_TYPE, PLACEPOINTID, PLACEPOINTNAME FROM ACCOUNT_PERIOD,DIM_ZFTYPE,DIM_PLACEPOINT), TTT AS(SELECT T.ACCOUNT_MONTH 会计月,TO_NUMBER(T.PLACEPOINTID) 窗口ID,T.PLACEPOINTNAME 窗口, T.EXCEL_ZF_TYPE 支付方式,NVL(SUM(A.REALMONEY),0) 实收金额 FROM TAB T LEFT JOIN ORDER A ON T.SYS_ZF_TYPE=A.DDLNAME AND T.START_TIME<=A.CREDATE AND T.STOP_TIME>A.CREDATE AND A.PLACEPOINTID=T.PLACEPOINTID GROUP BY T.ACCOUNT_MONTH,TO_NUMBER(T.PLACEPOINTID), T.PLACEPOINTNAME,T.ZF_TYPE_ORDER,T.EXCEL_ZF_TYPE ORDER BY T.ACCOUNT_MONTH,TO_NUMBER(T.PLACEPOINTID), T.PLACEPOINTNAME,T.ZF_TYPE_ORDER,T.EXCEL_ZF_TYPE) SELECT * FROM TTT PIVOT (SUM(实收金额) ```		

续表

测试内容：	FOR 支付方式 IN ('现金','医保','医保接口','国家医保','支票','银联卡','提货卡','电子会员券','纸质代金券','厂家代金券','医卡通','宜捷通','支付宝手机钱包','移动 pos 支付','微信支付','药联直付','银联二维码','普康卡','企健卡','自动售药柜')) ORDER BY 会计月，窗口 ID，窗口；
测试结论：	A 医院门诊收费数据处理正确、完整。

5．A 医院信息系统审计数据分析测试底稿

A 医院信息系统审计数据分析测试底稿示例如表 9-23、9-24 和 9-25 所示。

表 9-23　A 医院信息系统审计数据分析测试底稿示例 1

底稿索引：	F-3	页码：	1
项目名称：	A 医院信息系统审计		
被审计单位：	A 医院		
审计人员：		编制日期：	2021 年 3 月 8 日
审核人员：		审核日期：	2021 年 3 月 13 日
测试对象：	HIS 系统业务参数：收费项目编码和药品编码； 数据库核心表中的重要字段。	测试方法：	数据分析法、数据库查询法
控制目标：	A 医院药品价格、特殊医疗器材价格的合规性；是否有重复、超范围、超标准收取医疗服务费等情况；药品价格、收费项目等重要参数的合规性和准确性；业务数据的重要字段的合理性。		
测试过程：	1．对业务参数的审计 将收费项目编码和药品编码作为重要的业务数据参数，具体审计步骤如下： (1)采用数据核对法，核对数据库中收费项目和药品名称。对照 A 医院所在地监管部门发布的价费文件内容，未发现可疑的项目编码以及药品名称的问题。 (2)采用钩稽关系效验法，将费用表中的收费情况和收费项目进行关联，查找出住院病人和门诊病人费用表中药品和医疗服务价格异常的数据。分析疑点发现，造成数据异常的原因是药品价格调整。再根据调价文件，查找调价时间是否大于调价文件规定时间。 2．对重要信息的审计 对 A 医院数据库核心表中的重要字段进行检查，查看系统在控制上是否存在不够严谨的问题。具体审计步骤如下： (1)完整性审查。通过 SQL 查询分析的方法，对病人信息表等核心表进行分析，发现代表病人唯一的 ID 字段长度不一致，存在为空、句号、加号的现象。病人的姓名、性别存在数字等现象。同时还存在同一个住院号，病人入院时间晚于出院时间等异常现象。 (2)冗余性审查。审计发现"费用表"等重要的业务数据表中还存在测试数据。医院信息管理系统中的 211 张表中有 73 张表是无记录的空表。		

续表

审计发现：	1. A医院药品价格未及时调整 2018年度，系统未严格执行A医院所在地监管部门发布的价费文件相关规定，有XX种药品延期1~5天调价，涉及相关记录1263条，金额XX万元。初步认为该系统对重要业务参数缺乏严格控制。 2. A医院的权限管理制度未得到有效执行，系统应用控制措施未落实 经过对医院人员信息进行核对，发现离岗超过1年的人员，仍可以登录系统，系统人员信息未及时清理。经过分析，初步认为该系统的基本信息不完整，对业务数据录入未严格进行控制，存在冗余数据，会影响系统安全。

表9-24 A医院信息系统审计数据分析测试底稿示例2

底稿索引：	F-3	页码：	3
项目名称：	A医院信息系统审计		
被审计单位：	A医院		
审计人员：		编制日期：	2021年3月8日
审核人员：		审核日期：	2021年3月13日
测试对象：	A医院账务系统数据	测试方法：	数据分析法、数据库查询法
控制目标：	A医院业务收入的真实性和准确性审计。		
测试过程：	通过编写并执行SQL语句，对数据的真实性和准确性进行审计分析。 1. 真实性审计 具体步骤为： (1)通过SQL查询，统计出各个年度业务收入。审计中我们抽查了2018年门诊挂号收入； (2)通过现场审计实施系统软件对财务数据进行分析，得出2018年门诊挂号收入； (3)比较业务数据与财务数据，分析得出2018年门诊挂号收入一致，初步认为系统对业务数据真实性方面进行了控制。 2. 准确性审计 套用编码收费审计步骤： (1)查找出药库记账表中，采购、库存药品的编码； (2)查找出病人缴纳的费用编码； (3)将药品编码和费用编码进行关联，查出无采购、无库存，但是在使用的编码作为审计疑点； (4)进一步分析审计疑点，求出套用编码收费的金额。 住院床位费用审计步骤： (1)根据住院病人基本信息表，计算出入院日期和出院日期的时间差。按照入院当天计算，出院当天不计算的规定，更新当天入院又出院的数据； (2)不同的病床有不一样的收费标准，审计人员在项目收费表中查找出不同病床的不同收费标准； (3)由于每个病人的每条收费记录对应每个收费编码，审计人员根据住院病人费用表，统计出病人住院的天数； (4)求出病人住院的天数与入院日期和出院日期的时间差不一致的数据，作为审计疑点。		

续表

审计发现:	(1)一次性巾单(编码N058)2018年度采购数量为0,库存数量为0,但是销售给住院病人XX条,涉及金额XX万元; (2)对医疗器械加价情况进行审计,发现可吸收缝线(编码N016)采购价XX元/根,销售给病人XX元/根,2018年度共计销售XX根,涉及金额XX万元; (3)2017年1月至2018年8月有XX人次住院病人,多计病人床位天数XX天,多收床位费用XX万元。经过抽查核对住院档案,审计人员发现多收住院费为医保处结账和系统更新造成数据库时间差异,实际未多收。初步认为信息系统在数据准确性方面有待加强。

表9-25 A医院信息系统审计数据分析测试底稿示例3

底稿索引:	F-3	页码:	5
项目名称:	A医院信息系统审计		
被审计单位:	A医院		
审计人员:		编制日期:	2021年3月8日
审核人员:		审核日期:	2021年3月13日
测试对象:	业务数据中设备产生的效益分析	测试方法:	数据分析法
控制目标:	A医院信息系统项目绩效控制达成预期目标。		
测试过程:	采用量本利分析法对医用直线加速器进行盈亏平衡分析。 分析得出:该设备保本点为年放疗XX人次,而2018年实际放疗人次为XX人次,故该设备一直处于亏损状态。		
审计发现:	采用横纵向比较法,对数据进行分析。 1.通过横向比较得出 (1)资产负债率控制较好,低于周边地区同类医院平均水平; (2)药品周转天数逐年减少,并低于周边地区同类医院平均水平,资金使用效率进一步显现; (3)床位使用率、床位周转次数逐年提高,并高于周边地区同类医院平均水平,与业务收入逐年增长相匹配; (4)管理费用占业务支出比率逐年递减,并低于周边地区同类医院平均水平,支出结构趋于合理。 2.通过纵向比较得出 药品收入占医药收入比重在逐年增大,且2017年超过了48%(2019年达56.3%)。说明A医院业务收入呈过多依赖药品收入的趋势,医疗机构"以药养医"的现象短期仍难改变。		

6. A医院信息系统审计事实确认书

A医院信息系统审计事实确认书示例如表9-26所示。

表 9-26　A 医院信息系统审计事实确认书示例

项目名称：	A 医院信息系统审计		
被审计单位：	A 医院		
审计事项：	系统上线管理及设备管理问题		
审计人员：		编制日期：	2021 年 3 月 15 日
审核人员：		审核日期：	2021 年 3 月 16 日
审计事项	信息系统变更及发布管理。		
审计依据	根据 A 医院信息中心提供的《信息系统变更及发布管理制度》反映："软件开发完成后，信息技术部项目责任人组织相关科室人员测试确认，测试无异议后正式上线使用。正式使用后一个月内，科室项目负责人每周将软件的使用情况报信息技术部项目负责人，同时信息中心的系统开发负责人也要追踪该软件的使用情况。验收合格后该项目正式发布全面使用并转入维护流程。项目负责人整理项目全流程技术文档、实施文档等做归档管理"。		
审计发现	审计查阅相关资料及系统发现以下问题： (1) A 医院在系统上线管理制度的落实上存在遗漏。审计人员未查到 2016～2021 年期间的系统上线相关记录和上线计划，包括上线部署步骤、上线内容清单、业务投产实施方案等。也未查到系统上线前经过相关业务科室、上级管理部门等关键利益相关方的正式批准的记录。 (2) A 医院在保障业务连续性方面存在一定风险。医院使用了专门的升级库，但无升级失败后程序回滚功能，一般情况也无旧版本留存，升级失败只能及时修改错误。据 A 医院信息中心提供的《网络终端设备日常维护制度》反映："信息技术部指定专人每半个月对工作站巡查一次，对设备的日常维护情况进行检查，并收集设备使用情况。" (3) 审计抽查了 2019 年 6 月的设备运行记录、2019 年 7 月至 9 月的设备运行报警记录。发现 A 医院未落实《网络终端设备日常维护制度》中关于终端设备定期巡检的规定，出问题后才检查维修。审计检查发现，A 医院手工登记的《终端设备日常维护登记表》是 2015 年以前的记录。		
被审计单位意见	上述审计依据和审计发现情况：(√)属实　　( )不属实 　　　　　　　　　　　　　　　　　　　　　　（签名、盖章、日期）		

9.1.6　A 医院信息系统审计结果

1. A 医院信息系统生命周期审计结果

A 医院信息系统生命周期审计结果如表 9-27 所示。

表 9-27　信息系统生命周期审计结果

控制目标	检查点	审计结果
信息系统生命周期审计	应用系统开发、测试与上线审计	应用系统开发工作包括需求分析、架构设计、软件实现、系统测试、系统上线等内容。 审计人员了解到，A医院的应用系统开发团队由11人组成，其中5人负责程序代码编写，6人负责测试、维护和需求调研，无软件界面设计人员。无软件开发外包的情况。 1. 需求分析 应用系统需求分析环节，审计人员访谈了信息中心程序开发小组负责人和程序测试人员，并观察了实际的开发和测试过程。经了解，近5年A医院系统开发的需求分析过程是：由各业务科室提出需求，软件需求调研人员用文字和流程图描述需求并形成需求说明书，经业务科室确认后进入开发流程。需求说明书没有具体的输入输出界面设计，也没有需求提出者在需求确认书上的签字。从需求提出到程序开发、测试、上线整个过程，均无相关人员签字确认的环节。这可能造成需求提出者和开发者之间的理解出现偏差，从而导致重复变更需求和开发效率低的风险。 此外，审计人员通过调查问卷的方式了解到部分业务科室的反馈：在系统维护更新时，经常把其他正常的功能改得不正常了，以及其他一些功能实际使用与预想存在差异的情况（详见《信息系统审计调查问卷统计表》）。 审计人员认为，A医院在信息系统需求分析的方式方法和流程上不完善，不符合业务处理和控制的需要；需求文档的表述不能全面、准确地表达业务需求。 审计建议： A医院在信息系统项目管理中，要完善系统需求分析管理过程，建立起各阶段签字确认的程序，需求文档中增加输入输出界面设计，便于需求提出者和程序开发人员对业务的理解和确认。 2. 架构设计 审计发现，HIS系统并无数据字典，无法完整地描述系统的数据模型。这对熟悉本系统和系统数据结构的开发人员来说影响不大，但对新手而言学习成本较高。 审计人员认为，A医院的HIS系统缺少数据字典，可能存在系统开发和维护管理上的风险。 审计建议： 定义HIS系统的数据字典。 3. 软件实现 经审计，A医院系统开发过程中未对代码编写进行规范，未制定《代码编写规范》。审计人员经过实际观察和对程序进行抽查，发现大部分代码都有较完整的注释，变量等命名相对规范，但未形成管理制度便存在风险，不利于代码维护。如果程序员离职，可能存在其编写的代码维护困难，或者无法维护的情况。 审计还发现，A医院系统开发过程中未对源代码进行有效管理和严格审查。例如，未使用SVN（Subversion，版本控制系统）进行版本管理、未控制访问权限（所有代码和设计文档均存放在同一个公共服务器的共享空间中，所有开发人员均能访问）、未检查程序代码中是否安插了后门等，这些都可能导致安全风险。虽然目前医院的应用系统多在内网中使用，安全风险较低，但随着医院十四五计划"互联网+医疗"战略的推进，外网应用将增多。因此，加强系统开发过程中的安全控制措施将变得更加重要。

续表

控制目标	检查点	审计结果
信息系统生命周期审计	应用系统开发、测试与上线审计	**审计建议：** 制定《代码编写规范》；使用 SVN 进行版本管理；控制访问权限；用静态源代码安全检测工具对程序源代码进行管理和审查。一方面可以找出潜在的风险，从内对软件进行检测，提高代码的安全性；另一方面也可以进一步提高代码的质量。 **4．系统测试** 在应用系统测试环节，审计发现，A 医院并未制定项目测试相关的管理规范。系统测试分为单元测试、系统测试和用户验收测试，但医院信息中心的开发项目组仅完成了系统测试和用户验收测试，而未进行单元测试、渗透测试、压力测试。目前的项目测试的管理框架和管理标准基本满足医院现有管理需要，但在测试的细节管理方面，由于大多采用敏捷开发，存在部分项目的测试广度和深度不够，部分项目缺失兼容性测试或特殊边界值条件测试。此外，测试记录和资料有时是通过聊天软件直接传达，有时是直接传话，有时是通过开发平台自带的运维系统进行记录的，存在记录不完整、记录比较随意的现象。 测试过程使用专用的测试系统和测试数据库，测试环境的独立性符合要求。 **审计建议：** 建立测试标准，对测试工作进行规范化、标准化统一管理，从测试环节完善项目质量管理。 **5．系统上线** A 医院于 2016 年 8 月制定并发布了《信息系统变更及发布管理制度》，用以规范医院系统上线的流程管理，对系统上线的工作职责及流程进行了细化，协调各职能部门的工作，明确了系统使用考核方式。但是此制度并未完全落实，审计人员未查到系统上线相关记录和上线计划，包括上线部署步骤、上线内容清单、业务投产实施方案等；也未查到系统上线前经过相关业务科室、上级管理部门等关键利益相关方的正式批准的记录。 审计人员还了解到，医院使用了专门的升级库（专门用于其技术平台升级的软件）用于系统升级上线，系统升级上线一般在下午下班后访问量少时进行，系统上线时间安排合理。但无升级失败后系统回退功能，一般情况也无旧版本留存，升级失败只能及时修改错误程序。 审计人员通过对业务科室的访谈和问卷调查，确认在系统上线之前，相关使用者经过了充分培训，并在历次例会中听取和学习了信息安全管理的相关制度要求。 审计认为，A 医院在系统上线管理制度的落实上存在遗漏；在保障业务连续性方面存在一定风险；上线培训得到了充分落实。 **审计建议：** 系统上线前制度上线计划，明确各成员的岗位职责；系统升级前备份旧版程序；完善系统上线前的审批流程；考虑调整系统升级策略或更换升级软件，增加系统回退功能。
	信息系统运维与服务管理审计	**1．环境管理** A 医院制定了《网络中心机房管理制度》和《外来人员访问管理制度》。审计人员查看了主要机房和备份机房的工作环境，对机房供配电、空调、温湿度控制等设施的维护管理情况进行了了解。审计发现，主生产机房建立了值班和巡检制度，有专人进行维护，并保留了维护记录。主生产机房的占地面积、功能区划、配供电系

续表

控制目标	检查点	审计结果
信息系统生命周期审计	信息系统运维与服务管理审计	统、空调新风系统、消防系统等均配置较好,防盗防破坏、防火、防水、防潮、防静电、温湿度控制、应急电力供应、电磁防护、监控等设施和设备健全并正常运转。2018年7月,聘请第三方气象科技有限公司完成的《A医院雷电防护装置检测技术报告》,主生产机房防雷避雷装置符合要求。但备份机房的环境控制设施设备仍需改善。 审计人员观察了主生产机房和备份机房的实际运行管理情况,确认其采用密码卡授权刷卡进入控制,未发现内部或外来人员随意进出的情况。 审计认为,A医院对主生产机房的巡检内容、巡检频率与巡检制度相符;相关设施和设备健全并正常运转;人员进出控制严格;主生产机房环境控制到位;备份机房环境控制需改善。 2. 资产管理 审计人员查阅了信息系统资产清单,发现其内容覆盖了资产责任部门、责任人和重要程度等信息。审计人员还抽查了中心机房服务器、部分开发用设备、部分医用终端设备、部分病患用自助服务设备,发现以上设备运转正常,且均贴有资产标识标签。 3. 设备管理 A医院制定了《网络终端设备日常维护制度》和《服务器管理制度》。审计人员抽查了2019年10月的设备运行记录、2019年7月至9月的设备运行报警记录。发现大部分是(VM)不可用(运行异常)报警记录。 审计检查发现,A医院手工登记的《终端设备日常维护登记表》是2013年以前的记录。通过访谈得知,最近5年,A医院未落实《网络终端设备日常维护制度》中关于终端设备定期巡检的规定,出问题后才检查维修。 审计建议: 落实终端设备定期巡检并记录的规定。 4. 日志管理 审计人员抽查了2019年9月的堡垒机日志、2019年8月至10月的数据库操作日志、2019年8月的接口日志、2019年9月的系统日志。以上日志的存储内容、留存时间、访问控制策略等内容完整,符合相关制度。发生故障或报警时,系统管理员会对具体问题进行解决,但并未定期对日志进行评审。 审计认为,A医院信息系统所涉及的用户活动以及信息安全事件日志被实质进行了记录,并按照规定的期限进行保留,以支持将来的调查和访问控制检查。但并未形成定期评审日志的制度。 审计建议: 形成定期评审日志的制度。 5. 系统维护 A医院信息系统日常维护工作流程如图9-2所示。

续表

控制目标	检查点	审计结果
信息系统生命周期审计	信息系统运维与服务管理审计

```
       电话登记
          ↓
       分配人员
        ↙    ↘
    远程处理   现场处理
       ↓         ↓
   回复申请科室  签处理单
        ↘    ↙
       回复接线员
          ↓
     接线员登记处理结果
```

图 9-2　A 医院信息系统日常维护工作流程

在系统运维制度建设方面，A 医院制定了《信息中心职责和应急预案》，预案明确了各岗位的职责、工作明细、影响范围、具体操作事项、考核标准、应急方案等。同时还针对 120 调度系统专门制定了《120 调度系统故障应急预案》，其中明确了当 120 调度系统及其硬件设备出现故障时相关人员应急预案。

系统运行监控及系统功能缺陷处理方面，信息中心配备运维人员进行系统功能问题的收集和反馈，但这些运维人员身兼多职，同时负责系统运维、测试和需求调研。审计人员通过问卷调查和访谈的方式了解到，遇到系统故障时部分能够及时得到解决，并登记了信息系统故障记录。未遇到系统故障时，也有运维人员询问、收集各部门的系统使用情况。审计还发现，系统运行监控未制定日常巡检制度，未建立日常巡检登记簿。审计认为，其系统功能的运维管理虽然能够基本满足业务需要，但问题处理效率有待提高，运维人员配备仍需加强。

在系统性能监控方面，通过对信息中心网络管理负责人、程序开发设计负责人的访谈，审计发现，系统性能监控未制定定期巡检制度，未建立日常巡检登记簿。

在系统问题管理方面，现有的问题管理工具使用的是第三方公司的开发平台自带的运维系统。但未形成流程化的管理规范。由于该工具较为简单，目前仅局限于运维人员内部对问题进行登记和管理，尚未形成在全院范围内对问题进行流畅的收集和反馈，也未形成对问题进行流程化的分派、跟踪、处理，直至问题反馈、确认和关闭。

审计建议：
①制定日常巡检制度，建立日常巡检登记簿。
②在系统运行监控方面，对系统运行状态、并发用户数量、异常业务数据或交易、系统性能、系统资源、会话连接、应用错误等的异常情况进行记录和汇报；在系统性能监控方面，对线路质量、通信设备的处理能力和网络服务质量的参数，如误码率、主机的 CPU、内存、端口的使用率、吞吐量、传输和时延、响应时间等指标的异常情况进行记录和汇报。 |

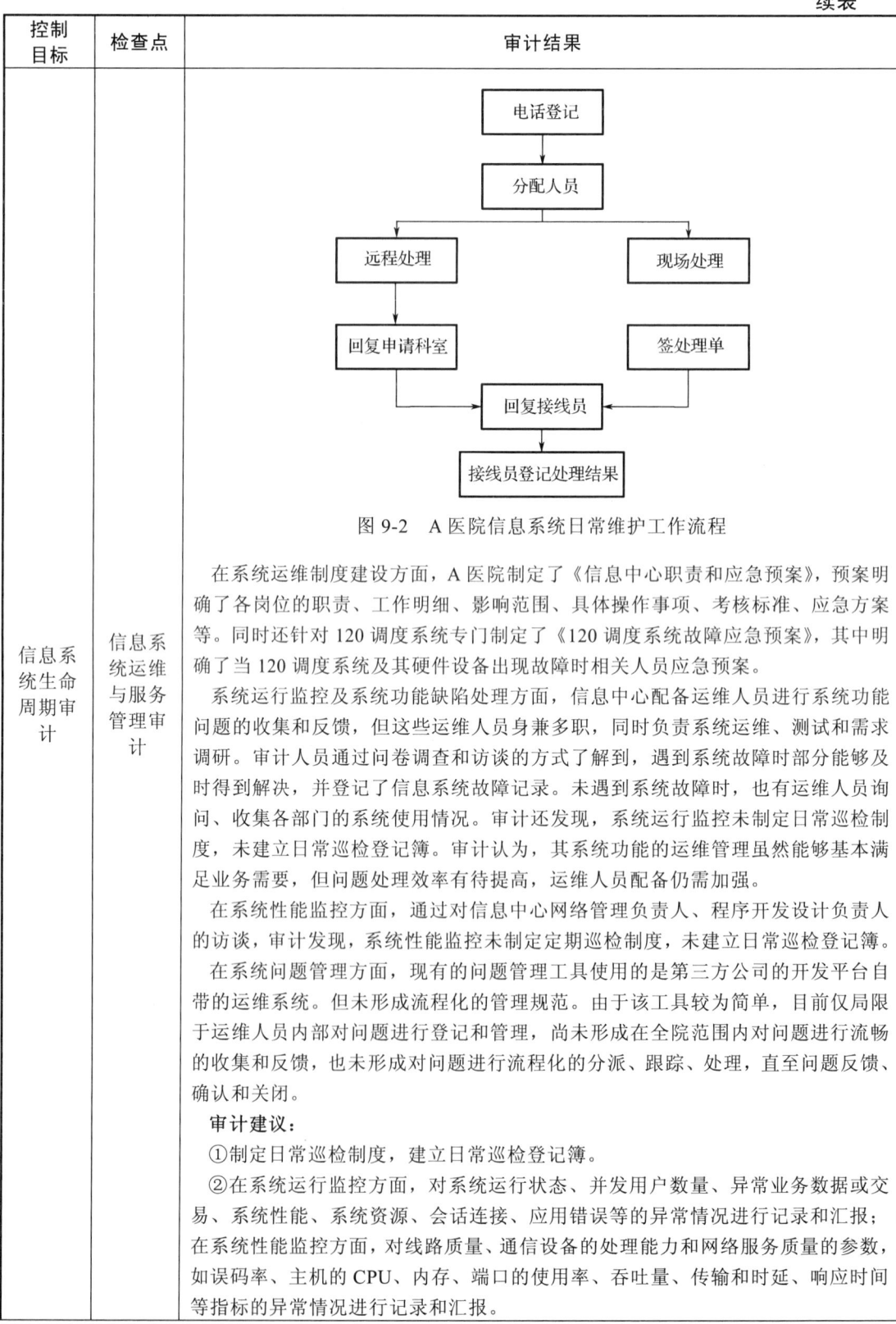

续表

控制目标	检查点	审计结果
信息系统生命周期审计	信息系统运维与服务管理审计	③建立运维问题管理平台，对运维问题实行流程化的分派、跟踪、处理，直至对问题进行反馈、确认和关闭，通过对问题数据进行持续性、长期性的分类统计分析，致力于从根源解决问题，避免问题重复发生。 6. 项目后评价 A 医院未制定信息系统项目后评价相关的制度或规定。审计人员通过访谈和实际抽查项目，审阅相关资料发现，现有系统投产上线后，并无项目后评价资料，也未定期生成系统运行报告。 **审计建议：** 建立完善的后评价体系，除安全性评价之外，同时增加对项目重要性、项目投入、项目价值、效益及影响分析等评价内容，为后续优化和完善已建项目提供方向性指导，为待建项目提供决策性依据，加强项目建设及投资收益管理。针对日常运维与服务和重要信息系统，定期生成运行报告并提交管理层审阅。

2．A 医院一般控制审计结果

A 医院一般控制审计结果如表 9-28 所示。

表 9-28 A 医院一般控制审计结果

控制目标	检查点	审计结果
一般控制审计	战略规划审计	A 医院于 2015 年制定了《信息化建设"十三五"规划》（简称"规划"）。《规划》对往期工作情况和存在问题进行了梳理，并明确了 2016～2020 年医院信息化建设的总体目标和具体安排。规划内容包括信息化总架构、建立医疗大数据中心、后勤管理信息化、智慧病房建设、院内管理平台、医院运营管理一体化、内控大数据监管平台、信息系统基础设施、人员建设共九个方面，并为实现以上目标制定了各年度的实施计划和预算安排。 审计认为，A 医院所制定的《信息化建设"十三五"规划》内容较为详尽，符合医院长远发展目标。
	组织架构设置、职责分工审计	A 医院于 2016 年 4 月颁布了《信息化建设领导小组及工作制度》，明确了领导小组的成员及其分工和任务。2019 年 4 月再次对领导小组进行调整，发布了《关于调整网络与信息安全工作领导小组的通知》，成立了网络与信息安全办公室，调整后的制度对分工进行了细化，并对各自的职责进行了明确界定。 信息化建设领导小组由院长、书记直接领导，其职责包括：全面领导全院信息安全工作；审定医院信息系统相关安全管理制度；定期召开会议，分析和研判网络与信息安全形势并指导解决相关重大问题。 网络与信息安全办公室由副院长领导，其职责包括：具体落实全院网络与信息安全工作；制定相关管理制度和操作规程，组织员工进行相关教育与培训；按照相关法律和规定的要求开展信息化建设；开展网络与信息安全检查，督促科室落实网络与信息安全管理制度；接受信息系统相关部门的审查和监管，及时向相关部门报告网络信息与数据安全等情况；落实上级相关管理部门的工作部署，负责处理办公室的日常工作。 审计认为，A 医院现行组织架构的分工和责任明确，信息系统治理职权与责任分配以及制衡机制是合理的。重大信息系统决策通过信息系统决策层审批，信息化决策流程机制是完善的。

续表

控制目标	检查点	审计结果
一般控制审计	监督及考核机制审计	A医院信息化建设领导小组自2016年4月成立以来，承担信息系统建设和风险管理，对全院信息化建设进行决策、协调和管理，并制定了该领导小组的工作规则。审计人员收集并查阅了信息化建设领导小组近五年听取信息中心对重大信息科技事项的汇报及会议纪要。审计认为，信息化建设领导小组对全院重大信息系统建设事项进行了讨论、决策和监督。A医院的信息系统监督机制是有效性的。 审计发现，在信息系统开发环节，程序设计、测试、验收和运维工作缺乏考核机制，相关制度文件中也未体现出考核办法。而在信息系统使用环节，A医院于2017年4月制定了《信息系统变更及发布管理制度》，此制度中详细规定了系统使用考核办法，即"信息中心对记录使用次数的功能模块使用后，每月对该功能模块使用次数进行统计，并进行考核"，但实际并未执行。审计认为，从信息系统设计与实施、服务与支持、监控与评估的闭环管理来全面审视，A医院缺乏信息系统开发和使用的考核机制，导致其信息系统总体管理存在风险。 审计建议： 为进一步完善信息化建设领导小组及工作制度，建立信息系统的考核及监督机制。
	信息系统总体系统架构审计	审计人员查阅到了网络拓扑图，但基础设施架构、应用架构、数据架构等技术架构并未形成技术文档。这将导致信息系统总体技术把控，以及保证技术延续性方面存在风险。 审计建议： 补充完善信息系统架构，包括但不限于基础设施架构、应用架构、数据架构。
	沟通机制审计	A医院于2017年4月制定了《信息化建设与使用沟通协调制度》。审计人员查阅了相关的公文流转和处理记录，其公文流转和处理的信息分为线下和线上两种形式。线下部分有完整的记录和审批签字，线上部分通过某手机App和桌面OA系统审批并配有电子签名。信息中心根据职能部门意见及时组织相关部门召开沟通协调会议，解决信息化建设过程中的问题，填写《沟通协调会议记录》，将解决办法上报分管院长审批，并督导后续工作实施。同时对主要问题收集和督导部门进行了分工。审计认为，A医院与信息系统有关的沟通机制是及时的、有效的。
	资源配置审计	在信息治理方面，审计人员查阅了《信息化建设领导小组及工作制度》和《关于调整网络与信息安全工作领导小组的通知》，文件显示其信息治理资源涵盖了技术、宣传、临床医技、综合保障等几大板块。审计认为，A医院的信息治理资源配置合理。
	人力资源建设审计	在人员配备方面，A医院信息中心现有在职人员22名，其中在编人员12名，非编人员10名，均为计算机或电子相关专业本科学历；22人中，高级工程师4名，信息系统项目管理师(高级)2名，数据库系统工程师(中级)2名，系统集成项目管理工程师(中级)3名，信息技术主管助1名，助理工程师3名，信息处理技术员7名；根据审计人员的现场观察，结合审计人员发放的调查问卷结果显示，在现有项目建设和维护过程中，存在因需求分析的质量影响整个项目建设质量的情况，以及维护团队人员配备不足的情况。此外，信息中心的22名在职员工中，负责程序代码编写的有5人，负责测试、维护兼需求调研的有10人，其他岗位7人。审计认为，A医院信息中心系统开发人员偏少，缺乏专职的系统运维人员。

续表

控制目标	检查点	审计结果
一般控制审计	人力资源建设审计	在人力资源管理制度方面，A 医院制定的《计算机网络系统领导小组及工作制度》明确了院一级领导层在信息工作方面的岗位职责；《信息中心岗位职责》明确了信息中心各岗位的具体职责；《信息技术部考核制度》和《计算机网络管理奖惩制度》明确了信息中心各岗位的考核办法；《信息技术部人员录用、授权、离岗制度》明确了信息中心的人才引进和管理策略；《信息技术部对临床医技科室工作质量考核》明确了信息中心对临床医技科室工作质量的考核标准。审计认为，A 医院的人力资源管理制度能够支持其信息系统的总体运转。 在人员培训方面，一是针对信息中心的科技人员，专业领域的在职培训不足，大部分科技人员未取得过计算机硬件工程师、计算机软件工程师等专业细分领域的相关证书；二是针对各业务科室人员，IT 知识培训和系统使用培训不足。审计人员发放的调查问卷结果显示(共 52 份有效问卷)，在过去二年，有 8.7%的人员从未参加过培训，39%的人员参加过 1 次。同时有业务科室人员反馈，新系统或新功能上线时需要再做培训。 在科技人员签署安全保密协议方面，按照 A 医院的人力资源管理规定，科技人员与全院人员一样，在入职时，均签订了保密协议。但保密协议内容较为简单，未包含战略实施秘密、产品秘密、管理秘密等细节。也未签署《竞业限制协议书》对离职员工在离职后一年进行竞业限制。 **审计建议：** 1. 进一步充实科技人才队伍 A 医院十四五规划中，将运用"云计算、大数据、物联网、移动互联网、人工智能"等创新技术医院信息系统从数字化转向智慧化。但根据医院目前的人员配置看，其团队成员的知识结构、技术方向等不足以支撑此战略目标的达成。此外，在程序开发、技术维护和信息安全领域，也存在科技人员不足的现状。建议加大对专业人才引进力度。 2. 加强人员培训力度 加强对信息中心科技人员的在职培训，加强对各科室和行政人员的 IT 知识培训和系统使用培训。 3. 完善科技人员的安全保密协议 进一步完善科技人员保密协议，补充战略实施秘密、产品秘密、管理秘密等内容；同时签署《竞业限制协议书》。 4. 重视"业务+科技"复合型人才 业务与科技脱节现象在医疗行业内普遍存在，A 医院目前同样缺乏业务与信息技术的有效融合机制。反映在需求分析和需求整合上，业务人员缺乏科技知识，科技人员缺乏业务知识，双方难以磨合，导致粗放对接。 5. 重视"架构+系统"分析人才 伴随 A 医院业务规模的持续发展，业务板块也不断拓展变化，为使现有的技术架构和应用架构最佳匹配于业务板块的变化及长远发展，对原有的技术架构和应用架构进行规划和调整，可能是长期存在的需求。 A 医院目前尚未配备"架构+系统"分析和设计人才，现有系统间耦合度高、联动性弱的问题逐步凸显。建议重视系统架构和系统分析人才，对信息系统建设从多个层面进行整合，使技术架构更加匹配于业务板块的不断拓展和变化。建议增加技术总监岗位，专职研究新技术、新平台的发展和应用，关注重要的安全事件并做出安全预判和及时响应。

续表

控制目标	检查点	审计结果
一般控制审计	信息系统与业务目标一致性审计	审计人员查阅了《A医院"十三五"发展战略规划》。审计发现，在2016~2020年的"十三五"期间，医院每年均通过专业公司对其信息系统进行三级等保测评。2019年被A医院所在城市卫健委评定为智慧医院四级，同年被A医院所在城市卫健委专家认定电子病历系统应用水平四级，2019年通过了国家医疗健康信息互联互通标准化成熟度四级甲等的测评。在2016~2018年，迅速响应医改要求，快速完成医院信息系统及医保接口的改造工作。同时，医院不断完善院内移动医疗技术应用，移动护理系统的应用规模进一步扩大，移动医生查房系统在部分科室开始使用。完成了移动支付平台的全面改造，在院内窗口、自助设备、线上全面实现了微信、支付宝、医保卡等多种支付方式。自主开发的物流管理系统可与供应商系统对接。2019年取得了互联网医院执照，线上咨询复诊将投入试运行，实现医联体医院间门诊检查检验项目共享使用。加强信息系统安全建设，增设了数据库备份一体机、防火墙、瑞星杀毒软件、入侵防御系统、移动终端管理、态势感知平台等。 仍需改进的地方有：满足管理、临床、科研需要的大数据中心尚未建立；智慧病房、智慧后勤等方面尚有提升空间；"互联网+医疗"未能深入应用；专业技术人员不足，人才梯队建设不成体系。 综合以上情况，审计认为，医院的信息化建设基本符合"十三五规划"的建设发展目标的规划，A医院信息系统建设与业务目标是一致的。
	信息系统投资与绩效一致性审计	在信息系统投资方面，审计人员抽查了《制剂管理系统V2.6》的项目卷宗。卷宗内容包括此项目的院长办公会纪要、传阅审批文件、采购申请、项目可行性论证表、所采购系统的资质证明、项目招投标资料、采购合同、廉洁购销合同、验收报告。以上申请及审批文件均经过院长办公会或医院信息化建设领导小组的相关领导和成员的审批签字，文件显示出项目的投资意向明确、所采购的信息系统使用目的明确。审计人员还对照了医院"十三五规划"中的投资计划，认为实际投资与计划相符。 审计认为，此项目的投资审批、预算、执行、节点报告、验收管理等程序完备。A医院信息系统投资项目与战略规划和投资计划中显示的一致性，信息系统投资预算、支付、进度报告、验收管理等关键流程是合规合法的。 在信息系统绩效审计方面，可能由于此系统的投产使用时间较短等，审计人员没有查阅到投用后的评估和绩效评价记录。 审计认为，信息系统投资项目应加强投用后的评估和绩效评价。 审计建议： 跟踪记录信息系统投用后的实际使用情况，完善对信息系统投资项目的评估和绩效评价机制。
	信息系统风险管理一致性审计	在信息系统风险管理制度建设层面：A医院2016年发布了《网络信息安全管理制度》。又于2020年7月发布了《关于调整网络与信息安全工作领导小组的通知》，成立了网络与信息安全工作领导小组，下设网络与信息安全办公室，并明确了信息系统风险管理的领导小组成员及职责。院长、书记是A医院信息系统风险管理的第一责任人；同年发布了《患者信息保护安全管理制度》；2019年发布了《120调度系统故障应急预案》制度；2020年发布了《网络信息安全应急预案》制度。A医院通过制定一系列的信息系统风险管理制度，搭建信息科技风险管理组织架构、划分风险管理职责、制定风险管理制度和操作流程等措施，持续推动信息系统风险管理工作的开展。

续表

控制目标	检查点	审计结果
一般控制审计	信息系统风险管理一致性审计	在信息系统风险管理制度落实和执行层面： 1. 信息系统风险管理资源配置 审计人员访谈了医院管理层及信息系统风险管理小组的相关人员，了解了医院风险管理机制建立健全的情况、工作的开展及人员配备情况等。审计发现，A医院在风险管理的资源分配上，涉及从院领导到技术、宣传、临床医技和综合保障在内的各个业务领域，人员组成和职责明确，实际工作基本到位。 审计认为，A医院信息系统的风险管理资源配置合理。 2. 安全检测与评估 A医院每年均接受省一级主管单位和相关信息技术专家的检查督导，并聘请第三方信息系统安全检测和评估机构进行安全评估。审计人员查看了由绿盟科技完成的《"远程安全评估系统"安全评估报告》、由吉林华云气象科技有限公司完成的《A医院所在城市雷电防护装置检测技术报告》，以及由第三方信息安全公司完成的《A医院——HIS系统数据库健康检查报告》。以上报告均对A医院的信息系统从各个主要方面进行了风险测试，建立了风险清单。 审计认为，A医院定期开展了服务器、网络、数据库和应用相关的风险识别和评估，收集和建立了信息系统风险清单，其风险应对具有针对性和适用性。 3. 信息系统战略规划的执行 审计没有发现信息孤岛的情况，信息系统开发规划基本合理。 **审计建议：** 无。
	信息系统项目管理审计	在系统定制采购方面，审计人员抽查了《药房发药子系统V3.0》的项目卷宗。其项目计划中包含了以下事项：项目建设背景，可行性分析，项目的目标、范围和主要内容，初步业务需求分析，实施周期，投资估算以及系统所需要软硬件环境等内容。项目费用符合预算，项目内部审批流程规范，无授权代签、漏签等现象。项目招投标的程序和形式合法合规，采购合同中的系统功能和维护描述符合信息系统建设的需要，信息系统采购行为及合同是合法的、真实的。项目完成验收时，有验收报告和系统备案证明。 在系统自主开发方面，A医院的应用系统开发团队通过第三方公司的开发平台自带的运维系统进行需求和项目进度管理，项目开发管理流程包括：项目申请、项目介绍、开发完成、科内测试完成、测试完成。由于医院具体需求由各科室提出，需求获取比较零散，因而开发部门采用敏捷开发，审计人员没有查阅到信息系统开发项目的年度计划或短期计划。此外，项目开发无进度控制和工期安排。项目部提供的大部分项目管理制度文档，如《需求规格说明书》《数据库定期备份规范》《临时备份规范》《脚本执行规范》《数据安全通报格式》《数据库设计规范》《用户日常数据安全检查表》等多个规范性文件均是2015年之前制定的，但IT技术发展和迭代迅速，以前的制度和规范不一定能有效管理和解决现今的问题。 审计认为，A医院的年度信息化项目计划与组织的发展战略、年度计划一致，项目招投标、采购合同及验收的过程和形式合法合规，但项目管理制度规范滞后。 **审计建议：** 加强项目进度控制，制定项目工期安排，以跟踪项目完成情况，推进项目顺利进行；更新和完善项目管理各项制度，与时俱进。

221

3. A 医院信息系统应用控制审计

A 医院目前已上线的主要应用系统有：HIS 医院综合管理系统(包括门诊收费系统、住院收费系统、医生护士工作站管理系统、物资设备管理系统、药品管理系统、体检系统、供应室系统)、LIS 检验系统、PACS 影像系统、手术麻醉系统、移动护理系统、电子病例系统、财务系统、院内感染系统、OA 协同办公系统等。

A 医院的信息系统应用控制审计如表 9-29 所示。

表 9-29 信息系统应用控制审计

控制目标	检查点	审计结果
信息系统应用控制审计	业务流程控制审计	审计人员抽查了《需求规格说明书》，对其中各业务流程设计与实际业务需求进行分析，其业务流程设计和实际需求基本吻合；审计人员调取了数据库中某一事项的审批流程，未发现审批过程中有不合规现象，同一审批流程中未出现同一人或同一岗位进行重复审批的情况，其岗位职责符合"职责分离"原则，从而建立了不相容的职责分离矩阵；审计人员抽查了两笔用户权限申请和注销的审批流程，其用户权限审批制度按照相应的制度规范严格执行，权限申请基于用户工作岗位和职责并得到业务部门和信息技术部主管审批，并留有电子签章。审计人员查阅的相关业务流程设计资料文档均在 2015 年之前，版本较老，之后也无更新。 审计认为，A 医院信息系统的业务流程设计规划是完备的、合规的，业务流程处理是有效性的。 **审计建议：** 更新相关业务流程设计资料。
	数据输入、输出控制审计	1. 数据输入、输出控制制度 A 医院于 2016 年发布了《信息系统数据查阅制度》，旨在保护患者隐私，规范医务人员查询和使用患者医疗信息。制度明确了信息系统数据查阅的具体要求，并明确规定了院外人员获取患者诊疗信息时的授权审批和操作流程。医院还制定了《患者信息保护安全管理制度》，制度明确了对患者信息保护的若干事项。 此外，医务科和病案室对病历、病案信息的检索有具体要求。 **审计建议：** 无。 2. 用户界面数据输入、输出控制 审计人员抽查了财务处、出入院处、档案室的 8 台终端电脑，查看了其桌面管理软件对外接优盘的控制情况。其中 7 台终端电脑未发现不合规现象，而财务处的一台公用电脑未进行桌面控制，可以外接优盘进行数据读写。此外，审计人员发放并回收了 52 份有效调查问卷，其中有 47.8%的员工反馈在使用办公电脑时使用过 USB 接口导入或导出过业务数据。审计认为，医院各终端电脑的桌面行为控制并未得到有效执行。 审计人员对财务、收费和档案管理岗位人员使用电脑录入或导入数据的行为进行了观察，认为其录入或导入的数据文件格式符合要求，数据类型符合规范标准，系统的数据校验控制有效。 **审计建议：** 建立日常巡检制度和建设运维问题管理平台，对数据输入、输出异常等系统功能问题做到及时发现、有效管理、积极修复。

续表

控制目标	检查点	审计结果
信息系统应用控制审计	数据输入、输出控制审计	3. 接口数据输入、输出控制 审计人员查阅了信息中心提供的《接口开发与维护规范》，该规范对接口程序的测试流程、测试规范进行了规定，但未对接口的安全控制措施、接口数据的输入和输出校验等进行规定和描述。且该规范的抬头单位为第三方公司，发布时间为2015年。现今的接口程序开发环境和安全要求等已有所不同，此管理规范相对过时。 审计人员查阅了《A医院外部公用接口》文档，文档列出了医院一卡通项目HIS接口及其接口规范。其中包括的接口有：查询交易结果接口、获取病人信息接口、密码检查接口、密码更改接口、诊疗卡医院注册/注销系列接口、自助挂号/预约挂号系列接口、自助缴费系列接口、查询门诊费用清单接口、查询住院信息系列接口、充值系列接口、医保系列接口、预约挂号入口系列接口、微信平台系列接口。此文档对各接口的接口方法、协议、使用者、使用示例、数据结构、应答示例做了详细规定和描述。 审计人员抽查了2019年9月的接口日志，未发现数据操作异常的记录。 **审计建议：** 更新完善《接口开发与维护规范》。 4. 数据库数据输入、输出控制 审计人员抽查了2019年9月至10月的数据库操作日志，未发现未经许可的数据修改、删除和导出操作记录。 数据备份与恢复工作，在备份及恢复策略、备份数据的放置场所、备份频度、存储介质和保存期等方面符合规定。审计人员抽查了数据库备份日志记录，数据库的输血系统、手术麻醉、电子病历、移动护理等数据源均完成了自动定时备份。 **审计建议：** 无。
	数据处理控制审计	1. 数据合规性控制 通过数据分析发现，A医院药品价格未及时调整。2018年度，系统未严格执行A医院所在地监管部门发布的价费文件相关规定，有XX种药品延期1~5天调价，涉及相关记录1263条，金额XX万元。审计认为该系统对重要业务参数缺乏严格控制，存在数据不合规的情况。 2. 数据准确性控制 通过数据分析发现，A医院一次性巾单(编码N058)2018年度采购数量为0，库存数量为0，但是销售给住院病人XX条，涉及金额XX万元；对医疗器械加价情况进行审计，发现可吸收缝线(编码N016)采购价XX元/根，销售给病人XX元/根，2018年度共计销售XX根，涉及金额XX万元；2016年1月至2018年8月有XX人次住院病人，多计病人床位天数XX天，多收床位费用XX万元。经过抽查核对住院档案，审计人员发现多收住院费为医保处结账和系统更新造成数据库时间差异，实际未多收。审计认为信息系统在数据准确性方面有待加强。

续表

控制目标	检查点	审计结果
信息系统应用控制审计	业务协同与信息共享控制审计	A医院的信息共享情况如表所示： | 编号	共享的数据	共享对象
1	电子病历	A医院所在城市所有医院
2	医改检测数据（上报）	A医院所在城市卫生计划委员会
3	电子票据	A医院所在城市财政局
4	挂号数据（采集数据给医院接口，也要读取医院的部分数据）	第三方公司
5	业务数据	医惠系统 | 在数据共享与业务协同的控制制度方面，A医院尚未制定相关的制度和规范。 在业务协同方面，目前，财务系统与HIS系统的数据尚未打通，存在信息孤岛现象，这对医院的整体业务协同造成影响。审计人员也未查到业务协同方面的系统规划。 在数据共享的安全策略方面，通过前置机进行对外共享数据的安保。

4．A医院信息系统安全审计结果

A医院的信息系统安全审计结果如表9-30所示。

表9-30 信息系统安全审计结果

控制目标	检查点	审计结果
信息系统安全审计	信息安全管理审计	1．系统等级测评合规性 完成定级备案后，选择市卫生局推荐的等级测评机构，对已确定安全保护等级信息系统，按照国家信息安全等级保护工作规范和《信息安全技术信息系统安全等级保护基本要求》等国家标准开展等级测评。信息系统测评后，及时将测评机构出具的《信息系统等级测评报告》向属地公安机关报备。 2．项目备案合规性 A医院应按照市卫生系统信息安全等级保护划分定级要求，对信息系统进行定级后，将本单位《信息系统安全等级保护备案表》和备案电子数据报卫生局。 根据审计人员抽查的HIS系统项目，未查到相关备案资料。 3．网络安全管理 在网络安全制度方面，A医院制定了《网络信息安全管理制度》《计算机网络管理奖惩制度》。 在外网访问控制方面，医院各部门和科室的终端设备均接入内网。按照医院规定，院内的所有终端设备均需安装桌面行为控制软件：网御桌面终端管理软件。通过此软件对终端外接优盘等存储设备、访问外网的行为进行端口控制。当需要外接优盘或访问外网时，可提交申请，经审批同意后通过网络远程控制的方式开放相应端口。审计人员抽查了财务处、出入院处、档案室的8台终端电脑，查看了其桌面管理软件对访问外网的控制情况、杀毒软件安装及升级情况，这8台终端电脑均不能访问外网并统一安装了瑞星杀毒软件。审计认为，医院各终端电脑的桌面行为控制并未得到有效执行。

续表

控制目标	检查点	审计结果
信息系统安全审计	信息安全管理审计	在堡垒机管理控制方面，堡垒机在运维管理中是最重要的安全管理关口，其账号和权限管理直接影响主机系统、数据库及所有重要设备的安全。因系统变化较快，重要设备日益增多，但是对众多设备账户和权限的管理，目前尚未建立定期核查系统账户及访问合规性的机制，难以排查个人账号或管理账号对系统或数据可能存在的不适当的访问。 **审计建议：** 加强医院各终端电脑的桌面行为控制；建立对堡垒机系统和管理账号权限进行定期审核的机制，包括对各类操作的合规性进行审核。如在检查过程中发现多余或不恰当的账号及权限应及时进行调整，重点排查不适当访问和操作，并对审查范围、审查结果进行记录，对发现问题进行整改。 4. 主机安全管理 在内部安全自查方面，操作系统无定期自查的规定，数据库的定期自查由外包的第三方数据库维保公司巡检完成。数据库维保公司每月巡检一次，有巡检记录。审计人员抽查了 2020 年 3 月至 10 月的数据库巡检记录（数据库服务实施跟踪表），确认其巡检内容包括日常巡检、问题处理、安装和备份。日常巡检涵盖医院所有系统，而问题处理主要集中在 PACS 系统、HIS 系统。审计人员还查阅了由第三方公司完成的《A 医院-HIS 系统数据库健康检查报告》，报告中对其数据库的安全提出了一些安全性分析结论，如控制文件无备份；拥有 dba 权限的用户过多；部分表空间使用率达到 80%以上，可能会影响性能；HIS 系统的数据库从 2020 年 9 月 1 日至 10 月 19 日一直未做物理备份等。审计人员认为 A 医院的数据库定期自查符合规范，但主机安全管理仍需完善；操作系统缺少定期自查制度。 **审计建议：** 制定操作系统的定期自查制度；遵循"最小授权"原则，关键网络设备、关键数据库的账号权限采取专人专管，并落实权责、监督到位；制定接口密码管理控制规范； 5. 程序编码安全 在程序编码安全性方面，HIS 系统的底层架构采用的是中联的开发平台，因而在新功能设计、编码和测试阶段能够采取的安全控制措施有限。在接口设计、编码中采用了 MD5、DES、Base64 安全算法，从而避免系统中数据在传输、操作和存储过程中存在安全风险。 **审计建议：** 在程序开发环节增设代码安全审计环节，由测试人员对代码进行审查，并由开发主管进行抽查。 6. 账号权限管理 在账号权限申请及审批方面，医院于 2016 年制定了《信息系统使用权限管理制度》，并于 2017 年对制度进行了改版更新。此制度适用于医院所有科室使用医院信息系统的职工，包括院级、科级领导及各岗位职工，涉及权限新增、变更、收回等方面的管理。制度对权限审批进行了分组，分别由不同分组中各级领导在手机 App 审批流程中完成相关权限审批。实际操作上，通过手机 App 审批流程完成新账号的申请及审批、旧账号的注销申请及审批。审计人员抽查了眼科一名医生的

续表

控制目标	检查点	审计结果
信息系统安全审计	信息安全管理审计	新账号申请审批资料，以及放射科一名医生的账号注销审批资料。这两笔业务审批流程清晰，所申请权限和个人资料明确，相关审批人员均有电子签章，审批过程符合医院制度的规定。 在访问控制方面，经审计了解和实际测试发现，HIS 系统的新增用户通过手机 App 走流程申请审批账号和密码。审计人员通过 SQL 直接查询数据库中的员工账户数据，确认已离职员工的系统访问账号和权限被及时收回；通过 SQL 直接查询数据库中的业务审批流转数据，未发现同一项目的审批流程由同一人员审批的情况。 在账号定期审核方面，医院未制定账号定期审核相关制度，也未实质性地对系统账号进行全面审核。 审计认为，A 医院账号权限申请及审批方面制度完善、直接控制到位；审计还发现，离岗超过 1 年的人员仍可以登录系统，离职人员信息未及时清理。 **审计建议：** 改进账号密码管理策略，增加初始密码的复杂度，形成定期修改关键岗位密码的制度；制定账号定期审核制度，定期对系统账号进行全面审核和清理。 7．电脑病毒防范管理 A 医院制定了防病毒管理安全措施。所有内网终端按要求均需安装防病毒软件——瑞星杀毒软件。防病毒软件的病毒库定期进行统一更新。终端遇到杀不掉的就重装系统，一年 15 台左右需重装。服务器区域防病毒单独进行管理。 审计人员抽查了财务处、出入院处、档案室的 8 台终端电脑，发现其均安装了瑞星杀毒软件客户端，病毒库升级及时，达到安全管理的目的。 8．备份与恢复管理 在备份设备及环境方面，A 医院有专门的备份机和备份机房用于数据库备份。关键网络设备、通信线路和数据处理系统留有硬件冗余，以保证系统的可用性。关键网络设备、关键主机操作系统、关键数据库管理系统和关键用户系统的鉴别信息采用了加密措施，实现了存储保密性。 备份制度方面，审计人员查阅了信息中心提供的《数据库定期备份规范》，其通过 Oracle 自带工具进行数据备份操作，不包括第三方工具或容灾产品。备份方式采用逻辑备份、冷备份和 RMAN 备份。备份要求如下：

数据库运行模式	本地备份			异地备份		
	备份方式	备份周期	检查周期	备份方式	备份周期	检查周期
非归档模式	逻辑备份	每天	要求用户每天检查	逻辑备份	每天	要求用户每天检查
归档模式	RMAN 备份	每周	要求用户每周检查	逻辑备份	每天	要求用户每天检查

A 医院数据备份策略如图 9-3 所示。

控制目标	检查点	审计结果
信息系统安全审计	信息安全管理审计	图9-3 A医院数据备份策略 但该《数据库定期备份规范》抬头单位为第三方公司，且发布时间为2015年。现今数据库版本、功能和技术参数已不尽相同，此管理规范相对过时。 审计人员抽查了数据库备份日志记录，数据库的输血系统、手术麻醉、电子病历、移动护理等数据源均完成了自动定时备份，包括增量备份和完全备份两种方式。 审计认为，A医院数据库备份相关规范制度有待更新；实际的数据备份与恢复工作，在备份及恢复策略、备份数据的放置场所、备份频度、存储介质和保存期等方面符合规定。但审计人员未查到对备份数据进行恢复性测试的记录或报告。 **审计建议：** 更新和完善数据库备份相关规范制度，实行较为完善的数据备份机制，确保数据可用性；将备份数据不定期进行恢复性测试，以确保备份数据的可恢复性。

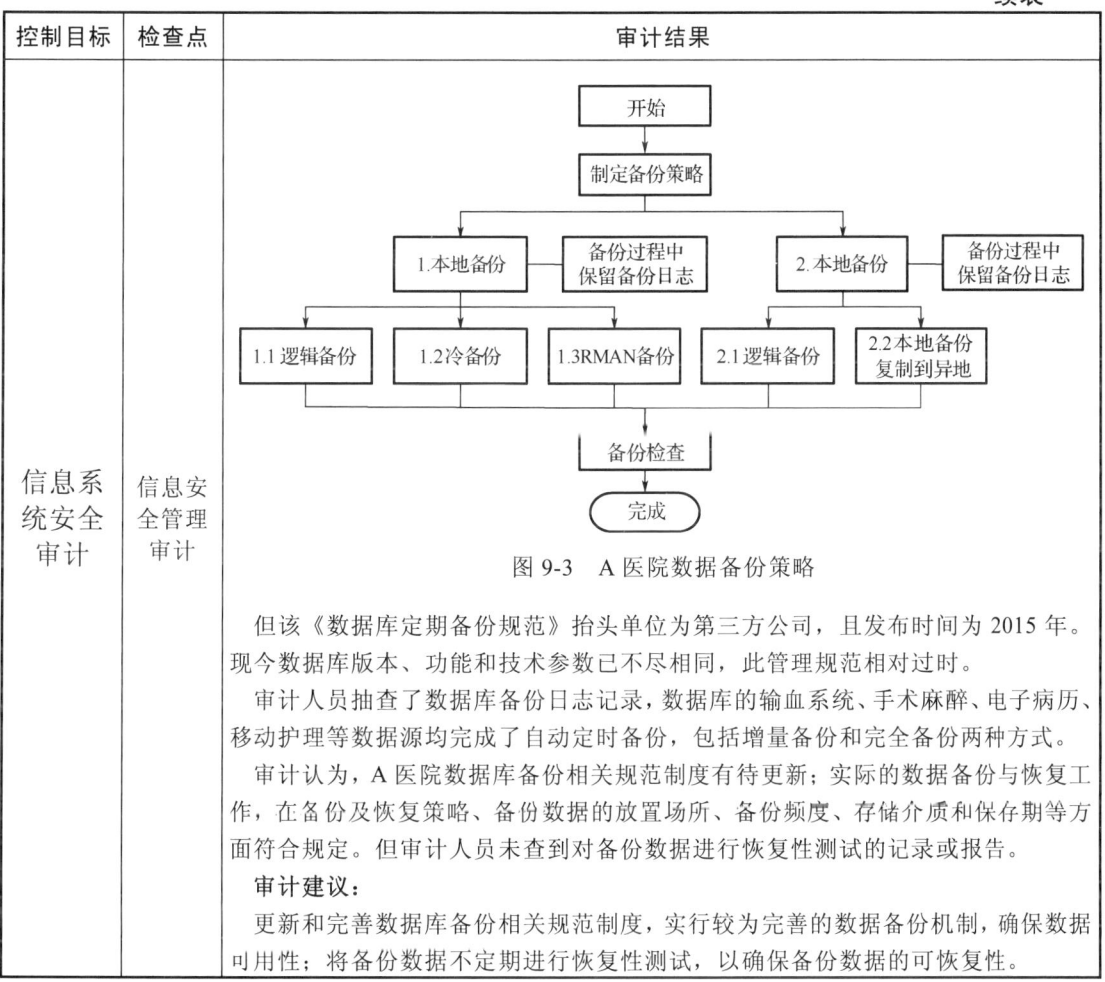

5. A医院信息系统绩效审计

A医院的信息系统绩效审计如表9-31所示。

表9-31 信息系统绩效审计

控制目标	检查点	审计结果
信息系统绩效审计	经济效益维度下的绩效	通过对财务数据进行分析，审计发现： （1）A医院资产负债率控制较好，低于周边地区同类医院平均水平；药品周转天数逐年减少，并低于周边地区同类医院平均水平，资金使用效率进一步显现；床位使用率、床位周转次数逐年提高，并高于周边地区同类医院平均水平，与业务收入逐年增长相匹配；管理费用占业务支出比率逐年递减，并低于周边地区同类医院平均水平，支出结构趋于合理。 （2）药品收入占医药收入比重在逐年增大，且2017年超过了48%（2019年达56.3%）。说明A医院业务收入呈过多依赖药品收入的趋势，医疗机构"以药养医"的现象短期仍难改变。 **审计建议：** 无。

6. A医院信息系统专项审计

A医院的信息系统专项审计如表9-32所示。

表9-32 信息系统专项审计

控制目标	检查点	审计结果
信息系统专项审计	信息科技外包审计	《信息系统维护保密协议》，保密内容包括但不限于：医院所使用软件的技术方案、流程、技术指标、数据库版本、操作系统、软件的授权，医院系统数据存储的所有信息。并对保密义务、网络数据安全、例外约定进行了详细规定。 缺少信息系统开发、服务外包的相关制度、合同。
	灾备与业务连续性审计	1. 应急预案管理 A医院于2017年制定了《网络信息安全应急预案》，并于2020年做了更新。新版预案设立了领导小组，其中院长、书记任组长，负责领导医院网络信息安全应急工作，直接领导网络信息安全应急处置工作，审核网络信息安全应急预案；统一调度医院设备、人员，保证在人、财、物各方面调配落实，研究解决有关网络信息安全的重大问题。下设网络安全应急处置办公室，分设技术小组和应急小组，由各科室、部门科长、主任、护士长构成。 预案对医院的信息系统故障等级划分如下表所示。 {{INNER_TABLE}}

故障等级	等级描述	故障特征
一级故障	预计将或已经严重影响医院业务，导致相关业务中断1小时以上，并预计24小时以内无法恢复的情况。	(1)局域网核心设备(服务器、核心交换机、供电系统)、软件系统、数据库出现故障，造成各业务科室不能访问核心业务系统。 (2)门户网站、业务系统等关键系统出现网页篡改、黑链、挂马等安全事件，不能使用。 (3)病毒攻击造成局域网连接中断或传输效率明显下降，关键业务系统不能正常提供服务。
二级故障	预计将或已经严重影响医院业务，导致相关业务中断1小时以上，并预计24小时以内可以恢复的情况。	(1)局域网设备(服务器、核心交换机、供电系统)、软件系统、数据库出现故障，造成部分业务科室不能访问系统。 (2)病毒攻击造成局域网连接中断或传输效率明显下降，业务系统不能正常提供服务。 (3)12小时以内无法解决的三级故障。
三级故障	影响医院业务，但不影响业务系统访问。	(1)故障发生后，影响信息系统的运行效率，速度变慢，但不影响业务系统访问。 (2)故障发生后预计在12小时以内恢复。 (3)24小时以内无法解决的四级故障。
四级故障	不影响医院业务和系统的正常访问、运行。	(1)故障发生后，可随时应急处理，不会影响系统全面运行，但是一种隐患。 (2)网络核心设备，因病毒攻击等原因，造成网络数据出现偶尔调包现象，但不影响系统的正常访问和运行。

续表

控制目标	检查点	审计结果
信息系统专项审计	灾备与业务连续性审计	预案还明确了各岗位的职责、工作明细、影响范围、各科室应急处理细则、各科室网络恢复执行细则、停电应急措施、考核标准、应急方案等，对系统相关人员进行了应急预案培训。 此外，预案还拟订了全手工方案，遇到停电或网络故障，工作站无法与服务器连接时使用该方案。方案对门诊、住院医技部门的手工操作应急措施、事后处理进行了具体规定。针对患者的全手工流程如图9-4所示： 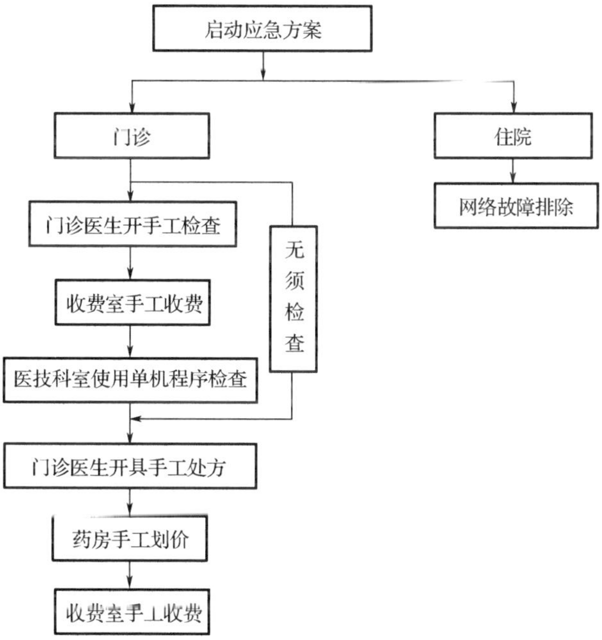 图 9-4　A 医院针对患者的全手工流程 在专项应急预案方面，2019 年，A 医院针对 120 调度系统专门制定了《120 调度系统故障应急预案》，其中明确了当 120 调度系统及其硬件设备出现故障时，医院的应急管理流程和相应处理机制。 审计认为，A 医院制订了业务连续性计划，划分了信息系统故障等级。在严格执行业务连续性计划中，对应急预案进行专人负责、定期修订的管理机制，各应急预案管理人员定期修订预案。但预案中仍缺少以下重要内容：各业务系统的优先恢复等级，信息系统对医院整体运行的业务影响分析报告。 审计建议： 梳理重要业务系统与其他系统的关联关系，将各业务系统按重要性建立优先恢复等级，遇突发安全事件时按等级顺序分类管理和恢复；编制信息系统对医院整体运行的业务影响分析报告，包括对风险类型、业务影响因素、应急手段等的详细分析。以此指导信息系统风险控制机制的完善，并作为全院信息化投入的重要参考指标。 2．灾备管理 A 医院构建了双中心机房，包括主生产机房和备份机房，分处医院同一地址的两栋办公楼。

续表

控制目标	检查点	审计结果
信息系统专项审计	灾备与业务连续性审计	审计建议： 建设异地灾备机房，构成两地三中心架构，即同城双中心加异地灾备中心的容灾备份解决方案，这一方案兼具高可用性和灾难备份的能力。异地灾备中心选址原则上应相隔60～100千米以上。两个机房实现数据同步管理，其中一个为主生产机房，另一个为异地灾备机房。 3．应急演练 缺少对应急预案进行演练的记录。 审计建议： 成立应急指挥领导小组，在突发事件总体应急预案中作为医院突发事件应急管理工作的领导机构，负责突发事件的应急管理工作。 定期对应急预案进行演练。对数据中心机房动力环境、网络系统、数据备份、数据恢复等进行不定期专项演练。演练过程按照演练计划正常执行，对发现的异常情况要查实原因并彻底解决。

9.2 制造型企业信息系统审计案例

9.2.1 B企业的基本情况及其信息系统的特点

1．B企业的背景

B企业成立于1997年，是一家为汽摩制造企业提供零部件一站式采购服务，集研发、生产、贸易于一体的企业，通过制定零部件的设计选型标准、质量控制标准，依托全过程的供应链信息化管理，为客户提供相对便捷的一站式零部件的采购体验。B企业拥有先进的生产工艺和完善的检测设施及铁膜覆砂生产线两条，主要生产各种球铁通用机曲轴毛坯、球铁压缩机曲轴毛坯、凸轮轴毛坯等其他球铁铸件，曾为众多知名汽摩企业提供配套方案或整体方案的设计、制造和交付服务。

2．B企业信息化建设的基本情况

B企业的信息化建设为其提高经营效率、提升经营业绩、加强风险管理提供了强有力的技术支撑。随着信息技术的普及和深化，其信息系统已成为B企业发展日益重要的技术支撑。然而，信息管理在带来便利的同时，也带来了科技管理的新风险。如果对信息管理的风险没有深刻的意识，可能会造成隐患。如果信息系统管理不善，可能会带来比传统管理更大的风险和损失。

在信息化技术层面的建设上，B企业的信息技术主要是从三个方向来支撑的：

(1) 采用CAD/CAM/CAPP等现代化的信息技术，使得B企业的生产过程信息化。

(2) 采用MEP/ERP等现代化的管理技术，实现了B企业的管理水平科学化，管理流程信息化。

(3) 采用CMS等进行B企业信息的搜集，逐渐形成集设计、制造及管理于一体的计算机综合集成制造系统，并采用计算机技术，将B企业内部的信息资料整合起来，将其扩展到企业外部。

在信息化制度流程的建设上，B 企业信息技术部建立了 IT 项目管理、IT 运维管理、IT 资产管理及信息安全管理等相关规章制度，涵盖了信息系统开发、变更及日常运维、IT 基础设施管理、灾难备份、信息分类及安全管理、事故管理、IT 接入管理等。制度流程建设基本完善。

为支持 B 企业的业务持续稳健发展，B 企业不断加大信息化建设和投入的力度，尝试构建一系列精益信息系统，以应对一些急需改进的关键业务，如生产过程中的物料供应和管理等。目前搭建的系统包括电子商务平台、ERP 管理系统、SCM 供应链管理系统、BI 数据分析系统，其中 ERP 管理系统又包括 PDM 产品管理系统、MES 生产执行系统、WMS 智能仓储系统、财务管理系统等众多模块。合计已建立应用信息系统 100 余个，其中外方系统 60 余个，主要涉及生产控制、工厂及车间监控诊断、发动机、物流、工厂维护、工程研发、质量、财务控制、采购、销售、售后及索赔等业务；本地系统 40 余个，由 B 企业通过采购流程外包给第三方开发的信息系统，主要涉及人力资源管理、电话会议、售后服务、开票系统等功能业务。

在日常运维上，B 企业实施了基于权限访问的信息运维分级安全管理，这是一种切合企业运维管理需求的管理模式，基于系统最小权限赋予、分级管理、事件有效追溯的三个基本理念，围绕建立日常运维管控机制、保证运维的目标资产保密性、完整性、可用性的工作思路，从信息安全组织、资产管理、通信与操作管理、访问控制、信息安全事故管理几个方面进行构建，成功打造了一套基于权限访问的信息运维分级安全管理体系，最终在 B 企业实际运维过程中实现了信息安全的"控制、管理、审计"。

在业务连续性管理方面，为规范 B 企业数据备份系统平台的使用，信息技术部发布了《备份平台使用管理流程》，规范了备份服务的申请人管理、恢复流程的管理、容灾和演练的管理、备份系统平台的日常管理，明确了相关管理流程及流程涉及的相关部门和人员的职责，有效保障了自身及其所服务系统的效率、可用性、安全性。

在机房管理和运维监控方面，B 企业专门制定了《机房管理办法》。现场检查显示，B 企业核心机房基本符合物理安全要求，输配电状况良好，机房例行检查符合要求，机房进出安全限制被有效执行。

在网络和系统访问控制管理方面，到目前为止，内网的电脑可以通过网线连接到企业网络，访问外部网络的白名单。信息技术部有一名专业的网络管理员，负责网络安全管理和监控。企业网络配备防火墙和定期更新的防病毒软件，严格限制外部访问，通过监控系统实时监控网络运行，出现任何问题及时处理和记录。

3．B 企业信息系统的特点

（1）与供应链企业之间的信息协同和共享的需求高。面对不断增加的制造成本压力，制造业纷纷把关注焦点放在采购及供应商管理上，他们发现采购与寻源以及供应商管理作为整条供应链的前端，其优劣直接影响着整个供应系统的稳定性。相对于单一功能的解决方案而言，更多的企业倾向于建立供应商协同平台，实现与供应商协同作业。

（2）业务系统的集成度高。随着 B 企业信息化的逐步加深，B 企业的业务系统越来越趋于复杂，业务系统的集成是当今企业信息化建设重点的研究领域之一。而业务流程管理系统，可以很好地解决这些问题。它既能贯穿企业各个业务流程，又能打通异构系统，实现跨平台与跨系统的业务及数据的整合。

(3) 数据管理日益重要。随着企业的不断发展，以及大数据时代的来临，数据成为企业的核心资产。而大数据带来的数据质量问题也成为数据管理的重点。主数据管理作为提升数据质量的有效途径，越来越受到 B 企业的重视。许多大型企业开始搭建独立的主数据管理平台，将企业的各类主数据统一管理。

(4) 平台化、行业化为必由之路。当前，B 企业的信息化需求已从部门级、企业级发展到社会级的应用，在面对企业越来越精细化和特质化的信息化需求时，相对固化的传统软件架构已跟不上市场的脚步。集成化、平台化、组件化、行业化的解决方案成为 B 企业信息化部署的首选。

(5) 电子商务倒逼革新。电子商务的不断发展，为 B 企业打开了新的局面，也倒逼着企业推进内部信息化建设。B 企业必须将信息系统与电子商务平台有效地集成，才能在激烈的电子商务竞争中立稳脚跟。

(6) ERP 全面深入。随着 ERP 在 B 企业管理应用中的普及，关于 ERP 的讨论愈演愈烈。一部分人认为 ERP 的辉煌已经不复存在，取而代之的是其他应用兴起——供应链、BI、MES 等。另一部分人则认为 ERP 仍然主导着企业信息化发展，依旧是信息化的核心软件。无论如何，总体而言，经过多年的历练，ERP 已经全面进入深化应用时代。

9.2.2　B 企业信息系统的风险分析

制造企业信息化建设是增强制造企业市场竞争力的首要举措，也是当下制造企业发展的迫切需求。但不可避免的是制造企业信息化建设中必然会遇到各种各样的风险因素，为此，需要制造企业信息化建设管理人员以及信息化产品的供应商集思广益，共同完成制造企业信息化建设中的风险防范，为制造企业信息化建设的良性发展奠定坚实的基础。

对于 B 企业的信息化建设而言，虽然信息化建设有利于当下企业管理格局的改善，但是在制造企业信息化建设中必然会遇到各种风险因素，这就要求企业在信息化建设的过程中，除了关注信息化建设，还需要对周围的风险源进行及时侦查，分析风险的源头，做出最佳的风险处理措施。

下面列出了 B 企业在信息化建设中面临的几种主要风险。

(1) 战略风险。信息化规划必须能够支撑 B 企业的业务发展战略，如果不匹配会造成巨大风险。例如，B 企业在并购之后信息化管理跟不上，则对被并购企业的管控会存在很大难题。

(2) 技术风险。信息化建设需要选择开放、统一的系统架构。如果 B 企业的信息系统平台不统一，则可能导致巨大的重复投资。

(3) 投资风险。作为制造企业，B 企业在信息化建设中必然会投入大量的资金，用于各种软硬件设备的购买、软件系统和支付企业的服务费用。还有一些隐形费用，如信息化建设后的信息系统应用培训费用、信息化系统安全维护费用等，可能致使制造企业耗费大量的资金，给企业的资金流转造成阻碍。此外，由于制造企业信息化建设投入资金预算和实际花费资金差距过大，会造成制造企业运营的资金短缺。在制造企业信息化建设后，仍需要花费大量资金用于整个制造企业信息系统的维护和调整，使其满足制造企业信息化发展需求。信息化建设需要持续投入，如果企业没有资金的保障，信息化建设只能是空谈。

(4) 需求分析与规划风险。B 企业在信息化系统实施前，需要准确把握需求，进行流程梳理与优化，进行信息化整体规划，确保规划合理并能够落地。任何一个环节把握不好，都可能全盘皆输。

(5) 集成风险。B 企业已经建立了不少"竖井"系统，单个系统功能很深入，但系统之间的集成很困难，带来很大的集成风险。这种情况下，B 企业在后续信息化建设中可以选择一个大厂商的多个已经可以集成的产品，或者在选型的时候，将实现信息集成作为先决条件，也可以将多个产品打包进行选型，要求 IT 厂商做好集成方案。同时也应当考虑建立信息集成平台。

(6) 选型风险。软件产品选型需要结合实际需求，选择开放、可配置、可扩展、架构先进、已具备集成接口，符合行业特色的软件产品，同时选择行业经验丰富的实施团队。但是实际操作的过程中，仍有很大风险。例如，软件供应商往往在售前派出行业经验丰富的售前顾问，而售后的实施顾问，尤其是项目经理则不具备专业能力。售前承诺的一些功能，实际上软件系统并不具备。

(7) 实施风险。B 企业在信息化系统的实施过程中，会面临二次开发、信息集成、业务部门配合、实施人员更替，实施拖期，需求变更、旧数据导入等诸多风险。

(8) 维护风险。由于 B 企业不断发展变化，需求也不断变化，如果不进行持续维护、二次开发和升级，就会面临信息系统不再适用的风险。

(9) 安全风险。如果不重视信息系统的安全保障问题，信息系统极容易受到安全威胁，一旦出现漏洞，将会导致严重的后果，比如导致客户信息资料的泄漏，外来病毒入侵，引发整个信息系统的瘫痪等。

(10) 人才风险。有实战经验的信息化人才在 B 企业中仍然是稀缺资源。不仅 B 企业如此，在整个制造行业中，往往都很难留住有经验的信息化人才，使 B 企业面临人才断档的风险。

9.2.3 B 企业信息系统审计的内容

B 企业进行信息系统审计的主要目的是通过收集和评估证据来判断企业信息系统的安全性和有效性。具体目标分为四个方面：第一个方面是信息系统一般控制，判断企业的信息系统组织及管理架构是否合理、信息系统相关规章制度是否完善、员工岗位职责划分是否清晰合理，信息系统和流程是否完善，信息系统风险的监测评估是否及时有效；第二个方面是信息系统应用控制，测试应用系统能否正确、全面、及时地实现业务数据的生成、记录、处理、输出等功能；第三个方面是信息系统安全管理，应评价物理安全管理、灾难恢复业务连续性管理和运行安全管理的规范性和有效性；第四个方面是信息系统生命周期管理，应评价系统变更管理、系统维护管理、资源获取管理等方面的合规性和有效性。

1. B 企业信息系统审计流程

(1) 组织审前调查，制订审计计划。内部审计部门在实施审计项目前，应当根据审计项目的具体情况进行审前调查，制订审计工作计划，明确审计范围、审计进度和人员安排、采用的审计技术和现场审计重点。在审计开始前，将审计通知和审计所需信息清单发送给被审计部门。

(2) 选取测试项目，开展审计现场工作。审计人员参照审计方案，在深入研究收集到的数据的前提下，明确审计对象，选择测试项目，编制测试方案。通过查阅资料、审查信息系统相关开发过程、观察现场情况、约谈相关责任人、进行分析性审查等方式获取审计证据。

（3）总结信息系统审计的结论和建议，完成信息系统审计报告。通过上述预审准备、现场审核工作等环节，得出初步审核结论，并在此基础上提出审核建议，完成信息系统审核报告草案，并与相关责任部门沟通、确认并提出意见，最终形成报告。

（4）后续跟踪审计，确保审计效果。在审计建议执行日期前，与相关责任人沟通，监督其对审计建议的落实状况，保证审计结果，实现审计为企业带来增值的功能。

2．B 企业信息系统一般控制审计

B 企业信息系统一般控制审计项目、方法和程序如表 9-33 所示。

表 9-33　信息系统一般控制审计项目、审计方法和程序

审计项目	审计方法和程序
组织架构	1．获取组织框架和人员职责，检查 IT 组织架构图或岗位职责分工说明，确认信息技术部的责任和职责已经被定义并记录下来。 2．通过与信息技术部了解，确认 IT 管理层是通过什么方式和 IT 人员沟通这些责任和职责的。例如，被审计单位通过让员工在职责分工说明上签字，开展员工绩效考核，并由员工本人签字确认考核结果。 3．获取相应的支持性文档，确认沟通的存在性和有效性。 4．IT 管理层是否对 IT 员工进行了关键岗位分离，以合理防止单独一个人就可能完成的破坏或舞弊行为不被发现。 5．核查关键岗位是否配备了 AB 岗位，以合理防止企业过度依赖某个独特的岗位人员。
人力资源	1．获取"关键系统清单"，确认已经为每个关键系统指定了所有人和数据拥有人。 2．查阅并明确"关键系统清单"中有系统所有人和数据拥有人签字，以明晰各自权责。 3．取得其他的沟通证据，如会议记录等，确认与数据的完整性相关的所有权以及职责已经和数据和业务流程的负责人沟通过，而且他们也能接受这些职责。 4．取得与数据拥有权的明确、信息安全等相关的规定，并确认其中包含交易的授权和审批规定，且明确授权和审批人员为系统和数据的所有人。同时确认这些规定是否经过正式批准与施行，关键系统配备人员是否充足，是否都有用户手册。 5．检查信息系统管理或应用的岗位人员，是否签订了保密协议，避免信息资产丢失的风险。
IT 战略规划	1．了解被审计单位管理层是否制订了与业务目标相符的 IT 战略计划，取得该 IT 战略规划。 2．了解在计划制订的过程中，信息技术部通过什么方法将 IT 战略规划与业务流程负责人或最终用户沟通的；根据客户提供的沟通方法，取得相应的支持性文档，如相关会议记录、审批记录、通知等，确认 IT 战略计划已经和相关部门和人员沟通过。 3．了解信息技术管理层如何对 IT 战略计划执行情况进行跟踪与监督，并获取相应的支持性文档，如工作总结、计划执行情况汇总表、工作报告等，并确认是否有效实施这些监督方法。

续表

审计项目	审计方法和程序
IT 战略规划	4. 了解信息技术部向负责 IT 工作的高级管理层沟通 IT 日常工作、系统运行情况、信息系统环境风险控制的途径与方法。 5. 获取支持性文档，如工作报告、运行报告、与管理层沟通这些问题的会议记录、管理层对汇报的反馈等，确认沟通方式的存在性、及时性及有效性。 6. 取得被审计单位总公司 IT 高级经理与总公司高级管理层和董事会的相关会议记录，确认 IT 高级管理层是否与公司高管层和董事会沟通过这些问题。
IT 监控与评估	1. 明确管理层如何监督与评价 IT 业务，是否会监控与 IT 活动控制相关的外部法律规章及其他外部需求的变化情况。 2. 检查是否执行了一定的控制来保证 IT 行为与外部需求（如政策法规）的一致性。 3. 检查 IT 管理层是否通过管理监督、基准对照等做法对日常运作中的内部控制措施进行监控。 4. 检查内部审计部门能否获得 IT 审计资源等。

3．B 企业信息系统应用控制审计

抽取 B 企业的核心系统测试其应用控制，包括编辑校验、异常报告、逻辑关系校验、复杂计算、关键控制报告、可配置参数控制、系统审批、对数据的访问权限、不相容职责分离、数据传输或接口控制。信息系统应用控制审计项目、方法和程序如表 9-34 所示。

表 9-34 信息系统应用控制审计项目、方法和程序

审计项目	审计方法和程序
数据核查	1. 梳理业务逻辑和数据逻辑。 2. 穿行测试：下单、付款、开票发货、物流、退款。 3. 核查订单信息、收款信息、开票信息的一致性。 4. 系统权限核查：在一般管理控制部分完成。 5. 电商平台与 ERP 之间同步信息核查。 6. 按照会计师及券商商定的收入确认原则，根据 ERP 系统原始订单数据，重新测算被审计单位报告期内应当确认的收入。 7. 收款资金流与订单间信息匹配核查。
退货分析	1. 按月统计、分析报告期内的退款率。 2. 按月统计、分析退货集中度情况。
运营数据分析	根据成功交易的订单数据，统计报告期内的月新增客户数以及客户留存率等营运分析。
积分情况分析	若有积分管理系统，则视积分对财务确认的影响情况进行积分核查。
业务真实性分析	1. 年度客户交易金额分组分析。 2. 年度前 100 名交易金额客户购买情况统计。 3. 年度客户复购行为分析。 4. 年度客户交易地区分布分析。 5. 交易额日分布趋势分析。 6. 客户下单时间分布分析。 7. 短时间集中交易行为筛查。

续表

审计项目	审计方法和程序
业务真实性分析	8．年度交货地域分布分析。 9．大订单（单笔订单金额较大）分析。 10．大销售店铺销售产品、数量及金额分析。 11．大销售店员销售产品、数量及金额分析。

4．B 企业信息系统安全审计

B 企业信息系统安全审计项目、方法和程序如表 9-35 所示。

表 9-35 信息系统安全审计项目、方法和程序

审计项目	审计方法和程序
IT 安全制度	1．检查 IT 安全制度是否经过管理层审批并统一下发、定期审核和更新，是否需要传达给所有相关人员和部门。 2．检查 IT 安全体系是否涵盖被审计单位安全标准、职责分离、应用系统安全标准、数据库安全标准、操作系统安全标准、局域网安全标准和物理安全标准。
物理安全	1．检查机房的物理环境，包括中心的温度、湿度、不中断电源保护、安全警报等。 2．检查是否按期查检机房。 3．系统运行状况检查（如 CPU 使用率、内存占用率、系统存储空间、系统运行日志等）。 4．获得物理安全的管理规范，检查其中是否规定了进入机房的机制和授权方式。如果使用门禁系统，检查门禁卡管理系统或门禁卡的发放记录，确保所有拥有机房门禁卡的人员均经过了合理授权。获取门禁系统用户权限列表，检查是否只有授权的人员才能访问机房。 5．获得审计期间机房访问记录并抽样审阅记录信息（选取的访问记录为样本，检查是否记录了时间、访问详情和陪同人员等信息）。 6．通过实地审阅，检查机房是否有手动灭火器、自动灭火系统等消防措施，检查是否定期对消防设施进行巡检以保障有效性。 7．检查机房的物理位置是否有利于防水，确保机房没有安装喷水装置，离水要远。 8．检查机房中是否有 24 小时独立运行的空调系统以提供恒温的环境；检查计算机是否放置在计算机机柜中，机房内的系统是否都与 UPS 相连。 9．访谈了解是否通过机房监控系统实施了对机房环境的监控，检查监控都包括哪些方面。 10．检查机房中是否按规定设置火警报警器、漏水报警器、干/湿温度计等设备，以及设备是否可用，是否能对环境因素进行监测并预警。 11．通过实地检查，确保不间断电力供应设备正常工作，并能够提供足够的后备电力。
数据备份与恢复	1．是否制订了数据备份方案；是否编制数据备份与恢复实践指南；是否定期执行备份恢复测试并更新实践指南。 2．获得备份策略，检查是否包含了详细的备份对象、备份方法和步骤、备份频率、备份介质标识和存储、异地备份重点关注是否备份成功。 3．检查备份对象中是否包含了关键的应用系统、操作系统、业务数据库和财务数据库；通过现场检查，保证放置备份介质的橱柜具有防火、防水、防盗功能。

续表

审计项目	审计方法和程序
数据备份与恢复	4．获取备份与恢复实践指南，审阅有无明确需按期开展备份恢复测试，并制定备份恢复测试程序。 5．检查是否全部关键系统都进行了备份与恢复测试；查看备份恢复测试频率是否与相关管理规范相符合。
数据安全	1．检查是否建立数据管理流程，是否规范对数据库的直接修改、导入、导出等操作；是否建立审批机制。 2．检查数据操作前是否对数据库实施备份；是否对数据导入前后的数据进行检查；获取数据变更制度，检查其中是否明确了数据变更(涵盖数据输入、输出、更改等)的申请、审批及授权等环节中的控制。 3．检查其中是否指定了拥有数据变更权限的岗位员工。 4．获得IT部门的岗位职责说明书，确保已经指定了专职人员(数据库管理员)进行数据变更工作。 5．获取数据变更申请，与数据所有者表单进行核对，以判断数据变更是否由数据所有者申请，并通过相关主管领导确认同意。 6．将数据变更的结果作为样本，确保数据修改的结果得到了最终使用者的认可。
用户账号管理	1．获得账号管理的流程和制度，检查其中是否包含了账号的申请、批准、添加、变更和删除，以及管理层对账号审阅的流程，确保制度涵盖了应用系统层面、操作系统层面和数据库层面的用户账号维护。 2．检查用户账号申请是否经过恰当审批，检查对用户口令的设置是否进行严格规范，检查是否有用户共享账号的情况，检查是否在员工工作终止时及时删除或禁用账号，检查用户权限是否由用户部门定期审阅；系统中的超级用户账号需要通过审批的用户才能应用，禁止超级用户的共享现象存在，操作系统管理员、数据库管理员、应用系统管理员应该职责分离。 3．检查企业是否查看超级用户的应用记录。
网络安全	了解网络安全制度，检查是否及时更新网络拓扑图、网络设备的配置(防火墙和路由器)、无线网络管理、远程访问管理及网络漏洞扫描管理等。
安全配置	1．检查是否为操作系统、数据库、应用系统和网络设备建立基本的安全配置标准，并对这些标准进行更新；所有服务器及设备必须根据上述安全标准进行配置。 2．检查是否定期对服务器及相关设备上的配置进行检查。
日志监控	1．检查安全日志是否已经通过上述安全配置标准被开启/激活。 2．查验有无妥善保管安全日志，阻止对其进行修改或是删除。 3．检查安全日志是否定期被独立人员审阅。
防病毒管理	1．获取并查阅防病毒(或预防有害软件)的相关制度，检查内容是否相关、完整并及时更新(如是否对病毒的定义和病毒防护做了严格的规定，是否包括防病毒策略等)。 2．察看防病毒服务器的设置，检查是否对整个企业范围内的计算机均安装了防病毒软件。 3．察看服务器端和客户端对于防病毒码的更新设置，确保客户端得到及时更新。 4．检查是否禁止用户自行在用户端上更改设置、禁用或卸载防病毒软件。
授权软件使用	1．检查被审计单位是否维护授权软件清单。 2．检查是否建立了适当的机制禁止用户自行安装软件，是否定期检查用户端并及时纠正使用未经授权软件的行为。

5．B 企业信息系统生命周期审计

B 企业的信息系统生命周期审计项目、方法和程序如表 9-36 所示。

表 9-36　信息系统生命周期审计项目、方法和程序

审计项目	审计方法和程序
系统开发与变更的制度流程	获取相关系统开发和变更的制度流程，审阅系统开发和获取制度，检查该制度中是否包含了系统开发或取得过程中的有效控制环节，如项目管理中是否明确需求确定阶段、设计阶段、开发阶段、测试阶段、上线阶段、实施后评估等阶段的控制。
系统开发	1．以选取的系统开发项目为样本，与客户访谈，了解项目的管理工作是如何进行的，是否成立了专门的管理小组，获得项目管理小组的人员列表或相关项目架构文档；检查项目管理人员的构成，确认是否有人负责项目进展与管理，项目组人员的组成是否考虑了 IT 和业务部门人员的参与，并且明确了他们的职责。 　　2．以选取的系统开发项目为样本，获取需求分析文档，检查需求分析是否经过用户部门负责人的审批。获得需求分析变更的记录清单，检查清单上的变更内容，确保这些变更都经过用户部门的审批同意。 　　3．以选取的系统开发项目为样本，获得整体测试报告，检查报告内容并进行记录；以选取的系统开发项目为样本，获得书面的用户验收测试报告，查验用户有无在测试报告中签字。 　　4．以选取的系统开发项目为样本，获得设计文档、检查设计文档是否经过适当的审批；关注企业新应用的系统，获取系统上线方案，检查上线计划中是否包含上线时间和人员安排，系统上线操作步骤，该上线计划是否经过审批。 　　5．以上述获取的系统上线方案为例，审阅方案中有无"回退计划"，用以保障新系统应用失败情况下可以回退至原系统；在新系统上线过程中，如需要数据转移，企业有无拟定完备的数据转移方案。 　　6．获得数据转移的测试文档，审阅测试文件，关注数据转移前后有无对数据的准确性、全面性进行测试和检验。 　　7．检查数据转移有关的测试文件，审阅有关部门有无对测试结果与最后的数据转换结果进行签字确认。 　　8．应用新系统后，收集用户对新系统的反馈建议，检查是否已实现原来的业务需求，系统是否有适当的控制来支持业务控制的实现。
系统变更	1．了解 IT 系统变更程序，是否包括变更需求提出、用户部门审批、风险评估、优先级排序、IT 部门审批、开发人员测试及用户测试、实施及回退计划、变更实施、用户确认和变更状态跟踪，检查系统变更是否经过适当人员的审批并进行测试。 　　2．需求审批人员、变更开发人员、变更上线人员和项目监控人员应相互分离，做到职责分工，要特别关注是否变更为一个人独立完成，待其离职后，其他人员无法知晓变更具体信息，获取更新维护手册和用户手册，获取最终用户的培训资料，确认用户手册和培训资料是否及时下发，以供使用者参考。
职责分工	1．获得项目小组人员名单与职责分工表，确保需求审批人员、系统开发人员、上线人员和监控人员的职责相互分离。通常情况下，生产环境、开发环境与测试环境应实现物理与逻辑上的独立。如果这三个环境物理隔离，检查是否存在三个独立的机器，并获得其相应的 IP 地址，确保 IP 地址不同。如果这三个环境逻辑隔离，记录通过什么方式实现逻辑隔离，获得对相应环境的访问权限，确保开发人员和测试人员只能访问相应的环境。

续表

审计项目	审计方法和程序
职责分工	2. 针对各个环境，获得系统设置中可以访问各个环境的人员名单，保证能够访问的人员都是经过批准的。
接口控制	1. 检查系统中有无建立自主查验机制。 2. 检查接口部分的开发流程和开发文档是否完备，接口的日常检查是否存在，是否按时备份接口数据文件，接口数据程序是否完全，是否面临外界危险。
日常运行维护	1. B企业的信息系统日常运行维护是交由第三方管理的。获得被审计单位的管理规定，检查其中是否明文规定要与提供服务的第三方签订服务协议及保密协议。 2. 通过访谈了解并获得被审计单位IT方面所有由第三方提供的服务的列表。针对第三方服务商的列表，获得所有供应商的相应的第三方服务水平协议/合同。检查是否对第三方进行评估，并获取对第三方的服务进行评估的样本，检查评估内容是否合理，评估结果是否满足合同要求，对发现的问题是否有跟进并及时解决。 3. 检查签订合同前对第三方资质是否进行调查。 4. 检查签订的正式服务合同，核实合同中是否包括对其服务水平的规定。 5. 检查对第三方提供的服务是否进行定期评估。
服务水平管理	1. 检查是否对内外部IT服务建立服务水平协议。 2. 检查外部IT服务商是否接受并签署服务水平协议。 3. 检查是否将服务协议作为评估信息技术服务能力的依据。 4. 获取批处理管理制度，检查被审计单位是否建立批处理任务清单，批处理任务清单是否按照数据业务的需求设置。 5. 检查对批处理任务的更改或增加是否都经过了管理层审批。 6. 对批处理任务的运行结果进行检查，定期审阅批处理任务清单与实际情况的一致性。
问题及故障处理	1. 检查被审计单位是否建立问题/故障处理流程。 2. 检查是否建立记录问题/故障的方式和渠道。 3. 检查是否建立上报问题的渠道(逐级上报)。 4. 检查是否根据重要程度为问题/故障进行优先级排序。 5. 检查是否跟踪问题/故障处理的结果，定期对问题/故障进行根源分析。

9.2.4　B企业信息系统审计的方法

B企业信息系统审计项目所采取的审计方法主要有以下几种。

1. 穿行测试和控制测试

在审计过程中，选取信息系统相关控制流程的关键控制点，采取穿行测试和控制测试方法，对其控制设计有效性和运行有效性进行验证。

穿行测试和控制测试主要采用询问、观察、检查、重新执行等方法。

2. 访谈及观察了解

访谈信息技术部、财务及采购管理岗、基础设施、生产及应用、非生产及应用科室的相关人员，围绕B企业的ERP系统、销售平台和订单管理系统、财务系统等，了解物理访问控制、逻辑访问控制、账号及权限管理、管理员权限职责分离情况；了解审计期间内企业对于信息安全方面开展培训的情况、信息系统密码配置、账号增删改管理的流程、了解机房环境以及机房访问的控制措施等。现场走访各个机房，查看机房环境监控状态、机房访问安全、物理位置、机房系统运行状态等。

3. 资料查阅

审阅采购管理、系统需求与开发管理、信息安全管理、物理安全管理、运维管理、项目管理等制度的流程文件。

4. 获取资料并进行测试

获取相关管理制度并针对流程执行的规范性、有效性，通过抽样、现场访问、系统观察等方式进行测试，对发现存在疑点的领域，提请企业管理层查明原因，进行改进。

5. 抽样测试

针对相关的 IT 管理和控制流程，采取抽样测试。对采购管理（费用采购、小额采购、资产采购）、运维管理、账号管理等数据进行分析与比较，从各项数据中随机选取样本进行详细性测试。

6. 现场观测

对 B 企业信息技术部的现场办公场所、机房、环境设备、内部控制、相关业务活动等进行实地观察。

9.2.5　B 企业信息系统审计结果

B 企业的 ERP 及信息化建设，具有较快的发展速度。现有系统涵盖采购管理、销售订单管理、库存管理、财务管理等，能基本实现对客户提供自动化零部件的一站式采购服务，其 ERP 及信息系统建设，对企业的业务经营和发展起到良好的支撑作用。

现有信息系统管理架构，包括已经建立的信息系统相关管理制度，能基本满足企业现阶段信息化之管理需要，但部分制度还存在进一步改进和完善空间。特别是伴随业务规模的不断扩大，信息化建设还需加大力度投入，包括充实科技人员、强化科技监控及安全管理等。

业务穿行测试显示，企业信息系统的数据流程遵循了其业务流程及内部控制；ERP 系统内部数据核对，未发现数据信息在系统内各流程间存在明显差异，采购信息、销售信息、出入库信息、收款信息等数据信息在各环节基本一致，个别因维护不及时导致的数据差异，因数量和金额极小，不影响对总体数据的判断。

采购信息、销售信息、出入库信息、收款信息呈逐年增加趋势，基本匹配于企业的业务发展趋势。排名靠前的主要交易产品、大客户采购信息、客户复购行为、日交易额和下单时间分布、交货地域分布等未发现明显异常。

通过审计结论，总结信息系统的缺陷并提出解决方案，从而提高企业信息系统的运行效率，为企业带来价值，为其他企业的信息化建设提供参考。对 B 企业的具体审计结果如表 9-37 所示。

表 9-37　B 企业信息系统审计结果

控制目标	检查点	审计结果
内部控制审计	信息战略审计	目前 B 企业的信息科技由其副总经理分管，B 企业的信息技术部负责实施信息科技建设。为支持业务持续稳健发展，B 企业不断加大信息化投入和建设力度，目前搭建的系统包括电子商务平台、ERP 管理系统、SCM 供应链管理系统、BI 数据分析系统等，其中 ERP 管理系统又包括 PDM 产品管理系统、MES 生产执行系统、WMS 智能仓储系统、财务管理系统等众多模块。 B 企业目前尚未编制与业务战略规划相适应的信息系统发展规划，在信息科技管理方面，相关信息科技决策或管理会议尚未形成正式的会议纪要，未全面开展内部信息系统审计工作。 **审计建议：** 建议 B 企业尽快编制完成《信息系统建设及发展规划》，完善信息科技年度工作计划，定期汇总信息科技年度总结，定期开展信息科技内部审计工作，推动信息化建设的同时，加强信息科技风险管理。
	制度建设审计	伴随业务的快速发展，B 企业信息化的建设步伐逐步加快，相关信息科技管理制度正在逐步形成并开始完善。 审计认为，B 企业针对现有的信息系统管理制度，应制定定期的审阅和修订机制，持续对信息科技相关管理制度进行改进和完善，包括不断地细化和完善技术管理标准、开发管理规范、测试管理规范、运维操作规范，不断地改进和完善机房管理、系统日志管理、备份管理规范，不断地强化和完善网络安全管理、系统账号权限及密码管理等，达到积极促进信息化建设、加强信息化管理目标的需要，让信息科技不断适应业务规模的扩大和业务管理的变化，最终达到科技促进业务、科技引领业务的目标。
	组织架构审计	2019 年年底信息部技术人员为 27 人，但 2017 年离职 7 人、2018 年离职 9 人、2019 年离职 7 人，IT 人员的稳定性相对不足。 **审计建议：** B 企业应充实科技团队人员，并更加注重科技团队人员的稳定性，注重信息科技的持续稳定建设和发展。
	岗位职责审计	DBA 数据库管理员目前由信息技术部负责人兼任；网络工程师、服务器工程师、Linux 运维工程师分别配置了管理岗位，网络工程师、服务器工程师的备岗由桌面运维工程师兼任，Linux 运维工程师的备岗由信息技术部负责人兼任。 **审计建议：** 鉴于 B 企业目前的业务规模及发展速度，尽快解决目前存在的部分混岗现象。
	业务流程控制审计	在信息系统研发管理方面，B 企业刚刚搭建了研发及测试环境，研发及测试规范、测试标准正在逐步改进和完善。B 企业之前由于实行敏捷研发模式，部分项目的测试计划、测试方案及测试记录资料保存不完整，但伴随 B 企业搭建新的研发及测试环境、改善研发规范及测试标准，这种现象已得到改进和完善。 **审计建议：** B 企业在搭建测试环境、建立测试规范的同时，配备独立的测试小组或测试岗位，妥善记录和保存性能测试、压力测试、业务测试、边界测试等系列测试文档资料。

续表

控制目标	检查点	审计结果
内部控制审计	数据操作控制审计	(1)密码管理：审计期间，B 企业已经改进和完善其密码管理策略，包括完善其初始密码的强制修改策略，强化密码的长度要求及复杂性要求，并建立定期修改密码的强制要求等。这些密码管理策略及安全管理措施的建立和完善，大大提升了 B 企业现有的安全管理水平。 审计认为，B 企业现有的密码管理策略及密码管理机制，符合业内一般管理规范，符合 B 企业现有安全管理。 (2)权限管理：审计期间，B 企业正在建立和完善相关账号管理机制，包括账号访问权限及访问操作的稽核机制。这些管理机制的建立和完善，包括规范岗位权限的管理，有助于 B 企业加强和提升安全管理，减少不恰当访问和操作的潜在风险。 离职或退休员工账号删除不及时。审计人员从 2017 年 3 月至 7 月的离职、退休白领员工中随机抽取了 26 位来核对人力资源部 HRIMS 账号发送员工调单通知的日期，建立工单日期及关闭工单日期。发现以下问题：售后服务部求助台建立账号删除工单不及时；账号删除工单关闭不及时；系统账号删除处理不及时；系统账号未删除即关闭工单；退休人员系统账号删除不及时。 (3)IPT 系统账号权限管理有待优化。审计人员从 2016 年至 2017 年 7 月的系统权限变更申请单中抽取了 40 个样本，包含 57 个 IPT(Identity Protection Technology，身份保护技术)账号申请，发现角色包含的权限过大。经与 IPT 组长访谈，目前 IPT 系统的每个角色包含的权限是不可分割的，一次性授予申请账号的，即存在申请账号可修改或查看超出其申请权限范围的指令的可能风险。 **审计建议：** 当人员发生变动时(如离职和退休)，信息技术部需责成售后服务部求助台及时创建工单，IT 部门工程师需在 3 日内及时删除账号，并关闭工单。信息技术部 IPT 组将每个角色进行检查和修改，将权限限制在最小范围内。
信息系统安全管理审计	物理安全管理审计	(1)机房管理：目前机房管理已具备基础规范，包括：机房的钥匙专人管理，所有人员进出都必须在登记表上登记，外部人员进入机房须有机房管理人员全程陪同和监督。 数据存在丢失的风险。经过访谈了解到，当出现紧急停电情况下，UPS 满负荷供电时间为 1~2 小时，租赁的柴油发电机 4 小时以上才能到达 B 企业现场，且数据中心只备份关键系统，存在数据丢失的风险； 部分实际持有门禁卡人员进入机房并未得到适当授权； 非实名门禁卡的使用没有详细记录，对门禁卡刷卡的进入没有控制界限； 运维人员使用机房钥匙没有登记； 机房备用钥匙未封存，供日常使用。 **审计建议：** 解决柴油发电机无法及时到达现场的情况，如修复现有机组，并为两个数据中心分别配备柴油发电机。在配备之前，签署租赁合同时约定柴油发电机具体到达现场时间，保证能源供应，防止临时停电带来的数据丢失风险。加强机房物理安全管理，如根据实际人员情况，定期更新门禁卡权限清单中的持卡人信息；加强非实名门禁卡使用与登记管理。加强运维人员使用物理钥匙登记管理；当日借出需当日归还，否则重新进行登记或请示报告审批；封存备用钥匙。

续表

控制目标	检查点	审计结果
信息系统安全管理审计	灾难恢复业务连续性管理审计	B企业正在新园区建设新的数据中心，预计2020年年底投入使用；拟将旧机房改造成为灾备机房，提升业务连续性管理。B企业加速同城灾备的建设进程，同时规范机房设施及环境管理，进一步提升数据中心的环境管理。 B企业对重要数据进行了存储备份，未做过信息系统应急演练，按规范应制定信息系统总体应急预案和各类专项应急预案，并定期进行应急演练（如每季度或每半年一次），包括网络交换机、路由器、防火墙、网络线路、服务器、机房基础设施的演练，同时做好演练记录，进行总结，对发现的问题进行跟踪整改。 缺少系统备份判断标准。B企业上线的所有IT系统中，有母公司的系统，也有本地系统。有的系统在B企业本地进行系统备份，有的在国外备份。哪些系统必须在B企业做本地数据备份，哪些系统可以在B企业不做备份，没有明确的规定和标准，存在重要系统数据备份遗漏的风险。 备份信息台账管理有待完善。备份管理员未及时整理并归档备份信息文件，未建立总台账记录。此外，备份管理员虽然建立了备份服务器与应用系统对应清单，但是缺乏具体应用程序名称对应关系，当服务器客户端发生数据故障时，无法得知会影响哪些应用系统。 会计信息系统的数据服务器搭建在中国境外，国内未进行备份，不符合中国国家的相关标准。 **审计建议：** 在新的数据中心投入使用之前，现有机房需要改善的方面如下： (1)电路为单路供电，UPS负载过大，无法做到冗余； (2)操作间只能由运维人员进入，但机房未配备单独的操作间、储物间、UPS电池间； (3)加速同城灾备的建设进程； (4)母公司应向B企业开放业务数据备份的权限，或者定期将财务系统备份数据移交至B企业。
	运行安全管理审计	备份管理：目前B企业建立了基本的备份机制，在网络配置变更前需做备份处理，核心设备目前每年一次不定期备份。 审计期间，B企业正在进一步改进和完善相关管理，包括将核心网络配置每两个月备份一次，非核心设备每半年备份一次。另外，日常运维工作中只要配置有变更，就必须在变更前先做备份，变更后再对新配置进行一次备份。这些管理措施的改进和完善，将极大地改善B企业的备份管理规范，使之更加符合业内管理规范。
信息系统生命周期审计	资源获取管理审计	部分验收报告缺失：审计人员随机抽取了32份已经进行发票校验并付款的采购订单，其中有7份验收报告缺失，涉及金额200余万元，包括系统运维费、信息服务费等。IT工程师解释的主要原因是验收报告没有签字，电子验收材料有，但书面文件没有签字，与前任工程师在离职时未交接；本地供应商服务验收人员级别尚待评估；办公耗材、电脑维修等小额IT采购和维护尚未签订合同。 **审计建议：** 评估现行的验收审批级别，并考虑根据金额、货物或服务的性质设置相应的批准权限，并将其更新到流程中。财务及采购管理岗根据验收报告，在系统中操作收款、发票审核、付款，并统一管理。尽快签订办公耗材、电脑维修等小额IT采购和维护合同，实现采购流程系统化。

续表

控制目标	检查点	审计结果
信息系统生命周期审计	系统变更管理审计	由于B企业业务流程及管理方式的变化和调整，各部门独立运行，各部门对系统需求存在差异，导致系统需求不断增加。2017~2019年，ERP系统错误程序的修复、功能增减、项目完善总计数量近万个，系统变更及数据后台维护过于频繁，信息技术部的压力较大。 系统变更遵循的管理流程如下：需求人员申请→信息中心受理→开发→测试→变更送审→执行上线。 (1)在送审平台申请变更过程中，需填写并归档相关资料，包括：变更的业务模块、变更功能需求及说明、变更后的逻辑、上一次代码、变更后的代码等。 (2)变更后变更人员在系统里检查程序变更情况并通知相关部门使用。 (3)变更上线后如有问题，执行回退处理，还原上一次的代码，或者把功能暂时停用，待修复后重新通过送审平台申请变更。 需要改善的是，针对变更系统的测试、复核、验证等管理信息记录不完整。 **审计建议：** 优化运维管理系统部分功能，包括但不限于故障解决目标日期的显示、优先级别调整后对应的故障清单调整等。加强故障管理的执行情况，及时关闭已解决的故障单，提高故障管理流程的效率，确保系统中记录准确的故障解决时间。 加强和完善需求分析，对需求分析进行综合性整合，通过提升需求分析的质量，同时加强系统测试管理，改进代码质量，减少系统的错误程序，提升项目整体质量，避免系统变更过于频繁。 同时建议将变更分为计划内变更和计划外变更，对计划外的变更进行严格的流程审批，包括需求部门主管参与审批，变更以后由需求部门加以确认。
	系统维护管理审计	故障响应时间不明确，失去对工程师及时解决故障时间的提醒作用，与外包运维公司合同报价不明确。在与信息技术部门工程师的访谈中，审计人员询问系统中是否会有信息技术运营和维护一个月未能处理的故障的统计数据。信息工程师反映，从系统报告中可以看到，十几天未解决的故障单会每两周统计一次，发现80%的故障需要外包公司处理，但外包公司没有承诺响应时间，只承诺解决时间。了解到这一情况后，审计人员重点审查了与外包公司签订的相关合同，发现服务合同中未约定故障解决时间，合同报价也不明确。 运维的实施需要优化。一些重大故障解决后，处理程序未能及时关闭故障单，导致系统记录超时，但实际解决未超时。 服务器、网络设备、数据库等每日巡检记录欠缺，目前缺少系统管理员每日监控及巡检登记。网络管理员每日不定时登录运维系统检查网络设备状态，但未进行工作登记。审计期间，B企业正在对此进行整改，目前已经建立相关巡检及记录规范。 审计期间，由于正式的堡垒机管理机制正在搭建，相关管理规范也正在建立和完善，所以之前的管理风险现在已经得到改善。 审计期间，B企业正在出台密码强化管理规定，以下管理弱项在审计期间已得到改进和完善： 审计期间，B企业正在制定《测试管理规定》，确保程序上线之前能得到规范性测试，加强项目质量管理。之前存在的以下问题得到改进和完善：程序上线缺少测试人员签字，包括信息中心技术人员的性能测试和业务部门的功能测试报告。变更测试记录、变更验证复核记录均没有做文字记录，优化程序上线的审批流程。

续表

控制目标	检查点	审计结果
信息系统生命周期审计	数据后台维护审计	目前 B 企业对后台数据维护建立了审批流程及管理规范，对数据的维护，经过相应的审批流程以后，再由科技人员完成实际的数据维护操作。同时，数据维护与系统变更一样，均需纳入送审平台进行统一管理，遵循的基本流程为： 【后台数据维护申请】→【信息中心受理】→【审批通过】→【执行维护】。 但在数据维护的最后环节，审计发现还有进一步完善空间。比如，目前采用的是单人操作和维护模式，尚未建立一人维护、一人监督的机制，未对操作过程进行全过程留痕记录。未建立事后验证、定期稽核的规范模式。 另外，由于系统还处于持续地改进和完善中，目前后台数据维护相对频繁。 **审计建议：** 在后台数据维护中，依据数据维护的范围和性质，结合数据的重要性，对数据维护实行分级分类管理。依据分级分类管理原则，在经过审批流程以后，实行一人维护、一人监督，通过堡垒机对操作痕迹进行完整记录，并建立事后验证和稽核机制，对后台数据维护的合规性进行定期稽核。

9.3 商业银行信息系统审计案例

9.3.1 C 银行的基本情况及其信息系统的特点

1．C 银行的背景及其信息化建设的基本情况

C 银行下辖 13 个国内分行，机构网点在区域内实现了区县全覆盖。银行资产总额为 9 261.30 亿元，存款总额为 6 218.67 亿元，贷款总额为 4 572.03 亿元。2019 年，C 银行实现的营业收入为 572.58 亿元。

2．C 银行信息系统功能结构

C 银行构建了综合网络会计系统、综合网络储蓄系统、清算系统、外币系统等 100 余个应用系统，为其业务拓展和管理升级提供了有力支持。C 银行主要信息系统的功能结构如表 9-38 所示。

表 9-38　C 银行的主要信息系统的功能结构

业务系统	
核心业务系统	业务功能包括：总账管理、卡系统管理、客户信息管理、额度控管、存款、贷款、资金业务、国际结算、支付结算、对外接口等。
清分清算系统	以清算日期为准，将账务类交易、非账务类交易的手续费、代理费、网络服务费等相关费用，按费用类型计算应收、应付金额，经过清算人员确认后送核心系统完成结算的过程。
国际结算系统	银行为客户提供贸易（或非贸易）外币结算的业务系统，业务包括：信用证、托收、汇款、保理、保函、进口押汇、出口押汇、出口贴现、福费廷、打包贷款等。
保理业务系统	业务功能包括：客户信息管理、合同信息管理、预付款管理、销售分户账、汇率、费用、利息、额度、会计传票、异常处理、逾期管理、报表管理等。

续表

业务系统	
外汇清算系统	1. 提供高效的 SWIFT 报文收发管理，实现报文自动清分与自动记账；对于支付类报文，提供自动寻找汇款路径和报文黑名单检查等功能。 2. 提供电文查询、打印、复核、监控、过滤、归档等功能。
银行 IC 卡系统	IC 卡交易主要分为联机交易、脱机交易、管理类交易，例如：不同渠道的查询、取款、消费、预授权、脱机消费、脱机预授权等，以及签到签退、密钥管理、黑灰白名单的管理等。
信用卡系统	信用卡交易主要有预借现金、还款(现金/转账)、卡卡转账、信用卡转出、信用卡转入、信用卡销户申请/销户结清、信用卡激活、信用卡挂失/换卡、查询密码重置、补印账单/密码函、调整账单日等。
基金托管系统	业务功能包括：会计核算、资金清算(与沪深登记结算公司)、投资监督、账户管理、资产估值、投资风险、绩效评估等。
债券交易系统	债券的承销、分销、回购、远期、自营、代理、经纪业务等。
外汇交易系统	指 C 银行参与银行间外汇市场交易的一个操作平台，主要实现自营和代客的结售汇、外汇买卖等交易。业务品种包括即期、远期、调期等。
CRM	1. 银行产品分析(卡业务分析、贷款产品分析、结算产品分析、理财产品分析等)功能。 2. 客户分析(价值分析、需求分析、行为分析、潜在客户分析、重点客户分析、不良客户分析、睡眠客户分析、流失客户分析、客户信息维护、黑名单管理)功能。 3. 客户经理管理(工作记录、任务管理、活动计划、客户反馈意见整理)功能。 4. 营销管理(特约商户分析、市场活动计划和评价)功能。 5. 风险控制(透支行为分析、催收分析、资信评估、风险预警)功能等。
信贷管理系统	1. 公共模块：利率管理、汇率管理、用户管理、黑名单管理、诉讼管理等。 2. 贷前管理：客户资料审核、贷款风险度测算、贷款审批流程等。 3. 贷中管理：授信合同管理、一般担保合同管理、监控信贷资产质量等。 4. 贷后管理：坏账核销、本息催收、抵债资产管理等。 5. 决策支持：查询、统计及报表功能，客户违约风险分析等。
风险管理系统	业务功能包括：风险管理体制和机制、风险管理政策和程序、风险管理的技术和方法、风险管理人员等。
财务管理系统	业务功能包括：财务管理、应收应付管理、在建工程管理、员工网上自助费用报销、预算管理等模块等。
管理会计系统	业务功能包括：内部资金转移定价、服务转移定价、资产负债管理、预算管理等。
渠道系统	
银联业务系统	银联业务系统是集通信、交易及风险监控于一体，为银行接入中国银联交换系统提供标准接口的综合处理系统。 银联交易包括：余额查询、取款、消费、存款、退货、预授权、追加预授权、预授权完成、签到签退、密钥重置等。
中间业务系统	C 银行代理客户办理收款、付款和其他委托事项而收取手续费的业务，业务包括：代理政策性银行业务、代理中国人民银行业务、代理商业银行业务、代收代付业务、代理证券业务、代理保险业务等。

续表

渠道系统	
柜面系统	柜面系统分为两大类，即字符终端和图形终端、业务包括柜员信息管理、柜员权限管理、现金尾箱管理等几个模块。柜面系统需要提供密码键盘、磁条读写器等多种外设的支持。
综合前置系统	综合前置系统区别于以前的离散前置系统，它基于渠道整合技术，实现跨系统的业务流程的定制与开发，以及金融业务的创新和产品的组合。 功能包括：交易流程控制、流量（系统流量，业务流量）控制、报文格式转换、数据软硬件加密、接入设备的管理服务、支持系统配置的动态刷新等。
ATM/CDM业务系统	ATM，即自动柜员机，是持卡人可自行操作、办理账户余额查询和提取现金等业务的自助式终端设备。 CDM，即自动存款机，主要完成自助存款、转账、缴费、改密、查询等基本功能以及自助缴费等扩展功能的一种ATM机。 该业务系统的功能包括：ATM机管理、账户信息查询、账务明细查询、取款、互联互通存款、行内卡卡转账、互联互通行内卡卡转账等。
POS业务系统	POS业务系统负责管理POS机具、POS类联机交易、交易风险管理、交易会计清算的功能及流程。 功能包括：POS签到、POS签退、余额查询、取款、消费、消费冲正、存款、退货、预授权、预授权完成、分期付款、分期付款撤销、积分查询、积分消费、缴费等。
CALLCENTER	CALLCENTER呼叫中心服务包括：账户查询、改密、转账、挂失、缴费查询、投诉受理、客户回访、金融信息发布等。 可提供的管理功能包括：系统监控、录音管理、座席员维护、数据统计分析、座席外拨、（按业务类别、话务状态、时段）呼叫分配等。
手机银行	提供的业务功能有：查询、转账、支付、缴费、个人外汇买卖、个人证券投资、提醒和通知等。
网银系统	提供的业务功能有：银关通（海关业务）、银企（银）直联、电子票据、离岸业务、企业现金管理、公务卡。
短信平台	提供的业务功能：账户余额变动提醒，贷款到期、贷款逾期、贷款欠息提醒，账户挂失、止付，冻结提醒，汇市牌价、利率变动等信息的提供，信息加密传递等。

3. C银行信息系统架构

C银行IT系统包括四个层次：渠道层、前置层、产品服务层、管理决策层。如图9-5所示。

第一层为渠道层，这里为银行的业务系统，每个系统进行银行对应业务的办理，是银行的前端，通过EAI线对每笔业务的数据进行传输，进入第二层。

第二层为前置层，包含渠道融合平台、统一支付平台、中间业务平台、外联平台，对每一笔业务进行记录。转账到其他行或者第三方支付系统，本外币交易均通过外联系统与其他银行进行交易办理。

第三层为产品服务层，即总账层，这里进行业务的汇总记录，代表着所有的业务都要在核心账目中进行记账。

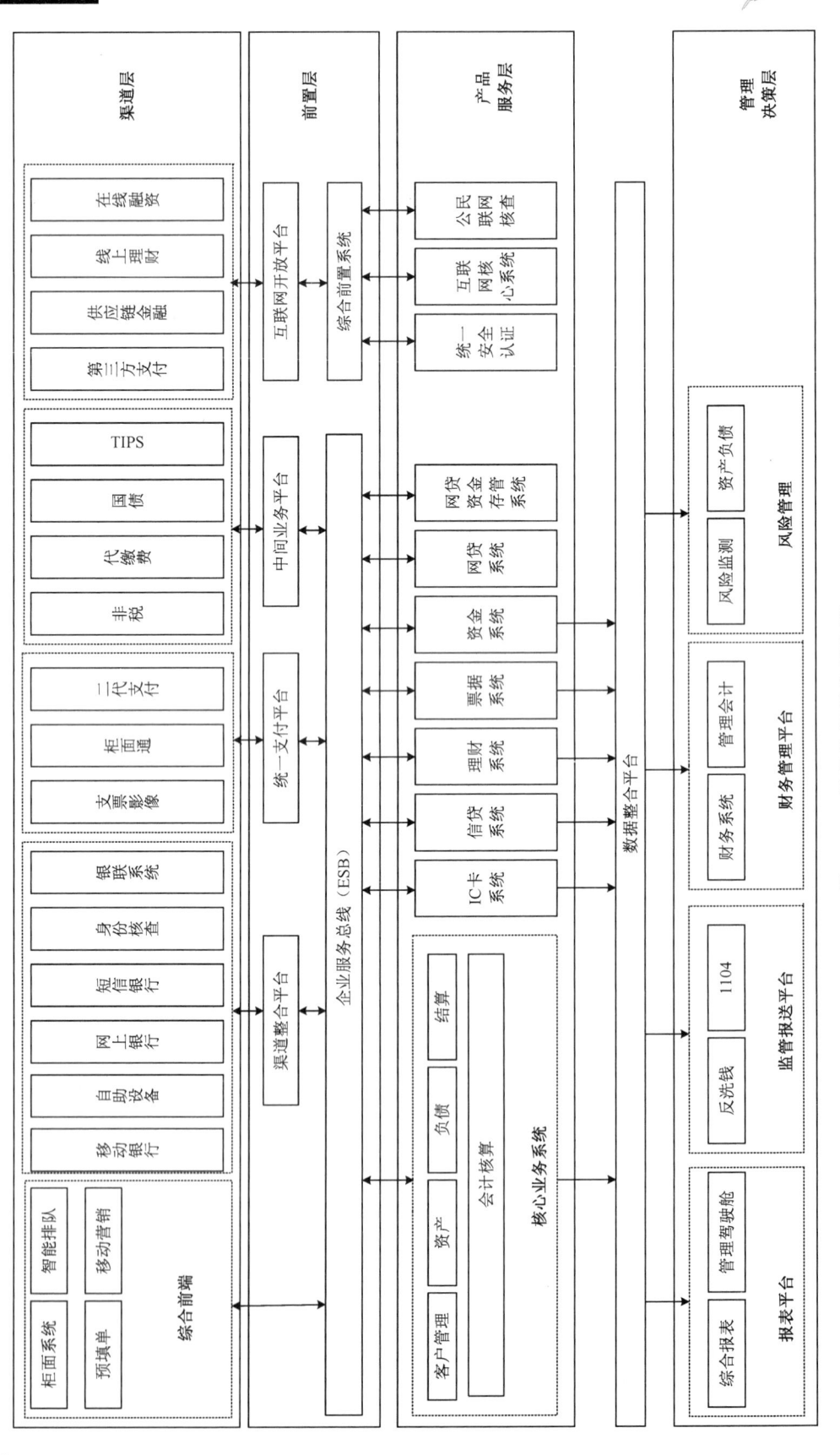

图 9-5 C 银行信息系统架构图

第三层与第四层之间为数据仓库，这里用来进行各系统数据与核心系统数据的存储和汇总。

第四层为管理决策层，这里应用数据仓库提供的数据进行计算管理，包含银行的自我风险监测的审计系统，绩效考核也包含中国人民银行要求上报的反洗钱、监管报表等系统。这一层还包含了报表平台，这里可用于上面所有的数据进行报表计算，用于提供管理层进行银行发展方向的决策的数据支持。

银行对信息的掌握、分析、运用的优劣程度，就反映了银行业务经营的好坏程度与最终的结果。纵观国内外，没有哪一家优秀银行的信息处理技术不是与之业绩相匹配的。当前，C银行的战略目标明晰，产品和服务不断创新，机构规模迅速扩大，这对信息系统提出了更高的要求。

4．C银行信息系统的特点

(1) 信息系统具有较高的集成化程度。信息系统是银行数据信息的载体，跨领域、跨区域的数据都集中数据中心的情况已经是现阶段银行业信息系统的普遍架构。

(2) 系统的开放程度高。近年来，互联网和移动通信的快速发展促进了各种移动支付、资金转账和支付服务的需求，加快了银行信息系统的开放。C银行逐步发展网上银行、手机银行、电话银行、代理收付、电子政务等中介服务。网上银行、中间业务代理等服务为客户提供了更加便捷的服务，提高了银行的效率和效益。

(3) 数据高度集中。C银行基本已经开始了系统集中、数据分步骤处理的模式。C银行信息系统支持银行大部分的业务处理和产品推广，不同的业务类型和产品线共享IT资源，从而实现管理上的流程控制和产品的电子化、多渠道。这种集中的数据处理模式提高了业务处理效率，为服务客户提供了便利，为银行带来了巨大的经济效益，也便于管理。

(4) 信息安全被广泛关注。随着商业信息系统的发展，企业、信息系统和客户之间传统的简单利益关系变得复杂，增加了供应商、内部用户、移动运营商和投资者等经济实体。这些银行信息系统的利益相关者对银行有不同的期望。信息系统是各类数据和信息的载体，信息安全是客户对银行业务最基本的要求，引起了社会团体和银行业监管部门的关注。

5．C银行信息系统的管理控制情况

(1) 组织架构和工作职责。

C银行信息技术部下设9个部室：综合部、技术管理部、风险管理部、系统管理部、生产调度办公室、运行部、开放系统平台管理部、网络通信部、设备与环境管理部。数据中心负责各分行业务系统的运行维护、总行相关系统的技术运行维护、全行技术运行管理、基础设施规划与建设和总行本部的技术服务与支持等。

(2) 信息系统安全管理制度和流程建设。

信息技术部在总行营运管理制度基础上，根据运行状况和风险管理要求，制定了综合类、业务管理类制度或办法共20余项，涉及信息系统安全方面的有《C银行信息安全管理办法》《C银行终端安全管理操作规程》《C银行信息系统运行管理办法》《员工信息系统使用行为规范》等制度，涵盖了物理环境、软件、硬件、数据、事件、安全及事务等方面的工作要求。

(3) 主要系统及运维管理情况。

截至 2020 年年底，中心机房共部署 100 余套系统，各类设备 6000 余台。设备及系统总体运行情况基本稳定，重要业务系统可用率指标达到 99.9%，年度账务性交易 3.75 亿笔。全年共发生对业务影响较小的五级运行事件 161 起，造成短时业务中断等较大影响的四级事件 7 起。

9.3.2　C 银行信息系统的风险分析

C 银行信息系统安全风险的来源多样且复杂，可能是人为造成的事故。这些事故可能是故意破坏、精心设计的欺诈或不当操作。同时，自然灾害、设备故障，甚至偶然因素引发的事件都可能带来严重的风险。

下面列出了 C 银行在信息化建设中面临的几种主要风险。

(1) 固有风险。银行业是一个信息化程度较高，且对信息系统依赖度较高的行业。随着信息化规模的不断扩大和技术的快速发展，C 银行信息系统所采用的技术以及信息系统的软硬件都不可避免地存在很多漏洞。如果这些漏洞被恶意利用，就会产生巨大风险，从而破坏银行信息系统的安全。信息化程度越高，风险越大。比如系统漏洞、硬件故障、突发灾难等都会破坏银行信息系统的正常运行，从而引发重大问题。

(2) 数据安全风险。C 银行的数据非常集中，只有数据集中，才能实现银行账务数据与营业机构的分离，实现现代化的运营和管理，帮助银行从关注账户和产品向关注客户转变。然而，数据集中化有利也有弊。随着业务处理集中化、数据管理集中化、网络管控集中化的实施，各种风险也随之集中。一旦系统出现问题，将会影响整个银行系统的正常运转。

(3) 网络安全风险。互联网金融服务，如网上银行、手机银行、电子商务结算等，已经成为 C 银行增长最快的业务，也是 C 银行追逐的利润增长点。网上银行业务的开展需要银行的核心业务系统与互联网相连，在为客户提供方便快捷的金融服务的同时，也产生了新的技术风险和金融风险。为保障传输中的数据安全，银行在整个系统中采用端到端数据加密。即便如此，互联网上依然不断出现新的、多样化的安全威胁手段和途径，但目前还没有有效的技术手段防范来自病毒、黑客和自助设备等的安全风险。网上银行的安全性已成为银行系统面临的头号威胁。

9.3.3　C 银行信息系统审计的内容

鉴于 C 银行信息系统存在较为明显的固有风险、数据安全风险和网络安全风险，对其进行信息系统审计显得尤为迫切。C 银行信息系统审计的具体内容包括以下几方面。

1. C 银行一般控制审计

C 银行内部控制是银行为实现经营目标，通过制定和实施一系列制度、程序和方法，提前预防、控制，事后监督和纠正风险的动态过程和机制。C 银行一般控制审计方法和程序如表 9-39 所示。

表 9-39　C 银行一般控制审计方法和程序

审计项目	审计方法和程序
组织架构	1. 董事会职责、高级管理层/首席信息官职责、信息科技管理委员会职责、信息科技管理职能部门职责、信息科技风险管理职能部门职责、信息科技审计监督职能部门职责、合规部门/内审部职责。 2. 检查是否进行三道风险的设置：科技部、内审部、风险管理部岗位职责的设置。
信息科技规划和管理	1. 检查信息科技规划内容、信息科技规划与业务战略规划的一致性。 2. 检查信息科技战略及规划是否持续更新。 3. 检查是否进行了信息科技安全管理、全员安全意识培训。 4. 检查信息科技相关制度的管理与发布是否符合相关规定。
人力资源	1. 检查人员管理情况，包括信息科技人员、风险管理人员、内部审计人员、安全管理岗、关键岗位管理。 2. 检查人力资源的配备情况，包括占全行人员总数比例，专业技术能力能否满足现有业务发展和管理需要。 3. 检查技术人员专业能力要求与专业技能培训是否符合规范。 4. 保密协议全员签署情况。 5. 核心岗位离职人员离职后的保密协议。
监控与合规	1. 检查信息系统项目研发质量管理体系、质量管理体系持续改进机制是否符合行业规范及监管要求。 2. 检查信息系统项目的测试、监测与评审是否达到设计要求。 3. 检查非现场监管报表提交、突发事件汇报、检查与整改、信息科技风险管理和监测汇报、重要信息系统汇报、配合监管是否符合公司相关规定。 4. 检查信息资产管理、知识产权管理是否符合公司规定和法律要求。
信息科技内部控制	1. 检查是否制定信息科技内控流程规范，制定内控矩阵，并定期开展信息科技内控测试。 2. 检查是否建立信息科技内控系统，以实现对内控的管理和评估。 3. 检查是否对信息科技内控缺陷根据风险容忍度进行修补，并形成相关报告供管理层审阅。 4. 检查是否定期对信息科技内控流程进行审阅，更新内控矩阵。

2．C 银行应用控制审计

C 银行应用控制方面主要包括输入输出控制及系统处理控制审计，应重点关注恶意舞弊行为，审查信息系统对数据输入的管理、控制情况，数据输出是否完整。C 银行应用控制审计的方法和程序如表 9-40 所示。

表 9-40　C 银行应用控制的审计方法和程序

审计项目	审计方法和程序
信息科技运行管理架构	审阅信息科技流程框架、信息科技标准和质量管理、数据和系统的所有权、数据分类、技术标准、身份管理、服务等级管理框架、服务的定义、服务等级协议、运营等级协议、服务等级成绩的监测和报告、服务等级协议和合同。核查是否有不符合行业规范或监管要求之处。
应用系统控制	检查商户参数配置、系统自动作业是否达到设计要求。

续表

审计项目	审计方法和程序
性能和容量管理	性能和容量计划、性能和容量预测管理、性能和容量管理报告机制、信息科技资源可用性管理。
操作管理	检查操作程序和指令、作业调度是否符合规定。
数据管理	检查数据存储管理、介质库管理系统、销毁处理是否符合规定。
服务台和紧急事件管理	检查服务台建立、事件优先级分类、知识库建立、事件升级、事件关闭、事后评价、报告和分析趋势及持续改进是否符合规定。
配置管理	检查配置库和基线、配置项的标识和维护、软件合规性检查、配置库定期验证是否符合规定。
问题管理	检查问题的识别和分类、问题管理平台建立、问题跟踪和解决、问题关闭、配置、事件和问题管理的整合是否符合规定。
变更管理	检查变更标准和流程、影响的评估、排序和授权、紧急变更、变更状态跟踪与报告、变更关闭和归档、变更风险控制、发布管理是否符合规定。
监控管理	检查基础设施功能监控、业务功能监控、Web应用系统监控是否符合规定。
安全管理方面	检查日志管理、信息处理设备的时间同步、人员录用安全管理、人员离岗安全管理、人员安全考核、人员安全教育制度、物理安全管理、通信安全管理、操作系统安全、数据库安全管理、终端安全管理、资产识别和评估、资产管理系统和流程、信息资产退役管理流程、信息资产变更管理流程、信息资产安全基线是否符合规定。

3. C银行信息安全管理审计

C银行信息安全管理审计的方法和程序如表9-41所示。

表9-41 C银行信息安全管理审计方法和程序

审计项目	审计方法和程序
信息安全管理控制	问询不同岗位人员，确认其是否知晓并遵守规章流程、信息科技安全计划、安全事件定义。
安全监控	检查安全测试、监督和监控、密钥管理是否符合规定。
基础设施安全	物理访问控制、基础设施维护与资产管理、基础设施资源的保护和可用性、选址和布局、环境监控、防雷、防水、防火、防静电、防尘、温湿度控制、电力供应、电磁防护、网络基础架构安全、网络安全隔离、网络冗余结构设计、网络内部边界安全、访问权限和流量限制、网络外部边界安全、网络带宽防护措施、Web应用安全防护、网络行为检查、服务器安全防护、恶意代码、病毒防护管理、应用程序最小安装原则、用户账号权限控制、操作系统冗余、资源监视告警功能。
应用服务安全	应用安全及可用性、登录超时/失败设置、自主访问控制功能、登录条件设定、应用系统审计功能、审计进程要求、审计查询平台、鉴别技术、密码安全要求、登录告警、系统资源控制能力、系统超时参数设置、系统通信完整性、通信保密、存储空间数据防泄漏、抗用户抵赖。
生产中心运维操作安全	运维人员身份鉴别、运维用户密码要求、登录告警、登录条件设定、登录超时/失败设置、自主访问控制功能、运维日志管理、运维审计平台、运维审计记录归档、运维审计查询、运维信道保密性、运维信道完整性、终端安全、终端密码要求、终端登录告警、网点终端和后管终端控制、终端用户权限管理、终端登录超时/失败设置、终端资源监控、终端脆弱性管理、终端威胁管理、终端访问管理、终端数据访问保护、终端系统审计功能、审计进程要求、审计查询平台。

续表

审计项目	审计方法和程序
银行卡信息安全防护	1. 银行卡信息安全管理工作方面，检查信息安全管理的领导责任的落实情况。 2. 检查是否建立银行卡相关业务的安全管理机制，包括对银行卡的风险监督和评估机制。 3. 检查银行卡相关管理部门的职责，包括银行卡相关业务主管部门的管理职责，审计、风险、合规等防线的监督和审查职责。 4. 对银行卡相关设备及相关技术的外包管理，检查是否符合业内外包安全管理。 5. 检查敏感数据是否存在明文存储，包括客户密码、银行卡磁道数据等。 6. 检查敏感数据传输是否满足安全传输机制。 7. 检查对外包人员操作的监控，包括 ATM 的操作监控等是否符合规定。
业务连续性管理	1. 检查目标和基础：业务影响分析、利益相关方沟通、业务重要性识别、业务与信息系统依赖关系、关键资源分析、资源获取和能力分级、RTO/RPO 要求、灾备中心的建立、备份要求、建立数据处理系统、建立备用网络系统、建立备用基础设施、建立灾备运维制度、灾备建筑要求、灾备监控要求、灾备人员要求。 2. 检查业务连续性计划：信息科技持续性框架、制订信息科技持续性计划、应急预案制定、应急预案维护、业务连续性管理组织与分工、业务持续性计划的分发、业务连续性管理培训。 3. 检查应急演练：应急演练方案制订和实施、重要业务演练要求、应急演练方案更新、应急演练参与方、应急演练归档。 4. 检查应急实施：应急实施处置、突发事件汇报机制(向银保监会汇报)、突发事件对外通报、应急处置归档、应急处置评估和总结。 5. 检查业务连续性评估与改进：业务连续性管理评估、业务连续性计划修订与更新。 6. 检查银证系统突发事件应急处置工作：依据《银行、证券跨行业信息系统突发事件应急处置工作指引》要求，查验银证系统突发事件管理机制，包括： (1)建立银证系统突发事件的分级分类管理体系及应急响应体系； (2)银证系统突发事件的管理机制、联络汇报机制； (3)是否制定银证系统专项应急预案及响应流程； (4)银证系统应急预案的定期演练； (5)银证应急事件分析、总结、跟踪整改，银证系统应急管理的持续改进，包括应急预案定期评估、修订； (6)银证系统的数据安全管理、业务连续性管理； (7)监测与预警机制、建立检测指标体系等。

4．C 银行信息系统生命周期审计

C 银行信息系统生命周期审计的方法和程序如表 9-42 所示。

表 9-42　C 银行信息系统生命周期审计方法和程序

审计项目	审计方法和程序
项目管理	1. 项目管理框架：审阅信息科技项目管理框架和项目群管理流程。项目管理框架应包括项目管理的范围、边界、人员组成及职责和项目管理方法等。项目群管理流程应包括项目优先级划分规则、项目管理和控制目标、范围及方案管理和项目间依赖关系的定义和区分等。

续表

审计项目	审计方法和程序
项目管理	2. 项目管理方法：审阅信息科技项目划分标准，包括项目规模的划分、项目复杂度的定义和重要信息系统的定义等，制定相应的项目管理方法；项目管理结构包括：项目群发起人、项目发起人、执行委员会、项目办公室、项目经理、项目成员等。 3. 项目保障：项目计划书中包括内部控制和安全方案。 4. 系统开发/获取的标准：程序开发遵循正式的方法论，信息系统生命周期中各阶段的实施标准，包括软件编程标准、命名标准、文件格式、数据标准、用户界面标准、系统性能效率、开发测试标准等。 5. 需求概要和设计要求：审阅项目需求说明书和质量管理规定，以确认各项目质量管理中明确定义了项目需求。项目设计方案经过设计团队之外的专业团队评审及银行管理层的审批。 6. 项目进度报告：检查信息系统项目汇报机制，项目实施部门应定期向信息科技管理委员会提交项目进度报告，报告中包含各重要信息系统项目名录及其实施计划重大变更、关键人员或外包商的变更、项目经费开支、面临的主要风险及应对措施等内容。 7. 项目质量管理制度：检查信息科技项目质量管理制度流程，包括项目质量控制目标、质量控制方法、范围及主要内容和质量控制汇报机制等。检查质量保证人员及其职责，质量控制人员应具备相应的专业能力并定期进行培训。审阅信息系统项目质量管理方案、质量管理计划、项目质量评审会议纪要和项目质量评审记录，以确认各项目质量管理方案和计划是否符合信息系统项目质量管理制度及相关成熟度模型的要求。 8. 项目质量计划：检查项目质量管理计划，详细描述项目质量管理体系及其实施方法且正式得到项目各方的认可，在项目实施过程中，依据质量标准，定期对项目质量进行检查。 9. 质量控制文档管理：检查项目文档管理规范，规定关键业务/技术文档的审批、使用、变更和保存流程，对质量控制过程中产生的各类文档资料进行管理。检查项目文档的审批记录、变更记录和归档记录，包括立项文档、需求分析文档、测试文档、结项文档等，以确认项目文档符合信息化项目管理办法中的文档管理规范。 10. 利益相关方：检查项目立项和实施是否得到项目各利益相关者的承诺和积极参与。
项目需求及立项开发	1. 需求分析：检查项目需求分析标准化情况，审阅信息化项目立项管理办法，以确认其中明确定义了系统开发/变更需求审批流程。审阅抽样项目的需求说明书及审批记录。 2. 可行性研究：抽样检查项目可行性分析报告，以确认可行性报告符合全行业务及信息科技战略规划，并包含了必要性、可能性、投资收益、合规性、安全性等方面的分析。抽样审阅项目可行性分析报告评审记录，以确认可行性报告的评审由内外部具备相关资质人员共同参加。 3. 立项申请：检查项目立项申请书，确认客观指标达成情况，如项目类型、项目时间、项目预算、预期收益（包括财务收益和非财务类收益）等。抽样审阅项目立项申请表及相关审批记录，以确认立项申请经过信息科技高管人员审批。 4. 启动审批：检查信息系统项目开发管理办法，确认其中定义的信息系统项目群管理方案和项目交付件审批流程等。抽样审阅项目实施计划进度文档，确认阶段性的批准和交付情况。

续表

审计项目	审计方法和程序
项目需求及立项开发	5. 初步设计/高层级别设计：检查信息系统项目开发管理办法，确认定义的开发总体设计流程。抽样检查项目总体设计方案及其审批记录，以确认总体设计方案已经过信息科技部负责人员审批，并能满足当前业务需求。 6. 详细设计：审阅信息系统项目开发管理办法，确认定义的详细设计流程。抽样审阅项目详细设计方案及其审批记录，以确认详细设计方案已经过信息科技部负责人员审批，并符合总体设计方案。 7. 项目章程：检查项目章程标准化情况，包含项目背景、项目目标范围、项目组织架构，人员、经费、物资、时间等方面的资源条件，关键人员的权责，交付成果，验收标准，项目是否纳入全行项目管理等。检查软件开发管理，内容包括信息系统项目管理、程序开发流程、信息系统的生命周期。 8. 项目资源：抽样审阅已结项的项目章程，检查是否定义了相应项目成员组织架构，并明确了各项目组成员的工作职责。 9. 项目计划：审阅信息系统项目计划模板及抽样已结项的项目计划，以明确是否包括项目目标、项目范围、项目进度、责任人及进度、安排任务所需资源、变更原则、文档规范、项目里程碑。 10. 实施计划：审阅项目实施计划，以明确是否建立实施和回退/撤销方案，并获得相关部门正式批准。 11. 项目执行的度量、报告和监控：审阅信息系统项目报告内容，包括对项目计划和实际进展的跟踪、监控反馈，以及对于成本偏差的发现和整改措施。
变更管理	1. 项目变更管理：检查项目变更控制方案，内容包括变更需求基线，成本、进度、范围和质量等方面的评审、变更目标、变更策略、变更影响及变更记录。 2. 项目变更分类：检查信息系统变更管理办法，以确认其中明确定义了项目变更分类及其对应的变更流程和评审审批流程。 3. 变更沟通机制：检查项目沟通机制，内容包括沟通工具、沟通内容、时间、参与人员等。
系统测试	1. 测试体系及计划：检查信息系统测试计划，内容包括是否明确系统测试人员和开发人员的职责，系统测试人员与开发人员是否职责分离。重要信息系统的系统安全测试、性能测试是否由具备国家相应资质的独立第三方机构进行。 2. 测试流程和人员职责：检查信息系统测试计划，以确认明确定义了信息系统测试计划应涵盖的内容及相应要求。对比检查测试计划与详细设计，以确认测试计划涵盖了所有项目需求和设计。 3. 测试环境：检查测试环境，内容包括安全性、内部控制、操作习惯、数据质量、保密要求、工作负荷和隔离性。规范测试环境管理，以确认测试环境配置和部署时是否采取技术手段使测试环境与生产环境保持一致。 4. 数据脱敏：规范生产数据的安全管理，内容包括脱敏流程、脱敏工具等。 5. 代码管理：检查信息化项目代码管理办法，内容包括终端管理，版本管理，程序代码的使用、维护、变更和保管流程，质量控制指标等。 6. 测试和验证：检查生产验证环境，遵循预先定义的测试计划和测试用例，重要系统在变更和投产前均在生产验证环境中进行验证，形成标准化报告。对测试中发现的错误及问题进行识别并提出改进建议。业务流程所有者和利益相关方对测试的结果进行评估后，方能批准在生产环境上线。在上线前应修正测试过程中识别的重大错误，确保完成了测试计划中包含的整套测试和其他任何压力测试。

续表

审计项目	审计方法和程序
系统测试	7. 测试结果审阅：检查测试验收报告是否经过信息科技部门和相关业务部门确认，以及管理层的审批。 8. 测试文档管理：检查系统测试过程产生的各类文档资料归档管理，确保文档资料的完整性、及时性和有效性。
系统投产	1. 投产过程：审阅系统投产上线管理办法，定义系统投产上线审批流程等，投产前制定充分的项目或变更上线计划(包括回退计划)、审阅系统投产报告、系统投产申请表及相关审批记录，以确认系统投产上线经过了用户、系统所有者、运营管理部门等关键利益相关方的正式批准。投产计划和方案中明确了实施策略和步骤及各成员的岗位职责。检查重要信息系统上线时间安排是否合理，是否避开业务高峰期和敏感时段，而且提前将重要信息系统投产可能对服务的影响及时告知客户。 2. 版本管理：检查版本管理机制，是否采用版本管理工具，制定严格的审批、控制和操作流程，保存完整的日志记录。检查投产的重要信息系统版本是否完整、准确、有效，遵从系统开发和运行管理制度规范。 3. 投产应急预案：检查重要信息系统制定的标准化的投产应急预案，包括应急处置组织结构，应急场景，系统回退、应急处置流程、步骤，应急联系方式与报告路线等，且应在投产前进行演练，形成标准化的应急演练报告，并根据演练结果，改进应急预案。 4. 数据迁移管理：检查系统数据转换及迁移流程规范，审阅数据移植计划和数据移植详细计划，数据迁移计划是否符合数据迁移流程及规范，并经过适当审批；数据迁移计划中是否包含数据迁移主要内容、测试计划、时间安排及校验机制等。检查数据迁移测试报告，以确认数据迁移方案及迁移工具的有效性和兼容性。检查数据迁移测试报告及校验报告，以确认数据迁移结果的完整性、安全性和可用性。 5. 投产文档管理：检查重要信息系统投产过程中产生的各类文档资料，确保文档资料的完整性、及时性和有效性，同时符合银行实施标准的要求。 6. 投产总结与优化：检查系统项目后评价报告等，以确认项目投产后一个月内，项目实施部门对项目投产进行了总结，并根据总结发现的问题对系统进行了调整优化。 7. 知识转移：询问相关人员和查阅培训资料、培训记录及相应的用户手册、操作手册、运维手册等，以确认项目结束后，项目实施部门向业务部门、终端用户、信息科技运营人员进行了知识转移。
项目风险管理	1. 项目风险管理：检查重要信息系统开发/投产中的风险分析及评估流程，风险管理部门是否对项目解决方案及实施过程中可能发生的风险事件进行了有效评估，评估内容包括业务影响分析、技术风险分析与评估、控制措施的有效性，以及剩余风险等，对识别出的高风险点进行了有效跟踪和检测。 2. 投产风险评估与报告：检查项目实施部门在投产前是否对系统风险进行识别评估，包括但不限于业务影响分析、技术风险分析与评估、控制措施的有效性，以及剩余风险等，检查项目投产风险评估报告。是否根据风险评估报告，制定风险的应对策略，采取控制措施。
项目合规性	1. 投产前报告：检查重要信息系统投产前上报流程，审阅信息系统项目投产报告和系统投产和变更报告表及相关审批记录，以确认投产报告经过合规部门审核，并由信息科技委员会(或董事会)于重要信息系统投产前至少20个工作日(变更前至少10个工作日)向中国银保监会或其派出机构进行报告，内容包括总体说明、重要信息系统基本信息、重要信息系统信息安全策略和措施、基础设施基本信息、外包服务机构情况、投产方案、风险评估报告、应急预案等。

续表

审计项目	审计方法和程序
项目合规性	2．投产后报告：检查重要信息系统投产后上报流程，审阅信息系统项目投产报告和系统投产和变更报告表及相关审批记录，以确认投产报告经过合规部门审核，并由信息科技委员会（或董事会）于重要信息系统投产后一个月向中国银保监会或其派出机构进行报告，内容包括投产及变更方案执行情况、效果、问题发现和处理情况、后续改进措施等。如投产及变更失败，应详细说明失败原因。
项目后续管理	1．项目后评价：检查信息系统投产后项目评估流程，抽样审阅信息系统项目后评价报告，以确认项目需求部门于项目投产后 6 个月内，对项目进行了评估，内容包括项目实际收益和项目的业务价值等。 2．管理项目后评价资料，为后续的项目组合管理提供资料。
知识产权管理	1．源代码产权管理：审阅信息化项目代码管理办法，以确认其中明确定义了程序代码使用、维护、变更和保管流程等。 2．审阅项目代码发布版本控制及相关审批记录，以确认程序代码均按照程序代码管理办法进行管理和执行。 3．审阅代码访问人员及发布人员清单，以确认所有代码访问及发布人员清单均经过适当审批，以保证程序代码的安全性。

5．C 银行外包管理审计

C 银行外包管理审计的方法和程序如表 9-43 所示。

表 9-43　C 银行外包管理审计的审计项目、方法和程序

审计项目	审计方法和程序
外包管理组织架构与战略规划	1．审查相关文件、会议纪要，确认被审计单位是否建立了信息科技外包管理层职责、信息科技外包组织架构。 2．确认是否制定了信息科技外包战略，所建立的外包战略是否具有全局性、长远性及可操作性的特点。 3．确认是否明确了外包管理基本原则，是否能确保风险、成本和效益的平衡，并考虑了减少对供应商过分依赖和掌握核心技术的相关因素。 4．确认是否定期修正外包战略；外包战略是否定期由高级管理层审阅，外包战略是否被各相关部门知悉。 5．访谈了解各部门职能，验证其与设计职能是否一致。
外包管理制度	1．审查相关文件，确认被审计单位是否制定了服务外包的准入制度，包括外包商选择制度的建立、重要外包审核、外包活动的监督、高集中度外包商的选择、采购招标体系的建立、重要外包服务内容、外包服务合同的建立、外包服务合同的保密条款、外包服务合同的审批。 2．获取已经颁布的信息科技外包管理相关制度，并审阅其内容是否包括分类分级管理、供应商管理、人员管理、应急管理等方面，同时检查制度的执行情况。 3．获取并审阅信息科技外包相关制度，确认其是否包含信息科技外包管理架构和具体的管理角色以及职责分工。

续表

审计项目	审计方法和程序
外包服务的安全管理	1. 确认是否制定了以下外包服务的安全管理制度：外包服务新技术引入、外包人员授权、敏感信息的保密措施、外包服务管理流程的固化、对外包人员操作的记录和审计、外包人员管理台账、外包人员安全意识培训、外包商在生产环境下的控制、外包商分级、外包商保密要求和尽职调查、转包控制、外包商操作日志、外包商安全检查、外包商信息安全问题评估整改、外包风险评估、外包商对本机构风险管理制度的遵从、非驻场外包商的监控。 2. 与相关人员访谈，验证是否对外包商准入信息进行定期收集。 3. 抽样获取并验证外包商进场前是否填写了外包人员驻场情况。 4. 与驻场人员访谈，验证驻场人员是否遵守了相关外包安全管理制度，是否开展过外包安全相关意识宣贯和技能培训。 5. 抽样并查看驻场外包人员的个人电脑，验证是否存在非法的网络外联，是否私自更改设定的 IP 地址，是否安装了其他不允许安装的软件。 6. 与相关人员访谈，了解外包人员退出程序和执行情况。 7. 确认是否制定了跨境外包风险管理制度。
外包服务的监控与评价	1. 确认是否制定了以下监控和评价制度：外包商监控指标、外包商持续监控、外包异常处置、外包项目定期审阅和调整、外包服务考核机制的建立、基于服务水平协议的绩效考核、调整和整改措施。 2. 确认是否制定了以下外包服务的中断与终止的制度：应急处置方案的建立、业务连续性计划的优化、应急处置演练、外包重大事件汇报（向银保监会汇报）。 3. 获取已获得准入资格的外包商名单，验证在正常情况下的项目准入是否优先选择了满足准入条件的外包商。 4. 获取项目初级分工结构图，验证是否按照生命周期各阶段对交付品进行规定。 5. 与驻场人员访谈，检查驻场人员对考勤、考核制度的了解情况。 6. 访谈相关岗位人员，了解外包商评价机制和评价情况。 7. 访谈外包服务人员，特别是外包方项目经理，了解对方对考核结果的知晓情况。

9.3.4 C 银行信息系统审计的方法

1. 测试方法

鉴于 C 银行信息系统的复杂性，对其进行信息系统审计的一般方法有以下几种。

(1)调查问卷法。审计人员进场以后，将依据实际需要，针对银行信息系统，设计部分问卷调查表（调查表将在征得银行同意的情况下进行），调查内容可能包括安全知识培训情况，操作技能培训情况，风险管理情况，对当前工作的胜任程度，对当前信息系统的改进建议，当前故障、事件的发生概率，对应用系统的完善建议，对运行维护的完善建议，对项目管理的完善建议，对项目质量控制的完善建议等，要求被调查人员根据实际情况做出真实回答。通过调查问卷，了解银行信息系统的应用情况、使用效果及存在的问题。

(2)访谈法。审计人员在审计现场向银行执行该项控制的岗位人员了解信息系统开发、运行管理等方面情况。

(3)观察法。审计人员检查操作用户权限与银行的内控制度、现场观察测试操作、分析系统的操作日志和分析系统业务数据等,是对正在执行的控制步骤的主要测试方法。

(4)穿行测试法。追踪银行交易实际执行或在信息系统中的处理过程,并检查文件存档和信息流,以确定是否按照已规定的制度完成。穿行测试不是单独的一种审计程序,而是将多种审计程序按特定审计需要进行结合运用的方法。它通过追踪交易的处理过程,来证实审计人员对控制的了解、评价控制设计的有效性及确定控制运行的有效性。

(5)受控处理与再处理法。测试银行信息系统控制设计的合理性和运行的有效性。在测试控制运行的有效性时,主要从下列方面获取关于控制是否有效运行的审计证据:控制在所审计期间的不同时点是如何运行的,控制是否得到一贯执行。

(6)书面文档检查法。审计人员查阅被审计单位的信息技术政策、规章制度、项目的业务需求、设计文档、操作手册、差错调整等相关文件,从而了解银行信息系统的业务处理流程,检查信息系统的控制功能是否有效和完整。

(7)开发环境测试法。审计人员设计一些测试案例及数据,提交银行信息系统进行处理,从而测试系统的应用控制是否适当有效。

(8)计算机辅助审计,通过建立有针对性的设计软件,收集银行信息系统运行过程中的数据。在银行信息系统开发建设过程中,审计部门提出需求,系统开发人员设计开发辅助设计程序,作为信息系统不可分割的一部分。信息系统投入运行后,审计人员通过执行该程序对业务数据进行审计。此外,还可以在信息系统中嵌入独立于特定应用的审计软件,通过软件收集系统运行数据,并输出结果供审计人员检查分析。

2. 数据抽样

对于相关的IT内控流程,测试时会采取抽样方法,抽样原则如表9-44所示。

表9-44 数据抽样原则

控制发生频率	测试最少样本量	控制发生频率	测试最少样本量
每天一次/每天多次	最少25个	每半年一次	最少1个
每周一次	最少5个	每年一次	1个
每月一次	最少2个	自动控制	每种类型1个
每季度一次	最少1个		

3. 评价步骤

C银行信息系统审计的测试方法主要分为以下几个步骤(如表9-45所示),每个步骤都包含了测试的关键步骤、辅助信息或测试工具、工作内容。

表9-45 评价关键步骤及内容

编号	关键步骤	辅助工具/测试信息	工作内容
1	了解被评估单位的IT控制流程	流程描述/流程图	使用相关流程描述方法来表示被评估单位某个具体业务的处理过程。

续表

编号	关键步骤	辅助工具/测试信息	工作内容
2	根据流程描述，识别风险与控制的关系	风险控制矩阵	风险控制矩阵对于风险所导致负面影响的量化，从严重性、发生概率和所涉及范围等方面进行描述，使得对风险的刻画更为有效和清晰。
3	根据应用系统配置清单，判断测试范围	系统配置清单	识别出关键系统的系统配置，包括系统描述、应用系统来源、计算机平台、操作系统名称和版本等有关系统的信息。
4	根据测试范围设计测试方法	测试模板	根据对信息系统的初步了解，设计出相应的测试模板，包括风险点、控制点、测试范围、测试时间、测试的步骤等信息。
5	执行穿行测试/控制测试	穿行、控制测试报告	对相关风险点所针对的每个控制进行测试，并得出结论。测试结论所依赖的审计证据一定要真实可靠。
6	根据测试结果，进行控制评价		
7	填写缺陷报告、制订整改计划	缺陷报告、整改计划	对所测试的控制未按照设计的方式运行的情况进行总结归纳；同时找出原因和影响范围，并对其提出整改意见。

C银行信息系统审计的测试实施步骤如图9-6所示。

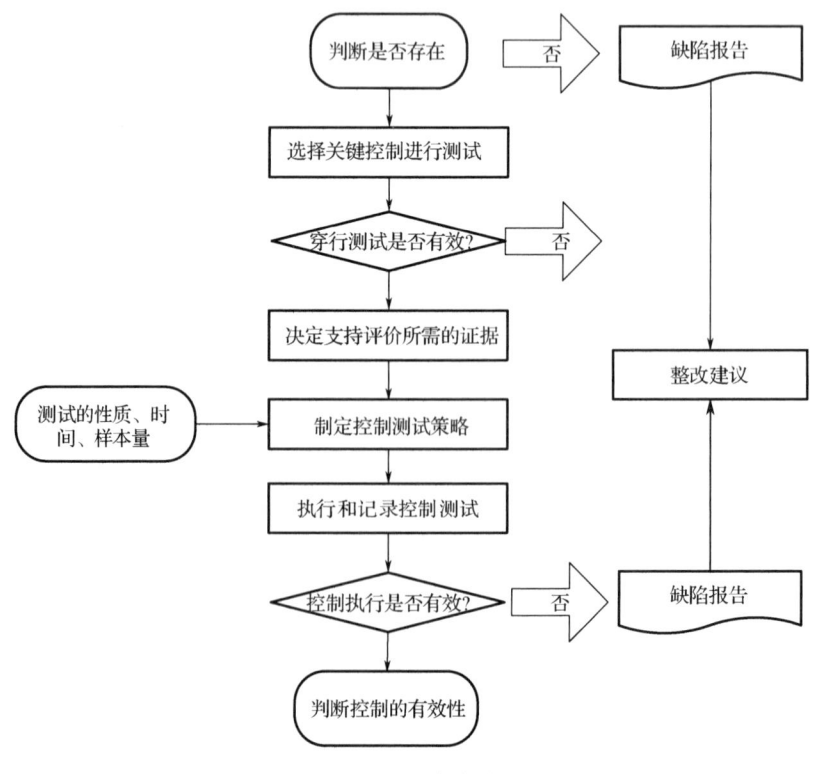

图9-6 测试实施步骤

9.3.5 C 银行信息系统审计结果

C 银行信息系统的运行对于全行核心业务运营起着关键的支撑作用，其信息系统的运行风险具有业务影响面广、地域波及范围大、后果严重等特点，任何一个环节的人为或非人为、外来恶意攻击或内部操作失误都有可能给全行造成灾难性后果，这就对其安全运行提出了极其严格的要求。

审计结果(如表 9-46 所示)显示，C 银行信息系统安全管理仍存在诸多潜在风险。本次审计发现的主要问题包括：信息系统运行规章制度不完善；现行运行管理机制不合理；部分关键控制环节内控措施未落实到位；基础设施的缺陷；存在由于主机系统的硬件和软件故障而导致事务被阻塞和中断的情况等。审计认为，存在的内部控制缺陷和潜在风险对信息系统的安全稳定运行有一定影响，其中基础设施管理、网络安全管理和外部公司技术服务提供是目前 C 银行信息系统运行中存在的主要潜在风险。

根据审计结果，为加强 C 银行的信息系统安全管理，表 9-46 中同时对 C 银行下阶段要采取的有效措施提出了审计建议。

表 9-46 C 银行信息系统审计结果

控制目标	检查点	审计结果
内部控制审计	信息战略审计	信息科技管理委员会自身召开工作会议的频次不高，对信息科技建设的重大决策、发展目标，更多是通过行务会体现；对信息科技项目建设中的具体实施和管理，更多是通过信息系统建设项目专业管理委员会来管理的。信息系统建设项目专业管理委员会三年来累计召开 100 多次会议，研究解决了各类项目方案评审、项目实施、安全管理、问题整改、硬件设备需求、重大问题等。 C 银行目前力推业务科技化的发展，但业务与科技脱节现象在银行业内普遍存在，C 银行目前同样缺乏业务与科技的有效融合机制，反映在需求分析和需求整合上，业务人员缺乏科技知识，科技人员缺乏业务知识，双方难以磨合，导致粗放对接，不排除现有的项目建设中，因需求分析的质量而影响整个项目的建设质量。
		伴随业务规模的持续发展，C 银行业务板块也在不断拓展变化，为使现有的技术架构和应用架构最佳匹配于业务板块的变化及长远发展，对原有的技术架构和应用架构进行规划和调整，可能是长期存在的需求。 C 银行目前尚未配置"架构+系统"分析和设计人才，现有系统间耦合度高、联动性弱的问题逐步凸显。
	信息战略审计	**审计建议：** 虽然信息科技管理委员会通过行务会及系统建设项目专业管理委员会实施了对信息科技的建设和管理，但仍然建议信息科技管理委员会按照 C 银行信息科技管理委员会的议事规则和银保监会要求，定期召开管理决策会议。 引进、培养、储备"业务+科技"复合型人才，促进 C 银行业务与科技的有效融合。重视系统架构和系统分析人才，对信息系统建设从多个层面进行整合优化，使技术架构更加匹配于业务板块的不断拓展和变化。
	制度建设审计	C 银行虽然从全行层面制定了系列风险管理制度和风险防范策略，科技部也制定了各类管理规定，累计百余项管理制度，但审计发现，在制度建设和管理方面仍有改进和完善的地方。比如尚未建立对文档和管理制度进行持续性定期修订的机制，部分制度或应急预案相对陈旧；尚未建立和完善信息系统下线管理制度，

续表

控制目标	检查点	审计结果
内部控制审计	制度建设审计	存在部分应下线而未下线的系统；未形成明确的项目质量管理规定或条款，在项目质量管理方面还有进一步提升的空间，包括项目需求分析的质量控制、项目测试的标准和规范、项目归档资料的质量要求等。 **审计建议：** (1)建立和完善项目质量管理制度，明确项目质量管理和控制指标体系。包括明确对项目需求分析的质量进行控制，建立和完善对项目进行测试的标准和规范，对项目归档资料的完整性和质量进行控制等。 (2)建立对文档和管理制度进行持续性定期修订的机制，依据科技的发展和系统的变更，对现有管理制度进行定期修订。 (3)建立和完善信息系统下线管理制度，避免已停用系统仍然占用系统资源。针对下线系统的管理，确定科技部、业务部等各部门职责，制定对下线数据进行妥善保存和处理、对过渡期旧系统建立妥善保护的控制流程。
	组织架构审计	信息科技部现有员工126名，包括初中高级工程师、软件设计师、网络工程师、信息系统项目管理师、系统集成项目工程师、数据库系统工程师、计算机技术与软件工程师等各类计算机专业人才，科技团队人员相对稳定。 但现有126人的科技团队，大约占全行总人数的2.61%，人员配备在业内相对不足。参照中国银行业信息科技"十三五"发展规划监管指导意见，建议C银行信息科技人员占比应不低于3.5%。 **审计建议：** 加大科技人力资源投入，重视科技团队建设，特别是引进目前急需的"业务+科技"、系统架构师等复合型人才。
	岗位职责审计	目前C银行未将部分计算机相关专业资质的认证纳入人力资源职业资格认可、考核和评定。例如，在银保监会对信息科技的非现场监管中，列示了系列信息安全管理类的资质认证，包括注册信息安全专业人员(Certified Information Security Professional，CISP)、注册信息安全员(Certified Information Security Member，CISM)等，这些资质由国家信息安全产品测评认证中心认证，这类资质有助于C银行在技术层面的安全风险管理，也符合银保监会的资质监管要求。
	业务流程控制审计	C银行业务管理涉及的相关审批流程，目前存在线上与线下双重审批的执行情况。例如，信贷业务审批，先执行线下审批，线下审批通过后再提交到线上进行审批，审计认为现有双轨并行审批有如下缺点： (1)增加业务处理流程，耗费业务审批时间，降低审批效率。该管理机制长期持续下去，落后于C银行的科技水平和应有的业务经营水平。 (2)线上审批关键环节流于形式，部分领导并未实际参与线上审批，而是委托助理代为完成，达不到领导岗位线上审批的实际意义。 **审计建议：** (1)对于非业务审批，如各类行政审批、费用报销审批等，尽快实施无纸化办公，提高办事效率，降低时间成本。 (2)针对业务审批，不建议双轨审批永久持续。在线上审批还暂时无法完全替代线下审批的过渡期，建议尽快研究线上与线下的契合点，合理设置或分配线上审批和线下审批功能，最大限度减少两流程的重叠部分，研究最佳协作方案，同时加强系统使用的便捷性，最大限度减轻业务人员负担，提高整体工作效率。

续表

控制目标	检查点	审计结果
内部控制审计	数据操作控制审计	C银行的数据治理，目前成立了数据治理领导小组，审议通过了数据治理实施方案，确立了数据聚集、数据赋能、数据智能等数据治理的三个发展阶段，编制了《C银行数据平台——数据标准框架》初稿，但总体来说，C银行数据治理还处于起步阶段。除在数据仓库建设、ESB(Enterprise Service Bus，企业服务总线)、前置系统中，科技部从技术需要出发，从技术层面完成了局部性的基础数据治理以外，在结合业务管理制定全行范围的数据管理规章制度、数据标准、数据接口标准、实现数据统一采集与共享、实现数据质量管理与控制等方面还处于启动阶段。 另外，数据的安全管理主要也依赖于科技部在技术层面实行的安全管控，尚未提升到业务层面在全行范围内实现风险管控。 **审计建议：** 在数据治理领导小组的带领下，按照《数据治理实施方案》，尽快出台相关数据治理规章制度，包括建立健全全行范围的数据管理规范、数据接口标准、数据的统一采集与共享机制，从全行范围、从业务层面加强数据质量管控，大力推进数据治理的实质性进展。
信息系统安全管理审计	物理安全管理审计	在机房环境管理方面，C银行即将形成两地四中心结构，虽然新机房建设标准及配置较为先进，但旧机房仍然是重要机房，目前对旧机房的管理相对松散，存在机房设施陈旧、布线与机柜管理不规范、温控设施有待改善、空调送风不畅、湿度长期偏低等现象。 **审计建议：** 重视对机房的环境管理，对存在问题加以整治，对布线与机柜实行规范管理，改善温控设施、空调送风等设备，避免湿度长期偏低，确保机房环境管理符合业内规范。
	灾难恢复业务连续性管理	在灾备内容配置管理方面，C银行对两地三中心灾备内容的配置管理，分散在各个系统组、项目组或管理员，其配置管理尚未形成集中统一的管理规范，每个管理员只知晓自己配置的灾备内容，但其配置管理灾备内容的正确性、完整性，目前尚未建立核查机制，审计人员在审计过程中遇到困难，难以收集相关可以证实灾备内容配置的完整性及正确性的支撑性依据。审计认为，现有灾备的配置管理模式，可能还存在进一步改进和完善的空间。 在应急预案管理方面，C银行风险管理部牵头编制了总体应急预案及各类专项系列应急预案。但审计发现，部分专项应急预案可能存在更新不及时现象。《C银行人民币资金管理项目应急预案》《C银行网上银行系统安全运行技术应急预案》《C银行电话银行系统故障应急预案》等预案编制的时间分别为2012年、2015年、2016年，不排除其中IP地址，甚至应用结构已经发生变化，应急预案的实用性已经降低。 在应急演练方式方面，审计抽查的部分应急演练，对突发事件的模拟，大多数都是遵循正常的有序化的关停步骤，包括有序化关停应用、关停数据库、断网、断电等过程，然后再有序化地启动备用系统的主机和操作系统、数据库系统、应用系统，审计认为这样的模拟过程和操作过程，不能完全模拟突发性的设备故障、断电、断网等真实事件或故障的发生，距离真实事件或故障的发生有一定的差异，不排除目前的应急演练距离实战还有差距。

续表

控制目标	检查点	审计结果
信息系统安全管理审计	灾难恢复业务连续性管理审计	在应急演练记录方面，据了解，C银行的第三方存管系统于2017年8月正式上线，于2018年进行了主中心、同城冷备份切换的应急演练，演练基本达到预设目标。但抽查该系统资料时发现，缺失应急演练的演练记录。 **审计建议：** 建立灾备配置集中规范管理，加强灾备内容配置的管理，定期对灾备配置管理的正确性、灾备内容的完整性进行稽核，避免个别管理员可能在配置中出现偶尔疏忽，给灾备配置及内容完整性带来潜在的风险。 严格执行《C银行业务连续性计划》，对应急预案进行专人负责、定期修订的管理机制，各应急预案专职管理人员应定期修订预案，分析影响程度。风管部及科技部负责人定期汇集各专项应急预案，核实变更内容，评估变更合理性。 评估现有的应急演练规范，评估可能没有覆盖到的风险，在条件许可的情况下，在测试环境搭建或模拟真实的生产环境，采用更加贴近真实事件的方式，在测试环境进行有针对性的应急演练。 做好相应的应急演练记录，对演练过程、演练结果、演练效果分析、存在的问题、改进措施等进行完整记录。
信息系统生命周期审计	战略规划管理审计	C银行的项目研发及管理，目前主要依靠人工管理，尚未搭建完善的管理平台或工具。在对项目进行统一集中的规范管理方面，包括对项目预算、项目人员、项目流程、项目质量、工期进度、考核管理、项目问题跟踪管理等，还存在进一步规范和提升的空间。 《C银行软件开发管理规定》中制定了项目立项管理流程，项目立项在实际管理中也遵循了立项审批流程，但部分项目因重视不足或因时间仓促未进行可行性研究，导致部分功能存在业务需求决策不严谨，个别非主要系统上线后，使用率不高，业务应用不充分，相应的科技投入及研发资源未得到充分发挥。 在审计抽样的8个项目的资料中，仅二三类账户系统和网上银行两个系统有可行性研究报告，仅占抽样总数的20%，其余六个系统均没有可行性研究报告，包括ESB总线系统、对公信贷系统、统一授信系统、投资交易管理系统、综合大前置系统、大数据平台。 缺少可行性分析，可能给项目带来风险。例如，C银行存在项目刚上线或者还未上线就终止的情况。其案例包括(但不限于)"小额贷"个人所得税场景需求项目、手机银行或网银一类户远程开卡项目、XX集团项目、集贸市场项目、手机银行车险业务等。 项目在立项过程中，存在对业务需求决策不严谨的现象。2019年，中国银保监会办公厅未印发《商业银行代理保险业务管理办法》之前，C银行一直不具备互联网销售保险资格，不可以在手机银行上销售车险等业务，但业务部门却提出了需求，并且已经立项实施，项目研发上线了较长时间，虽然尚未实际发生业务，但审计认为需求决策不严谨，会给业务经营带来风险，也给科技部造成开发、测试、运维等资源的浪费。 **审计建议：** 尽快启用有效的项目管理平台或工具，完善项目管理标准及流程，将项目全生命周期纳入集中式统一管理，对项目进行全面深度管理，包括对项目预算、项目人员、项目流程、项目质量、工期进度、考核管理、项目后期问题的跟踪和整改，全面提升对项目的规范管理。

续表

控制目标	检查点	审计结果
信息系统生命周期审计	需求分析管理审计	C银行虽然也建立了项目需求分析的管理流程，但银行业普遍存在业务与技术的衔接问题，C银行目前尚未成立专门的需求部门或需求小组，专职解决业务与科技的对接问题。现有的业务需求由各个业务部零散提出，需求质量不高，没有部门对业务需求进行统筹规划和协调管理。具体问题体现在以下几点： (1)业务部门提出需求比较随意，频繁补充需求、频繁变更需求、需求模糊等，不同部门的需求的差异，甚至引起需求冲突。因为缺乏对需求的总体规划和设计，即使是针对同一类业务、同一个业务，都可能形成多个业务部门对科技部提出各自的需求。例如，针对ETC业务，其中7~10月份短期内先后提出16次需求；8月30日和9月4日网络金融部、公司金融部、个人金融部提出类似但又不完全统一的需求；10月24日信用卡部和10月25日个人金融部各自提出用户协议内容方面的需求，没有需求部门协调，科技部最终只能满足个人金融部的需求。 (2)因需求提出不明确，需求分析不完善，导致系统部分风险控制缺陷。例如，转授权信贷审批，信用时效内，额度项下，查询客户信贷信息的时候系统没有再次校验客户和担保人的评级的有效性。 (3)部分系统或功能存在上线后因无人使用而停用的情况。 **审计建议：** 成立需求管理部门或专职的需求管理小组，对业务需求进行统一收集与规划、整合与协调，避免频繁补充或变更需求，避免各部门针对相同业务提出不同需求，提升需求质量管理标准，确保业务需求分析质量，将业务需求标准化，并适应研发需要，避免因需求分析的失误而出现返工，提升研发效率，从而确保项目质量和项目工期。
	资源获取管理审计	在外包服务的安全管理方面，C银行按照《C银行信息科技外包策略》，通过云桌面对外包人员的桌面行为进行了统一管理，但实际管理中还存在一定的改进措施。 (1)对外包人员的身份没有进行严格确认管理，不能确定外包人员与外包公司的劳动合同关系，不能排除外包商未经许可进行转包或部分转包的可能。 (2)没有针对外包人员进行专项的安全意识培训。 (3)针对外包中的人员管理，没有对外包人员进行考评的机制，对外包人员的管理较为松散。 **审计建议：** 在外包人员进场时，核查外包人员的身份证明、社保证明等，确定外包人员与外包公司的符合性，避免外包商再转包或部分转包的可能。同时定期对外包人员进行安全意识培训，并加强对外包人员的考评管理。
	系统开发管理审计	伴随业务的持续发展，C银行业务板块也在不断拓展变化，为使现有的技术架构和应用架构最佳匹配于业务板块的变化及长远发展，对原有的应用架构、数据架构、技术架构进行规划和调整，可能是长期存在的需求。C银行目前已经架设了架构管理部，但尚未配置架构人员，架构管理相对滞后，已初步体现弊端。 1. 信息共享 据了解，包括信贷系统、核心系统在内的众多业务系统，均独自建立和管理客户信息，没有对客户信息实现集成和共享。

续表

控制目标	检查点	审计结果
信息系统生命周期审计	系统开发管理审计	另外，每个系统都有各自独立的账号管理，尚未实现统一的集中认证管理，若要登录多个业务系统，则每个业务系统均需分别输入自己的账户和密码。 2. 系统间耦合性高，但联动性弱 同样以客户信息为例，由于信息没有集成共享，系统间难以有效联动控制。例如，核心系统中的客户信息与网银中的客户信息具有强关联性，但核心系统的客户信息发生改变时，却不会联动或提示网银中的客户信息进行联动改变，造成两个系统间的客户信息不一致，导致客户必须带证明材料再次到柜面申请修订客户信息，才能办理相应业务，客户体验差。 3. 项目局部性重复性建设 上述客户信息和账户信息，每个系统均独自建立，技术标准难以统一，也造成重复性建设，不排除人员、时间和资源的浪费，同时系统间的信息差异也会导致信息维护增加、系统体验欠佳。 在源代码管理方面，C银行制定了《信息科技源代码及应用软件版本管理规定》，同时在《信息科技应用项目管理规定》中有源代码、版本相关管理规定。 依据审计抽查的项目，科技部项目开发源代码管理主要使用 SVN 进行版本管理，但 SVN 的空间、账号配置、源代码版本管理等权限全部下放到项目组自行管理，特别是对账号权限管理未建立集中的统一管理模式，没有专职人员对下放的账户权限的配置和管理进行定期审核。审计认为，对源代码的安全控制相对薄弱，不排除项目经理因账号权限管理不善等原因导致源代码管理风险。 **审计建议：** 加快培养或配置系统架构管理人才，研究银行业务的管理需要和发展趋势，规划应用架构、数据架构、技术架构的改进方向，在统筹规划基础上对信息系统进行多层面和多维度的优化，避免系统间的信息差异和信息冗余，避免系统交叉或重复建设，进而提升各类应用系统的有效性。 科技部对源代码安全及版本实施统一规范管理，对各项目源代码版本建立集中统一管理平台，对 SVN 的空间分配、账号和权限实行集中统一管理，同时建立合理的备份机制，防止发生源代码数据损坏、外泄和丢失的风险，强化对核心知识产权的保护管理。
	系统变更管理审计	C银行制定了《C银行信息系统投产变更管理规定》，项目投产及变更管理较为规范，实际执行也基本遵循该框架制度。信息系统投产变更由总行业务需求部门、信息科技部、分支行共同完成。但是针对常规变更管理，外部变更的需求较为频繁，导致变更管理还有不完善的地方。 (1) 在变更资料的管理方面，部分项目的变更资料还不太完整，还需要进一步细化和完善，比如部分项目对变更需求未进行及时更新或加以说明、部分投产后的变更资料上线后未及时验证，投产变更后，未对设计文档、使用手册等进行及时更新。审计认为，项目资料管理是项目变更管理的重要一环，项目需求分析、变更内容确认、设计文档、使用手册等资料的完整性，包括项目的确认和验收资料等，应及时登记、完整收录，确保项目变更资料的完整性，避免影响项目的整体质量，有利于项目的后续持续改进、项目变更的责任确定等。

续表

控制目标	检查点	审计结果
信息系统生命周期审计	系统变更管理审计	(2)部分重要系统变更相对频繁,如核心系统、图形前端系统、手机银行、个人网银系统和企业网银系统在2019年平均投产变更次数大于每周一次,超过《C银行信息系统投产变更管理规定》中的规定。图形前端系统针对同一个功能,短期内多次提出变更要求,造成版本变更过于频繁。 **审计建议:** (1)对项目变更资料实施更规范的管理,形成完整的《项目变更记录》,包括对变更的确认,并确保及时修订相应的需求、设计、使用等相关文档资料。 (2)建议投产变更严格按照《C银行信息系统投产变更管理规定》执行;投产变更后及时完善相关文档并完整归档;建议设立专职小组或专职人员,对投产变更的相关资料进行协调、把关和收集。
	系统测试管理审计	C银行《软件开发技术管理规定》以及现有的项目测试管理框架和管理标准,基本满足C银行现有管理需要,但目前尚未成立专门的测试小组,没有建立测试标准和测试规范,没有对测试工作进行统一的规范化、标准化管理。每年有大量的项目需要测试和上线,目前主要是依赖项目小组完成技术测试,业务部完成业务测试。但在审计抽查的8个项目中,因为缺乏测试标准,存在以下测试问题: (1)业务人员参与测试的广度和深度不够。 (2)目前的业务测试案例,从制度上要求由开发人员和业务人员共同编写。科技部和业务部均要制定测试案例、执行测试。但实际过程中,业务人员过度依赖研发人员,缺乏主动参与,没有对测试的广度和深度提出要求,这可能造成部分功能的测试不够全面和充分,因为科技部可能受制于业务理解,编写的测试案例不一定能代表业务目标,难以覆盖所有可能需要测试的情况,或者特殊的边界值条件得不到测试,导致部分功能性缺陷在上线前未能得到测试和发现,对项目质量造成影响。 (3)存在兼容性测试不充分情况。在审计抽查的8个项目中,仅网上银行收集到兼容性测试材料,但兼容性测试在很多系统中都是非常必要的,否则会影响项目质量和项目的实际应用。 (4)存在部分项目的测试过程和记录不完整,测试结果未形成测试报告。 **审计建议:** 成立专门的测试小组,建立测试标准,对测试工作进行规范化、标准化、统一管理,从测试环节完善项目质量管理。
	系统实施管理审计	在项目后评价方面,C银行制定了《C银行信息科技项目安全后评价管理规定》,但该规定局限于检查项目是否达到预期目标,强调对项目实施后的安全性进行评价,没有包括对项目的重要性、项目价值、项目效益、项目影响性等进行分析和评价的规定。 抽查已投产上线的8个项目,仅在"ESB系统的上线运行情况报告"和"对公信贷管理系统的验收报告"中涉及部分后评价内容,从评价内容来看,也没有完全按照现有的后评价管理规定对安全风险进行全面评价。 **审计建议:** 建立完善的后评价体系,除安全性评价之外,同时增加对项目重要性、项目投入、项目价值、项目效益及影响分析等评价内容,为优化和完善已建项目提供方向性指导,为待建项目提供决策性参考依据,同时有利于加强项目建设的投资收益性管理。信息科技部建立了《科技档案管理规定》,制定了文档分类保存、借阅、销毁等安全管理规范。

续表

控制目标	检查点	审计结果
信息系统生命周期审计	系统实施管理审计	审计认为，现有文档管理规范符合C银行目前管理需要。但在实际管理中，由于缺少项目归档资料的完整性及质量控制要求，部分归档资料不完整或达不到相应的质量标准。归档管理不规范，可能带来责任不清，不利于项目质量管理。 (1)归档资料中，部分资料缺失，如上线审批单或过程追述记录存在缺失情况。 (2)部分系统的设计文档等重要性资料，存在某些章节只有标题，没有内容。 **审计建议：** 针对项目归档资料，建立归档的标准和质量控制要求，对项目归档资料进行规范管理，提高归档资料的质量和完整性管理要求。
信息科技外包	外包管理组织架构	《C银行信息科技外包策略》中明确规定董事会、信息科技委员会等各部门职责；董事会是外包风险管理的最高决策机构；高级管理层是本行外包风险管理的领导决策机构，负责执行董事会确定的外包风险管理战略和政策；外包风险管理小组是外包风险管理的协调议事机构；风险管理部是外包风险管理的牵头部门，负责监督、评价外包管理工作。 同时，C银行设置了信息科技外包管理委员会，该委员会2017年6月召开的工作会议，审议并通过了《C银行外包风险管理规定》。 **审计建议：** 无。
	信息科技外包战略及风险管理	C银行制定的《C银行信息科技外包战略》，明确了外包范围以及不能外包的职能、供应商关系管理策略和外包分级管理策略；同时包括了资源、能力建设方案，明确要求信息科技部通过补充人员、提升技能、知识转移等方式，有针对性地获取或提升管理及技术能力，降低对服务供应商的依赖；建立了供应商准入和退出机制，并根据外包服务性质和重要性对供应商进行分级管理有明确要求。 依据我们的审计，C银行科技项目主要是与外包商合作研发，但科技人员在主要项目建设中均作为项目主导，掌握系统架构，参与源代码编制，深度掌握源代码，能实行自主维护，避免了对供应商的过度依赖。 **审计建议：** 无。
	服务外包的准入	C银行制定了《C银行信息科技外包策略》和《C银行外包风险管理规定》，在实际外包管理中，执行了审查评估外包服务商的资质水平、能力意愿、服务方案和银行业客户集中度等。 信息科技部依照外包管理策略和规定对外包商进行了风险审查；重要外包活动经行务会审批；抽查的合同中，明确界定了服务范围、权利和义务，外包商不得再对服务进行转包并控制分包等条款；对外包人员按"必需知道"和"最小授权"原则进行访问授权；定期对服务提供商进行安全检查，获取服务提供商自我评估或第三方评估报告； 同时C银行建立了采购管理规定，要求采购需求应当完整、明确，其描述应当清楚明了、规范表述、含义准确，能够通过客观指标量化的应当量化；C银行招标采购均通过贵州阳光产权交易所有限公司执行采购；重要外包服务合同签订前20个工作日已向属地银监机构报告；重要外包服务签订合同前，开展尽职调查，

续表

控制目标	检查点	审计结果
信息科技外包	服务外包的准入	并与外包商确认；外包合同中明确权利和义务，包括保密条款、安全要求、转包分包、违约惩罚，并且附有工作说明书和项目计划等，并有要求外包商遵守本机构信息科技风险管理和监管机构的要求；外包合同有管理层签字。 **审计建议：** 无。
	外包服务的安全管理	经审计，C 银行对外包安全及风险管理，执行了《C 银行信息科技外包策略》中的主要安全管理条款，对外包人员的行为管理通过云桌面进行统一管理。 具体安全管理包括避免外包服务引入的新技术或新应用对现有治理模式及安全架构的冲击，及时完善信息安全管控体系，避免因新技术或应用的引入而增加额外的信息安全风险；外包人员操作授权、敏感信息保密、操作记录均通过云桌面管理；外包人员入场均需要签署保密协议，不可以进入生产操作间；对外包商进行分级管理；外包商安全检查原则上 3 年内覆盖所有还在服务存续期的外包商；对非驻场外包进行现场检查。 但是，在对外包人员的管理上，没有对外包人员的身份进行严格确认，不能确定外包人员与外包公司的劳动合同关系，不能排除外包商未经允许转包或部分转包的可能。 **审计建议：** 核查外包人员的身份证明、社保证明等，确定外包人员与外包公司的符合性，避免外包商再转包或部分转包的可能，同时定期对外包人员进行安全意识培训。
	对外包服务的监控与评价	C 银行对外包服务有整体评价，对考评低于 75 分的外包商，会发出整改通知；低于 60 分的外包商，则不再续用；针对外包商的财务、内控和安全管理等级有风险调查和循环监控，并将调查结果与外包商确认；外包项目以项目周报的形式对项目进展进行管理。 **审计建议：** 无。
	外包服务的中断与终止	C 银行制定了《C 银行信息科技项目外包服务应急预案》。该预案定义了应急处置的范围、组织机构、职责、工作程序及信息报告。 《C 银行业务连续性管理规定》要求外包业务主管部门将重要外包业务纳入本条业务线连续性管理范畴，要求外包方制定专项预案，并与本行的专项预案保持衔接；同时要求发生重大事件时按照《C 银行重大突发事件应急预案》向银保监会报告。 **审计建议：** 无。

复习思考题

1. 被审计单位在查看可报告的审计发现后，立即采取了纠正措施，这种情况下信息系统审计师是否将审计发现包含在最终报告中，为什么？

2．如果信息系统审计师与部门经理对审计结果存在争议，争议期间信息系统审计师应首先采取什么行动？

3．在离场面谈过程中，如果对于审计发现可能产生的影响存在分歧，信息系统审计师应该如何处理？

4．信息系统审计师被要求在快到计划上线日期之前审查一个关键的 Web 订购系统的安全控制。该信息系统审计师进行了一次渗透测试，但没有得出定论，且在议定的审计完成日期之前无法完成其他测试。信息系统审计师应该如何处理？

5．审计师在审计企业的收入时，常常需要通过函证等方法证实或证伪交易的真实性，从而核实其收入的真实性，但是电子商务的出现使得传统的审计方法面临挑战，审计师应该怎么办？

6．信息系统审计师如何与注册会计师合作，共同评估电子交易的真实性呢？

7．分析电子商务是如何影响企业的内部控制和财务数据产生的，特别是对百度、阿里巴巴、腾讯等完全依靠网络的新型企业而言，注册会计师和信息系统审计师应该如何应对？

参 考 文 献

[1] 王强. 信息系统审计常用方法[J]. 审计月刊, 2011(11): 34-35.
[2] 鲁海波. 企业内部控制体系中信息系统审计的内容和方法[J]. 中国内部审计, 2010(08): 58-61.
[3] 俞进福. 试论信息系统审计的关键技术[J]. 闽江学院学报, 2007(02): 79-83.
[4] 张茂燕. 论我国的信息系统审计[D]. 厦门大学, 2005.
[5] 王振武. 信息系统审计技术研究[J]. 东北财经大学学报, 2009(04): 21-24.
[6] 王晓茜. 信息系统审计探析[J]. 财会通讯, 2004(06): 13-16.
[7] 刘立彦. 关于开展信息系统审计的研究[J]. 中国管理信息化, 2017, 20(12): 27-28.
[8] 吴晓东. 信息系统审计问题研究[J]. 信息工程研究, 2009, 19(02): 95-98.
[9] 刘杰. 信息系统审计理论与审计规范文献述评[J]. 财会通讯, 2016(34): 32-37.
[10] 陈耿. 网络环境下信息系统审计的职能与类型[J]. 南京审计学院学报, 2012, 9(01): 45-50.
[11] 杜鼎. 我国信息系统审计准则研究[D]. 中国财政科学研究院, 2016.
[12] 庄明来. 计算机审计与信息系统审计之比较[J]. 会计之友, 2010(05): 82-85.
[13] 邓耀祖. 信息技术环境下财务审计与信息系统审计的异同[J]. 现代经济信息, 2016(14): 208.
[14] 古宏健. 浅谈信息系统审计师主要工作与审计类型[J]. 大科技, 2012(11): 2.
[15] 胡晓明. 信息系统审计理论体系的构建[J]. 中国注册会计师, 2006(06): 68-69.
[16] 李健. 信息系统审计研究[J]. 中国证券期货, 2010(12): 110-111.
[17] 张静, 余建坤, 林明辉, 张献华. 信息系统审计方法与技术[J]. 全国商情, 2012(01): 41-43.
[18] 吴晓东. 信息系统审计问题研究[J]. 信息工作研究, 2009, 19(02): 95-98.
[19] 汪阳轮, 但强. 我国信息系统审计问题分析[J]. 信息技术与标准化, 2016(08): 36-40.
[20] 陈耿. 信息系统审计专业建设与人才培养研究[J]. 中国科教创新导刊, 2010(35): 194-195.
[21] 李琼. 商业银行信息系统安全审计研究[D]. 首都经济贸易大学, 2018.
[22] 孟大耿. 商业银行信息系统的风险与审计研究[J]. 中国商界, 2009(08): 56-57.
[23] 汪琛. 基于COBIT的商业银行IT审计研究[D]. 中国海洋大学, 2014.
[24] 马乐飞. 信息系统审计研究[J]. 理财, 2013(08): 75-77.
[25] 张妍. 信息系统审计方法研究[J]. 审计月刊, 2010(11): 18-19.
[26] 白星晓. 信息系统审计的主要内容和方法以及存在的问题和对策[J]. 现代经济信息, 2012(01): 178.
[27] 张喆瑜. 信息系统审计的基本理论、方法、过程的浅析[J]. 科技信息, 2012(09): 102+82.
[28] 茹敏. 浅议信息系统审计风险[J]. 中国管理信息化, 2016, 19(01): 39-41.
[29] 侯乔波. 加强信息系统审计风险控制的若干思考[J]. 现代国企研究, 2016(18): 197+199.
[30] 薛富平. 信息系统审计风险[J]. 财会研究, 2007(03): 65-66.
[31] 孙晶. 浅谈信息系统审计风险与控制[J]. 中国管理信息化, 2012, 15(22): 18-19.

[32] 樊沙沙. 信息系统审计风险应对策略研究[J]. 对外经贸, 2017(08): 158-160.

[33] 郝晓玲, 胡克瑾. 信息系统审计的体系框架初探[J]. 同济大学学报: 社会科学版, 2003, 14(5): 6.

[34] 何云海. 浅议信息系统审计的特点[J]. 会计师, 2013(05): 46-47.

[35] 左丹. 大数据环境下的信息系统审计研究[D]. 广东财经大学, 2019.

[36] 王琪. 我国信息系统审计理论架构研究[D]. 安徽财经大学, 2014.

[37] 时宝军. 关于信息系统审计内容、程序及方法的探讨[J]. 中小企业管理与科技, 2015(06): 223.

[38] 申亚君. 信息系统审计中计算机审计的应用[J]. 数字技术与应用, 2019, 37(12): 59-60.

[39] 王晴. 小议计算机信息系统审计技术[J]. 内蒙古科技与经济, 2008(08): 56-57.

[40] 魏文婷, 李群. 计算机审计在信息系统审计中的应用[J]. 中国内部审计, 2012(09): 69-71.

[41] 丁业豪. 信息系统审计的发展过程和完善建议[J]. 财经界, 2012(18): 242-243.

[42] 汪振纲. 企业信息系统审计实施研究[J]. 财会学习, 2014(06): 37-40.

[43] 黄力. 基于COBIT的信息系统审计流程设计研究[D]. 南京大学, 2014.

[44] 刘芳, 柳燕. 信息系统审计模式初探[J]. 审计月刊, 2016(08): 25-26.

[45] 张磊. 基于COBIT的中国人寿信息系统审计框架设计研究[D]. 浙江大学, 2013.

[46] 张玉芹, 夏孝静. 论计算机信息系统舞弊审计的分类与解决[J]. 中国管理信息化, 2011, 14(18): 46-47.

[47] 陈义生. 信息系统审计初探实例[J]. 审计与理财, 2013(05): 15-16.

[48] 张静, 余建坤, 吴绍吉, 田亚恒. 信息系统绩效审计方法[J]. 全国商情(理论研究), 2011(Z4): 29-31+43.

[49] 王小利. 信息系统审计评价模式分析[J]. 审计月刊, 2011(08): 15-16.

[50] 付玥. 企业内部信息系统审计的绩效评价研究[D]. 南京审计大学, 2018.

[51] 刘茜睿. B企业信息系统审计研究[D]. 首都经济贸易大学, 2018.

[52] 王小山. 基于COBIT5.0的商业银行信息系统审计研究——以A银行为例[D]. 浙江工商大学, 2017.

[53] 陈耿. 网络环境下信息系统审计的职能与类型[J]. 南京审计学院学报, 2012, 9(01): 45-50.

[54] 毕婷婷. IT审计与财报审计的深度融合探讨[J]. 中国集体经济, 2019(21): 53-54.

[55] 刘杰. 信息系统审计质量控制准则研究[J]. 财会通讯, 2011(13): 138-140.

[56] 魏森淼, 庄明来. 论信息化内部控制审计与信息系统审计[J]. 财会通讯, 2012(19): 18-20.

[57] 刘杰. ISACA信息系统审计基本准则解读[J]. 财会通讯, 2014(34): 105-107.

[58] 刘杰, 黄忠莉. 我国信息系统审计规范制定的组织际资源整合[J]. 财会月刊, 2013(14): 102-105.

[59] 刘杰. 我国信息系统审计准则构建研究[J]. 财会月刊, 2014(17): 43-47.

[60] 王会金. 论信息系统审计准则在我国的需求与发展[J]. 南京审计学院学报, 2012, 9(06): 1-7.

[61] 石爱中. 信息系统审计实务[M]. 北京: 中国时代经济出版社, 2012.

[62] 陈耿. 信息系统审计、控制与管理[M]. 北京: 清华大学出版社, 2014.

[63] 张金城. 信息系统审计[M]. 北京: 清华大学出版社, 2009.

[64] 陈耿, 王万军. 信息系统审计[M]. 北京: 清华大学出版社, 2009.

[65] 审计署审计科研所. 信息系统审计内容与方法[M]. 北京: 中国时代经济出版社, 2008.

[66] 李鸣, 张旸旸, 蔡震宇. IT治理标准研究[J]. 信息技术与标准化, 2016(03): 29-33.